中國佛教典籍選刊

# 高僧傳

上

〔梁〕慧皎 撰
富世平 點校

中華書局

**圖書在版編目(CIP)數據**

高僧傳/(梁)慧皎撰;富世平點校. —北京:中華書局,2023.6(2024.11重印)
(中國佛教典籍選刊)
ISBN 978-7-101-16227-1

Ⅰ.高… Ⅱ.①慧…②富… Ⅲ.僧侶-列傳-中國-古代 Ⅳ.B949.92

中國國家版本館 CIP 數據核字(2023)第 092715 號

封面題簽:富廷維
責任編輯:劉浜江
封面設計:周　玉
責任印製:陳麗娜

中國佛教典籍選刊
**高 僧 傳**
(全二册)
〔梁〕慧　皎 撰
富世平　點校
*
中 華 書 局 出 版 發 行
(北京市豐臺區太平橋西里 38 號　100073)
http://www.zhbc.com.cn
E-mail:zhbc@zhbc.com.cn
三河市鑫金馬印裝有限公司印刷
*
850×1168 毫米 1/32・21¾印張・4 插頁・400 千字
2023 年 6 月第 1 版　2024 年 11 月第 2 次印刷
印數:6001-9000 册　定價:88.00 元

ISBN 978-7-101-16227-1

# 中國佛教典籍選刊編輯緣起

佛教是世界三大宗教之一，約自東漢明帝時開始傳入中國，但在當時並没有産生多大影響。到魏晋南北朝時期，佛教和玄學結合起來，有了廣泛而深入的傳播。隋唐時期，中國佛教走上了獨立發展的道路，形成了衆多的宗派，在社會、政治、文化等許多方面特别是哲學思想領域産生了深刻的影響。這時佛教已經中國化，完全具備了中國自己的特點。而且，隨着印度佛教的衰落，中國成了當時世界佛教的中心。宋以後，隨着理學的興起，佛教被宣布爲異端而逐漸走向衰微。但是，佛教的部分理論同時也被理學所吸收，構成了理學思想體系中的有機組成部分。直到近代，佛教的思想影響還在某些著名思想家的身上時有表現。總之，研究中國歷史和哲學史，特别是魏晋南北朝隋唐時期的哲學史，佛教是一項重要内容。佛學作爲一種宗教哲學，在人類的理論思維的歷史上留下了豐富的經驗教訓。因此，應當重視佛學的研究。

佛教典籍有其獨特的術語概念以及細密繁瑣的思辨邏輯，研讀時要克服一些特殊的困難，不少人視爲畏途。解放以後，由於國家出版社基本上没有開展佛教典籍的整理出版工作，因此，對於系統地開展佛學研究來説，急需解決基本資料缺乏的問題。目前對佛學有較深研究的專家、學者，不少人年事已高，如果不抓緊組織他們整理和注釋佛教典籍，將來再開展這項工作就會遇到更多困難，也不利於中青年研究工作者的成長。爲此，我們在廣泛徵求各方面意見的基礎上，初步擬訂了中國佛教典籍選刊的整理出版計劃。其中，有重要的佛教史籍，有中國佛教幾個主要宗派（天台宗、三論宗、唯識宗、華嚴宗、禪宗）的代表性著作，也有少數與中國佛學淵源關係較深的佛教譯籍。所有項目都要選擇較好的版本作爲底本，經過校勘和標點，整理出一個便於研讀的定本。對於其中的佛教哲學著作，還要在此基礎上，充分吸取現有研究成果，寫出深入淺出、簡明扼要的注釋來。

由於整理注釋中國佛教典籍困難較多，我們又缺乏經驗，因此，懇切希望能够得到各方面的大力支持和協助，使這項工作得以順利完成。

中華書局編輯部

一九八二年六月

# 目録

高僧傳卷第六



高僧傳卷第七

高僧傳卷第八……………………………三二九

高僧傳卷第十一 習禪二十一人

## 附録

# 前言

高僧傳，十四卷，南朝梁代高僧慧皎撰，是中國歷史上影響最大的一部僧傳。

## 一

慧皎（四九七—五五四），會稽上虞（今屬浙江紹興）人。雖然是著名僧傳的編撰者，但有關慧皎本人的資料却非常有限，且真正有關生平者更少。我們現在所見最早的相關文獻，是附在高僧傳之後的僧果跋語（見本書卷十四）：

右，此傳是會稽嘉祥寺釋慧皎法師所撰。法師學通内外，精研經律，著涅槃疏十卷、梵網戒等義疏，並爲世軌。又撰此高僧傳及序共十四卷。梁末承聖二年太歲癸酉，避侯景難，來至湓城，少時講說。甲戌歲二月捨化，春秋五十有八。江州僧正慧恭爲首經營，葬于廬山禪閣寺墓。時龍光寺釋僧果同避難在山，遇見時事，聊記之云耳。

跋語的作者僧果，勝天王般若波羅蜜經序中稱之爲「匡山釋僧果法師」。匡山，即廬山。

據勝天王般若波羅蜜經序，陳文帝天嘉六年（五六五）七月二十三日，江州刺史黄法氍（五一八—五七六）勸請月婆首那於州廳事「略開題序，説無遮大會」時，「四衆雲集」，僧果即是其中的一位。他是所謂「名德」，「學冠百家，博通五部」〔一〕，又恰好曾和慧皎一起「避難在山」，故他記録的慧皎事迹，應該是可信的〔二〕。其中又云「梁末」，則此跋應是入陳之後的追述無疑。僧果時在龍光寺〔三〕，龍光寺本名青園寺，在建康之覆舟山下，晉恭思皇后褚氏所立。宋元嘉中，「雷震青園佛殿，龍昇于天，光影西壁，因改寺名，號曰龍光」（本書卷七竺道生傳）。

跋語僅涉及慧皎的晚年，且很簡單，却是我們得以瞭解慧皎生平最重要的文獻。梁承聖二年（五五三），慧皎因爲避侯景之亂，來到江州（今江西九江，湓城時爲江州治所）廬山〔四〕。但他在廬山時間不長，承聖三年二月即辭世。慧皎辭世後，喪事由當時江州僧

〔一〕勝天王般若波羅蜜經卷七末經序，見大正藏第八册，第七二六頁。

〔二〕此跋的真僞尚有争議，但學界更多地認爲應該是可信的。詳參紀贇慧皎高僧傳研究第一章第一節。

〔三〕紀贇推測此跋的寫作大致在陳末（五八〇年左右）至隋文帝開皇十二年（五九二）之間。詳見氏著慧皎高僧傳研究第一章第一節。

〔四〕承聖元年四月，侯景被殺，叛亂基本平定。故承聖二年慧皎至江州的緣由，或因所在地尚有侯景之亂的餘波，或因侯景之亂後他在各地避難，此時到達廬山。

正慧恭親自主持〔一〕，葬於東林寺内——也即後來僧果寫跋時的禪閣寺〔二〕。據此推測，慧皎在廬山的這段時間，應該就是住在廬山東林寺的。慧皎「春秋五十有八」，可知他生於齊建武四年（四九七）。

歷代三寶紀卷一一著録慧皎高僧傳，並説：「武帝世會稽嘉祥寺沙門釋慧皎撰。皎學通内外，善講經律，著涅槃義十卷、梵網戒等疏，並盛行世，爲時所軌云。」〔三〕這也是較早的有關慧皎的文獻，但很顯然，並没有提供任何超出僧果跋語的信息。

續高僧傳卷六梁會稽嘉祥寺釋慧皎傳是真正意義上的慧皎傳記，然而遺憾的是，除了籍貫進一步具體爲會稽之上虞，也没有增加更多信息。但值得注意的是，道宣云其「未詳氏族」，也就是並不清楚慧皎的俗姓。後世所謂「姓陳」，不知何據。

高僧傳署「會稽嘉祥寺沙門釋慧皎撰」，可知高僧傳是他在嘉祥寺完成的。嘉祥寺是當時的名寺，高僧傳中就有三位出於該寺的高僧。慧皎「學通内外，精研經律」，高僧傳

---

〔一〕江州僧正慧恭，博通三學，後來全程監掌勝天王般若波羅蜜經的翻譯。詳見勝天王般若波羅蜜經序。而「江州僧正慧恭爲首經營」這一細節，也在一定程度上可以佐證僧果跋語的可靠性。

〔二〕詳參紀贇慧皎高僧傳研究第一章第一節。

〔三〕歷代三寶紀卷一一，見大正藏第四九册，第一〇〇頁。

外，還著有涅槃疏十卷、梵網戒義疏等。但除了高僧傳，其他著述早已失傳。

金樓子卷四聚書篇中，有蕭繹（五〇八—五五四）就會稽宏普惠皎道人搜聚法書的記載。「惠皎道人」，當爲慧皎無疑——在會稽，同一時期不會有兩位同名的高僧。可見在嘉祥寺外，慧皎還曾爲宏普寺僧人。慧皎住宏普寺的時間不可確知，但至少蕭繹就其搜聚法書時是在宏普寺。而蕭繹聚書，是在江州刺史任上，由此可知，至少大同六年（五四〇）至太清元年（五四七）之間的某段時間，慧皎是在宏普寺的〔一〕。

根據慧皎自撰的高僧傳序，高僧傳所收「始于漢明帝永平十年，終至梁天監十八年」，故一般認爲慧皎開始編撰高僧傳，應在天監十八年（五一九）之後不久。也就是說，他二十多歲的時候，就在會稽嘉祥寺編撰高僧傳。

除以上所述，慧皎的大半生平我們幾乎一無所知。

慧皎富於藏書，主張博覽〔二〕，這是他能够編撰完成高僧傳的重要原因。當然，時代的大背景也不可忽視：「慧皎底一生，恰當南朝文學大盛、佛教昌明的時代。一部高僧傳

〔一〕蕭繹大同六年出爲江州刺史，太清元年遷爲荆州刺史。

〔二〕詳見本書附録中陳垣中國佛教史籍概論「高僧傳」部分，上海書店出版社，二〇〇五年。

適在此時寫定，是一件並非偶然的事實。」〔一〕

## 二

僧傳是「兩晉南北朝最發達之史書」〔二〕，而之所以發達，是因爲佛教發展的需要建立在了中國史傳傳統的基礎之上。可以説，這一時期涌現的大量僧傳，既是「釋氏輔教」的重要載體，「道藉人弘，理由教顯，而弘道釋教，莫尚高僧」〔三〕，也是佛教中國化的重要表現。而在衆多的僧傳中，「最要者爲慧皎之高僧傳」〔四〕。

高僧傳的編撰動機，慧皎在序中有非常清楚的交代（見本書卷十四）：

> 衆家記録，叙載各異。沙門法濟，偏叙高逸一迹；沙門法安，但列志節一行；沙門僧寶，止命遊方一科；沙門法進，迺通撰論傳，而辝事闕略：並皆互有繁簡，出没成異，考之行事，未見其歸。宋臨川康王義慶宣驗記及幽明録、太原王琰冥祥記、彭城劉悛

〔一〕朱東潤八代傳叙文學述論，復旦大學出版社，二〇〇六年，第一五二頁。
〔二〕湯用彤漢魏兩晉南北朝佛教史，北京大學出版社，二〇一一年，第三一九頁。
〔三〕慧皎答王曼穎書，見本書卷十四。
〔四〕湯用彤漢魏兩晉南北朝佛教史，第三二〇頁。

益部寺記、沙門曇宗京師寺記、太原王延秀感應傳、朱君台徵應傳、陶淵明搜神録，並傍出諸僧，叙其風素，而皆是附見，亟多疎闕。齊竟陵文宣王三寶記傳，或稱佛史，或號僧録，既三寶共叙，辭旨相關，混濫難求，更爲蕪昧。瑯瑘王巾所撰僧史，意似該綜，而文體未足。沙門僧祐撰三藏記，止有三十餘僧，所無甚衆。中書郗景興東山僧傳、治中張孝秀廬山僧傳、中書陸明霞沙門傳，各競舉一方，不通今古，務存一善，不及餘行。逮于即時，亦繼有作者，然或褒贊之下，過相揄揚；或叙事之中，空引辭費。求之實理，無的可稱。或復嫌以繁廣，删減其事，而抗迹之奇，多所遺削。謂出家之士，處國賓王，不應勵然自遠，高蹈獨絶。尋辭榮棄愛，本以異俗爲賢，若此而不論，竟何所紀？

慧皎對已有重要僧傳一一作了點評。簡言之，雖然已有各種類型的僧人傳記，但都存在一定的缺點與不足——這就有重新編撰的必要。慧皎對此前僧傳的梳理，既爲他編撰高僧傳明確了突破口，也奠定了基礎：

嘗以暇日，遇覽群作，輒搜撿雜録數十餘家，及晉、宋、齊、梁春秋書史，秦、趙、燕、涼荒朝僞曆，地理雜篇，孤文片記，并博諮故老，廣訪先達，校其有無，取其同異。

「遇覽群作，輒搜撿雜録數十餘家」，這是對前人僧傳的承繼，也是高僧傳最主要的資料來源。至於各代的「春秋書史」「荒朝僞曆」等，應該和「博諮故老，廣訪先達」一樣，只是補闕而已，但也足以可見慧皎編撰高僧傳的態度之嚴謹、搜羅之廣博：

凡十科所叙，皆散在衆記，今止删聚一處，故述而無作。俾夫披覽於一本之内，可兼諸要。

删聚「衆記」於一處，「可兼諸要」，這恐怕也是高僧傳能够取代諸家僧傳，成爲「此中最要者」的重要原因。

其中，寶唱的名僧傳所收人物較多，和高僧傳的距離更近，故後人多認爲在衆多僧傳中，高僧傳更多地受到了名僧傳的影響。這種判斷應該是符合實際的。但名僧傳在高僧傳成書過程中的作用，也不宜過分誇大。名僧傳失傳，幸賴名僧傳抄保存了其目録和近四十位僧人的傳記，以之和高僧傳相比，可知高僧傳並非對名僧傳的簡單删改：兩者之間不僅分科的差異很大，而且僧傳的叙述方式、歷史事實等也多有出入。

開元釋教録云高僧傳「天監十八年（五一九）撰」，實屬誤會〔一〕。現在，學界更多地

〔一〕智昇的根據，應是慧皎高僧傳序。序中有云：「始于漢明帝永平十年，終至梁天監十八年，凡四百五十三載，二百五十七人。」這二百五十七位傳主的時間跨度，和高僧傳編撰的時間雖然有關，比如不可能早於天監十八年，但並不直接。衡之以常理，一部著作取材的截止時間和編撰完成的時間之間，並不能劃等號，何況高僧傳中實際也有天監十八年之後的事和人入傳者。

認爲高僧傳的完成時間，應在梁普通（五二〇—五二七）年間〔一〕。蘇晉仁認爲，高僧傳卷末有慧皎與王曼穎之間的書信，王曼穎卒於普通四年（五二三）之前，高僧傳的完成時間自然不晚於此年；而高僧傳卷一三齊上定林寺釋法獻傳中，有「佛牙以普通三年正月遺失之語，當是本傳實際上最末的紀事，距離完成期間不會太遠，大約就完成在普通三年或四年」〔二〕。法獻傳中記録佛牙遺失之事，是這樣寫的：

獻於西域所得佛牙及像，皆在上定林寺。牙以普通三年正月，忽有數人並執仗，初夜扣門，稱臨川殿下奴叛，有人告云在佛牙閣上，請開閣檢視，寺司即隨語開閣。主帥至佛牙座前，開函取牙，作禮三拜，以錦手巾盛牙，繞山東而去，至今竟不測所在。

既云「至今竟不測所在」，則距離完成期間應該已有一段較長的時間，「普通三年或四年」之説，似有太近之嫌。且即使王曼穎真的卒於普通四年之前，因爲慧皎和他往復討論的高僧傳只是「徵求意見稿」——慧皎和王曼穎討論，本來就具有徵求意見的意思〔三〕，故而也不

〔一〕參曹道衡、沈玉成中古文學史料叢考，中華書局，二〇〇三年，第六四二—六四三頁。
〔二〕蘇晉仁中國佛教經籍「高僧傳」部分，見中國佛教第四輯，東方出版社，一九八九年，第一五一—一五七頁。
〔三〕從慧皎答王曼穎書來看，他第一次讓王曼穎「掎摭」的高僧傳，並非完帙，沒有「贊論十科」，王曼穎雖然予以極高評價，但也另附了不少修改意見，「來告累紙，更加拂拭」，詳見本書卷十四慧皎與王曼穎書信往來。

能據之確定高僧傳最終完成的時間就一定在普通四年之前。

「梁天監十八年」這一時間下限是對傳主卒年的限定。而之所以定這一節點，應該是慧皎開始撰著於此年。然而在具體編撰和修訂的過程中，這一節點實際上時有突破。除了前面所説的佛牙事，「傍出附見者」中也有好幾位僧人卒於天監十八年（五一九）之後。如卷三求那毗地傳附僧伽婆羅卒於普通五年（五二四）；卷八釋法度傳中附法開卒於普通四年，智秀傳中附僧若卒於普通元年；卷一一智稱傳中附法超卒於普通七年；卷一三法悦傳中，「有禪師道度」，據弘贊法花傳卷五遺身梁若耶山釋道度，亦於普通七年燒身。如果慧皎嚴格堅持了「生不立傳」的傳統，那麽高僧傳的最終成書顯然至少應在普通七年以後。

不少古書，從動筆到成書，從成書到最後定稿，都會經歷一個較長的過程，高僧傳亦當作如是觀。故而其最後定稿的時間，還很難有具體、準確的結論〔一〕。

〔一〕紀贇認爲不晚於中大通五年（五三三），詳參氏著高僧傳研究第一章第三節；楊笑天認爲不會早於大同六年（五四〇），不會晚於太清元年（五四七），見氏著關於慧皎生卒年及高僧傳問世時間等問題，佛學研究，二〇一四年總第二三期。

三

高僧傳中的高僧，主要是佛教傳入中國以後到梁天監十八年間在經典翻譯、義理闡釋、弘法實踐等各個領域有突出成就或特異表現者。

高僧傳傳主二百五十七人，「傍出附見者二百餘人」，慧皎在前人僧傳分類的基礎上，根據僧人的主要事迹與成就，列爲十類，分別立傳：

開其德業，大爲十例：一曰譯經，二曰義解，三曰神異，四曰習禪，五曰明律，六曰遺身，七曰誦經，八曰興福，九曰經師，十曰唱導。

「譯經」是以佛經翻譯著稱者，共三卷，傳主三十五人，附見者三十人。「義解」是以佛經義理的闡釋而著稱者，共五卷，傳主一百零一人，附見者一百六十五人。「神異」是以神奇靈異之迹著稱者，共二卷，傳主二十人，附見者十二人。「習禪」和「明律」合爲一卷，其中，「習禪」者以修習禪定著稱，傳主二十一人，附見者十一人；「明律」者以曉明戒律著稱，傳主十三人，附見者八人。「忘身」和「誦經」合爲一卷，其中，「忘身」者以捨身求法著稱，傳主十一人，附見者四人；「誦經」者以誦讀、受持佛經著稱，傳主二十一人，附見者十一人。「興福」「經師」和「唱導」合爲一卷，其中，「興福」者以興造福利著稱，傳主十四人,附見者三人;「經師」者以擅長諷誦經文著稱,傳主十一人,附見者二十三人;「唱導」者以宣唱法理、開導衆心而著稱,傳主十人,附見者七人。

需要説明的是,「傍出附見者」在卷十四目録中和在傳文中並不完全一致。這裏的人數,只計既在卷十四目録中,又在傳文中者。有的高僧,雖然目録中有,但正文中並没有;有的高僧,雖在傳文中出現,甚至有較爲詳細的記載,但卷十四目録中没有,我們這裏的統計都未計入。還有同一人却在不同傳記中附見的情況,我們也未做合併處理。

高僧傳甫一問世,就得到了很高的評價,産生了很大的影響。就目前所知,王曼穎可能是高僧傳的第一位讀者——正如前文所説,他見到的或許還是「徵求意見稿」,他在指出之前僧傳存在諸種不足後,對慧皎的高僧傳做了極高的評價(詳見本書卷十四王曼穎與慧皎書):

法師此製,始所謂不刊之筆。綿亘古今,包括内外,屬辭比事,不文不質,謂繁難省,云約豈加!以高爲名,既使弗逮者恥;開例成廣,足使有善者勸。向之二三諸子前後撰述,豈得挈長量短,同年共日而語之哉!

王曼穎不僅充分肯定高僧傳文質彬彬、繁簡得當的特點,還對其「義例」所帶來的「輔教」

之功予以極高評價。魏晉南北朝僧傳發達，但傳之後世者並不多。個中原因自然複雜，慧皎高僧傳的影響也是不可忽視的重要因素。

蕭繹在江州刺史任上時，豫章内使張綰送給他的書中就有慧皎的高僧傳〔一〕。道宣續高僧傳卷六慧皎傳中說：「傳成，通國傳之，實爲龜鏡。文義明約，即世崇重。」「通國傳之」，可見其影響之廣；「實爲龜鏡」，足見其垂範之功。

智昇開元釋教録卷六稱高僧傳「義例甄著，文詞婉約，實可以傳之不朽，永爲龜鏡矣」〔二〕。某種意義上說，高僧傳既是高僧的「教科書」，激勵和鼓舞着一代代的僧人；也是僧傳的典範，後世如道宣撰續高僧傳、贊寧撰宋高僧傳，都有慧皎高僧傳的影子。

作爲中古時期的經典著作，高僧傳不僅在佛教史領域有不朽影響，在政治、中外交通、民間信仰乃至語言、文學、社會等各個領域，都有很大的價值。如史學方面，陳垣先生對其價值早有揭示〔三〕；文學方面，朱東潤先生稱其爲「南朝傳叙文學中最有名的一部」〔四〕。

〔一〕金樓子卷二聚書篇：「張豫章綰經餉書，如高僧傳之例是也。」
〔二〕開元釋教録，富世平點校，中華書局，二〇一八年，第三九〇頁。
〔三〕詳見陳垣中國佛教典籍概論「高僧傳」部分。
〔四〕朱東潤八代傳叙文學述論，第一五二頁。

## 四

高僧傳的版本主要有兩個系統：一是刻本系統，即見於歷代大藏經的高僧傳；一是寫本系統，即見於日本古寫經中的高僧傳〔一〕。

刻本系統高僧傳：和其他佛教經、律、論、傳一樣，高麗大藏經收高僧傳（簡稱高麗藏本）和趙城金藏收高僧傳（簡稱金藏本）基本相同，僅個別文字差異；宋代安吉州思溪法寶資福禪寺刊本（簡稱思溪藏本）、平江府磧砂延聖院刊本（簡稱磧砂藏本），元代杭州路餘杭縣白雲山大普寧寺刊本（簡稱普寧藏本），明代永樂南藏本、永樂北藏本、嘉興藏本，清代乾隆大藏經本（簡稱清藏本）等基本相同，僅個別文字差異。而前者（高麗藏本、金藏本）與後者（思溪藏本、磧砂藏本等）則除文字上的不同外，還有卷首序的有無、個別僧傳的次序不同等差異。

寫本系統高僧傳：就目前所知，至少有十個抄本，其中又有十四卷本和十卷本之別。

〔一〕詳參定源隋唐五代高僧傳文本系統溯考，中華文史論叢，二〇二一年第三期。

十卷本和十四卷本主要是分卷不同，具體内容没有太多差異〔一〕。日本古寫經中的高僧傳，自然是從中國傳抄過去的。因爲與傳統的刻本系統在文字廣略乃至傳記次序上都有差異，保存了高僧傳的不同面貌，自然有獨特的學術價值，但其祖本未能進入各大藏經且在中國失傳，恐怕並非純屬偶然。

高僧傳之所以有兩個系統，自然是傳承過程中修訂所致。但哪個系統是修訂本、具體什麽時間修訂，學界的看法並不一致。或認爲寫本系統是慧皎高僧傳的原貌，而刻本系統的高僧傳很可能是唐宋之際開始編輯雕版藏經時的修訂本〔二〕；或認爲寫本系統纔是修訂本，但修訂者是慧皎本人〔三〕。就目前的文獻資料來看，孰先孰後，恐怕很難得到公認的結論，但説刻本系統的高僧傳經過了後人的改動，似乎並不符合常情，也和唐、五代文獻如法苑珠林、釋氏六帖等所引高僧傳與刻本系統的高僧傳基本相同的實際不太相符。

〔一〕詳參張雪松略論高僧傳的編撰、版本及史料價值，國學學刊二〇一九年第二期。
〔二〕張雪松略論高僧傳的編撰、版本及史料價值。
〔三〕定源日本古寫經高僧傳所見法和傳異文考辯，佛教文獻論稿，廣西師範大學出版社，二〇一七年，第二二二—二二四七頁。

刻本系統和寫本系統的差異比較大。「日本古寫經高僧傳與歷代刻本大藏經收録的高僧傳内容出入較大，兩者的差異程度，已超出平行文本對勘的範圍，而形成截然不同系統的文本。」〔一〕本次點校，即是對刻本系統的整理。囿於條件，寫本系統未能參校，但學界已經指出的日本古寫經中可資校改刻本系統中之訛誤者，適當吸收。校勘記中，凡「金剛寺本」「七寺本」「興聖寺本」「石山寺本」云者，皆屬此類。

早期的刻本（高麗藏本、金藏本、思溪藏本和磧砂藏本）並没有本質的不同，而磧砂藏本（據綫裝書局影印宋元版）文字訛誤相對較少，且影響相對較大，故本次點校，以磧砂藏本爲底本，通校以思溪藏和高麗藏、金藏本。除明顯的訛誤（金藏本文字訛誤相對更多）和常見的異體字外，通校本與底本的不同，在校勘記中都作出説明。

高麗藏包括初雕本和再雕本。初雕本存世二千餘卷，幸運的是高僧傳也在其中（日本南禪寺藏，闕卷五、卷十四），且和再雕本並不完全相同，故都作爲通校本。校勘記中，凡徑云「高麗藏本」者，包括初雕本和再雕本；如果初雕本和再雕本不同，則分别稱爲「高麗藏初雕本」「高麗藏再雕本」。

---

〔一〕定源隋唐五代高僧傳文本系統溯考，中華文史論叢，二〇二一年第三期。

參校本有普寧藏、永樂南藏、嘉興藏、清藏、大正藏本及金陵刻經處本等。爲避繁瑣，參校本與底本文字的異同不一一羅列，只有足以解決底本及通校本存在的問題時，或能提供重要的學術信息、有助於理解底本文字時，纔適當出校。

慧琳一切經音義卷八九和卷九〇、可洪新集藏經音義隨函録卷二七，是高僧傳的音義。這些釋以音義的字、詞，具有重要的校勘價值。底本和通校本不同時，音義文字自然有助於我們取捨，它們本身還有指出傳文中文字訛誤的情況，故而也作爲重要的參校根據。

法苑珠林、釋氏六帖和太平廣記中引自高僧傳的部分，分别反映了唐初道世、五代義楚和宋初李昉等人所見的高僧傳，具有較高的校勘價值，尤其有助於不同版本異文的取捨，故作爲重要的參校材料。但作爲類書，徵引時並不會一字不落地抄録，它們徵引中的文字表述等有不同於高僧傳的地方，如果對校勘無太大助益，一般不做説明。

名僧傳抄、出三藏記集、歷代三寶紀、開元釋教録等，亦有可資參校者。但它們畢竟是不同的書，即使和高僧傳之間有淵源關係，或有共同來源，然具體來看已具有轉述、改寫性質，故一般文字乃至情節上的差異，不一一羅列。

本書卷十四爲全書的序和目録，各卷卷首亦有該卷目録，但和卷十四相比，大都較爲簡單（底本卷三、卷四除外），如全書第一篇攝摩騰的傳，卷十四中目録爲「漢雒陽白馬寺攝摩騰」，而在卷一中的目録爲「攝摩騰一」。正文中，各高僧的傳記之前並没有標題，爲了方便閲讀，我們整理時在每篇高僧的傳記之前，依照卷十四的目録增加了具體的標題。卷十四目録與傳文不一致，或有誤、有遺漏的，一般據傳文改正、補足，不再一一説明。

整理中，凡校改、增删底本文字者，皆在校勘記中説明。但常見且明顯因形近而致誤者，如「夫」「天」、「十」「卜」、「古」「占」、「乎」「平」、「上」「土」、「太」「大」、「宫」「官」、「人」「入」、「万」「方」等，徑改不出校。

爲避繁瑣，一般的異體字、通用字、語助字等不出校，如「答」與「荅」、「慧」與「惠」、「也」「耳」等。

校勘記中的「後同」，如無特别説明，僅指該傳文中的情況。

## 五

高僧傳是我最早字斟句酌地細讀過的佛教典籍。近年來，我雖然一直致力於佛教典籍的整理，但從未想過有朝一日會去重新整理高僧傳，故當因爲各種機緣巧合而接手高僧傳的整理時，我的内心一直充滿了忐忑，但點校的過程對我而言也是一次難得的學習機會。所以，我還是要衷心感謝中華書局一直以來的信任與支持。

湯用彤先生校注的高僧傳雖是未竟稿，但有篳路藍縷之功，在標點、校勘、注釋和相關資料的收集等方面都有重要的貢獻，有着很高的學術地位、很大的學術影響，我們在整理中多有借鑒。學術界有關高僧傳點校、研究的成果不少，我們也盡力吸收。凡有徵引或參考者，我們在校勘記或參考文獻中，都有注明、收録，在此特別説明並致謝。

由於水平有限，時間倉促，整理中肯定存在不少問題，敬請各位博雅君子不吝賜教。

富世平

二〇二二年九月

# 主要參考文獻

高僧傳，梁釋慧皎撰，湯用彤校注，中華書局，一九九二年
高僧傳，朱恒夫、王學均、趙益注譯，陝西人民出版社，二〇一三年
高僧伝（全四册），日吉川忠夫、船山徹訳，岩波書店，二〇〇九年
續高僧傳，唐道宣撰，郭紹林點校，中華書局，二〇一四年
出三藏記集，梁釋僧祐撰，蘇晉仁、蕭鍊子點校，中華書局，一九九五年
法苑珠林校注，唐釋道世撰，周叔迦、蘇晉仁校注，中華書局，二〇〇三年
開元釋教録，唐智昇撰，富世平點校，中華書局，二〇一八年
北山録校注，唐神清撰，宋慧寶注，宋德珪注解，富世平校注，中華書局，二〇一四年
法顯傳校注，東晉沙門釋法顯撰，章巽校注，中華書局，二〇〇八年
史記，漢司馬遷撰，南朝宋裴駰集解，唐司馬貞索隱，唐張守節正義，中華書局修訂本，

二〇一四年
後漢書，宋范曄撰，唐李賢等注，中華書局點校本，一九六五年
三國志，晉陳壽撰，宋裴松之注，中華書局點校本，一九五九年
晉書，唐房玄齡等撰，中華書局點校本，一九七四年
宋書，梁沈約撰，中華書局修訂本，二〇一九年
南齊書，梁蕭子顯撰，中華書局修訂本，二〇一七年
梁書，唐姚思廉撰，中華書局修訂本，二〇二〇年
陳書，唐姚思廉撰，中華書局修訂本，二〇二一年
魏書，北齊魏收撰，中華書局修訂本，二〇一七年
南史，唐李延壽撰，中華書局點校本，一九七五年
北史，唐李延壽撰，中華書局點校本，一九七四年
隋書，唐魏徵等撰，中華書局修訂本，二〇一九年
資治通鑑，宋司馬光編著，元胡三省音注，中華書局點校本，一九五六年
世説新語箋疏，南朝宋劉義慶撰，南朝梁劉孝標注，余嘉錫箋疏，中華書局，二〇一一年

水經注校證，北魏酈道元撰，陳橋驛校證，中華書局，二〇〇七年
淮南鴻烈集解，劉文典撰，馮逸、喬華點校，中華書局，一九八九年
太平廣記，宋李昉等編，中華書局，一九六一年
莊子集釋，清郭慶藩撰，王孝魚點校，中華書局，二〇一二年
大唐西域記匯校，唐玄奘、辯機撰，范祥雍匯校，上海古籍出版社，二〇一八年

慧皎高僧傳研究，紀贇著，上海古籍出版社，二〇〇九年
佛教文獻論稿，王招國（定源）著，廣西師範大學出版社，二〇一七年

高僧傳標點商兑，汪維輝，古籍整理研究學刊，一九九七年第三期
高僧傳校點商榷，董志翹，古籍整理研究學刊，一九九九年第一期
高僧傳校點商榷（續），董志翹，古籍整理研究學刊，二〇〇〇年第一期
高僧傳校點指誤，儲泰松，古籍研究，二〇〇一年第二期
高僧傳的史料、語料價值及重新校理與研究，董志翹，東南大學學報，二〇〇四年第四期
高僧傳標點校勘補録，許衛東，唐都學刊，二〇〇五年第三期

中華書局版高僧傳校點商補，董志翹，四川師範大學學報，二〇〇五年第六期
高僧傳校點札記，王東，江海學刊，二〇〇六年第四期
高僧傳校點商榷，王東，江海學刊，二〇〇六年第五期
高僧傳校點獻疑，王東，江海學刊，二〇〇七年第一期
高僧傳校點辨疑，程亞恒，古籍研究，二〇〇八年第二期
高僧傳校點零拾，郭東陽，語文知識，二〇〇八年第二期
湯注高僧傳校點商榷總彙，劉飆，古籍整理研究學刊，二〇〇八年第五期
湯注高僧傳校點獻疑，劉湘蘭，蘭州學刊，二〇一〇年第八期
中華書局版高僧傳校點商榷，定源，版本目録學研究第三輯，國家圖書館出版社，二〇一二年
高僧傳地名「抱罕」爲「枹罕」校誤，陳雙印，敦煌學輯刊，二〇一七年第四期
中華書局本高僧傳校點商榷，王東，鄭州大學學報，二〇一八年第三期
略論梁高僧傳的編撰、版本及史料價值，張雪松，國學學刊，二〇一九年第二期
隋唐五代高僧傳文本系統溯考，定源，中華文史論叢，二〇二一年第三期

# 高僧傳并序(一)

梁嘉祥沙門釋慧皎撰

原夫至道沖漠，假蹄筌而後彰；玄致幽凝，藉師保以成用。是由聖迹迭興，賢能異託。辯忠烈孝慈，以定名教之道；明詩書禮樂，以成風俗之訓。或忘功遺事，尚彼虚沖；或體任榮枯，重兹達命。而皆教但域中，功在近益。斯蓋漸染之方，未奥盡其神性。至若能仁之爲訓也，考業果之幽微，則循復三世；言至理之高妙，則貫絶百靈。若夫啓十地以辯慧宗，顯三諦以詮智府；窮神盡性之旨，管一樞極之致；餘方亦猶群流之歸巨壑，衆星之拱北辰，懋哉邈矣！信難得以言尚。至迺教滿三千，形遍六道，皆所以接引幽昏，爲大利益。而以浄穢異聞，昇墜殊見，故秋方先音形之奉，東國後見聞之益。雲龍表於夜明，風虎彰乎宵夢。洪風既扇，大化斯融。

自爾西域名僧往往而至，或傳度經法，或教授禪道，或以異迹化人，或以神力拯物。自漢之梁，紀曆彌遠，世踐六代，年將五百。此土桑門，含章秀發，群英間出，迭有其人。

衆家記録，叙載各異。沙門法濟，偏叙高逸一迹；沙門法安，但列志節一行；沙門僧寶，止命遊方一科；沙門法進，迺通撰論傳，而辭事闕略：並皆互有繁簡，出没成異，考之行事，未見其歸。宋〔二〕臨川康王義慶宣驗記及幽明録、太原王琰冥祥記、彭城劉悛益部寺記、沙門曇宗京師寺記、太原王延秀感應傳、朱君台徵〔三〕應傳、陶淵明搜神録，並傍出諸僧，叙其風素，而皆是附見，亟多疎闕。齊竟陵文宣王三寶記傳，或稱佛史，或號僧録，既三寶共叙，辭旨相關，混濫難求，更爲蕪昧。琅瑘王巾所撰僧史，意似該綜，而文體未足。沙門僧祐撰三藏記，止有三十餘僧，所無甚衆。中書郗景興東山僧傳、治中張孝秀〔四〕廬山僧傳、中書陸明霞沙門傳，各競舉一方，不通今古，務存一善，不及餘行。逮于即時，亦繼有作者，然或褒贊之下，過相揄揚；或叙事之中，空引辯費。求之實理，無的可稱。或復嫌以繁廣，删減其事，而抗迹之疇，多所遺削。謂出家之士，處國賓王，不應勵然自遠，高蹈獨絶。辭榮棄愛，本以異俗爲賢，若此而不論，竟〔五〕何所紀？

嘗以暇〔六〕日，遇覽群作，輒搜撿雜録數十餘家，及晉、宋、齊、梁春秋書史，秦、趙、燕、涼荒朝僞曆，地理雜篇，孤文片記，并博諮故老，廣訪先達，校其有無，取其同異。始于漢明帝永平十年，終至梁天監十八年，凡四百五十三載，二百五十七人，又傍出附見者二百餘人，開其德業，大爲十例：一曰譯經，二曰義解，三曰神異，四曰習禪，五曰明律，六曰遺身，七曰誦經，八曰興福，九曰經師，十曰唱導。

然法流東土，蓋由傳譯之勳，或踰越沙險，汎漾洪波，皆亡形殉道，委命弘法。震旦開明，一焉是賴。兹德可崇，故列之篇首。至若慧解開神，則道兼萬億；通感適化，則彊暴以綏；靖念安禪，則功德森茂；弘贊毗尼，則禁行清潔；忘形遺體，則矜吝革心；歌誦法言，則幽顯含慶；樹興福善，則遺像可傳。凡此八科，並以軌迹不同，化洽殊異，而皆德効四依，功在三業，故爲群經之所稱美，衆聖之所褒述。及夫討覈源流，商搉取捨，皆列諸贊論，備之後文。而論所著辭，微異恒體，始標大意，類猶前序，末辯時人，事同後議〔七〕。若間〔八〕施前後，如謂煩雜，故揔布一科之末，通稱爲「論」。其轉讀宣唱，原出非遠，然而應機悟俗，實有偏〔九〕功，故齊宋雜記，咸條列秀者。今之所取，必其製用超絶，及有一分通感，乃編之傳末。如或異者，非所存焉。

凡十科所叙，皆散在衆記，今止删聚一處，故述而無作。俾夫披覽於一本之内，可兼諸要。其有繁辭虚贊，或德不及稱者，一皆省略。故述六代賢異，止爲十三卷，并序録合十四軸，號曰「高僧傳」。自前代所撰，多曰「名僧」。然名者，本實之賓也。若實行潛光，則高而不名；寡德適時，則名而不高。名而不高，本非所紀；高而不名，則備今録。故省「名」音，代以「高」字。其間草創，或有遺逸。今此十四卷備贊論者，意以爲定，如未隱括，覽者詳焉。

## 校勘記

〔一〕按，此卷首序原在本書卷十四，磧砂藏本又單獨拿出置於卷首，高麗藏、金藏本此處無。

〔二〕宋：原作「宗」，據本書卷十四改。

〔三〕徵：原作「微」，據思溪藏本改。

〔四〕秀：原作「季」，據本書卷十四改。張孝秀（四八一—五二二），字文逸，南陽宛人，少仕州爲治中從事史，後去職歸山，居於東林寺。博涉群書，專精釋典。傳見梁書卷五一處士傳、南史卷七六隱逸下。

〔五〕竟：原作「忘」，據本書卷十四改。

〔六〕暇：思溪藏本作「假」。

〔七〕議：原作「儀」，據本書卷十四改。

〔八〕間：原作「聞」，據本書卷十四改。

〔九〕偏：原作「徧」，據諸校本改。

# 高僧傳第一

## 譯經上



**校勘記**

〔一〕樓：正文作「婁」。

### 漢雒陽白馬寺攝摩騰

攝摩騰〔一〕，本中天竺人。善風儀，解大小乘經，常遊化爲任。昔經往天竺附庸小國，講金光明經，會敵國侵境，騰惟曰：「經云：能説此法〔二〕，爲地神所護，使所居安樂。今鋒鏑方始，曾是爲益乎？」乃誓以忘身，躬往和勸，遂二國交歡，由是顯譽〔三〕。

逮〔四〕漢永平中，明皇帝夜夢金人飛空而至，乃大集群臣，以占所夢。通人傅毅奉荅：「臣聞西域有神，其名曰佛。陛下所夢，將必是乎？」帝以爲然，即遣郎中蔡愔、博士弟子秦景等使往天竺，尋訪佛法。愔等於彼遇見摩騰，乃要還漢地。騰誓志弘通，不憚疲苦，冒涉流沙，至乎雒邑。明帝甚加賞接，於城西門外立精舍以處之。漢地有沙門之始也。但大法初傳，未有歸信，故蘊其深解，無所宣述。後少時，卒於雒陽。

有記云：騰譯四十二章〔五〕經一卷，初緘在蘭臺石室第十四間中。騰所住處，今雒陽城西雍門外白馬寺是也。相傳云：外國國王嘗毁破諸寺，唯招提寺未及毁壞，夜有一白馬，繞塔悲鳴，即以啓王，王即停壞諸寺，因改「招提」以爲「白馬」。故諸寺立名，多取則焉。

## 校勘記

〔一〕按，據名僧傳抄（名僧傳抄載有名僧傳目録），名僧傳卷一有「漢雒陽蘭臺寺竺迦攝摩騰」傳，名僧傳説處第一有「摩騰事」。

〔二〕法：高麗藏、金藏本作「經法」。

〔三〕譬：高麗藏再雕本、金藏本作「達」。
〔四〕逮：高麗藏再雕本、金藏本無。
〔五〕章：原作「竟」，據諸校本改。

## 漢雒陽白馬寺竺法蘭

竺法蘭〔一〕，亦中天竺人，自言誦經論數万章，爲天竺學者之師。時蔡愔既至彼國，蘭與摩騰共契遊化，遂相隨而來。會彼學徒留礙，蘭乃間行而至。既達雒陽，與騰同止。少時，便善漢言。

愔於西域獲經，即爲翻譯，所謂〔二〕十地斷結、佛本生、法海藏、佛本行、四十二章等五部。移都寇亂，四部失本，不傳江左，唯四十二章經今見在，可二千餘言。漢地見存諸經，唯此爲始也。

愔又於西域得畫釋迦倚像，是優田王〔三〕栴檀像師第四作。既至雒陽，明帝即令畫工圖寫，置清涼臺中及顯節陵上。舊像今不復存焉。

又，昔漢武穿昆明池底得黑灰，問〔四〕東方朔，朔云：「不知〔五〕，可問西域胡人〔六〕。」後法蘭既至，衆人追以問之，蘭云：「世界終盡，劫火洞燒，此灰是也。」朔言有徵，信者甚衆。蘭後卒於雒陽，春秋六十餘矣。

校勘記

〔一〕按，據名僧傳抄，名僧傳卷一有「漢雒陽蘭臺寺竺法蘭」傳，名僧傳説處第一有「法蘭事」。
〔二〕所謂：高麗藏再雕本、金藏本無。
〔三〕王：原作「三」，據諸校本改。
〔四〕問：高麗藏再雕本、金藏本及太平廣記卷八七異僧一「竺法蘭」條引作「以問」。
〔五〕知：高麗藏、金藏本作「委」，法苑珠林卷一二千佛篇感應緣引作「經」。
〔六〕胡人：高麗藏、金藏本無，大正藏本法苑珠林卷一二千佛篇感應緣「後漢明帝時三寶具行」條引作「梵僧」（據其校勘記，餘諸大藏經本作「胡僧」），太平廣記卷八七異僧一「竺法蘭」條引作「梵人」。

## 漢雒陽安清

安清，字世高〔一〕，安息國王正后之太子也。幼以孝行見稱，加又志業聰敏，剋意好學，外國典籍及七曜五行、醫方異術乃至鳥獸之聲，無不綜達。嘗行見羣鷰，忽謂伴曰：「鷰云應有送食者。」頃之，果有致焉，衆咸奇之。故儁異之聲，早被西域。

高雖在居家，而奉戒精峻。王薨，便嗣父〔二〕位，乃深惟苦空，猒離形器。行服既畢，遂讓國與叔，出家修道。博曉經藏，尤精阿毗曇學，諷持禪經，略〔三〕盡其妙。既而遊方弘化，遍歷諸國。以漢桓之初，始到中夏。才悟機敏，一聞能達。至止未久，即通習華言。於是宣譯衆經，改梵〔四〕爲漢，出安般守意、陰持入經〔五〕、大小十二門及百六十品。初，外國三藏衆護選〔六〕述經要爲二十七章，高乃剖析護所集七章，譯爲漢文，即道地經也〔七〕。其先後所出經論，凡三十九部。義理明析，文字允正，辯而不華，質而不野。凡在讀者，皆亹亹而不倦焉。

高窮理盡性，自識緣業，多有神迹，世莫能量。初，高自稱先身已經出家，有一同學多瞋，分衛，值施主不稱，每輒懟〔八〕恨。高屢加訶諫，終不悛改。如此二十餘年，乃與同學辭〔九〕訣云：「我當往廣州畢宿世之對。卿明經精懃，不在吾後，而性多恚〔一〇〕怒，命過，當受惡形。我若得道，必當相度。」既而遂適廣州，值寇賊大亂，行路逢一少年，唾手拔刀〔一一〕曰：「真得汝矣！」高笑曰：「我宿命負卿，故遠來相償。卿之忿怒，故是前世時意也。」遂申頸受刃，容無懼色，賊遂殺〔一二〕之。觀者填陌，莫不駭其奇異。既而神識還爲安息王太子，即今時世高身也〔一三〕。

高遊化中國，宣經事畢，值靈帝之末，關雒擾亂，乃振錫江南，云：「我當過廬山，度昔同學。」行達䢼亭湖廟。此廟舊有威靈〔一四〕，商旅祈禱，乃分風上下，各無留滯。嘗有乞神竹者，未許輒取，舫即覆没，竹還本處。自是舟人敬憚，莫不懾影。高同旅三十餘船，奉牲請福，神乃降祝曰：「舫〔一五〕有沙門，可更〔一六〕呼上。」客咸驚愕，請高入廟。神告高曰：「吾昔外國與子俱出家學道，好行布施而性多瞋怒，今爲邺亭廟神，周迴千里，並吾所治。以布施故，珍玩甚豐；以瞋恚故，墮此神報。今見同學，悲欣可言！壽盡旦夕，而醜形長大，若於此捨命，穢污江湖，當度山西澤中。此身滅後，恐墮地獄。吾有絹千疋，并雜寶物，可爲立法營塔，使生善處也。」高曰：「故來相度，何不出形？」神曰：「形甚醜異，衆人必懼。」高曰：「但出，衆〔一七〕不怪也。」神從床後出頭，乃是大蟒，不知尾之長短。至高膝邊，高向之梵語數番，讚唄數契，蟒悲淚如雨，須臾還隱。高即取絹物，辭别而去。舟侣颺帆，蟒復出身，登山西〔一八〕望。衆人舉手，然後乃滅。倏忽之頃，便達豫章，即以廟物，爲〔一九〕造東寺。高去後，神即命過。暮有一少年上船，長跽〔二〇〕高前，受其呪願，忽然不見。高謂船人曰：「向之少年，即邺亭廟神，得離惡形矣！」於是廟神歇矣〔二一〕，無復靈驗。後人於山西澤中，見一死蟒，頭尾數里，今潯陽郡蛇村是也。

高後復到廣州，尋其前世害己少年。時少年尚在，高徑投〔二二〕其家，説昔日償對之事，并叙宿緣，歡喜相向云：「吾猶有餘報，今當往會稽畢對。」廣州客悟高非凡，豁然意解，追悔前愆，厚相資供，隨高東遊，遂達會稽。至便入市，正值市中有亂相打者，誤著高頭，應時殞[二三]命。廣州客頻驗二報，遂精懃佛法，具説事緣。遠近聞知，莫不悲歎[二四]，明三世之有徵也。

高既王種，西域賓旅皆呼爲「安侯」，至今猶爲号焉。

天竺國自稱書爲天書，語爲天語，音訓詭蹇[二五]，與漢殊異，先後傳譯，多致謬濫。唯高所出，爲群譯之首。安公以爲，若及面稟，不異見聖。列代明德，咸讚而思焉。

余訪尋衆録，紀載高公互有出没。將以權迹隱顯，應廢多端；或由傳者紕謬，致成乖角。輒備列衆異，庶或可論。

案釋道安經録云：「安世高以漢桓帝建和二年至靈帝建寧中二十餘年，譯出三十餘部經。」

又，别傳云：「晉太康末，有安侯道人來至桑垣，出經竟，封一函於寺云：『後四年可開之。』吴末，行至陽州，使人貨一箱物，以買一奴，名福善，云『是我善知識』。仍將奴適豫章，度䢼亭廟神，爲立寺竟，福善以刀刺安侯脅，於是而終。桑垣人迺發其所封函，材[二六]理自成字云：『尊吾道者，居士陳惠；傳禪經者，比丘僧會。』是日，正四年也。」

又，庾仲雍荆州記云：「晉初，有沙門安世高度䢼亭廟神，得財物，立白馬寺於荆城東南隅。」

宋臨川康王宣驗記云：「蟒死於吴末。」曇宗塔寺記云：「丹楊瓦官寺，晉哀帝時沙門惠力所立。後有沙門安世高，以𨚗亭廟餘物治之。」然道安法師既校閲群經，詮録傳譯，必不應謬。從漢桓建和二年至晉太康末，凡經一百三〔二七〕十餘年，若高公長壽，或能如此，而事不應然。何者？案如康僧會注安般守意經序云：「此經世高所出，久之沉翳。會有南陽韓林、潁川文〔二八〕業、會稽陳惠，此三賢者，信道篤密，會共請受。乃陳惠注〔二九〕義，余助斟酌。」尋僧會以晉太康元年乃死，而已云「此經出後，久之沉翳」，又世高封函之字云「尊吾道者，居士陳惠；傳禪經者，比丘僧會」，然安般所明，盛説禪業，是知封函之記，信非虚作。既云二人方傳吾道，豈容與共同世？且別傳自云「傳禪經者，比丘僧會」，會已太康初死，何容太康之末方有安侯道人？首尾之言，自爲矛盾。正當隨有一書，謬指晉初，於是後諸作者，或道太康，或言吴末，雷同奔競，無以校焉。既晉初之説尚已難實〔三〇〕，而曇宗記云「晉哀帝時，世高方復治寺」，其爲謬諸〔三一〕過迺懸矣。

**校勘記**

〔一〕按，據名僧傳抄，名僧傳卷一有「漢雒陽安世高」傳；出三藏記集卷一三有安世高傳。

〔二〕父：高麗藏、金藏本作「大」。

〔三〕略：嘉興藏本作「備」。

〔四〕梵：高麗藏、金藏本作「胡」。

〔五〕經：高麗藏、金藏本無。

〔六〕選：高麗藏、金藏本作「撰」。道地經由衆護（僧伽羅刹）纂集衆經而成。出三藏記集卷一〇道安道地經序：「有三藏沙門，厥名衆護，仰惟諸行，布在群籍；俯愍發進，不能悉洽。祖述衆經，撰要約行，目其次序，以爲一部二十七章。」

〔七〕也：高麗藏、金藏本作「是也」。

〔八〕懟：原作「對」，據高麗藏、金藏本改。慧琳一切經音義卷八九高僧傳第一卷音義作「懟」：「懟恨，上鎚類反。爾雅云：懟，怨也。説文：從心對聲也。」

〔九〕辭：原作「詞」，據高麗藏、金藏本改。

〔一〇〕恚：高麗藏、金藏本作「瞋」。

〔一一〕刀：高麗藏、金藏本作「刃」。

〔一二〕殺：高麗藏、金藏本作「煞」。按，高麗藏、金藏本「殺」多作「煞」，後文不一一出校。

〔一三〕也：高麗藏、金藏本作「是也」。

〔一四〕威靈：高麗藏、金藏本及法苑珠林卷五七債負篇感應緣「漢沙門釋安清」條引作「靈威」。

〔一五〕舫：高麗藏、金藏本作「船」。

〔一六〕更：高麗藏、金藏本作「便」。

〔一七〕衆：高麗藏、金藏本作「衆人」。

〔一八〕西：高麗藏、金藏本作「而」。

〔一九〕爲：高麗藏、金藏本無。

〔二〇〕跽：高麗藏、金藏本作「跪」。按，慧琳一切經音義卷八九高僧傳第一卷音義作「跽」：「長跽，奇蟻反。莊子云：擎跽曲拳，人臣之禮也。說文云：跽，長跪也，從足忌聲。」可洪新集藏經音義隨函録卷二七高僧傳第一卷音義中亦作「跽」：「長跽，其几反。」

〔二一〕矣：高麗藏、金藏本作「末」，法苑珠林卷五七債負篇感應緣「漢沙門釋安清」條引作「滅」。

〔二二〕徑投：高麗藏、金藏本作「經至」。

〔二三〕殞：高麗藏再雕本、金藏本作「隕」。

〔二四〕歎：高麗藏、金藏本作「慟」。

〔二五〕謇：高麗藏、金藏本作「蹇」。

〔二六〕材：高麗藏初雕本、金藏本無。

〔二七〕三：高麗藏、金藏本作「四」。

〔二八〕文：原作「大」，據高麗藏、金藏本改。按，文業，即趙整（或作趙正、趙政）之字。趙整出家，法名道整，見本卷曇摩難提傳附。據名僧傳抄，名僧傳卷一〇有「僞秦京兆商洛山道整」傳。

〔二九〕注：高麗藏、金藏本無。

〔三〇〕實：高麗藏、金藏本作「安」。

〔三一〕諸：高麗藏再雕本、金藏本作「説」。

## 漢雒陽支婁迦讖 竺佛朔 安玄 嚴佛調 支曜 康巨 康孟詳

支婁迦讖〔一〕，亦直云支讖，本月支人。操行純深，性度開敏。稟持法戒，以精懃著稱。諷誦群經，志在〔二〕宣法。漢靈帝時〔三〕，遊于雒陽，以〔四〕光和、中平之間，傳譯梵文，出般若道行、般舟、首楞嚴等三經。又有阿闍世王、寶積等十餘部經，歲久無録，安公校定古今，精尋文體，云「似讖所出」。凡此諸經，皆審得本旨，了不加飾，可謂善宣法要，弘道之士也！後不知所終。

時有天竺沙門竺佛朔，亦〔五〕漢靈之時賚道行經來適雒陽，即轉梵爲漢。譯人時滯，雖有失旨，然棄文存質，深得經意。朔又以光和二年於雒陽出般舟三昧，讖爲傳言，河南雒陽孟福、張蓮筆受。

時又有優婆塞安玄〔六〕，安息國人。志〔七〕性貞白，深沉有理致。博誦群經，多所通習。亦以漢靈之末，遊賈雒陽，以功号曰「騎都尉」。性虚靖温恭，常以法事爲己任。漸解漢言，志宣經典，常與沙門講論道義，世所謂都尉玄〔八〕也。玄與沙門嚴佛調共出法鏡經，玄口譯梵文，佛調筆受，理得音正，盡經微旨。郢匠之美，見述後代。

調本臨淮人，綺年穎悟，敏而好學。世稱安侯、都尉、佛調三人傳譯，号爲難繼。調又撰十慧，亦傳於世。安公稱佛調出經省而不煩，全本巧妙。

又有沙門支曜、康巨、康孟詳等，並以漢靈、獻之間有慧學之譽，馳於京雒。曜譯成具定意經及〔九〕小本起等；巨譯問地獄事經，並言直理旨，不加潤飾；孟詳譯中本起及修行本起。先是沙門曇果於迦維羅衛國得梵本，孟詳共竺大力譯爲漢文。安公云：「孟詳所出，奕奕流便，足騰玄趣也。」

### 校勘記

〔一〕按，據名僧傳抄，名僧傳卷一有「漢雒陽支樓柯讖」傳；出三藏記集卷一三有支讖傳。

〔二〕在：高麗藏本及出三藏記集卷一三支讖傳作「存」。

〔三〕按，出三藏記集卷一三支讖傳云「漢桓帝末」。

〔四〕以：出三藏記集卷一三支讖傳作「以靈帝」。光和（一七八—一八四）爲漢靈帝第三個年號，中平（一八四—一八九）爲漢靈帝第四個年號。

〔五〕亦：高麗藏再雕本作「亦以」。

〔六〕按，出三藏記集卷一三有安玄傳。

〔七〕志：高麗藏、金藏本無。

〔八〕玄：原作「者」，據出三藏記集卷一三安玄傳改。

〔九〕經及：高麗藏、金藏本無。

## 魏雒陽曇柯迦羅 康僧鎧 曇帝 帛延

曇柯迦羅，此云法時，本中天竺人，家世大富，常修梵福。迦羅幼而才悟，質像過人，詩〔一〕書一覽，皆文義通暢。善學四韋陀論，風雲、星宿、圖讖、運變，莫不該綜。自言天下文理，畢己心腹。至年二十五，入一僧坊看，遇見法勝毗曇，聊取覽之，茫然不解，慇懃重省，更增惛漠〔二〕，乃歎曰：「吾積學多年，浪志墳典，遊刃經籍，義不再思，文無重覽。今覩佛書，頓出情外，必當理致鉤深，別有精要。」於是賫卷入房，請一比丘略爲解釋，遂深悟因果，妙達三世。始知佛教宏曠，俗書所不能及。乃棄捨世榮出家，精苦誦大小乘經及諸部毗尼。常貴遊化，不樂專守。以魏嘉平中，來至洛陽。于時魏境雖有佛法，而道風訛替，亦有衆僧未稟歸戒，正以剪落殊俗耳。設復齋懺，事法祠祀。迦羅既至，大行佛法。

時〔三〕諸僧共請迦羅譯出戒律，迦羅以律部曲制，文言繁廣，佛教未昌，必不承用，乃譯出僧祇戒心，止〔四〕備朝夕。更請梵僧立羯磨法〔五〕。中夏戒律，始自乎〔六〕此。迦羅後不知所終。

時又有外國沙門康僧鎧者，亦以嘉平之末來至洛陽，譯出郁伽〔七〕長者等四部經〔八〕。又有安息國沙門曇帝〔九〕，亦善律學，以魏正元之中來遊洛陽，譯〔一〇〕出曇無德羯磨。又有沙門帛延，不知何許〔一一〕人，亦才明有深解。以魏甘露中，譯出無量清淨平等覺經等凡六部經，後不知所終〔一二〕。

**校勘記**

〔一〕詩：高麗藏、金藏本及開元釋教録卷一作「讀」。

〔二〕惛漠：高麗藏初雕本、金藏本作「昏慔」，大正藏本作「昏漠」。按，慧琳一切經音義卷八九高僧傳第一卷音義作「惛漠」：「惛漠，上忽昆反。孔注尚書云：惛，亂也。説文云：惛，不憭也，從心昏聲。憭，音了。下茫博反。鄭注爾雅云：漠，謂静察也。楚辭云：欲寂寞而絶端。説文：漠，謂北方幽冥沙漠也，從水莫聲也。」

〔三〕時：高麗藏、金藏本作「時有」。

〔四〕止：原作「上」，據高麗藏、金藏本改。

〔五〕羯磨法：高麗藏、金藏本作「羯磨法受戒」。按，羯磨，意譯「作業」「辦事作法」等，爲作授戒、懺悔等的宣告儀式。羯磨法，即羯磨之作法。

〔六〕乎：高麗藏、金藏本作「于」。

〔七〕伽：原作「陀」，據高麗藏再雕本改。按，「郁伽」，意譯「功德」「威德」，菩薩名。郁伽長者，即郁伽長者所問經，康僧鎧所譯，後編入大寶積經卷八二，即郁伽長者會。

〔八〕按，開元釋教録卷一著録康僧鎧譯經三部：郁伽長者所問經一卷，無量壽經二卷、四分雜羯磨一卷。其本並在，並云：「高僧傳中云譯四部，不具顯名。竺道祖魏晉録，僧祐、寶唱梁代録等，及長房、道宣、靖邁三録，並云二部，餘二既不顯名，校閲未見。今更得一部，餘欠一經，檢亦未獲。」

〔九〕曇帝：即曇諦，又作曇無諦。據開元釋教録卷一：「曇無諦，亦云曇諦，魏云法實，安息國人。善學律藏，妙達幽微。以高貴鄉公正元元年甲戌届于洛汭，於白馬寺譯曇無德羯磨一部。」

〔一〇〕譯：高麗藏、金藏本無。

〔一一〕許：高麗藏、金藏本無。按，據出三藏記集卷七首楞嚴經後記，帛延爲龜兹王世子。

〔一二〕按，據開元釋教録卷一，帛延譯經有無量清淨平等覺經二卷、叉須賴經一卷、菩薩修行經一卷、除災患經一卷、首楞嚴經二卷五部，其本並闕。「長房等録，又有平等覺經一卷，亦云白延所出，今以此經即是無量清淨平等覺經，但名有廣略，故不復存也。」

## 魏吴建業建初寺康僧會

康僧會〔一〕，其先康居人，世居天竺。其父因商賈，移于交阯〔二〕。會年十餘歲，二親並亡〔三〕，以至性奉孝〔四〕，服畢出家，厲〔五〕行甚峻。爲人弘雅有識量，篤志〔六〕好學，明解三藏，博覽六經，天文圖緯，多所綜涉。辯於樞機，頗屬文翰。

時孫權已制江左，而佛教未行。先有優婆塞支謙〔七〕，字恭明，一名越，本月支人，來遊漢境。初，漢桓、靈之世，有支讖譯出衆經。有支亮，字紀明，資學於讖。謙又受業於亮，博覽經籍，莫不精究，世間伎藝，多所綜習，遍學異書，通六國語。其爲人細長黑瘦，眼多白而睛黄，時人爲之語曰：「支郎眼中黄〔八〕，形軀雖細是智囊。」漢獻末亂，避地于吴。孫權聞其才慧，召見，悦之，拜爲博士，使輔導東宫，與韋曜諸人共盡匡益。但生自外域，故吴志不載。謙以大教雖行，而經多梵文，未盡翻譯，已妙善方言，乃收集衆本，譯爲漢語。從吴黄武元年至建興中，所出維摩、大般泥洹、法句、瑞應本起等四十九經，曲得聖義，辭旨文雅。又依無量壽、中本起製菩薩〔九〕連句梵唄三契，并注了本生死經等，皆行於世。

時吴地初染大法，風化未全，僧會欲使道振江左，興立圖寺，乃杖錫東遊。以吴赤烏十年，初達建業〔一〇〕，營立茅茨，設像行道。時吴國以初見沙門，覩形未及其道，疑爲矯異，有司奏曰：「有胡人入境，自稱沙門，容服非恒，事應檢察。」權曰：「昔漢明〔一一〕夢神，号稱爲佛，彼之所事，豈其〔一二〕遺風耶？」即召會詰問：「有何靈驗？」會曰：「如來遷迹，忽逾千載，遺骨舍利，神曜無方。昔阿育王起塔，乃八万四千。夫塔寺之興，以表遺化也。」權以爲誇誕，乃謂會曰：「若能得舍利，當爲造塔。如其虚妄，國有常刑！」會請期七日，乃謂其屬曰：「法之興廢，在此一舉。今不至誠，後將何及？」乃共潔齋靖〔一三〕室，以銅瓶加几，燒香禮請。七日期畢，寂然無應。求申二七，亦復如之。權曰：「此〔一四〕欺誑！」將欲加罪，會更請三七，權又特聽。會謂法屬曰：「宣尼有言：『文王既没，文不在兹乎？』法靈應降而吾等無感，何假王憲？當以誓死爲期耳。」三七日暮，猶無所見，莫不震懼。既入五更，忽聞瓶中鏗〔一五〕然有聲，會自往視，果獲舍利。明旦呈權，舉朝集觀，五色光炎，照曜瓶上。權自手執瓶，瀉于銅盤，舍利所衝，盤即破碎。權大肅然，驚起而曰：「希有之瑞也！」會進而言曰：「舍利威神，豈直光相而已！乃劫燒之火不能焚，金剛之杵不能碎。」權命令試之，會更誓曰：「法雲方被，蒼生仰澤，願更垂神迹，以廣示威靈。」乃置舍利於鐵砧磓上，使力者擊之。於是砧磓俱陷，舍利無損。權大嗟〔一六〕服，即爲建塔。以始有佛寺，故号建初寺，因名其地爲佛陀里。由是江左大法遂興。

至孫皓即正〔一七〕，法令苛虐，廢棄淫祠〔一八〕，乃及佛寺，並欲毀壞。皓曰：「此由何而興？若其義〔一九〕教真正與聖典相應者，當存奉其道。如其無實，皆悉焚之。」諸臣僉曰：「佛之威力，不同餘神，康會感瑞，大皇創寺，今若輕毁，恐貽後悔。」皓遣張昱詣寺詰會。昱雅有才辯，難問縱横，會應機騁辭〔二〇〕，文理鋒出。自旦之夕，昱不能屈。既退，會送于門，時寺側有淫祀者，昱曰：「玄化既孚，此輩何故近而不革？」會曰：「雷霆破山，聾者不聞，非音之細。苟在理通，則万里懸應；如其阻塞，則肝膽楚越。」昱還，歎會才明：「非臣所測，願天鑒察之。」皓大集朝賢，以馬車迎會。會既坐，皓問曰：「佛教所明善惡報應，何者是耶？」會對曰：「夫明主以孝慈訓世，則赤烏翔而老人〔二一〕見；仁德育物，則醴泉涌而嘉苗出。善既有瑞，惡亦如之。故爲惡於隱，鬼得而誅之；爲惡於顯，人得而誅之。易稱『積善餘慶』，詩詠『求福不回』，雖儒典之格言，即佛教之明訓。」皓曰：「若然，則周、孔已明，何用佛教？」會曰：「周、孔所言，略示近迹，至於釋教，則備極幽微。故行惡則有地獄長苦，修善則有天宫永樂。舉兹以明勸沮，不亦大哉！」皓當時無以折其言。

皓雖聞正法，而昏暴之性不勝其虐。後使宿衛兵入後宫治園，於地中〔二二〕得一立〔二三〕金像，高數尺，呈皓。皓使著不净處，以穢汁灌之，共諸群臣笑以爲樂。俄尔之間，舉身大腫，陰處尤痛，叫呼徹天。太史占言，犯大神所爲，即祈祀諸廟，永不差愈。采〔二四〕女先有奉法者，因問訊云：「陛下就佛寺中求福不？」皓舉頭問曰：「佛神大耶？」采女云：「佛爲大神。」皓心遂悟，其語意故。采女即迎像置殿上，香湯洗數十過，燒香懺悔。皓叩頭于枕，自陳罪狀。有頃，痛間。遣使至寺，問訊道人，請會説法。會即隨入，皓具問罪福之由，會爲敷析，辭甚精要。皓先有才解，欣然大悦，因求看沙門戒。會以戒文禁秘，不可輕宣，乃取本業百三十五願，分作二百五十事，行住坐卧，皆願衆生。皓見慈願廣普，益增善意，即就會受五戒。旬日疾瘳，乃於會所住處[二五]，更加修飾。宣示宗室，莫不必奉。會在吴朝亟説正法，以皓性兇麁，不及妙義，唯叙報應近事以開其心。

會於建初寺譯出衆經，所謂阿難念彌[二六]、鏡面王、察微王、梵皇經等，又出小品及六度集、雜譬喻等，並妙得經體，文義允正。又傳泥洹唄聲，清靡哀亮，一代模式。又注安般守意、法鏡、道樹等三經并製經序，辭趣雅便，義旨微密，並見於世。

至吴天紀四年四月，皓降晉。九月，會遘疾而終。是歲，晉武太康元年也。至晉[二七]咸和中，蘇峻作亂，焚會所建塔，司空何充復更修造。平西將軍趙誘，世不奉法，傲慢三寶。入[二八]此寺，謂諸道人曰：「久聞此塔屢放光明，虚誕不經，所未能信，若必自覩，所不論耳。」言竟，塔即出五色光，照曜堂刹。誘肅然毛[二九]竪，由此信敬，於寺東更立小塔。遠由大聖神感，近亦康會之力，故圖寫厥像，傳之于今。

孫綽爲之贊曰："會公蕭瑟，寔惟令質。心無近累，情有餘逸。厲此幽夜〔三〇〕，振〔三一〕彼尤黜。超然遠詣，卓〔三二〕矣高出。"

有記云："孫皓打試舍利，謂非權時〔三三〕。"余案皓將壞寺，諸臣咸荅"康會感瑞，大皇創寺"，是知初感舍利，必也權時。故數家傳記，咸言"孫權感舍利於吴宫"。其後更試神驗，或將皓〔三四〕也。

## 校勘記

〔一〕按，據名僧傳抄，名僧傳卷一有"吴建初寺康僧會"傳，名僧傳説處第一有"僧會三七日祈請得舍利感應事""舍利威神，豈直光明而已！劫燒之火不能燔，金剛之杵不能壞事"；出三藏記集卷一三有康僧會傳。

〔二〕阯：高麗藏、金藏本作"趾"。

〔三〕亡：高麗藏、金藏本作"終"。

〔四〕以至性奉孝：高麗藏、金藏本作"至孝"。

〔五〕厲：高麗藏、金藏本作"勵"。

〔六〕志：高麗藏、金藏本作"至"。

〔七〕按，出三藏記集卷一三有支謙傳。

〔八〕支郎眼中黄：諸校本及出三藏記集、開元釋教録等皆同，唯北山録卷四宗師議作"支郎支郎眼中黄」，可從。結合後文來看，作「支郎支郎眼中黄」，纔和諧押韻，符合時語的特點。之所以少一「支郎」，當是傳抄中脱重文號所致。

〔九〕薩：高麗藏、金藏本作「提」。按，出三藏記集卷一三支謙傳：「又依無量壽、中本起經製讚菩薩連句梵唄三契。」開元釋教録卷二同。歷代三寶紀卷五：「又依無量壽經及中本起製菩薩連句梵唄三契聲。」大唐内典録卷二：「又依無量壽經及中本起製菩薩連句梵唄三契七聲。」又，出三藏記集卷一二法苑雜緣原始集目録序第七，有支謙製連句梵唄記。

〔一〇〕業：高麗藏、金藏本作「鄴」。按，西晉太康三年（二八二），改建業爲建鄴。又，後文諸本多有「建業」「建鄴」不一者，皆從底本，不一一出校。

〔一一〕漢明：高麗藏、金藏本作「漢明帝」。

〔一二〕其：高麗藏、金藏本作「非其」。

〔一三〕靖：高麗藏、金藏本作「静」。

〔一四〕此：高麗藏、金藏本作「此寔」。

〔一五〕鏗：高麗藏再雕本作「鎗」。慧琳一切經音義卷八九高僧傳第一卷音義中作「鎗」：「鎗然，上策争反。字統云：鎗鎗，踵聲也。説文：從金倉聲也。」可洪新集藏經音義隨函録卷二七高僧傳第一卷音義中亦作「鎗」：「鎗然，上楚耕反，金聲也。正作『錚』。」

〔一六〕嗟：高麗藏、金藏本作「歎」。

〔一七〕正：高麗藏再雕本作「政」。
〔一八〕祠：高麗藏、金藏本作「祀」。
〔一九〕義：高麗藏、金藏本無。
〔二〇〕辭：高麗藏、金藏本作「詞」。
〔二一〕老人：嘉興藏本作「老人星」。
〔二二〕中：思溪藏、高麗藏、金藏本無。
〔二三〕立：高麗藏、金藏本無。
〔二四〕采：高麗藏、金藏本作「婇」。後同。
〔二五〕處：高麗藏、金藏本無。
〔二六〕阿難念彌：原作「阿難念彌陀經」，據高麗藏、金藏本改。按，阿難念彌，即阿難念彌經，此經又稱阿難念經等，出六度集經。開元釋教録卷二：「長房等録，更有阿難念彌經、鏡面王經、察微王經、梵皇經，上之四經，雖云會譯，然並出六度集中，不合爲正譯之數，今載别生録中。」康僧會譯出六度集經卷八阿難念彌經：「時有長者，名阿離念彌，財賄無數。」
〔二七〕晉：高麗藏、金藏本作「晉成」。按，咸和（三二六—三三四）是晉成帝年號。
〔二八〕入：原作「夢入」，據高麗藏再雕本、金藏本改。
〔二九〕毛：原作「手」，據諸校本改。

〔三〇〕厲此幽夜：高麗藏初雕本、金藏本作「厲幽夜振」，高麗藏再雕本作「屬此幽夜」。

〔三一〕振：高麗藏初雕本、金藏本作「拔」。

〔三二〕卓：原作「車」，據諸校本改。

〔三三〕權時：高麗藏初雕本無，金藏本作「其權時」。

〔三四〕皓：原作「結」，據諸校本改。

## 魏吳武昌維祇難 法立 法巨

維祇難，本天竺人也。世奉異道，以火祠爲上〔一〕。時有天竺沙門，習學小乘，多行道術，經遠行逼暮，欲寄難家宿。難家既事異道，猜忌釋子，乃處之門外，露地而宿。沙門夜密加呪術，令難家所事之火欻然變滅。於是舉家共出，稽請沙門入室供養，沙門還以呪術變火令生。難既覩沙門神力勝己，即於佛法大生信樂，乃捨本所事，出家爲道，依此沙門以爲和上。受學三藏，妙善四含。遊化諸國，莫不皆奉。

以吳黄武三年，與同伴竺律炎來至武昌，賫曇鉢經梵本。曇鉢者，即法句經也。時吳士共請出經，難既未善國語，乃共其伴律炎譯爲漢文。炎亦未善漢言，頗有不盡，志存義本，辤近朴質。至晉惠之末，有沙門法立更譯爲五卷，沙門法巨著筆，其辤味〔二〕小華也。

立又別出小經近百許首〔三〕，值永嘉末亂，多不復存。

**校勘記**

〔一〕上：高麗藏、金藏本作「正」。

〔二〕味：高麗藏再雕本無。

〔三〕按，出三藏記集卷一三竺法護傳：「惠懷之際，有沙門法炬者，不知何許人，譯出樓炭經。炬與沙門法立共出法句喻及福田二經。法立又訪得胡本，別譯出百餘首，未及繕寫，會病而卒。尋值永嘉擾亂，湮滅不存。」

## 晉長安竺曇摩羅刹 聶承遠　聶道真

竺曇摩羅刹，此云法護〔一〕。其先月支人，本姓支氏，世居燉煌郡。年八歲出家，事外國沙門竺高座爲師。誦經日万言，過目則能。天性純懿，操行精苦，篤志好學，万里尋師。是以博覽六經，遊心七藉，雖世務毁譽，未嘗介抱。是時晉武之世，寺廟圖像雖崇京邑，而方等深經蘊在葱外，護乃慨然發憤，志弘大道，遂隨師至西域，遊歷諸國。外國異言三十六種，書亦如之，護皆遍學，貫綜詁訓，音義字體，無不備識。遂大賫梵經，還歸中夏。自燉煌至長安，沿路傳譯，寫爲晉文。所獲賢劫〔二〕、正法華、光贊等一百六十五部。孜孜所務，唯以弘通爲業。終身寫譯，勞不告勸。經法所以廣流中華者，護之力也。

護以晉武之末，隱居深山，山有清澗，恒取澡漱。後有採薪者穢其水側，俄頃而燥。護乃徘徊歎曰：「人之無德，遂使清泉輟流！水若永竭，真無以自給，正當移去耳。」言訖而泉流〔三〕滿澗。其幽誠所感如此！故支遁爲之像贊云：「護公澄寂，道德淵美。微吟〔四〕穹〔五〕谷，枯泉漱水。邈矣護公，天挺弘懿。濯足流沙，傾〔六〕拔玄致。」

後立寺於長安青門外，精勤行道。於是德化遐布，聲蓋四遠，僧徒數千，咸所宗事。及晉惠西奔，關中擾亂，百姓流移，護與門徒避地東下，至澠池，遘疾而卒，春秋七十有八。

後孫綽製道賢論，以天竺七僧方竹林七賢，以護匹山巨源，論云：「護公德居物宗，巨源位登論道，二公風德高遠，足爲流輩矣。」其見美後代如此。

時有清信士聶承遠，明解有才，篤志務法。護公出經，多參正文句。超日明經初譯，頗多煩重，承遠刪正文偈〔七〕，今行二卷。其所詳定，類皆如此。承遠有子道真，亦善梵學。此君父子比辞雅便，無累於古。又有竺法首、陳士倫、孫伯虎、虞世雅等，皆共承護旨，執筆詳校。安公云：「護公所出，若審得此公手目，綱領必正。凡所譯經，雖不辯妙婉顯，而宏達欣暢，特善無生，依慧不文，朴則近本。」其見稱若此。護世居燉煌，死〔八〕而化道周洽〔九〕，時人咸謂「燉煌菩薩」也。

## 校勘記

〔一〕按，據名僧傳抄，名僧傳卷一有「晉長安青門外寺竺法護」傳；出三藏記集卷一三有竺法護傳。

〔二〕按，賢劫，即賢劫經，又名颰陀劫三昧經、賢劫定意經。出三藏記集卷七有未詳作者之賢劫經記（此記亦見大正藏第一四册收賢劫經卷末），云：「賢劫經，永康元年七月二十一日，月支菩薩竺法護從罽賓沙門得是賢劫三昧，手執口宣。時竺法友從洛寄來，筆受者趙文龍。」

〔三〕流：高麗藏、金藏本作「涌」。

〔四〕吟：原作「今」，據諸校本改。

〔五〕穹：高麗藏初雕本作「詠」，高麗藏再雕本作「窮」。

〔六〕傾：高麗藏、金藏本及開元釋教録卷二、法苑珠林卷六三引作「領」。

〔七〕文偈：高麗藏、金藏本作「得」。按，出三藏記集卷二：「（超日明經）晉武帝時，沙門竺法護先譯梵文，而辭義煩重，優婆塞聶承遠整理文偈，刪爲二卷。」

〔八〕死：高麗藏再雕本、金藏本無。

〔九〕洽：高麗藏、金藏本作「給」。

## 晉長安帛遠 帛法祚　衛士度

帛遠，字法祖〔一〕，本姓萬氏，河内人。父威達，以儒雅知名，州府辟命皆不行〔二〕。祖少發道心，啓父出家，辭理切至〔三〕，父不能奪，遂改〔四〕服從道。祖才思儁徹，敏朗絶倫，誦經日八九千言。研味方等，妙入幽微，世俗墳索〔五〕，多所該貫。乃於長安造築精舍，以講習爲業，白黑宗禀，幾且千人。

晉惠之末，太宰河間王顒鎮關中，虚心敬重，待〔六〕以師友之敬。每至閑晨〔七〕靖夜，輒〔八〕談講道德。于時西府初建，俊乂甚盛，能言之士，咸服其遠達。

祖見群雄交争，干戈方始，志欲潛遁隴右，以保雅操。會張輔爲秦州刺史，鎮隴上，祖與之俱行。輔以祖名德顯著，衆望所歸，欲令反服，爲己僚佐，祖固志不移，由是結感〔九〕。先有州人管蕃，與祖論議，屢屈於祖，蕃深銜恥恨，每加讒構。祖行至汧縣，忽語諸〔一〇〕道人及弟子云：「我數日對當至。」便〔一一〕辭别，作素書，分布經像及資財都訖。明晨，詣輔共語，忽忤輔意，輔使收之。行罰，衆咸怪惋，祖曰：「我來〔一二〕畢對。此宿命久結，非今事也。」乃呼十方佛：「祖前身罪緣，歡喜畢對，願從此已後，與張〔一三〕輔爲善知識，無令受殺人之罪。」遂便鞭之五十〔一四〕，奄然命終。輔後具聞其事，方大惋恨。

初，祖道化之聲被於關隴，崤函〔一五〕之右，奉之若神，戎晉嗟慟，行路流涕。隴上羌胡率精騎五千，將欲迎祖西歸，中路聞其遇害，悲恨不及。衆咸憤激，欲復祖之讎。輔遣軍上隴，羌胡率輕騎逆戰。時天水故帳下督富整，遂因忿斬輔。群胡既雪怨恥，稱善而還，共分祖屍，各起塔廟。輔字世偉，南陽人，張衡之後。雖有才解而酷不以理，横殺天水太守封尚，百姓疑駭，因亂而斬焉。管蕃亦卒以傾險致敗。

後少時，有一人姓李名通，死而更穌云：「見祖法師在閻羅王處，爲王講首楞嚴經，云：『講竟，應往忉利天。』又見祭酒王浮，一云道士基公，次被鎖械，求祖懺悔。」昔祖平素之日，與浮每爭邪正，浮屢屈，既瞋不自忍，乃作老子化胡經以誣謗佛法，殃有所歸，故死方思悔。

孫綽道賢論以法祖匹嵇康，論云：「帛祖釁起於管蕃，中散禍作於鍾會，二賢並以俊邁之氣，昧其圖身之慮，栖心事外，經世招患，殆不異也。」其見稱如此。

祖既博涉多閑，善通梵漢之語，常〔一六〕譯惟逮、弟子本起〔一七〕、五部僧〔一八〕等三部經，又注首楞嚴經，又言〔一九〕别譯數部小經，值亂零失，不知其名。

祖弟法祚〔二〇〕，亦少有令譽，被博士徵，不就。年二十五出家，深洞佛理，關隴知名。時梁州刺史張光，以祚兄不肯反服，輔之所殺，光又逼祚，令罷道。祚執志堅貞，以死爲誓，遂爲光所害，春秋五十有七。注放光般若經及著顯宗論等。光字景武，江夏人，後爲武都氐〔二一〕楊難敵所圍，發憤而死。

時晉惠之世，又有優婆塞衛士度，譯出道行般若經二卷〔二二〕。士度本司州汲郡之人，陸沉寒門，安貧樂道，常以佛法爲心。當其亡日，清浄澡漱，隱几〔一三〕誦經千餘言，然後引衣屍卧，奄然而卒。

## 校勘記

〔一〕按，據名僧傳抄，名僧傳卷八有「晉長安城西寺帛法祖」傳，名僧傳説處第八有「帛法師誦經日八九千言事」；出三藏記集卷一五有法祖法師傳。

〔二〕行：高麗藏、金藏本作「赴」。

〔三〕至：原作「志」，據高麗藏、金藏本及出三藏記集卷一五法祖法師傳、開元釋教録卷二改。

〔四〕改：原作「故」，據高麗藏、金藏本及出三藏記集卷一五法祖法師傳、開元釋教録卷二改。

〔五〕索：高麗藏、金藏本作「素」。

〔六〕待：原作「侍」，據高麗藏、金藏本及出三藏記集卷一五法祖法師傳、開元釋教録卷二改。

〔七〕晨：高麗藏、金藏本作「辰」。

〔八〕輒：原作「輕」，據高麗藏再雕本及出三藏記集卷一五法祖法師傳、開元釋教録卷二改。

〔九〕感：高麗藏、金藏本作「憾」。

〔一〇〕諸：高麗藏、金藏本無。

〔一一〕便：原作「使」，據高麗藏、金藏本及出三藏記集卷一五法祖法師傳改。

〔一二〕來：高麗藏再雕本作「來此」。

〔一三〕張：高麗藏、金藏本無。

〔一四〕十：原作「下」，據高麗藏、金藏本及出三藏記集卷一五法祖法師傳改。

〔一五〕崡：高麗藏、金藏本作「函」。

〔一六〕常：高麗藏再雕本作「嘗」。

〔一七〕起：高麗藏、金藏本無。按，弟子本起，即五百弟子本起經，又名五百弟子自説本末經、佛五百弟子自説本起經等，出三藏記集卷二、歷代三寶紀卷六、開元釋教録卷二等諸經録，皆云此經竺法護譯，且開元釋教録卷一三附入小乘經單譯，即認爲此經僅有一譯。大正藏第四册收，題佛五百弟子自説本起經，署「西晉三藏竺法護譯」。

〔一八〕按，五部僧，即五部僧服經，又名五部威儀所服經。出三藏記集卷四新集續撰失譯雜經録收，云「未見其本」。開元釋教録卷五宋失譯經中收，著録爲五部威儀所服經一卷，子注曰：「或云五部僧服經。高僧傳云白法祖譯。」又附入卷一五小乘律闕本。

〔一九〕言：高麗藏再雕本作「有」。

〔二〇〕按，據名僧傳抄，名僧傳卷八有「晉酒泉山寺帛法作」傳，名僧傳説處第八有「帛法祚（祚，原作『祖』，據意改）著顯宗論見稱當時事」。

〔二一〕氏：高麗藏初雕本、金藏本無。

〔二二〕按，「譯出」云者，不確，應爲「略出」。出三藏記集卷二新集經論録第一，著録爲摩訶般若波羅蜜道行經二卷，子注曰：「衆録並云道行經二卷，衛士度略出。今闕。」歷代三寶紀卷六亦云，此經是「從舊道行中刪改，亦是小品及放光等要別名耳」。故開元釋教録卷二說：「既取舊經刪略，即非梵本別翻。」

〔三〕隱几：高麗藏、金藏本無。

## 晉建康建初寺帛尸梨蜜

帛尸梨蜜多羅〔一〕，此云吉友，西域〔二〕人，時人呼爲「高座」。傳云國王之子，當承繼世，而以國讓弟，闇軌太伯。既而悟心天啓，遂爲沙門。蜜天姿高朗，風神超邁，直爾對之，便〔三〕卓出於物。

晉永嘉中，始到中國，值亂，仍過江，止建初寺。丞相王導一見而奇之，以爲「吾之徒」也，由是名顯。

太尉庾元規、光禄周伯仁、太常謝幼輿、廷尉桓茂倫，皆一代名士，見之終日累歎，披襟〔四〕致契。導嘗詣蜜，蜜解帶偃伏，悟言神解。時尚書令卞望之亦與蜜致善，須臾望之至，蜜乃斂襟飾容，端坐對之。有問其故，蜜曰：「王公風道期人，卞令軌度格物，故其然耳。」諸公於是歎其精神灑屬〔五〕，皆得其所。

桓廷尉嘗欲爲蜜作頌〔六〕，久之未得，有云「尸梨蜜可謂卓朗」，於是桓乃咨嗟絶歎，以爲標題之極。

大〔七〕將軍王處仲〔八〕在南夏，聞王、周諸公皆器重蜜，疑以爲失鑒〔九〕，及見蜜，乃欣振奔至，一面盡虔。周顗爲僕射，領選，臨入，過造蜜，乃歎曰：「若使太平之世盡得選此賢，真令人無恨也。」俄而顗遇害，蜜往省其孤，對坐，作胡唄三契，梵響陵〔一〇〕雲。次誦呪數千言，聲音高暢，顔容不變。既而揮涕收淚，神氣自若。其哀樂廢興，皆此類也。

王公嘗謂蜜曰：「外國有君，一人而已耳。」蜜笑曰：「若使我如諸君，今日豈得在此？」當時以〔一一〕爲佳言。

蜜性高簡，不學晉語。諸公與之語言，蜜雖因傳譯，而神領意得，頓盡言前，莫不歎其自然天拔，悟得非常。

蜜善持呪術，所向皆驗。初，江東未有呪法，蜜譯出孔雀王經，明諸神呪。又授弟子覓歷高聲梵唄，傳響于今。晉咸康中卒，春秋八十餘。諸公聞之，痛惜流涕。桓宣武每云少見高坐〔一二〕，稱其精神著出當年。瑯瑘王珉師事於蜜，乃爲之序曰：「春秋吴楚稱子，傳者以爲先中國而〔一三〕後四夷，豈不以三代之胤，行乎殊俗之禮？以戎狄貪婪，無仁讓之性乎？然而卓世之秀，時生於彼，逸群之才，或侔乎兹。故知天〔一四〕授英偉，豈俟於華戎？自此已來，唯漢世有金日磾。然日磾之賢，盡於仁孝忠誠，德信純至，非爲明達足論。高座心造峯極，交儁以神，風領朗越，過之遠矣。」

蜜常在石子崗東行頭陀，既卒，因葬于此。成帝懷其風，爲樹刹冢所。後有關右沙門來遊京師，迺於冢處起寺。陳郡謝混贊成其業，追旌往事，仍曰高座寺也。

## 校勘記

〔一〕按，據名僧傳抄，名僧傳卷一有「晉建初寺白尸梨蜜」傳；出三藏記集卷一三有尸梨蜜傳。

〔二〕域：原作「或」，據諸校本改。

〔三〕便：原作「使」，據高麗藏、金藏本改。

〔四〕襟：高麗藏、金藏本作「衿」。後同。

〔五〕屬：高麗藏再雕本作「厲」。按，點校本出三藏記集卷一三尸梨蜜傳作「厲」，校勘記云：「『厲』字宋本、磧砂本、元本、明本作『麗』，梁傳一本傳及智昇錄三引作『屬』，兹從麗本。」

〔六〕頌：高麗藏初雕本、金藏本作「名目」，高麗藏再雕本及出三藏記集卷一三尸梨蜜傳作「目」。

〔七〕大：高麗藏、金藏本作「太」。

〔八〕仲：原作「沖」，據高麗藏、金藏本改。王處仲，即王敦。晉書卷九八有傳。

〔九〕鑒：高麗藏、金藏本無。

〔一〇〕陵：高麗藏、金藏本作「淩」。

〔二〕以：高麗藏、金藏本無。
〔三〕坐：高麗藏、金藏本作「座」。
〔三〕而：原無，據高麗藏、金藏本補。
〔四〕天：原作「大」，據諸校本改。

## 晉長安僧伽跋澄佛圖羅剎

僧伽跋澄〔一〕，此云衆現，罽賓人。毅然有淵懿之量。歷尋名師，備習三藏，博覽衆典，特善數經。闇誦阿毗曇毗婆沙，貫其妙旨。常浪志遊方，觀風弘化。苻堅建元十七年，來入關中。先是大乘之典未廣，禪數之學甚盛，既至長安，咸稱法匠焉。苻堅秘書郎趙正崇仰大法，嘗聞外國宗習阿毗曇毗婆沙，而跋澄諷誦，乃四事禮供，請譯梵文。遂共名德法師釋道安等集僧宣譯，跋澄口誦經本，外國沙門曇摩難提筆受爲梵文，佛圖羅剎宣譯，秦沙門敏智筆受爲晉本。以僞秦建元十九年譯出，自孟夏至仲秋方訖。

初，跋澄又賫婆須蜜梵本自隨，明年，趙正復請出之。跋澄乃與曇摩難提及僧伽提婆三人共執梵本，秦沙門佛念宣譯，慧嵩筆受，安公、法和對共校定。故二經流布，傳學迄今。跋澄戒德整峻，虚靖[二]離俗，關中僧衆，則而象之。後不知所終。

佛圖羅刹，不知何國人，德業純粹，該覽經典，久遊中土，善閑漢言。其宣譯梵文，見重苻世。

**校勘記**

〔一〕按，據名僧傳抄，名僧傳卷三有「僞秦僧伽跋澄」傳；出三藏記集卷一三有僧伽跋澄傳。

〔二〕靖：高麗藏初雕本作「静」。

## 晉長安曇摩難提 趙正

曇摩難提[一]，此云法喜，兜佉勒人。齠年離俗，聰慧夙成，研諷經典，以專精致業。遍觀三藏，闇誦增一阿含經，博識洽聞，靡所不綜，是以國内遠近咸共推服。少而觀方，遍涉[二]諸國，常謂弘法之體，宜宣布未聞，故遠冒流沙，懷寶東入，以苻氏建元中至于長安。難提學業既優，道聲甚盛，苻堅深見禮接。先是中土群經未有四含，堅臣武威太守趙正欲請出經。時慕容沖已叛，起兵擊堅，關中擾動，正慕法情[三]深，忘身爲道，乃請安公等於長安城中集義學僧，請難提譯出中、增一二阿含，并先所出毗曇心、三法度等，凡一百六卷。佛念傳譯，惠嵩筆受。自夏迄春，綿涉兩載，文字方具。及姚萇寇逼關内，人情危阻，難提乃辭還西域，不知所終。

其時也，苻堅初敗，群鋒互起，戎妖縱暴，民流四出，而猶得傳譯大部，蓋由趙正之力。正字文業，洛陽清水人，或曰濟陰人。年十八，爲僞秦著作郎，後遷至黄門侍〔四〕郎、武威太守。爲人無鬚而瘦，有妻妾而無兒，時人謂閹。然而情度敏達，學兼内外，性好譏諫，無所迴避。苻堅末年，寵惑鮮卑，惰〔五〕於治政，正因歌諫曰：「昔聞孟津河，千里作一曲。此水本自清，是誰攪令濁？」堅動容曰：「是朕也。」又歌曰：「北園有一棗，布葉垂重陰〔六〕。外雖饒棘刺，内實有赤心。」堅笑曰：「將非趙文業耶？」其調戲機捷，皆此類也。

後因關中佛法之盛，乃願欲出家，堅惜而未許。及堅死後，方遂其志。更名道整，因作頌曰：「佛〔七〕生何以晚，泥洹一何早！歸命釋迦文，今來投大道〔八〕。」後遁迹商洛山，專精經律。晉雍州刺史郄恢〔九〕欽其風尚，逼共同遊。終於襄陽，春秋六十餘矣。

校勘記

〔一〕按，據名僧傳抄，名僧傳卷三有「僞秦曇摩難提」傳；出三藏記集卷一三有曇摩難提傳。

〔二〕涉：高麗藏、金藏本作「歷」。

〔三〕法情：原作「去請」，據諸校本改。

〔四〕侍：高麗藏、金藏本無。
〔五〕惰：高麗藏、金藏本作「墮」。
〔六〕蔭：高麗藏、金藏本作「陰」。
〔七〕佛：嘉興藏本作「我」。參後。
〔八〕按，廣弘明集卷九、法琳破邪論卷上、法苑珠林卷五五等引化胡經，云：「佛生何以晚，泥洹何以早！不見釋迦文，心中大懊惱。」其中，法琳破邪論卷上有子注云：「舊本皆言『我生何以晚，佛滅一何早』。」
〔九〕按，「郄」應作「郗」。「郗」與「郄」原本起源有異，音讀各殊，後世因俗書早已相混。本書中或用「郄」，或用「郗」，後文中不再一一出校。郗恢，字道胤，小字阿乞。傳見晉書卷六七。

## 晉廬山僧伽提婆僧伽羅叉

僧伽提婆〔一〕，此言衆天，或云提和，音訛故也。本姓瞿曇氏，罽賓人。入道修學，遠求明師，學通三藏，尤善阿毗曇心，洞其纖旨。常誦三法度論，晝夜嗟味，以爲入道之府也。爲人儁朗有深鑒，而儀止温恭，務在誨人，恂恂不怠。

苻氏建元中，來入長安，宣流法化。初，僧伽跋澄出婆須蜜及曇摩難提所出二阿含、毗曇、廣説、三法度等，凡百餘万言。屬慕容之難，戎〔二〕敵紛擾，兼譯人造次，未善詳悉，義旨句味，往往不盡。俄而安公棄世，未及改正。後山東〔三〕清平，提婆乃與冀州沙門法和俱適洛陽。四五年間，研講前經，居華稍積，轉〔四〕明漢語，方知先所出經多有乖失。法和慨歎未定，乃更令提婆出阿毗曇及廣説衆經。

頃〔五〕之，姚興王秦，法事甚盛，於是法和入關，而提婆度〔六〕江。先是廬山慧遠法師翹懃妙典，廣集經藏，虚心側席，延望遠賓，聞其至止，即請入廬岳。以晉太元之中，請出阿毗曇心及三法度等。提婆乃於般若臺手執梵文，口宣晉語，去華存實，務盡義本。今之所傳，蓋其文也。

至隆安元年〔七〕，來遊京師，晉朝王公及風流名士，莫不造席致敬。時衛軍東亭侯琅琊王珣淵懿有深信，扶〔八〕持正法，建立精舍，廣招學衆。提婆既至，珣即延請，仍於其舍講阿毗曇，名僧畢集。提婆宗致既精，辭〔九〕旨明析，振發義理，衆咸悦悟。時王僧珍〔一〇〕亦在座聽，後於别屋自講。珣問法綱道人：「僧珍〔一一〕所得云何？」荅曰：「大略全是，小未精覈耳。」其敷析之明，易啓人心如此。

其年〔一二〕冬，珣集京都義學沙門釋慧持等四十餘人，更請提婆重譯中阿含等。罽賓沙門僧伽羅叉執梵本，提婆翻爲晉言，至來夏方訖。其在河〔一三〕、洛左右所出衆經，百餘万言。歷遊華梵〔一四〕，備悉風俗。從容機警，善於談笑。其道化聲譽，莫不聞焉。後不知所終。

## 校勘記

〔一〕按，據名僧傳抄，名僧傳卷三有「王衞軍寺僧伽提婆」傳；出三藏記集卷一三有僧伽提婆傳。

〔二〕戎：原作「戒」，據諸校本改。

〔三〕山東：原作「東山」，據高麗藏再雕本及出三藏記集卷一三僧伽提婆傳改。

〔四〕轉：原作「傳」，據七寺本及出三藏記集卷一三僧伽提婆傳改。高麗藏、金藏本作「博」。

〔五〕頃：原作「改」，據諸校本改。

〔六〕度：高麗藏再雕本作「渡」。

〔七〕年：原作「生」，據諸校本改。

〔八〕扶：高麗藏、金藏本作「荷」。

〔九〕辯：高麗藏、金藏本作「詞」。

〔一〇〕王僧珍：思溪藏本、高麗藏再雕本作「王僧弥」（「弥」爲「珍」的異體），高麗藏初雕本、金藏本作「王彌」。按，「珍（弥）」或爲「彌（弥）」之形訛。湯用彤先生校注本作「王彌」，校注曰：「按王珉小字僧彌，王珣之弟。三本『彌』作『僧珍』，祐録作『珣僧等』均誤，應爲『僧彌』。晉書卷六十五王導傳有附傳，載提婆講毘曇經事。世説文學篇亦載有提婆在東亭第講阿毗曇事。」點校本出三藏記集卷一三僧伽提婆傳作「王珣、僧彌」。又，太平御覽卷四九五人事部一三六：「王珉，字季琰。少有才藝，善行書，名出其兄。時人爲之語曰：『法護非不佳，僧珍難爲兄。』僧珍，珉小字也。」亦以「僧珍（彌）」爲王珉小字。然此事發生之隆安元年（三九七），去王珉辭世之太元十三年（三八八）已近十年，故或以爲王僧珍當別是一人。世説新語文學「提婆初至」條，余嘉錫箋疏引程炎震箋證云：「僧彌，王珉小字也。晉書珉傳亦取此事。然珉卒於太元十三年。至隆安之元，首尾十年矣。高僧傳作『王僧珍』，蓋別是一人。因『珍』『彌』二字草書相亂，故誤認爲王珉耳。」

〔一一〕僧珍：高麗藏、金藏本作「阿彌」，出三藏記集卷一三僧伽提婆傳作「僧彌」。

〔一二〕年：高麗藏、金藏本無。

〔一三〕河：高麗藏、金藏本作「江」。按，「河、洛左右」，出三藏記集卷一三僧伽提婆傳作「關、洛、江左」。

〔一四〕梵：高麗藏、金藏本及出三藏記集卷一三僧伽提婆傳作「戎」。

## 晉長安竺佛念

竺佛念〔一〕，涼州人。弱年出家，志業清堅，外和内朗，有通敏之鑒。諷習衆經，粗涉〔二〕外典，其蒼雅詁訓，尤所明達。少好遊方，備貫〔三〕風俗。家世西河，洞曉方語，華梵〔四〕音義，莫不兼釋〔五〕。故義學之譽雖闕，洽聞之聲甚著。

苻氏建元中，有僧伽跋澄、曇摩難提等入長安，趙政〔六〕請出諸經，當時名德，莫能傳譯，衆咸推念。於是澄執梵文，念譯爲晉，質斷疑義，音字方明。至建元二十年正月，復請曇摩難提出增一阿含及中阿含，於長安城内集義學沙門，請念爲譯。敷析研覈，二載乃竟。二含之顯，念宣譯之功也。自世高、支謙已後，莫踰於念。在〔七〕苻、姚二代，爲譯人之宗。故關中僧衆，咸共嘉焉。其〔八〕後續自〔九〕出菩薩瓔珞、十住斷結及出曜、胎經、中陰經等。始就治定，意多未盡，遂尔遘疾，卒于長安。遠近白黑，莫不歎惜矣。

## 校勘記

〔一〕按，據名僧傳抄，名僧傳卷二六有「晉長安竺佛念」傳；出三藏記集卷一五有佛念法師傳。

〔二〕涉：原作「步」，據諸校本改。

〔三〕貫：高麗藏再雕本作「觀」。

〔四〕梵：高麗藏、金藏本及出三藏記集卷一五佛念法師傳作「戎」。

〔五〕釋：高麗藏再雕本及出三藏記集卷一五佛念法師傳作「解」。

〔六〕政：高麗藏、金藏本作「正」。按，趙政，詳見前文曇摩難提傳附傳。

〔七〕在：高麗藏初雕本作「自」，出三藏記集卷一五佛念法師傳作「於」。

〔八〕其：高麗藏、金藏本無。

〔九〕自：高麗藏、金藏本無。

# 晉江陵辛寺曇摩耶舍竺法度

曇摩耶舍〔一〕，此云法明，罽賓人。少而好學，年十四，爲弗若多羅所知。長而氣幹高爽，雅有神慧，該覽經律，明悟出群，陶思八禪，遊心七覺，時人方之浮頭婆馱。孤行山澤，不避虎兕〔二〕，獨處思念，動移宵日。常〔三〕於樹下，每自剋責：「年將三十，尚未得果，何其懈哉！」於是累日不寢不食，專精苦到，以悔先罪，乃夢見博叉天王語之曰：「沙門當觀方弘化，曠濟爲懷，何守小節，獨善而已？道假衆緣，復須時熟，非分强求，死而無證。」覺自思惟，欲遊方授道，既而踰歷名邦，履踐郡國，以晉隆安中，初達廣州，住白沙寺。

耶舍善誦毗婆沙律，人咸号爲「大毗婆沙」，時年已八十五，徒衆八十五人。時有清信女張普明諮受佛法，耶舍爲説佛生緣起，并爲譯出差摩經一卷。至義熙中，來入長安。時姚興僭号，甚崇佛法，耶舍既至，深加禮異。會有天竺沙門曇摩掘多來入關中，同氣相求，宛然若舊，因共出〔四〕舍利弗阿毗曇。以僞秦弘始九年初書梵文〔五〕，至十六年翻譯方竟，凡二十二卷。僞太子姚泓親管理味，沙門道標爲之作序。

耶舍後南遊江陵，止于辛寺，大弘禪法。其有味靖之賓披榛而至者，三百餘人。凡士庶造者，雖先無信心，見皆敬悦。自説有一師一弟子修業，並得羅漢，傳者失其名。

又嘗於外門閉户坐禪，忽有五六沙門來入其室。又時見沙門飛來樹端者，往往非一。常交接神明，而俯同矇俗。雖道迹未彰，時人咸謂已階聖果。至宋元嘉中，辭還西域，不知所終。

耶舍有弟子法度，善梵漢之言，常爲譯語。度本竺婆勒子，勒久停廣州，往來求利，中途於南康生男，仍名南康，長名金迦，入道名法度。度初爲耶舍弟子，承受經法。耶舍既還外國，度便獨執矯異，規以攝物，乃言專學小乘，禁讀方等。唯禮釋迦，無十方佛，食用銅鉢，無别應器。又令諸尼相捉而行，悔罪之日，但伏地相向，唯宋故丹陽尹顔竣女法弘尼、交州刺史張牧女普明尼初受其法。今都下宣業、弘光等〔六〕諸尼習其遺風，東土尼衆亦時傳其法。

## 校勘記

〔一〕據名僧傳抄，名僧傳卷一九有「宋江陵辛寺曇摩耶舍」傳。又，歷代三寶紀卷八：「曇摩耶舍，秦言法稱。『耶舍』是『名稱』，而高僧傳乃云『法明』，從聲爲字，於理小僻。」開元釋教録卷四：「沙門曇摩耶舍，秦言法稱。」子注云：「高僧傳翻爲『法明』，義乖也。」

〔二〕虎兕：高麗藏、金藏本作「豺虎」。

〔三〕常：高麗藏、金藏本作「嘗」。

〔四〕出：高麗藏、金藏本作「耶舍譯」。

〔五〕文：高麗藏、金藏本作「書文」。

〔六〕等：高麗藏、金藏本無。按，法弘爲宣業寺尼，普明爲弘光寺尼，見出三藏記集卷五小乘迷學竺法度造異儀記。

婁識：下楚禁反。　曇柯：上徒含反，下〔一〕音哥。　附庸：下音容，小國附大國曰附庸也。　鋒鏑：二字音峯的，箭頭也。　敵：徒的反，鬪敵。　傅殺：上音付字，下魚既反。　蔡愔：下於今反。　憚：徒旦反，懼也。　雒邑：上音洛。　綜達：上子宋反，揔也。　鷰：亦作鷰，於見反。　薨：兄弘反，亡也。　桓帝：上惠官反。　剖析：上疋口反，下先擊反。　剖析，開分也。　亹亹：音尾，美也。　懟恨：上音墜，冤恨也。　悛改：上七全反，悛亦改也。　訣：音決，別也。　咲：笑字。　駭：胡解反，驚也。　邛亭：上音恭。　懾影：上之葉反。　旅：音吕，旅客。　牲：音生，祭食也。　驚愕：下吾各反。　大蟒：下母朗反，大蛇也。　讚唄：下音敗。　颺帆：上音羊，趁風行舟曰颺帆。　跽：其矣反，脚支地。　豁：呼活反。　愆：去乾反，罪也。　殞命：羽敏反。　詭譽：上過委反，下居展反。　紕繆：上疋夷反，下苗幼反，繒疎薄也。又，錯也。　庾仲：上勇主反。　校閱：上音教，計也；下音悅，數也。　謬：苗幼反，虛也。　鉾盾：上莫浮反，下時尹反，兵器也。　操行：上七到反，志操也，下去聲。　郢匠：上以領反。　奕奕：音亦，盛也。　流便：下毗篇反，習也，辯也。　圖讖：下楚禁反。圖讖，有徵驗之書也。　心腷：下皮力反，不泄之意。或作「心腹」，亦通其義。　聊：音寮，略也。　訛替：上愚和反，訛，謬也；替，廢也。　僧鎧：下口改反。　郁陀：上於六反。　圖緯：下音謂，經緯也。又曰圖讖，星緯也。　茅茨：下在咨反。茅茨，草舍也。　矯異：上居小反，妄也。　誇誕：下音但。　王憲：下音獻，法也。　鏗然：上苦庚反，金聲也。　砧碓：上知林反，下直追反。　陷：咸字去聲。　苛虐：上音何，下魚却反，酷政也。　貽：余之反，及也。　昱：余六反。　騁：丑領反，馳騁也。　孚：芳無反。　雷霆：下音廷，雷聲疾也。　翔：音祥，飛也。　醴泉：上音禮，泉味甘醴如酒也。　沮：才呂反。　叩頭：上音口，又苦候反。　疾瘳：下音抽，疾安也。　孫綽：下昌約反。　尤黜：上于休反，罪尤；下丑〔二〕律反，黜退。　猜忌：上七才反。　欻然：上許勿反，卒起皃。　發憤：下房粉反，怒氣也。　詁訓：上音古。　孜孜：音茲。孜孜，不息之意也。　燥：蘇老反，乾燥也。　支遁：下徒困反。　穹谷：上去弓反，高也。　邈：眉角反，遠也。　弘懿：下乙器反，亦作「懿」。弘懿，大也，美也。　澠池：上音緬。　匹：疋字。　聶：尼輒反，姓也。　顒：愚恭反。　隴右：上吕勇反。　僚佐：上音寮，官僚也。　結憾：下胡暗反，恨也。　管蕃：下音煩，人名。　讒構：上助銜反，下古侯反。讒構，言佞也。　汧縣：上音牽，縣名，屬〔三〕隴州。　忤：音悟，觸也。　怪惋：下烏貫反，驚也。　崤函：上户交反，下音咸。崤函，山名，在弘農。　羌胡：上苦良反，西蠻。　讎：音酬，冤也。　督：音篤，察也。　世偉：下羽鬼反。　酷：苦篤反，毒之甚也。　誣謗：上音無。　嵇康：上音兮。　汲郡：上音急。　衣衣：上去聲。　披襟：下音金，衣襟也。　顗：語豈反。　珉：音閩。　胤：余鎮反，嗣也。　貪婪：下盧含反，婪亦貪也。　侔：音牟，齊也。　旍：音精，析羽爲旍也。　齠年：上音條，長髮之年也。　叛：音畔，背也。　閹：邑壚反，宫官也。　棘刺：上紀力反，下七賜反。　泓：烏萠反，姚秦帝名也。　竣：七旬反。　機捷：下才葉反，辯機也。　精覈：下閑革反，考實也。　氣幹：下古旦反。　虎兕：上虎字，下詞姊反，野牛也。　僭：子念反。

## 校勘記

〔一〕下：原作「反」，據思溪藏本改。

〔二〕丑：原作「日」，據思溪藏本改。

〔三〕屬：原無，據思溪藏本補。

# 高僧傳卷第二

梁〔一〕會稽嘉祥寺沙門慧皎撰

## 譯經中



校勘記

〔一〕梁：原作「宋」，據諸校本改。

〔二〕弗：正文作「佛」。

### 晉長安鳩摩羅什

鳩摩羅什〔一〕，此云童壽，天竺人也，家世國相。什祖父達多，倜儻不群，名重於國。

父鳩摩炎，聰明有懿節，將嗣相位，乃辭避出家，東度葱嶺。龜茲王聞其棄榮，甚敬慕之，自出郊迎，請爲國師。王有妹，年始二十，才[二]悟明敏，過目必能，一聞則誦。且體有赤黶，法生智子，諸國娉之，並不肯行，及見摩炎，心欲當之。乃逼以妻焉，既而懷什。什在胎時，其母慧解倍常[三]。聞雀梨大寺名德既多，又有得道之僧，即與王族貴女、德行諸尼弥日設供，請齋聽法。什母忽自通天竺語，難問之辭，必窮淵致，衆咸歎異[四]。有羅漢達摩瞿沙曰："此必懷智子。"爲説舍利弗在胎之證。及什生之後，還無[五]前言。

久[六]之，什母樂欲出家，夫未之許，遂更産一男，名弗沙提婆。後因出城遊觀，見塚間枯骨異處縱横，於是深惟苦本，定求離俗，誓志[七]落髮，不咽飲食。至六日夜，氣力綿乏，疑不達旦，夫乃懼而許焉。以未剃髮故，猶不嘗進，即勅人爲[八]除髮，乃下飲食。次旦受戒，仍業[九]禪法，專精匪懈，學得初果。

什年七歲，亦俱出家，從師受經，日誦千偈，偈有三十二字，凡三万二千言。誦毗曇既過，師授其義，即自通達，無幽不暢。時龜茲國人以其母王妹[一〇]，利養甚多，乃攜什避之。

什年九歲，隨母渡辛頭河，至罽賓，遇名德法師盤頭達多，即罽賓王之從弟也。淵粹有大量，才明博識，獨步當時，三藏九部，莫不該博[一一]。從旦至中，手寫千偈，從中至暮，亦誦千偈。名播諸國，遠近師之。什至，即崇以師禮，從受雜藏、中長二含，凡四百万言。

達多每稱什神俊，遂聲徹於王。王即請入〔一二〕，集外道論師共相攻難。言氣始交，外道輕其年幼，言頗不遜。什乘隙而挫之，外道折伏，愧惋無言。王益敬異，日給鵝腊一雙、粳米麵各三斗、酥〔一三〕六升，此外國之上供也。所住寺僧，乃差大僧五人、沙弥十人，營視掃灑，有若弟子。其見尊崇如此。

至年十二，其母攜還龜兹，諸國皆聘以重爵，什並不顧。時什母將什至月氏北山，有一羅漢見而異之，謂其母曰：「常當守護此沙弥。若至年〔一四〕三十五不破戒者，當大興佛法，度無數人，與優波毱多無異。若戒不全，無能爲也，止〔一五〕可才明儁藝〔一六〕法師而已。」什進到沙勒國，頂戴佛鉢，心自念言：「鉢形甚大，何其輕耶？」即重不可勝，失聲下之。母問其故，荅云：「兒心有分別，故鉢有輕重耳。」遂停沙勒一年。其冬，誦阿毗曇，於十門、修智諸品，無所諮受，而備達其妙。又於六足諸門〔一七〕，無所滯礙。沙勒國有三藏沙門名喜見，謂其王曰：「此沙弥不可輕，王宜請令初開法門，凡有二益：一國内沙門恥其不逮，必見勉强；二龜兹王必謂什出我國，而彼尊之，是尊我也，必來交好。」王許焉，即設大會，請什升座，説轉法輪經。龜兹王果遣重使，酬其親好。

什以説法之暇，乃尋訪外道經書，善學韋陁舍〔一八〕多論，多明文辭製作問荅等事，又博覽四韋陁典及五明諸論。陰陽星筭，莫不必〔一九〕盡，妙達吉凶，言若符契。爲性率達，不厲小檢，修行者頗共疑之，然什自得於心，未嘗介意。

時有莎車王子、參軍王子兄弟二人，委國請從而爲沙門。兄字須利耶跋陁，弟字須耶利蘇摩。蘇摩才伎絶倫，專以大乘爲化，其兄及諸學者皆共師焉。什亦宗而奉之，親好弥至。蘇摩後爲什説阿耨達經，什聞陰界諸入皆空無相，怪而問曰：「此經更有何義而皆破壞諸法？」答曰：「眼等諸法，非真實有。」什既執有眼根，彼據因成無實。於是研覈大小，往復移時。什方知理有所歸，遂專務方等，乃歎曰：「吾昔學小乘，如人不識金，以鍮石爲妙。」因廣求義要，受誦中、百二論及十二門等。

頃之，隨母進到温宿國，即龜兹之北界。時温宿有一道士，神辯英秀，振名諸國，手擊王鼓而自誓言：「論勝我者，斬首謝之。」什既至，以二義相檢，即迷悶自失，稽首歸依。於是聲滿葱左，譽宣河外。龜兹王躬往温宿，迎什還國，廣説諸經。四遠學宗〔二〇〕，莫之能抗。時王女〔二一〕爲尼，字阿竭耶末帝，博覽群經，特深禪要，云已證二果，聞法喜踴，迺更設大集，請開方等經奧。什爲推辯諸法皆空無我，分別陰界假名非實。時會聽者，莫不悲感追悼，恨悟之晚矣。至年二十，受戒於王宫，從卑摩羅叉學十誦律。

有頃，什母辭往天竺，謂龜兹王白純曰：「汝國尋衰，吾其去矣！」行至天竺，進登三果。什母臨去，謂什曰：「方等深教，應大闡真丹。傳之東土，唯尔之力。但於自身無利，其可如何？」什曰：「大士之道，利彼忘軀。若必使大化流傳，能洗悟矇〔二二〕俗，雖復身當爐鑊，苦而無恨。」於是留住龜茲，止于新寺。後於寺側故宮中，初得放光經，始就披讀，魔來蔽文，唯見空牒。什知是〔二三〕魔所爲，誓心踰固，魔去字顯，仍習誦之〔二四〕。復聞空中聲曰：「汝是智人，何用〔二五〕讀此！」什曰：「汝是少魔，宜時速去！我心如地，不可轉也。」停住二年，廣誦大乘經論，洞其秘奥。龜茲王爲造金師子座，以大秦錦褥鋪之，令什昇而説法。什曰：「家師猶未悟大乘，欲躬往仰化，不得停此。」俄而大師盤頭達多不遠而至，王曰：「大師何能遠顧？」達多曰：「一聞弟子所悟非常，二聞大王弘贊佛道，故冒涉艱危，遠奔神國。」什得師至，欣遂本懷，即爲師〔二六〕説德女問經，多明因緣空假。昔與師俱所不信，故先説也。師謂什曰：「汝於大乘，見何異相而欲尚之？」什曰：「大乘深浄，明有法皆空；小乘偏局，多滯名相〔二七〕。」師曰：「汝説一切皆空，甚可畏也。安捨有法而愛空乎？如昔狂人，令績師績綿〔二八〕，極令細好，績師加意，細若微塵，狂人猶恨其麁。績師大怒，乃指空示曰：『此是細縷。』狂人曰：『何以不見？』師曰：『此縷極細，我工之良匠猶且不見，況他人耶！』狂人大喜，以付織師，師亦効焉，皆蒙上賞而實無物。汝之空法，亦由此也。」什乃連類而陳之，往復苦至。經一月餘日，方乃信服。師歎曰：「『師不能達，反啓其志。』驗於今矣。」於是禮什爲師，言：「和上是我大乘師，我是和上小乘師矣。」西域諸國咸伏什神儁，每至講説，諸王皆長跪座側，令什踐而登焉。其見重如此。

什既道流西域，名被東國〔二九〕。時苻堅僭号關中，有外國前部王及龜兹王弟並來朝堅，堅於正殿〔三〇〕引見，二王因〔三一〕説堅云：「西域多産珍奇。」乃請兵往定，以求内附。至苻堅建元十三年歲次丁丑正月，太史奏云：「有星見外國分野，當有大德智人入輔中國。」堅曰：「朕聞西域有鳩摩羅什，襄陽有沙門道安〔三二〕，將非此耶？」即遣使求之。至十七年二月，鄯〔三三〕善王、前部王等又説堅，請兵西伐。十八年九月，堅遣驍騎將軍吕光、陵江將軍姜飛等〔三四〕將前部王及車師王等，率兵七万，西伐龜兹及烏耆諸國。臨發，堅餞光於建章宫，謂光曰：「夫帝王應天而治，以子愛蒼生爲本，豈貪其地而伐之？正以懷道之人故也。朕聞西國有鳩摩羅什，深解法相，善閑陰陽，爲後學之宗，朕甚思之。賢哲者，國之大寶。若剋龜兹，即馳驛送什。」光軍未到〔三五〕，什謂龜兹王白純曰：「國運衰矣，當有勍敵。日下人從東方來，宜恭承之，勿抗其鋒。」純不從而戰，光遂破龜兹，殺純，立純弟震爲主。光既獲什，未測其智量，見年齒尚少，乃凡人戲之，强妻以龜兹王女。什拒〔三六〕而不受，辭甚苦到。光曰：「道士之操，不踰先父，何所〔三七〕固辭？」乃飲以醇酒，同閉密室。什被逼既至，遂虧〔三八〕其節。或令騎牛及乘惡馬，欲使墮落。什常懷忍辱，曾無異色，光慚愧而止。光還中路，置軍於山下，將士已休，什曰：「不可在此，必見狼狽，宜徙〔三九〕軍隴上。」

光不納。至夜，果大雨，洪潦暴起，水深數丈，死者數千，光始密而異之。什謂光曰：「此凶亡之地，不宜淹留。推運揆數，應速言歸，中路必有福地可居。」光從之。至涼州，聞苻堅已爲姚萇所害。光三軍縞素，大臨城南，於是竊号關外，稱年太安。

太安元年〔四〇〕正月，姑藏大風。什曰：「不祥之風，當有姦叛，然不勞自定也。」俄而梁謙、彭晃相繼而反〔四一〕，尋皆殄滅。至光〔四二〕龍飛二年，張掖臨松盧水胡沮渠男成及從弟蒙遜反，推建康太守段業爲主。光遣庶子秦州刺史太原公纂率衆五万討之。時論謂業等烏〔四三〕合，纂有威聲，勢必全剋。光以問〔四四〕什，什曰：「觀察此行，未見其利。」既而纂敗績於合梨，俄又郭馨〔四五〕作亂，纂委大軍輕還，復爲馨所敗，僅以身免。光中書監張資文翰温雅，光甚器之。資病，光博營救療。有外國道人羅叉，云能差資疾，光喜，給賜甚重。什知叉誑詐，告資曰：「叉不能爲益〔四六〕，徒煩費耳。冥運雖隱，可以事試也。」乃以五色絲〔四七〕作繩結之，燒爲灰末，投水中：「灰若出水還成繩者，病不可愈。」須臾灰聚浮出，復繩本形。既而叉治無効，少日資亡。頃之，光又卒，子紹襲位。數日，光庶子纂殺紹自立，稱元咸寧。

咸寧〔四八〕二年，有猪生子，一身三頭。龍出東厢井中，到殿前蟠卧，比旦失之。纂以爲美瑞，号大殿爲龍翔殿。俄而有黑龍昇於當陽九宫門，纂改九宫門爲龍興門。什奏曰：

「比日潛龍出遊，豕妖表異。龍者陰類，出入有時，而今屢見，則爲災眚，必有下人謀上之變。宜剋己修德，以荅天威〔四九〕。」纂不納。與什博戲，殺棊曰：「斫胡奴頭。」什曰：「不能斫胡奴頭，胡奴將斫人頭。」此言有旨，而纂終不悟。光弟保有子名超，超小字胡奴，後果殺纂斬首，立其兄隆爲主。時人方驗什之言也。

什停涼積年，呂光父子既不弘道，故藴其深解，無所宣化。苻堅已亡，竟不相見。及姚萇僭有關中，聞〔五〇〕其高名，虚心要請。諸呂以什智計多解，恐爲姚謀，不許東入。及萇卒，子興襲位，復遣敦請。興弘始三年三月，有樹連理生于廟庭，逍遥園葱變爲茝〔五一〕，以爲美瑞，謂智人應入。至五月，興遣隴西公碩德西伐呂隆，隆軍大破。至九月，隆上表歸降，方得迎什入關。以其年十二月二十日，至于長安。興待以國師之禮，甚見優寵。語〔五二〕言相對，則淹留終日；研微造盡，則窮年忘勌。

自大法東被，始於漢明，涉歷魏、晉，經論漸多，而支、竺所出，多滯文格義。興少〔五三〕崇三寶，鋭志講集，什既至止，仍請入西明閣及逍遥園譯出衆經。什既率多諳誦，無不究盡，轉能漢言，音譯流便。既覽舊經義多紕謬〔五四〕，皆由先譯〔五五〕失旨，不與胡〔五六〕本相應，於是興使沙門僧䂮、僧遷、法欽、道流、道恒、道標、僧叡、僧肇等八百餘人諮受什旨。更令出大品，什持胡本，興執舊經，以相讎校，其新文異舊者，義皆圓通。衆心愜伏，莫不欣讚。

興以佛道沖邃，其行唯善，信爲出苦之良津，御世之洪則，故託意九經，遊心十二，乃著通三世論，以勗示因果。王公已下，並欽讚厥風。大將軍常山公顯、左〔五七〕將軍安城侯嵩並篤信緣業，屢請什於長安大寺講説新經。續出小品、金剛般若、十住、法華、維摩、思益、首楞嚴、持世、佛藏、菩薩藏、遺教、菩提、無行、呵欲、自在王、因緣觀、小無量壽、新賢劫、禪經、禪法要、禪要解、弥勒成佛、弥勒下生、十誦律、十誦戒本、菩薩戒本，釋〔五八〕、成實、十住、中、百、十二門諸〔五九〕論，凡三百餘卷，並暢顯神源，揮發幽致。于時，四方義士，万里必集，盛業久大，于今式〔六〇〕仰。

龍光釋道生，慧解入微，玄構文外，每恐言舛，入關請決。廬山釋慧遠，學貫群經，棟梁遺化，而時去聖久〔六一〕，疑義多端〔六二〕，乃封以諮什，語見遠傳。

初，沙門僧叡〔六三〕才識高明，常隨什傳寫。什每爲叡論西方辭體，商略同異，云：「天竺國俗，甚重文製，其宮商體韻，以入絃爲善。凡覲國王，必有讚德；見佛之儀，以歌歎爲貴。經中偈頌，皆其式也。但改梵爲秦，失其藻蔚，雖得大意，殊隔文體。有似嚼飯與人，非徒失味，乃令嘔噦也。」

什常〔六四〕作頌贈沙門法和云：「心山育明德，流薰万由延。哀鸞孤桐上，清音徹九天。」凡爲十偈，辭喻皆尔。

什雅好大乘，志存敷廣，常歎曰：「吾若著筆作大乘阿毗曇，非迦旃延子比也。今在秦地，深識者寡，折翮於此，將何所論！」乃悽然而止。唯爲姚興著實相論二卷，并注維摩。出言成章，無所删改。辭喻婉約，莫非玄奥〔六五〕。

什爲人神情鑒〔六六〕徹，傲岸出群，應機領會，鮮有其〔六七〕疋。且〔六八〕篤性仁厚，汎愛爲心，虚己善誘，終日無勌。姚主常謂什曰：「大師聰明超悟，天下莫二。若一旦後世，何可使法種無嗣？」遂以伎女十人，逼令受之。自尔已來，不住僧坊，别立廨舍，供給豐盈。每至講説，常先自説：「譬〔六九〕如臭泥，中生蓮花，但採蓮華，勿取臭泥也。」

初，什在龜兹從卑摩羅叉律師受律。卑摩後入關中，什聞至欣然，師敬盡禮。卑摩未知被逼之事，因問什曰：「汝於漢地，大有重緣。受法弟子，可有幾人？」什荅云：「漢境經律未備，新經及諸論等多是什所傳出。三千徒衆，皆從什受法。但什累業障深，故不受師敬〔七〇〕耳。」

又，杯度〔七一〕比丘在彭城，聞什在長安，乃歎曰：「吾與此子戲，别三百餘年，杳然未期，遲有遇於來生耳。」

什未終日，少覺四大不愈，乃口出三番神呪，令外國弟子誦之以自救。未及致力，轉覺危殆，於是力疾與衆僧告别曰：「因法相遇，殊未盡伊心，方復後世，惻愴可〔七二〕言！自以闇昧，謬充傳譯，凡所出經論三百餘卷，唯十誦一部未及删煩，存其本旨，必無差失。願凡所宣譯，傳流後世，咸共弘通。今於衆前發誠實誓：若所傳無謬者，當使焚身之後，舌不燋爛。」以僞秦弘始十一年八月二十日卒于長安。是歲，晉義熙五年也。即於逍遥園，依外國法，以火焚屍，薪滅形碎，唯舌不灰。後外國沙門來云：「羅什所諳，十不出一。」

初，什一名鳩摩羅耆婆，外國製名，多以父母爲本，什父鳩摩炎，母字耆婆，故兼取爲名焉。然什死年月，諸記不同，或云弘始七年，或云八年，或云十一〔七三〕。尋「七」與「十一」，字或訛誤。而譯經録〔七四〕中，猶有十一年〔七五〕者，容〔七六〕恐雷同三家，無以正焉。

## 校勘記

〔一〕按，據名僧傳抄，名僧傳卷二有「僞秦逍遥園鳩摩羅耆婆」傳，名僧傳説處第二有「羅什見中、百二論始悟大乘事」「夢釋迦如來以手摩羅什頂曰，汝起欲想即生（生，原作「土」，據意改）悔心事」「羅什三藏譯法華等諸經論三十八部、二百九十四卷事」「漢土三千徒衆從羅什法事」「羅什臨終，衆僧告别曰事」「羅什燒身之後舌猶存事」；出三藏記集卷一四有鳩摩羅什傳。

〔二〕才：高麗藏、金藏本作「識」。

〔三〕慧解倍常：高麗藏、金藏本作「自覺神悟超解，有倍常日」。

〔四〕異：高麗藏、金藏本作「之」。

〔五〕無：高麗藏、金藏本作「忘」。

〔六〕久：高麗藏再雕本及法苑珠林卷二五見解篇感應緣「晉沙門鳩摩羅什」條引作「頃」。

〔七〕求離俗誓志：高麗藏、金藏本作「誓出家若不」。

〔八〕爲：高麗藏、金藏本無。

〔九〕業：高麗藏本作「樂」。

〔一〇〕妹：原作「女」，據高麗藏、金藏本改。

〔一一〕博：高麗藏、金藏本作「練」。

〔一二〕入：高麗藏、金藏本作「入宫」。

〔一三〕酥：原作「蘇」，據高麗藏、金藏本改。

〔一四〕年：高麗藏、金藏本無。

〔一五〕止：高麗藏、金藏本作「正」。

〔一六〕藝：高麗藏、金藏本作「詣」。法苑珠林卷二五見解篇感應緣「晉沙門鳩摩羅什」條引作「乂」。

〔一七〕門：原作「問」，據法苑珠林卷二五見解篇感應緣、開元釋教録卷四改。大正藏本出三藏記集卷一四鳩摩羅什傳作「門」，據其校勘記，餘諸本作「論」。六足諸門（論），即集異門足論、法蘊足論、施設足論、識身足論、品類足論和戒身足論。

〔一八〕舍：高麗藏本作「含」。

〔一九〕必：法苑珠林卷二五見解篇感應緣「晉沙門鳩摩羅什」條引作「畢」。按，出三藏記集卷一四鳩摩羅什傳云「莫不究曉」。

〔二〇〕學宗：高麗藏再雕本、金藏本作「宗仰」，晉書卷九五藝術鳩摩羅什傳作「學徒」。

〔二一〕女：高麗藏再雕本、金藏本作「子」。

〔二二〕朦：高麗藏初雕本、金藏本作「懞」，高麗藏再雕本作「曚」。

〔二三〕是：高麗藏、金藏本無。

〔二四〕之：原作「文」，據高麗藏、金藏本及出三藏記集卷一四鳩摩羅什傳改。

〔二五〕用：原作「用以」，據高麗藏、金藏本改。

〔二六〕即爲師：高麗藏、金藏本作「爲」。

〔二七〕滯名相：高麗藏、金藏本作「諸漏失」。

〔二八〕績師績綿：高麗藏初雕本、金藏本作「績縷」，高麗藏再雕本作「績師績線」。

〔二九〕國：高麗藏、金藏本作「川」。

〔三〇〕於正殿：高麗藏、金藏本無。

〔三一〕因：高麗藏、金藏本無。

〔三二〕道安：高麗藏、金藏本作「釋道安」。

〔三三〕鄴：高麗藏、金藏本作「善」。

〔三四〕等：高麗藏、金藏本無。
〔三五〕到：高麗藏、金藏本作「至」。
〔三六〕拒：高麗藏、金藏本作「距」。
〔三七〕所：高麗藏、金藏本作「可」。
〔三八〕虧：高麗藏、金藏本作「虧」。
〔三九〕徙：原作「徒」，據高麗藏、金藏本改。
〔四〇〕元年：法苑珠林卷二五見解篇感應緣「晉沙門鳩摩羅什」條、太平廣記卷八九異僧三「鳩摩羅什」條云「二年」。按，太安（三八六—三八九），是後涼吕光的年號。
〔四一〕繼而反：高麗藏、金藏本作「係而叛」。
〔四二〕至光：原作「光至」，據高麗藏、金藏本改。
〔四三〕鳥：原作「焉」，據高麗藏、金藏本改。
〔四四〕問：高麗藏、金藏本作「訪」。
〔四五〕譽：原作「馨」，據晉書卷九五藝術郭譽傳改。譽作亂事在安帝隆安元年（公元三九七年）。
〔四六〕益：原作「蓋」，據高麗藏、金藏本及出三藏記集卷一四鳩摩羅什傳、晉書卷九五藝術鳩摩羅什傳改。
〔四七〕絲：高麗藏、金藏本作「系」。

〔四八〕咸寧：原作「元咸寧」，據高麗藏、金藏本改。

〔四九〕威：高麗藏、金藏本作「戒」。

〔五〇〕聞：高麗藏、金藏本作「亦挹」。

〔五一〕茝：金藏本作「薤」。按，此「祥瑞」，高僧傳外，出三藏記集、法苑珠林等皆有記録，然其不同版本中，亦或作「茝」，或作「薤」。從文意來看，作「茝」更勝。葱爲佛弟子禁食的辛菜，茝爲香草，葱變爲茝，可視爲美瑞。而薤和葱一様，皆屬辛葷之類。葱變爲薤，並没有本質的改變。可洪新集藏經音義隨函録卷二四：「葱變爲薤者，釋曰：葱者，聰也；薤者，解也。聰能記持，不解其義，蒙師指決，方能會義，故曰解也，是秦僧義解之先兆也。」然此説似過於牽强。

〔五二〕語：高麗藏再雕本作「晤」。

〔五三〕少：高麗藏、金藏本作「少達」。

〔五四〕謬：高麗藏、金藏本作「僻」。

〔五五〕譯：高麗藏、金藏本作「度」。

〔五六〕胡：高麗藏、金藏本作「梵」。下一「胡」同。

〔五七〕左：高麗藏、金藏本作「左軍」。

〔五八〕釋：高麗藏、金藏本作「釋論」。按，釋即釋論之略。此後所列，皆省「論」字。

〔五九〕諸：高麗藏、金藏本無。

〔六〇〕式：高麗藏再雕本作「咸」。
〔六一〕久：高麗藏、金藏本作「久遠」。
〔六二〕多端：高麗藏、金藏本作「莫決」。
〔六三〕僧叡：原作「慧叡」，據高麗藏再雕本改。按，僧叡，傳見本書卷六；慧叡，傳見本書卷七。又據名僧傳抄，名僧傳卷一三有「宋烏衣寺釋惠叡」傳。
〔六四〕常：高麗藏、金藏本作「嘗」。
〔六五〕玄奧：金藏本作「契理」。
〔六六〕鑒：高麗藏再雕本作「朗」，出三藏記集卷一四鳩摩羅什傳、開元釋教録卷四、法苑珠林卷二五作「映」。
〔六七〕其：高麗藏、金藏本作「倫」。
〔六八〕且：高麗藏、金藏本作「者」。
〔六九〕譬：高麗藏、金藏本作「譬喻」。
〔七〇〕敬：高麗藏再雕本及大正藏本出三藏記集卷一四鳩摩羅什傳作「教」。
〔七一〕度：高麗藏、金藏本作「渡」。
〔七二〕可：高麗藏再雕本作「何」。
〔七三〕十一：高麗藏、金藏本作「十一年」。按，據出三藏記集卷一一曇影中論序，羅什法師以秦弘始十一年於大寺出中論；據僧叡十二門論序，羅什法師以秦弘始十一年於大寺出十二門論（此論開元釋教録卷四云「弘始十年於大寺出」）。而成實論記云：「大秦弘始十三年，歲次豕韋，九月八日，尚書令姚顯請出此論，至來年九月十五日訖。外國法師拘摩羅耆婆手執胡本，口自傳譯，曇晷筆受。」拘摩羅耆婆，即鳩摩羅什，可見弘始十四年其尚在譯經。據廣弘明集卷二三釋僧肇鳩摩羅什法師誄，「癸丑之年，年七十，四月十三日薨于大寺」。此「癸丑之年」，即弘始十五年，公元四一三年。

〔七四〕録：高麗藏初雕本、金藏本無，高麗藏再雕本作「録傳」。

〔七五〕十一年：高麗藏初雕本作「一十年」。

〔七六〕容：高麗藏、金藏本無。

## 晉長安弗若多羅

弗若多羅〔一〕，此云功德華，罽賓人也。少出家，以戒節見稱。備通三藏，而專精十誦律部，爲外國師宗，時人咸謂已階聖果。

以僞秦弘始中，振錫入關，秦主〔二〕姚興待以上賓之禮。羅什亦挹其戒範，厚相崇〔三〕敬。先是經法雖傳，律藏未闡，聞多羅既善斯部，咸共思慕。以僞秦弘始六年十月十七日，集義學僧數百餘人於長安中寺，延〔四〕請多羅誦出十誦胡〔五〕本，羅什譯爲晉文。三分獲二，多羅遘〔六〕疾，奄然棄世。衆以大業未卒〔七〕而匠人逝〔八〕往，悲恨之深，有踰常痛。

**校勘記**

〔一〕按，據名僧傳抄，名僧傳卷一九有「晉長安大寺弗若多羅」傳。

〔二〕主：高麗藏初雕本、金藏本作「王」。

〔三〕崇：高麗藏再雕本、金藏本作「宗」。

〔四〕延：原作「近」，據高麗藏、金藏本改。

〔五〕胡：高麗藏再雕本作「梵」，金藏本無。

〔六〕遘：高麗藏、金藏本作「搆」。

〔七〕卒：高麗藏再雕本、金藏本作「就」。

〔八〕逝：高麗藏初雕本作「徂」，高麗藏再雕本、金藏本作「殂」。

## 晉長安曇摩流支

曇摩流支〔一〕，此云法樂，西域人也。棄家入道，偏以律藏馳名。以弘始七年秋達自關中。

初，弗若多羅誦出十誦，未竟而亡，廬山釋慧遠聞支既善毗尼，希得究竟律部，乃遣書通好曰：「佛教之興，先行上國。自分流已來，四百餘年，至於沙門律戒〔二〕，所闕尤多。

頃有〔三〕西域道士弗若多羅，是罽賓人，其〔四〕諷十誦胡〔五〕本。有羅什法師，通才博見，爲之傳譯。十誦之中，文始過半，多羅早喪，中途而寢，不得究竟大業，慨恨良深！傳聞仁者賫此經自隨，甚欣所遇，冥運之來，豈人事而已耶！想弘道爲物，感時而動，叩之有人，必請〔六〕無所悋。若能爲律學之徒畢此經本，開示梵行，洗其耳目，使始涉之流，不失無上之津；參〔七〕懷勝業者，日月弥朗。此則惠深德厚，人神同感矣。幸願垂懷，不乖往意。一二悉諸道人所具。」流支既得遠書及姚興敦請，乃與什共譯十誦都畢。研詳考覆〔八〕，條制審定，而什猶恨文煩未善。既而什化，不獲删治。

流支住長安大寺，慧觀欲請下京師，支曰：「彼土有人有法，足以利世，吾當更行無律教處。」於是遊化餘方，不知所卒。或云終於涼土，未詳。

**校勘記**

〔一〕按，據名僧傳抄，名僧傳卷一八有「宋長安大寺曇摩流支」傳。

〔二〕律戒：高麗藏、金藏本作「德式」。

〔三〕有：高麗藏、金藏本無。

〔四〕其：高麗藏、金藏本作「甚」。

〔五〕胡：高麗藏、金藏本作「梵」。

〔六〕請：高麗藏、金藏本作「情」。

〔七〕參：原作「滲」，據高麗藏、金藏本及出三藏記集卷三新集律來漢地四部序録中引慧遠與流支書改。

〔八〕覆：高麗藏再雕本作「覈」。

## 晉壽春石磵寺卑摩羅叉

卑摩羅叉〔一〕，此云無垢眼，罽賓人。沉靖有志力，出家履道，苦節成務。先在龜兹弘闡律藏，四方學者競往師之，鳩摩羅什時亦預焉。及龜兹陷没，乃避地烏纏〔二〕。頃之，聞什在長安大弘經藏，叉欲使毗尼勝品復洽東國，於是杖錫流沙，冒險東渡〔三〕。以僞秦弘始八年，達自關中。什以師禮敬待，叉亦以遠〔四〕遇欣然。及羅什棄世，叉乃出遊關左，逗于壽春，止石澗寺。律徒〔五〕雲聚，盛闡毗尼。羅什所譯十誦本五十八卷，最後一誦謂明受戒法及諸成善法事，逐其義要，名爲〔六〕善誦。叉後賫往石澗，開爲六十一卷，最後一誦改爲毗尼誦，故猶二名存焉。

頃之，南適江陵，於辛寺夏坐，開講十誦。既通漢言，善相領納，無作妙本，大闡當時。析文求理者，其聚如林；明條知禁者，數亦殷矣。律藏大弘，叉之力也。道場慧觀深括宗旨，記其所制内禁輕重，撰爲二卷〔七〕，送還京師。僧尼披習，競相傳寫。時聞者諺曰：「卑羅鄙語，慧觀才録，都人繕寫，紙貴如玉。」今猶行於世，爲後生法矣。

叉養德好閑，棄諠離俗。其年冬，復還壽春石澗，卒於寺焉，春秋七十有七。叉爲人眼青，時人亦号爲「青眼律師」。

## 校勘記

〔一〕按，據名僧傳抄，名僧傳卷一八有「宋壽陽石澗寺卑摩羅叉」傳。

〔二〕烏纏：高麗藏初雕本、金藏本作「焉經」，高麗藏再雕本作「焉」。按，烏纏，又作烏仗那、烏孫、烏長、烏場、烏萇等，是位於北印度健馱羅國北方之古國。

〔三〕渡：高麗藏、金藏本及開元釋教録卷三作「入」。

〔四〕遠：原作「達」，據高麗藏、金藏本及開元釋教録卷三改。

〔五〕徒：高麗藏、金藏本作「衆」。

〔六〕名爲：原作「改名」，據高麗藏再雕本及開元釋教録卷三改。

〔七〕按，此即雜問律事二卷，又名衆律要用，歷代三寶紀、大唐内典録等皆著録於卑摩羅叉譯經中，開元釋教録卷三云：「雜問律事乃是道場慧觀於教有疑，隨事諮問，卑摩爲決，聞便録之，撰成二卷，流行於世，即非別有梵本卑摩譯之。」

# 晋長安佛陁耶舍

佛陁耶舍〔一〕，此云覺明〔二〕，罽賓人，婆羅門種，世事外道。有一沙門從其家乞食〔三〕，其父怒，使人打之，父遂手脚攣癖，不能行止。乃問於巫〔四〕師，對曰：「坐犯賢人，鬼神使然也。」即請此沙門，竭誠懺悔，數日便瘳，因令耶舍出家爲其弟子，時年十三。

常隨師遠行，於曠野逢虎，師欲走避，耶舍曰：「此虎已飽，必不侵人。」俄而虎去。前行，果見餘殘，師密異之。至年十五，誦經日得二三萬言，所住寺常於外分衛，廢於誦習，有一羅漢重其聰敏，恒乞食供之。至年十九，誦大小乘經數百万言。然性度簡傲，頗以知見自處，謂少堪己師，故不爲諸僧所重。但美儀止，善談笑，見者忘其深恨。年及進戒，莫爲臨壇，所以向立之歲，猶爲沙弥。乃從其舅學五明諸論，世間法術，多所綜〔五〕習。年二十七，方受具戒。恒以讀誦爲務，手不釋牒。每端坐思義，不覺虚過時〔六〕。其專精如此。

後至沙勒國，國王不悆，請三千〔七〕僧會，耶舍預其一焉。時太子達磨弗多，此言法子，見耶舍容服端雅，問所從來，耶舍詶對清辯，太子悦之，仍請留宫内供養，待遇隆厚。羅什後至，復從舍受學，甚相尊敬。什既隨母還龜兹，耶舍留止。頃之，王薨，太子即位。時苻堅遣吕光等〔八〕西伐龜兹，龜兹王急，求救於沙勒，沙勒王自率兵赴之，使耶舍留輔太子，委以後事。救軍未至而龜兹已敗，王歸，具説羅什爲光所執，舍乃歎曰：「我與羅什相遇雖久，未盡懷抱，其忽羈虜，相見何期！」

停十餘年，乃東適龜兹，法化甚盛。時什在姑臧，遺信要之，裹粮欲去，國人留之，復停歲許。後語弟子云：「吾欲尋羅什，可密裝夜發，勿使人知。」弟子曰：「恐明日追至，不免復還耳。」耶舍乃取清水一鉢，以藥投中，呪數十言，與弟子洗足，即便夜發。比至〔九〕旦，行數百里，問弟子曰：「何所覺耶？」荅曰：「唯聞疾風之響，眼中淚出耳。」耶舍又與呪水，洗足住息。明旦，國人追之，已差數百里，不及。

行達姑臧，而什已入長安。聞姚興逼以妾媵，勸爲非法，乃歎曰：「羅什如好綿，何可使入棘林中？」什聞其至姑臧，勸姚興迎之，興未納。頃之，興命什〔一〇〕譯出經藏，什曰：「夫弘宣法教，宜令〔一一〕文義圓通。貧道雖誦其文，未善其理，唯佛陁耶舍深達幽致，今在姑臧，願詔〔一二〕徵之。一言三詳，然後著筆，使微言不墜，取信千載也。」興從之，即遣使招迎，厚加贈遺，悉不受，乃笑曰：「明旨既降，便應載馳。檀越待士既厚，脱如羅什見處，則未敢聞命。」使還，具説之，興歎其幾慎，重信敦喻，方至長安。興自出候問，別立新省於逍遥園中。四事供養並不受，時至分衛，一食而已。

于時羅什出十住經，一月餘日，疑難猶豫，尚未操筆。耶舍既至，共相徵決，辤理方定。道俗三千餘人，皆歎其賞[一三]要。

舍爲人赤髭，善解毗婆沙，時人号曰「赤髭毗婆沙」。既爲羅什之師，亦稱「大毗婆沙」。四事供養，衣鉢、卧具，滿三間屋，不以關心。姚興爲貨之，於城南造寺。

耶舍先誦曇無德律，僞司隸校尉姚爽請令出之。興[一四]疑其遺謬，乃試[一五]耶舍，令誦羌籍、藥方，可五万言。經二日，乃執文覆之，不誤一字。衆服其强記，即以弘始十二年譯出四分律，凡四十四卷，并出[一六]長阿含等。涼州沙門竺佛念譯爲秦言，道含筆受。至十五年解座，興䞋耶舍布絹万疋，悉不受。道含、佛念布絹各千疋。名德沙門五百人，皆重䞋施。

耶舍後辞還外國，至罽賓，得虚空藏經一卷，寄賈客傳與涼州諸僧。後不知所終。

**校勘記**

〔一〕按，據名僧傳抄，名僧傳卷二有「僞秦逍遥園佛陀邪舍」傳；出三藏記集卷一四有佛陀耶舍傳。

〔二〕明：普寧藏、嘉興藏、清藏本作「名」。開元釋教録卷四云：「秦言覺名，或云覺稱。」子注曰：「『耶舍』是『名稱』義，高僧傳中翻爲『覺明』，義稍乖也。」

〔三〕食：高麗藏、金藏本無。

〔四〕巫：原作「座」，據高麗藏、金藏本改。

〔五〕綜：高麗藏、金藏本作「綀」，出三藏記集卷一四佛陀耶舍傳作「通」。

〔六〕不覺虛過時：高麗藏、金藏本作「尚云不覺虛過於時」，普寧藏、嘉興藏、清藏本作「不覺虛中過時」，出三藏記集卷一四佛陀耶舍傳作「不覺虛中而過」。

〔七〕千：原作「十」，據諸校本改。

〔八〕等：高麗藏、金藏本無。

〔九〕至：高麗藏、金藏本無。

〔一〇〕什：原作「比」，據高麗藏、金藏本改。

〔一一〕令：原作「合」，據高麗藏、金藏本改。

〔一二〕詔：高麗藏本及出三藏記集卷一四佛陀耶舍傳作「下詔」。

〔一三〕賞：原作「當」，據普寧藏、嘉興藏、清藏本及出三藏記集卷一四佛陀耶舍傳改。

〔一四〕興：原無，據高麗藏、金藏本補。出三藏記集卷一四佛陀耶舍傳作「姚興」。

〔一五〕試：高麗藏本作「請」。

〔一六〕出：高麗藏、金藏本無。

## 晉京師道場寺佛馱跋陀羅

佛馱跋陀羅〔一〕，此云覺賢，本姓釋氏，迦維羅衛人，甘露飯王之苗裔也。祖父達摩提婆，此云法天，嘗商旅於北天竺，因而居焉。父達摩修耶利，此云法日。父〔二〕少亡，賢三歲孤，與母居。五歲復喪母，爲外氏所養。從祖鳩婆利聞其聰敏，兼悼其孤露，乃迎還，度爲沙弥。至年十七，與同學數人俱以習誦爲業。衆皆一月，賢一日誦畢，其師歎曰：「賢一日敵三十天也。」及受具戒，修業精懃，博學群經，多所通達。

少以禪律馳名。常與同學僧伽達多共遊罽賓，同處積載。達多雖服〔三〕其才明，而未測其人也。後於密室閉户坐禪，忽見賢來，驚問何來，荅云：「蹔至兜率，致敬弥勒。」言訖便隱。達多知是聖人，未測深淺。後屢見賢神變，乃敬心祈問，方知得不還果。

常欲遊方弘化，備觀風俗，會有秦沙門智嚴西至罽賓，覩法衆清淨〔四〕，乃慨然東顧曰：「我諸同輩，斯有道志而不遇真匠，發悟莫由。」即諮詢〔五〕國衆，孰能流化東土，僉云有佛駄跋陁者，出生天竺那呵梨城，族姓相承，世遵道學。其童齔出家，已通解經論，少受業於大禪師佛大先〔六〕。先時亦在罽賓，乃謂嚴曰：「可以振維僧徒，宣授禪法者，佛駄跋陁其人也。」嚴既要請苦至，賢遂愍而許焉。於是捨衆辤師，裹粮東逝。步驟三載，綿歷寒暑。既度葱嶺，路經六國。國主矜其遠化，並傾懷〔七〕資奉。至交趾，乃附舶，循海而行。經一島下，賢以手指山曰：「可止於此。」舶主曰：「客行惜日，調風難遇，不可停也。」行二百餘里，忽風轉吹舶，還向島下。衆人方悟其神，咸師事之，聽其進止。後遇便風，同侶皆發，賢曰：「不可動。」舶主乃止。既而有先發者，一時覆敗。後於闇夜之中，忽令衆舶俱發，無肯從者。賢自起收纜，唯〔八〕一舶獨發。俄尔賊至，留者悉被抄害。頃之，至青州東萊郡，聞鳩摩羅什在長安，即往從之。什大欣悦，共論法相，振發玄微，多所悟益。因謂什曰：「君所釋不出人意而致高名，何耶？」什曰：「吾年老故尔，何必能稱美談？」什每有疑義，必共諮決。

秦〔九〕太子泓欲聞賢説法，乃要命群僧，集論東宫。羅什與賢數番往復。什問曰：「法云何空？」荅曰：「衆微成色，色無自性，故雖〔一〇〕色常空。」又問：「既以極微破色空，復云何破〔一一〕微？」荅曰：「羣師或破析一微，我意謂不尔。」又問：「微是常耶？」荅曰：「以一微故衆微空，以衆微故一微空。」時寶雲譯出此語，不解其意，道俗咸謂賢之所計微塵是常。餘日，長安學僧復請更釋，賢曰：「夫法不自生，緣會故生。緣一微故有衆微，微無自性，則爲空矣。寧可言不破一微常而不空乎？」此是問荅之大意也。

秦主姚興專志佛法，供養三千餘僧，並往來宫闕，盛修人事，唯賢守静，不與衆同。後語弟子云：「我昨見本鄉有五舶俱發。」既而弟子傳告外人，關中舊僧咸以爲顯異惑衆。又，賢在長安大弘禪業，四方樂靖者並聞風而至，但染學有淺深，所得〔一二〕有濃淡，澆僞之徒，因而詭滑。有一弟子因少觀行，自言得阿那含果，賢未即檢問，遂致流言，大被謗黷，將有不測之禍。於是徒衆或藏名潛去，或踰牆夜走，半日之中，衆散殆盡。賢乃夷[一三]然不以介意。時舊僧僧䂮、道恒等謂賢曰：「佛尚不聽説己所得法，先言五舶將至，虚而無實，又門徒誑惑，互起同異。既於律有違，理不同止[一四]，宜可時去，勿得停留。」賢曰：「我身若流萍，去留甚易，但恨懷抱未伸[一五]，以爲慨然耳。」於是與弟子慧觀等四十餘人俱發，神志從[一六]容，初無異色。識真之衆，咸共嘆惜，白黑送者，千有餘人。姚興聞去，悵恨，乃謂道恒曰：「佛賢沙門協道來遊，欲宣遺教，緘言未吐，良用深慨！豈可以一言之咎，令万夫無導？」因勑令追之。賢謂[一七]使曰：「誠知恩旨，無預聞命。」於是率侣宵征，南指廬岳。

沙門釋慧遠久服風名，聞至欣喜，傾蓋[一八]若舊。遠以賢之被擯，過由門人。若懸記五舶，止説在同意，亦於律無犯，乃遣弟子曇邕致書姚主及關中衆僧，解其擯事。遠乃請出禪數諸經。

賢志在遊化，居無求安，停山[一九]歲許，復西適江陵。遇外國舶主[二〇]，既而訊訪，果是天竺五舶，先所見者也。傾境士庶，競來禮事。其有奉施[二一]，悉皆不受。持鉢分衛，不問豪賤。時陳郡袁豹爲宋武帝太尉長史，宋武南討劉毅，豹[二二]隨府屆于江陵，賢將弟子慧觀詣豹乞食。豹素不敬信，待之甚薄，未飽辭退。豹曰：「似未足，且復少[二三]留。」賢曰：「檀越施心有限，故令所設已罄。」豹即呼左右益飯，飯果盡。豹大慙愧，既而問慧觀曰：

「此沙門何如人？」觀曰：「德量高遠〔二四〕，非凡所測。」豹深歎異，以啓太尉，太尉請與相見，甚崇敬之，資供備至。

俄而太尉還都，請與〔二五〕俱歸，安止〔二六〕道場寺。賢儀軌〔二七〕率素，不同華俗，而志韻清遠，雅有淵致。京師法師僧弼與沙門寶林書曰：「鬭〔二八〕場禪師甚有天〔二九〕心，便是天竺王、何，風流人也。」其見稱如此。

先是，沙門支法領〔三〇〕於于塡〔三一〕得華嚴前分三万六千偈，未有宣譯。到〔三二〕義熙十四年，吴郡内史孟顗、右衛將軍褚叔度即請賢爲譯匠〔三三〕，乃手執梵文，共沙門法業、慧義〔三四〕、慧嚴等百有餘人，於道場譯出。詮定文旨，會通華戎，妙得經意，故道場寺猶有華嚴堂焉。又，沙門法顯於西域所得僧祇律梵本，復請賢譯爲晉文，語在顯傳。其先後所出觀佛三昧海、六卷泥洹及脩行方便論等，凡一十五部，一百十有七〔三五〕卷，並究其幽旨，妙盡文意。賢以元嘉六年卒，春秋七十有一矣。

## 校勘記

〔一〕按，據名僧傳抄，名僧傳卷一九有「宋道場寺佛馱跋陀」傳。名僧傳抄中抄録有佛馱跋陀傳；出三藏記集卷一四有佛馱跋陀傳。

〔二〕父：高麗藏、金藏本無。

〔三〕服：高麗藏、金藏本作「伏」。

〔四〕浄：高麗藏初雕本、金藏本作「僧」，高麗藏再雕本作「勝」。

〔五〕詢：高麗藏、金藏本作「訊」。

〔六〕先：原作「光」，據高麗藏本及開元釋教録卷三改。下一「先」同。佛大先，又作佛馱先、佛陀斯那，爲禪法之傳持者。

〔七〕懷：高麗藏、金藏本作「心」。

〔八〕唯：高麗藏、金藏本無。

〔九〕秦：高麗藏本作「時秦」。

〔一〇〕雖：原作「唯」，據高麗藏、金藏本改。

〔一一〕一：高麗藏再雕本無。

〔一二〕所得：高麗藏本作「得法」，金藏本作「得」。

〔一三〕夷：原作「怡」，據高麗藏、金藏本改。

〔一四〕止：原作「正」，據高麗藏、金藏本改。

〔一五〕伸：高麗藏、金藏本作「申」。

〔一六〕從：原作「縱」，據高麗藏再雕本改。

〔一七〕謂：高麗藏、金藏本作「報」。

〔一八〕傾蓋：高麗藏、金藏本無。

〔一九〕山：高麗藏、金藏本作「止」。

〔二〇〕主：高麗藏、金藏本作「至」。

〔二一〕施：高麗藏、金藏本作「遺」。

〔二二〕豹：高麗藏再雕本、金藏本無。

〔二三〕少：高麗藏、金藏本作「小」。

〔二四〕遠：高麗藏、金藏本作「邈」。

〔二五〕請與：高麗藏、金藏本作「便請」。

〔二六〕止：原作「上」，據高麗藏、金藏本改。

〔二七〕軌：高麗藏再雕本作「範」。

〔二八〕鬪：原作「聞」，據高麗藏、金藏本改。普寧藏本作「門」，永樂南藏、嘉興藏、清藏本作「道」。按，「門」當爲「門」之形訛，即「鬪」的異體。道場，即鬪場。劉世珩南朝寺考：「鬪場寺，在秣陵縣三橋籬門外鬪場里，因以里名寺。高僧傳皆云道場寺，殆慧皎以『鬪』非佛旨，遂以『道』字音近而呼與？」

〔二九〕天：高麗藏本作「大」。按，點校本出三藏記集卷一四佛馱跋陀傳作「大」，校勘記中云：「『大』字宋本、磧砂本、元本、明本作『天』，兹從麗本。」

〔三〇〕按，據名僧傳抄，名僧傳説處第十九有「支法領昔遊于奠，得華嚴等經三萬六千偈事」，而名僧傳目録中未見其傳，故其或附見於他傳。出三藏記集中，支法領附見於卷一四佛馱跋陀傳。

〔三一〕填：高麗藏、金藏本作「闐」。按，于闐，又作于填、于殿、于遁等，諸本不一，下不再一一出校。

〔三二〕到：高麗藏初雕本、金藏本無，高麗藏再雕本作「至」。

〔三三〕匠：原作「近」，據諸校本改。

〔三四〕慧義：高麗藏、金藏本無。按，出三藏記集卷一四佛馱跋陀傳中云「（佛馱跋陀）共沙門慧嚴、慧義等百有餘人，於道場寺譯」。

〔三五〕七：原作「十」，據諸校本改。按，佛馱跋陀羅譯經，出三藏記集卷二云「十部，凡六十七卷」（實際著録十一部，六十九卷）；歷代三寶紀卷七云「一十五部，一百一十五卷」；開元釋教録卷三云「一十三部，一百二十五卷」。

## 晉河西曇無讖 安陽侯　道普　法盛　法維　僧表

曇無讖〔一〕，或云曇摩讖〔二〕，或云曇無識，蓋取梵音不同也。其本中天竺人。六歲遭父憂〔三〕，隨母傭織㲮㲪爲業。見沙門達摩耶舍，此云法明，道俗所崇，豐於利養，其母美〔四〕之，故以讖爲其弟子。十歲，同學數人讀呪，聰敏出群，誦經日得万餘言。

初學小乘，兼覽五明諸論，講説精辯，莫能酬抗。後遇白頭禪師，共讖論議，習業既異，交諍十旬，讖雖攻難鋒起，而禪師終不肯屈。讖服〔五〕其精理，乃謂禪師曰：「頗有經典可得見不？」禪師即授以樹皮涅槃經本。讖尋讀驚悟，方自慙恨，以爲坎井之識，久迷大方。於是集衆悔過，遂專業〔六〕大乘。至年二十，誦大小乘經二百餘万言。

讖從兄善能調象，騎殺王所乘白耳大象，王怒誅之，令曰：「敢有視者夷三族。」親屬莫敢往者，讖哭而葬之。王怒，欲誅讖，讖曰：「王以法故殺之，我以親而葬之，並不違大義，何爲見怒？」傍人爲之寒心，其神色自若。王奇其志氣，遂留供養之。

讖明解呪術，所向皆驗，西域号爲「大呪師」。後隨王入山，王渴，須水，不能得，讖乃密呪石出水，因讚曰：「大王惠澤所感，遂使枯石生泉。」鄰國聞者，皆歎王德。于時雨澤甚調，百姓稱〔七〕詠。王悦其道術，深加優寵。

頃之，王意稍歇，待之漸薄。讖以久處致厭，乃辭往罽賓，賫大涅槃前分十卷并菩薩戒經、菩薩戒本等。彼國多學小乘，不信涅槃，乃東適龜兹。

頃之，復進到姑臧，止於傳舍，慮失經本，枕之而寢，有人牽之在地。讖驚覺，謂是盜者，如此三夕，聞空中語曰：「此如來解脱之藏，何以枕之？」讖乃慙悟，別置高處。夜有盜之者，數過提舉，竟不能動〔八〕。明旦，讖持〔九〕經去，不以爲重。盜者見之，謂是聖人，悉來拜謝。

時〔一〇〕河西王沮渠蒙遜僭據涼土，自稱爲王，聞讖名，呼與相見，接待甚厚。蒙遜素奉大法，志在弘通，欲請出經本。讖以未參土言，又無傳譯，恐言舛於理，不許即翻。於是學語三年，方譯寫初分十卷。時沙門惠嵩、道朗獨步河西，值其宣出經藏，深相推重，轉易梵文，嵩公筆受。道俗數百人，疑難縱横，讖臨機釋滯，清辯若流，兼富於文藻，辭製華密。嵩、朗等更請廣出諸經，次譯大集、大雲、悲華、地持、優婆塞戒、金光明、海龍王、菩薩戒本等六十餘万言。

讖以涅槃經本品數未足，還外國究尋，值其母亡，遂留歲餘。後於于填更得經本中分，復還姑臧譯之。後又遣使于填，尋得後分，於是續譯爲三十三〔一一〕卷。以僞玄始三年初就翻譯，至玄始十年十月二十三日，三袠方竟，即宋武永初二年也。讖云：「此經梵本〔一二〕三万五千偈，於此方減百万言。今所出者，止一万餘偈。」

讖嘗告蒙遜云：「有鬼入聚落，必多災疫。」遜不信，欲躬見爲驗。讖即以術加遜，遜見而駭怖。讖曰：「宜潔誠齋戒，神呪驅之。」乃讀呪三日，謂遜曰：「鬼已去矣。」時境首有見鬼者云：「見數百疫鬼，奔驟而逝。」境内獲安，讖之力也。遜益加敬事。

至遜僞承玄二年，蒙遜濟河伐乞伏暮末於枹罕，以世子興國爲前驅，爲末軍所敗，興國擒焉。後乞伏失守，暮末與興國俱獲於赫連定。定〔一三〕後爲吐谷渾所破，興國遂爲亂兵所殺。遜大怒，謂事佛無應，即欲〔一四〕遣斥沙門，五十已下，皆令罷道。蒙遜先爲母造丈六石像，像遂泣涕流淚。讖又格言致諫，遜乃改心而悔焉。

時魏虜拓跋燾聞讖有道術，遣使迎請，且告遜曰：「若不遣讖，便即加兵。」遜既事讖日久，未忍聽去。後又遣僞太常高平公李順策拜蒙遜爲使持節、侍中、都督涼州西域諸軍事、太傅、驃騎大將軍、涼州牧、涼王，加九錫之禮，又命遜曰：「聞彼有曇摩讖〔一五〕法師，博通多識，羅什之流；秘呪神驗，澄公之匹。朕思欲講道，可馳驛送之。」遜與李順讌於新樂門上，遜謂順曰：「西蕃老臣蒙遜奉事朝廷，不敢違失，而天子信納佞言，苟見蹙迫，前遣表求留曇無讖，而今便來徵索，此是門師，當與之俱死，實不惜殘年，人生一死，詎覺幾時！」順曰：「王款誠先著，遣愛子入侍，朝廷欽王忠績，故顯嘉〔一六〕殊禮。而王以一胡〔一七〕道人虧山岳之功，不忍一朝之忿，損由來之美，豈朝廷相待之厚？竊爲大王不取。主上虛襟之至，弘文所知。」弘文者，遜所遣聘魏之〔一八〕使也。遜曰：「太常口美如蘇秦，恐情不副辭耳。」遜既吝讖不遣，又迫魏之强，至遜義和三年三月，讖因〔一九〕請西行，更尋涅槃後分。遜忿其欲去，乃密圖害讖，僞以資粮發遣，厚贈寶貨。臨發之日，讖乃流涕告衆曰：「讖業對將至，衆聖不能救矣。」以本有心誓，義不容停，比發，遜果遣刺客於路害之，春秋四十九。是歲，宋元嘉十年也。黑白遠近，咸共嗟〔二〇〕焉。既而遜左右常白日見鬼神，以劍擊遜。至四月，遜寢疾而亡。

初，讖在姑臧，有張掖沙門道進欲從讖受菩薩戒，讖云：「且悔過。」乃竭誠七日七夜，至第八日，詣讖求受。讖忽大怒，進更思惟：「但是我業障未消耳。」乃戮力三年，且禪且定〔二一〕，即〔二二〕於定中見釋迦文佛與諸大士授己戒法。其夕，同止十餘人皆感夢，如進所見。進欲詣讖說之，未至數〔二三〕十步，讖驚起唱言：「善哉！善哉！已感戒矣，吾當更爲汝作證。」次第於佛像前爲說戒相。時沙門道朗振譽關西，當進感戒之夕，朗亦通夢，乃自卑戒臘，求爲法弟。於是從進受者千有餘人。傳授此法，迄至于今，皆讖之餘則。

有別記云：「菩薩地持經應是伊波勒菩薩傳來此土。」後果是讖所傳譯，疑讖或非凡也。

蒙遜有從弟沮渠安陽侯者，爲人强志疎通，涉獵書記。因讖入河西弘闡佛法，安陽乃銳〔二四〕意内典，奉持五禁，所讀衆經，即能諷誦，常以爲務學多聞，大士之盛業。少時，常〔二五〕度流沙，至于闐國，於瞿摩帝大寺遇天竺法師佛馱斯那，諮問道義。斯那本學大乘，天才秀發，誦半億偈，明了禪法，故西方諸國号爲「人中師子」。安陽從受禪秘要治病經，因其梵本，口誦通利。既而東歸，於〔二六〕高昌得觀世音、弥勒二觀經各一卷。及還河西，即譯出禪要，轉爲晉文。及僞魏吞併西涼，乃南奔于宋，晦志卑身，不交世務〔二七〕。常遊止〔二八〕塔寺，以居士自畢〔二九〕。初出弥勒、觀音二觀經，丹楊尹孟顗見而善之，深加賓〔三〇〕接。後竹園寺慧濬尼復請出禪經。安陽既通習積久，臨筆無滯，旬有七日，出爲五卷。頃之，又於鍾山定林寺譯〔三一〕出佛母〔三二〕般泥洹經一卷。安陽居絶妻孥，無欲榮利，縱容法侶，宣通正法，是以黑白咸敬而嘉焉。後遘疾而終。

讖所出諸經，至元嘉中方傳建業。道場惠觀法師志欲重尋涅槃後分，乃啓宋太祖資給，遣沙門道普將書吏十人，西行尋經。至長廣郡，舶破傷足，因疾而卒。道普〔三三〕臨終歎曰：「涅槃後分與宋地無緣矣！」普本高昌人，經遊西域，遍歷諸國，供養尊影，頂戴佛鉢，四塔道樹，足跡形像，無不瞻覿。善能〔三四〕梵書，備諸國語，遊履異域，別有大傳。時高昌復〔三五〕有沙門法盛〔三六〕，亦經往外國，立傳凡有四卷。又有竺法維、釋僧表〔三七〕，並經往佛國云〔三八〕。

## 校勘記

〔一〕懺：高麗藏、金藏本作「讖」。又，據名僧傳抄，名僧傳卷二有「僞秦河西曇無懺」傳（「河西」，原作「西河」，據意改），名僧傳説處第二有「涅槃後分宋地無緣事」；出三藏記集卷一四有曇無讖傳。

〔二〕識：高麗藏、金藏本作「懺」。下一「識」同。

〔三〕憂：高麗藏、金藏本作「喪」。

〔四〕美：普寧藏、嘉興藏、清藏本及出三藏記集卷一四曇無讖傳作「羡」。

〔五〕服：高麗藏、金藏本作「伏」。

〔六〕業：高麗藏、金藏本無。

〔七〕稱：高麗藏、金藏本作「歌」。

〔八〕動：高麗藏、金藏本作「勝」。

〔九〕持：高麗藏、金藏本作「將」。

〔一〇〕時：高麗藏、金藏本無。

〔一一〕三：原無，據諸校本補。

〔一二〕本：高麗藏本作「本本」。

〔一三〕定定：原作「勃勃」，據高麗藏、金藏本改。按，赫連定，爲赫連勃勃第五子，赫連夏（大夏）的末代之君。

〔一四〕欲：高麗藏、金藏本無。

〔一五〕懺：高麗藏、金藏本作「識」。

〔一六〕嘉：高麗藏、金藏本作「加」。

〔一七〕一胡：高麗藏本作「此一胡」，金藏本作「此一」。

〔一八〕之：原作「魏」，據思溪藏、金藏本改。高麗藏本無。

〔一九〕因：高麗藏、金藏本作「固」。

〔二〇〕嗟：高麗藏、金藏本作「惜」。

〔二一〕定：高麗藏、金藏本作「懺」。

〔二二〕即：高麗藏、金藏本作「進即」。

〔二三〕至數：高麗藏初雕本、金藏本作「及至」，高麗藏再雕本作「及至數」。

〔二四〕鋭：高麗藏、金藏本作「閲」。

〔二五〕常：高麗藏本作「求法」。

〔二六〕於：高麗藏、金藏本作「向邑於」。

〔二七〕世務：原作「世勢」，據普寧藏本及出三藏記集卷一四沮渠安陽侯傳、開元釋教録卷五改。高麗藏、金藏本、歷代三寶紀卷一〇、大唐内典録卷四作「人世」。

〔二八〕遊止：高麗藏本作「遊」，金藏本作「住」。

〔二九〕自畢：原作「自卑」，據出三藏記集卷一四沮渠安陽侯傳、開元釋教録卷五改。高麗藏本作「身畢世」，金藏本作「身畢」。

〔三〇〕賓：高麗藏、金藏本作「賞」。

〔三一〕譯：高麗藏、金藏本無。

〔三二〕母：原作「父」，據思溪藏本改。安陽侯沮渠京聲譯佛母般泥洹經，又名大愛道般泥洹經，闕本。

〔三三〕道普：高麗藏、金藏本作「普」。按，據名僧傳抄，名僧傳卷二六有「宋高昌道普」傳。

〔三四〕能：高麗藏、金藏本無。

〔三五〕復：原作「後」，據高麗藏、金藏本改。

〔三六〕按，據名僧傳抄，名僧傳卷二六有「宋齊昌寺法盛」傳。又，名僧傳抄中抄録有法盛傳，云其「本姓李，隴西人，寓于高昌」。

〔三七〕按，據名僧傳抄，名僧傳卷二六有「晉東安寺竺法維」傳、「晉吴通玄寺僧表」傳。

〔三八〕云：高麗藏、金藏本作「云云」。

倜儻：上他的反，下他朗反。倜儻，奇俊非常。　琰：以檢反。　赤黶：下一檢反，赤子也。　娉：疋併反。娉，娶也。　不咽：下音燕，呑也。　乘隙：下丘逆反。　挫：則卧反，折挫也。　鵝腊：下音昔，脯腊也。　鍮石：上音偷。　績線：上子曆反，緝績也。　驍騎：上古堯反，下去聲。　餞：音賤，以酒食相送也。　勍敵：上巨京反，强也，武也。　强妻：下七細反，娶也。　醇酒：上市倫反，醲酒也。　狼狽：朗貝二音，鬧亂也。　徙：斯綺反，移也。　洪潦：下郎到反。洪潦，大水也。　揆：衢癸反。揆，度也。　縞素：上古老反，白綵也。　姑臧：下則郎反。　沮渠：上子徐反。沮渠，複姓也。　纂：子管反。　僅：渠鎮反，纔也。　蟠臥：上音盤。蟠，屈也。　豕：式旨反，豬也。　灾眚：下所景反。眚，亦災也。　挹：音邑，酌也。　茝：昌改反，香草也。　紕僻：下疋亦反。　䂮：音略。　肇：音召。　愜伏：上苦怗反，心伏也。　沖邃：上直弓反，下私遂反。沖邃，玄遠也。　舛：昌軟反，差舛也。　藻蔚：上音早，下音鬱字。藻蔚，文詞茂盛也。　折翮：下閑隔反，翼也。　杳然：上煙曉反。　悆：音預，安也。　惻愴：上昌力反，下楚狀反。　逗：音豆，留也。　諺：魚箭反，俗言也。　攣癖：上力員反，手屈病也；下正作「躄」，必亦反，脚跛病也。　羈虜：上居宜反，羈，繫也；下音魯，囚虜也。　妾媵：下余證反，婦也。　童齔：下昌謹反，換齒之年。　步驟：下助瘦反，行疾也。　矜：居陵反。矜，愍也。　澆僞：上古堯反，澆，薄也；下危瑞反，假也。　詭猾：下玄八反，奸猾也。　踰牆：上羊朱反。踰，越也。　褚：丑吕反。　傭：音容，雇也。　毾㲪：上音塔，下音登。毾㲪，毛褥也。　枹罕：二字音扶漢，縣名也。　燾：音盜字。　驃騎：上毗妙反，下去聲。　佞言：上奴定反，讒佞。　蹙迫：上子六反，促也。　款誠：上過管反。　虚衿：下音今。　吝：良刃反，亦作「悋」。　濬：私閏反。　瞻覿：下徒的反，見也。

# 高僧傳卷第三

梁會稽嘉祥寺沙門慧皎撰

## 譯經下



校勘記

〔一〕宋江陵辛寺：思溪藏、高麗藏、金藏本無。按，後皆同此例，僅列人名及序號。

〔二〕隆：正文作「龍」。

〔三〕密：正文作「蜜」。

# 宋江陵辛寺釋法顯

釋法顯〔一〕，姓龔，平陽武陽人。有三兄，並髫齔而亡。其父恐禍及顯，三歲便度爲沙弥。居家數年，病篤欲死，因〔二〕送還寺住〔三〕，信宿便差，不肯復歸。其母欲見之，不得〔四〕，爲〔五〕立小屋於門外，以擬去來。十歲遭父憂，叔父以其母寡獨不立，逼使還俗，顯曰：「本不以有父而出家也，正欲遠塵離俗，故入道耳。」叔父善其言，乃止。頃之，母喪，至性過人，葬事畢，仍即還寺。嘗與同學數十人於田中刈稻，時有飢賊欲奪其穀，諸沙弥悉奔走，唯顯獨留，語賊曰：「若欲須穀，隨意所取，但君等昔不布施，故致飢貧。今復奪人，恐來世弥甚，貧道預爲君憂耳。」言訖即還，賊棄〔六〕穀而去。衆僧數百人，莫不歎服。

及受大戒，志行明敏，儀軌整肅。常慨經律舛闕，誓志尋求。以晉隆安三年，與同學慧景、道整、慧應、慧嵬等，發自長安，西渡流沙。上無飛鳥，下無走獸，四顧茫茫，莫測所之，唯視日以准東西，人〔七〕骨以標行路耳。屢有熱風惡鬼，遇之必死，顯任緣委命，直過險難。有頃，至于葱嶺。嶺冬夏積雪，有惡龍吐毒，風雨沙礫，山路艱危，壁立千仞。昔有〔八〕鑿石通路，傍施梯道，凡度七百餘所。又躡懸絙過河數十餘處，皆漢之張騫、甘父〔九〕所不至也。次度小雪山，遇寒風暴起，慧景噤戰不能前，語顯曰：「吾其死矣，卿可前去，勿得俱殞。」言絶而卒。顯撫之泣曰：「本圖不果，命也奈何！」復自力孤行，遂過山險。

凡所經歷，三十餘國。將至天竺，去王舍城三十餘里，有一寺，逼冥〔一〇〕過之。顯欲〔一一〕詣耆〔一二〕闍崛山，寺僧諫曰：「路甚艱嶮〔一三〕阻，且多黑師子，亟經噉人，何由可至？」顯曰：「遠涉數万，誓到靈鷲，身命不期，出息非保，豈可使積年之誠，既至而廢耶？雖有險難，吾不懼也。」衆莫能止，乃遣兩僧送之。顯既至山，日將曛夕，遂欲停宿，兩僧危懼，捨之而還。顯獨留山中，燒香禮拜，翹感舊跡，如覩聖儀。至夜，有三黑師子來蹲顯前，舐脣摇尾。顯誦經不輟，一心念佛。師子乃低頭下尾，伏顯足前。顯以手摩之，呪曰：「若欲相害，待我誦竟；若見試者，可便退矣。」師子良久乃去。明晨還反，路窮幽梗，止有一逕通行。未至里餘，忽逢一道人，年可九十，容服麁素，而神氣儁遠。顯雖覺其韻高，而不悟是神人。後又逢一少僧，顯問曰：「向耆年是誰耶？」答云：「頭陀迦葉大弟子也。」顯方大惋恨，更追至山所，有横石塞于室口，遂不得入。顯流涕而去。

進至迦施國，國有白耳龍，每與衆僧約，令國内豐熟，皆有信效。沙門爲起龍舍，并設福食，每至夏坐訖，龍輒化作一小蛇，兩耳悉白。衆咸識是龍，以銅盂盛酪，置龍於中，從上座至下，行之遍，乃化去。年輒一出，顯亦親見。

後至中天竺，於摩竭提邑波連弗阿育王塔南天王寺得摩訶僧祇律，又得薩婆多律抄、雜阿毗曇心、綫[一四]經、方等泥洹經[一五]等。顯留三年，學梵語梵書，方躬自書寫。於是持經像，寄附商客，到師子國。顯同旅十餘，或留或亡，顧影唯己，常懷悲慨。忽於王[一六]像前見商人以晉地一白團扇[一七]供養，不覺悽然下淚。停二年，復得弥沙塞律、長雜二含及雜藏[一八]，並漢土所無。

既而附商人大舶，循海而還。舶有二百許人，值暴風水[一九]，衆皆惶懅，即取雜物棄之。顯恐棄其經像，唯一心念觀世音及歸命漢土衆僧。舶任風而去，得無傷壞。經十餘日，達耶婆提國。停五月，復隨他商東適廣州。舉帆二十餘日，夜忽大風，合舶震懼，衆咸皆[二〇]議曰：「坐載此沙門，使我等狼狽，不可以一人故，令一衆俱亡。」共欲推之。法顯檀越厲聲呵商人曰：「汝若下此沙門，亦應下我。不尒，便當見殺。漢地帝王奉佛敬僧，我至彼，告王，必當罪汝。」商人相視失色，僶俛而止。既水盡粮竭，唯任風隨流。忽至岸，見藜藿[二一]菜依然，知是漢地，但未測何方。即乘船入浦尋村，見獵者二人，顯問：「此是何地耶？」獵者[二二]曰：「此是青州長廣郡牢山南岸。」獵者還，以告太守李嶷。嶷素敬信，忽聞沙門遠至，躬自迎勞，顯持經像隨還。

頃之，欲南歸，青州刺史請留過冬，顯曰：「貧道投身於不反之地，志在弘通，所期未果，不得久停。」遂南造京師，就外國禪師佛馱跋陀於道場寺譯出摩訶僧祇律、方等泥洹經、雜阿毗曇心，垂有〔二三〕百餘万言。顯既出大泥洹經，流布教化，咸使見聞。有一家，失其姓名，居近朱雀門，世奉正化，自寫一部，讀誦供養，無別經室，與雜書共屋。後風火忽起，延及其家，資物皆盡，唯泥洹經儼然具存，煨燼不侵，卷色無改。京師共傳，咸歎神妙。其餘經律未譯〔二四〕。

後至荆州，卒於辛寺，春秋八十有六〔二五〕，衆咸慟惜。其遊履諸國，別有大傳焉。

## 校勘記

〔一〕按，據名僧傳抄，名僧傳卷二六有「晉道場寺法顯」傳，名僧傳説處第二十六有「法顯南天王寺得僧祇律、薩婆多律抄、雜阿毗曇心事」「法顯念觀世音事」；出三藏記集卷一五有法顯法師傳。

〔二〕因：高麗藏、金藏本作「因以」。

〔三〕住：高麗藏、金藏本無。

〔四〕得：高麗藏本作「能得」。

〔五〕爲：高麗藏本作「後爲」，金藏本無。

〔六〕棄：原作「葉」，據諸校本改。

〔七〕人：高麗藏再雕本、金藏本作「望人」。

〔八〕有：高麗藏本及出三藏記集卷一五法顯法師傳作「有人」。

〔九〕父：永樂南藏、嘉興藏、清藏本及出三藏記集卷一五法顯法師傳作「英」。

〔一〇〕冥：高麗藏、金藏本作「暝」。

〔一一〕欲：高麗藏本作「明旦欲」。

〔一二〕耆：原作「者」，據諸校本改。

〔一三〕嶮：高麗藏、金藏本無。

〔一四〕綖：高麗藏、金藏本作「綖」。按，據出三藏記集卷二，法顯所得經中，綖經及長阿含經、雜阿含經、彌沙塞律、薩婆多律抄等「猶是梵文，未得譯出」。

〔一五〕按，諸經録法顯譯經中，著録有大般泥洹經六卷、方等泥洹經二卷（或名大般涅槃經，三卷）。據開元釋教録卷三，「此方等泥洹，即六卷大般泥洹經之梵本也。準經後記，名爲方等大般泥洹經，非謂二卷方等泥洹也」。而「二卷方等泥洹」，出三藏記集云「今闕」，開元釋教録著録爲「大般涅槃經三卷」，子注曰：「或二卷，是長阿含初分遊行經異譯，群録並云顯出方等泥洹者，非即前大泥洹經加『方等』字，此小乘涅槃，文似顯譯，故以此替之。」

〔一六〕王：高麗藏、金藏本作「玉」。

〔一七〕扇：高麗藏再雕本作「絹扇」。

〔一八〕雜藏：高麗藏本作「雜藏本」。

〔一九〕水：高麗藏初雕本、金藏本作「水人」，高麗藏再雕本作「水入」。按，「值暴風水」，出三藏記集卷一五法顯法師傳作「值大暴風，舶壞水入」，法苑珠林卷二五見解篇感應緣「宋沙門釋法顯」條引作「值黑風水入」。

〔二〇〕皆：高麗藏、金藏本無。

〔二一〕藋：高麗藏、金藏本作「藿」。按，「藿」「藋」形近，多有相混，義皆可通。藜藋，似藿而表赤，是一種野菜；藋，一名灰藋，是與藜同類的植物。藜、藋，爲兩種野生草本。故聯繫起來看，似作「藿」更勝。

〔二二〕者：高麗藏、金藏本作「人」。後同。

〔二三〕有：高麗藏、金藏本無。又，據出三藏記集卷一五法顯法師傳，「垂有百餘万言」者爲未譯經：「遂南造京師，就外國禪師佛馱跋陀於道場寺譯出六卷泥洹、摩訶僧祇律、方等泥洹經，綖經、雜阿毗曇心未及譯者，垂有百萬言。」

〔二四〕按，出三藏記集卷二著録法顯譯經六部：大般泥洹經六卷、方等泥洹經二卷、摩訶僧祇律四十卷、僧祇比丘戒本一卷、雜阿毗曇心十三卷、雜藏經一卷，另有佛遊天竺記一卷，五部梵文未譯。開元釋教録卷三著録法顯譯經五部：大般泥洹經六卷、大般涅槃經三卷、雜藏經一卷、僧祇比丘尼戒本一卷、雜阿毗曇心十三卷，另有歷遊天竺記傳一卷、佛遊天竺記一卷。出三藏記集著録之摩訶僧祇律四十卷，因爲與佛陀跋陀羅共譯，開元釋教録著録於佛陀跋陀羅譯經中。

〔二五〕按，出三藏記集卷一五法顯法師傳：「後到荆州，卒于辛寺，春秋八十有二。」開元釋教録卷三則同高僧傳，云法顯「春秋八十有六」。

## 宋黃龍釋曇無竭

釋曇無竭，此云法勇〔一〕，姓李，幽州黃龍人。幼爲沙弥，便修苦行，持戒誦經，爲師僧所重。嘗聞法顯等躬踐佛國，乃慨然有忘身之誓。遂以宋永初元年，招集同志沙門僧猛、曇朗之徒二十五人，共賫旛蓋供養之具，發跡此〔二〕土，遠適西方。

初至河南國，仍出海西郡，進入流沙〔三〕，到高昌郡。經歷龜兹、沙勒諸國，登葱嶺，度雪山，障氣千重，層冰万里，下有大江，流急若箭。於東西兩山之脇，繫索爲橋，十人一過。到彼岸已，舉烟爲幟，後人見烟，知前已度，方得更進。若久不見烟，則知暴風吹索，人墮江中。行經三日，復過大雪山，懸崖壁立，無安足處。石壁皆有故杙孔，處處相對，人各執四杙，先拔下杙，手〔四〕攀上杙，展轉相攀，經三〔五〕日方過。及到平地相待，料檢同侶，失十二人。

進至罽賓國，禮拜佛鉢。停歲餘，學梵書梵語，求得觀世音受記經梵文一部。復西行，至辛頭那提河，漢言師子口，緣河西入月氏國，禮拜佛肉髻骨及覩自沸水船〔六〕。後至檀特山南石留寺，住僧三百餘人，雜三乘學。無竭停此寺，受大戒。天竺禪師佛馱多羅，此云覺救，彼方〔七〕咸云已證聖〔八〕果，無竭請爲和上，漢沙門志定爲阿闍梨。

停夏坐三月日，復行向中天竺界。路既空曠，唯賫石蜜爲粮。同侣而〔九〕有十三人，八人於路並死〔一〇〕，餘五人同行。無竭雖屢經危棘，而繫念所賫觀世音經，未嘗暫廢。將至舍衛國，中野〔一一〕逢山象一群，無竭稱名歸命，即有師子從林中出，象驚惶奔走。後度〔一二〕恒河，復值野牛一群鳴吼而來，將欲害人，無竭歸命如初，尋有大鷲飛來，野牛驚散，遂得免之。其誠心所感，在險克濟，皆此類也。

後於南天竺隨舶汎海達廣州，所歷事跡，別有記傳。其所譯出觀世音受記經，今傳于京師。後不知所終。

**校勘記**

〔一〕按，據名僧傳抄，名僧傳卷二六有「宋黄龍法勇」傳；出三藏記集卷一五有法勇法師傳。

〔二〕此：高麗藏、金藏本作「北」。按，點校本出三藏記集卷一五法勇法師傳作「北」，校勘記云：「『北』字宋本、磧砂本、元本、明本作『此』，兹從麗本。」

〔三〕入流沙：原無，據諸校本補。

〔四〕手：原作「右手」，據高麗藏、金藏本及出三藏記集卷一五法勇法師傳改。

〔五〕三：高麗藏、金藏本無。

〔六〕水船：高麗藏、金藏本作「木舫」。

〔七〕方：高麗藏再雕本作「土」。

〔八〕聖：高麗藏、金藏本無。
〔九〕而：高麗藏、金藏本作「尚」。
〔一〇〕死：高麗藏、金藏本作「化」。
〔一一〕中野：高麗藏、金藏本作「野中」。
〔一二〕度：高麗藏、金藏本作「渡」。

## 宋建康龍光寺佛馱什

佛馱什，此云覺壽，罽賓人。少受業於弥沙塞部僧，專精律品，兼達禪要，以宋景平元年七月届于楊州。先沙門法顯於師子國得弥沙塞律梵本，未及〔一〕翻譯而法顯遷化。京邑諸僧聞什既善此學，於是請令出焉。以其年冬十一月集于龍光寺，譯爲三十四卷，稱爲五分律。什執梵文，于填沙門智勝爲譯，龍光道生、東安慧嚴共執筆參正，宋侍中瑘瑘王練爲檀越，至明年四月方竟〔二〕。仍於大部抄出戒心及羯磨文〔三〕等，並行於世。什後不知所終。

### 校勘記

〔一〕及：高麗藏、金藏本作「被」。
〔二〕按，出三藏記集卷三、開元釋教録卷五云宋景平元年（四二三）十一月始譯，明年十二月方訖。

〔三〕按，戒心及羯磨文，即出三藏記集卷二新集經論録中著録的彌沙塞比丘戒本一卷與彌沙塞羯磨一卷。此戒本謂之「戒心」者，蓋其爲戒律之心要也，又名五分戒本、彌沙塞戒本。大正藏第二二册收。彌沙塞羯磨，闕本。

## 宋河西浮陀跋摩

浮陀跋摩，此云覺鎧，西域人也。幼而履操明直，聰悟出群，習學三藏，偏善毗婆沙論，常誦持此部以爲心要。宋元嘉之中，達于西涼。先有沙門道泰，志用强倮〔一〕，少遊葱右，遍歷諸國，得毗婆沙梵本十有万偈，還至姑臧，側席虛襟，企待明匠，聞跋摩遊心此論，請爲翻譯。時蒙遜已死，子牧犍〔二〕襲位，以犍〔三〕承和五年歲次丁丑四月八日，即宋元嘉十四年，於涼州城内閑豫宫中請跋摩譯焉。泰即筆受，沙門慧嵩、道朗與義學僧三百餘人考正文義，再周方訖〔四〕，凡一百卷，沙門道挻爲之作序。有頃，魏虜拓〔五〕跋燾西伐姑臧，涼土崩亂，經書什物皆被焚蕩，遂失四十卷，今唯有六十卷〔六〕存焉。跋摩避亂西反，不知所終。

### 校勘記

〔一〕倮：高麗藏再雕本作「果」。

〔二〕牧犍：思溪藏、高麗藏、金藏本作「茂虔」。按，沮渠牧健，一名沮渠茂虔，爲沮渠蒙遜第三子。

〔三〕犍：思溪藏、高麗藏、金藏本作「虔」。

〔四〕按，出三藏記集卷二新集經論録中，謂「丁丑歲四月出，至己卯歲七月訖」，也即始自元嘉十四年（四三七）四月，至十六年七月訖，與這裏所説相合。而道挻撰毘婆沙經序（見出三藏記集卷一〇、阿毘曇毘婆沙論卷首）中説，「乙丑歲四月中旬」始譯，「至丁卯歲七月都訖」。此間之「乙丑歲」當爲元嘉二年（四二五），「丁卯歲」爲元嘉四年。開元釋教録卷四採納丁丑歲出、己卯歲訖之説，但又説：「序云乙丑歲出，即蒙遜玄始十四年也；丁卯歲訖，即玄始十六年也。與録不同，未詳何以。」兩種説法，相差十餘年，但此論的翻譯，經過了兩年多的時間，所謂「再周方訖」，没有爭議。

〔五〕拓：高麗藏、金藏本作「託」。

〔六〕卷：高麗藏、金藏本無。

## 宋京師枳園寺釋智嚴

釋智嚴〔一〕，西涼州人，弱冠出家，便以精懃著名。納衣宴坐，蔬食永歲。每以本域丘墟，志欲博事名師，廣求經誥，遂周流西國，進到罽賓。入摩天陀羅精舍，從佛駄先比丘諮受禪法。漸染三年，功踰十載。佛駄先見其禪思有緒，特深器異。彼諸道俗聞而歎曰：

「秦地乃有求道沙門矣。」始不輕秦類，敬接遠人。

時有佛馱跋陀〔二〕比丘，亦是彼國禪匠，嚴乃要請東歸，欲令〔三〕傳法中土。跋陀嘉其懇至，遂共東行，於是踰越沙〔四〕險，達自關中。常依隨跋陀，止長安大寺。頃之，跋陀横爲秦僧所擯，嚴亦分散憩于山東精舍，坐禪誦經，勵力精學〔五〕。

晉義熙十三年，宋武帝西伐長安，剋捷旋旆，塗步〔六〕山東。時始興公王恢從駕，遊觀山川，至嚴精舍，見其同止三僧各坐繩床，禪思湛然。恢至，良久不覺，於是彈指，三人開眼，俄而還閉。問，不與言。恢心敬其〔七〕奇，訪諸耆老，皆云「此三僧隱居求志，高潔法師也」。恢即啓宋武〔八〕，延請還都，莫肯行者。既屢請懇〔九〕至，二人推嚴隨行。恢道懷〔一〇〕素篤，禮事甚殷。還都，即住始興寺。嚴性虛静〔一一〕，志避諠塵，恢乃爲於東郊之際更起精舍，即枳園寺〔一二〕也。

嚴前還〔一三〕於西域，所得梵本衆經，未及譯寫〔一四〕。到元嘉四年，乃共沙門寶雲譯出普曜、廣博嚴淨、四天王等經〔一五〕。

嚴在寺不受別請，常分衛自資，道化所被，幽顯咸伏〔一六〕。有見鬼者，云見西州太社間鬼相語：「嚴公至，當辟易。」此人未之解。俄而嚴至，聊問姓字，果稱智嚴，默而識之，密加禮異。儀同蘭陵蕭思話婦劉氏疾病，恒見鬼來，吁呵〔一七〕駭畏，時迎嚴說法。嚴始到外堂，劉氏便見群鬼迸散。嚴既進，爲夫人説經，疾以之瘳。因稟五戒，一門宗奉。

嚴清素寡欲，隨受隨施。少而遊方，無所滯著。稟性沖退，不自陳叙。故雖多美行，世無得而盡傳。

嚴昔未出家時，嘗受五戒，有所虧犯，後入道受具足，常疑不得戒，每以爲懼。積年禪觀而不能自了，遂更汎海，重到天竺，諮諸明達。值[一八]羅漢比丘，具以事問羅漢。羅漢[一九]不敢判決，乃爲嚴入定，往兜率宮諮弥勒。弥勒荅云：「得戒。」嚴大喜，於是步歸。至罽賓，無疾而化，時年七十八。彼國法，凡聖燒身之處，各有其所[二〇]。嚴雖戒操高明，而實行未辨[二一]，始移屍向凡僧墓地，而屍重不起；改向聖墓，則飄然自輕。嚴弟子智羽、智遠，故從西來，報此徵瑞，俱還外國。以此推嚴，信是得道人也，但未知果向中間[二二]深淺耳。

**校勘記**

〔一〕按，據名僧傳抄，名僧傳卷二六有「宋枳園寺智嚴」傳，名僧傳説處第二十六有「智嚴入定往兜率問答彌勒事」。又名僧傳抄中抄録有智嚴傳；出三藏記集卷一五有智嚴法師傳。

〔二〕佛馱跋陀：高麗藏本作「佛馱跋陀羅」。按，「佛馱跋陀」，即「佛馱跋陀羅」之略，傳見本書卷二。

〔三〕令：高麗藏、金藏本無。

〔四〕越沙：高麗藏、金藏本作「沙越」。

〔五〕勵力精學：高麗藏、金藏本作「力精修學」。

〔六〕步：高麗藏再雕本及出三藏記集卷一五智嚴法師傳作「出」。

〔七〕其：原作「精」，據高麗藏再雕本及出三藏記集卷一五智嚴法師傳改。

〔八〕宋武：高麗藏再雕本作「宋武帝」。

〔九〕懇：原作「慊」，據高麗藏、金藏本及出三藏記集卷一五智嚴法師傳改。

〔一〇〕道懷：高麗藏、金藏本作「懷道」。

〔一一〕性虛静：高麗藏再雕本作「性愛虛靖」。

〔一二〕寺：原作「等」，據諸校本改。

〔一三〕還：高麗藏再雕本無。

〔一四〕寫：原作「爲」，據諸校本改。

〔一五〕經：高麗藏、金藏本無。按，出三藏記集卷二新集經論録著録智嚴譯經三部：普耀經六卷、四天王經一卷、廣博嚴浄經四卷；開元釋教録卷五則著録智嚴譯經十部，前三部外，有無盡意菩薩經六卷、法華三昧經一卷、浄度三昧經一卷、菩薩瓔珞本業經二卷、生經五卷、善德優婆塞經一卷、阿那含經二卷。

〔一六〕伏：高麗藏、金藏本作「服」。

〔一七〕呵：高麗藏、金藏本作「可」。
〔一八〕值：原作「頁」，據諸校本改。
〔一九〕羅漢：高麗藏、金藏本無。
〔二〇〕之處各有其所：高麗藏、金藏本作「各處」。
〔二一〕實行未辨：出三藏記集卷一五智嚴法師傳云「時衆未判其得道信否」。
〔二二〕中間：高麗藏、金藏本作「中間若」。

## 宋六合山釋寶雲

釋寶雲〔一〕，未詳氏族，傳云涼州人〔二〕。少出家，精懃有學行，志韻剛潔，不偶於世，故少以方直純素爲名。而求法懇惻，忘身徇道〔三〕，志欲躬覩靈跡，廣尋經要。遂以晉隆安之初，遠適西域，與法顯、智嚴先後相隨。涉履流沙，登踰雪嶺，懃苦艱危，不以爲難。遂歷于填、天竺諸國，備覩靈異，乃經羅刹之野，聞天鼓之音。釋迦影迹，多所瞻禮。

雲在外域，遍學梵書，天竺諸國音字詁訓，悉皆備解。後還長安，隨禪師佛馱跋陀業禪〔四〕進道。俄而禪師横爲秦僧所擯，徒衆悉同其咎，雲亦奔散。會廬山釋慧遠解其擯事，共歸京師，安止道場寺。衆僧以雲志力堅猛，弘道絶域，莫不披襟諮問，敬而愛焉。

雲譯出新無量壽。晚出諸經，多雲所治定。華梵〔五〕兼通，音訓允正。雲之所定，衆咸信服。初，關中沙門竺佛念善於宣譯，於苻、姚二代，顯出衆經。江左譯梵，莫踰於雲，故於晉、宋之際，弘通法藏。沙門慧觀等咸友而善之。

雲性好幽居，以保閑寂，遂適六合山寺，譯出佛本行讚經。山多荒民，俗好草竊，雲説法教誘，多有改悟〔六〕，禮事供養，十室而九〔七〕。頃之，道場慧觀臨亡，請雲還都，揔理寺任，雲不得已而還。居道場歲許，復更還六合。以元嘉二十六年終於山寺，春秋七十有四。其遊履外國，別有記傳。

校勘記

〔一〕按，據名僧傳抄，名僧傳卷二六有「宋道場寺寶雲」傳，名僧傳説處第二十六有「寶雲見金薄彌勒成佛像事」「寶雲遊外國出觀世音授記經事」。又名僧傳抄中抄録有寶雲傳；出三藏記集卷一五有寶雲法師傳。

〔二〕按，名僧傳抄云「河北人」。

〔三〕忘身徇道：高麗藏、金藏本作「亡身殉道」。按，「徇」「殉」諸校本常通用，不再一一出校。

〔四〕禪：原作「禪師」，據高麗藏、金藏本改。

〔五〕梵：高麗藏、金藏本作「戎」。

〔六〕悟：高麗藏再雕本、金藏本作「更」，出三藏記集卷一五寶雲法師傳作「惡」。

〔七〕九：高麗藏再雕本、金藏本作「八」。按，點校本出三藏記集卷一五寶雲法師傳作「八九」，校勘記云：「十室而八九　麗本無『九』字，兹從宋本、磧砂本、元本、明本。」

## 宋京師祇洹寺求那跋摩

求那跋摩〔一〕，此云功德鎧，本刹利種，累世爲王，治在罽賓國。祖父呵梨跋陀，此言師子賢，以剛直被徙。父僧伽阿難，此言衆喜，因潛隱山澤。跋摩年十四，便機見儁達，深有遠度，仁愛汎博，崇德務善。其母嘗須野肉，令跋摩辦之，跋摩啓曰：「有命之類，莫不貪生，夭彼之命，非仁人矣！」母怒曰：「設令得罪，吾當代汝。」跋摩他日煑油，誤澆其指，因謂母曰：「代兒忍痛。」母曰：「痛在汝身，吾何能代？」跋摩曰：「眼前之苦，尚不能代，況三途耶？」母乃悔悟，終身斷殺。

至年十八，相工〔二〕見而謂曰：「君年三十，當撫臨大國，南面稱尊。若不樂世榮，當獲聖果。」至年二十，出家受戒，洞明九部，博曉四含。誦經百餘万言，深達律品，妙入禪要，時人〔三〕号曰「三藏法師」。

至年三十，罽賓國〔四〕王薨，絶無紹嗣，衆咸議曰：「跋摩帝室之胤，又才明德重，可請令還俗，以紹國位。」群臣數百，再三固請，跋摩不納。乃辤師違衆，林栖谷飲，孤行山野，遁迹人世。

後到師子國，觀風弘教。識真之衆，咸謂已得初果。儀形感物，見者發心。後至闍婆國。初，未至一日，闍婆王母夜夢見一道士飛舶入國，明旦，果是跋摩來至。王母敬以聖禮，從受五戒。母因勸王曰：「宿世因緣，得爲母子，我已受戒而汝不信，恐後生之因，永絶今果。」王迫以母勅，即奉命受戒。漸染既久，專精稍篤。頃之，鄰兵犯境，王謂跋摩曰：「外賊恃力，欲見侵侮，若與鬭戰，傷殺必多；如其不拒，危亡將至。今唯歸命師尊，不知何計？」跋摩曰：「暴寇相攻，宜須禦捍，但當起慈悲心，勿興害念耳。」王自領兵擬之，旗鼓始交，賊便退散。王遇流矢傷脚，跋摩爲呪水洗之，信宿平復。王恭信稍殷，乃欲出家修道，因告群臣曰：「吾欲躬栖法門，卿等可更擇明主。」群臣皆拜伏勸請曰：「王若捨國，則子民無依。且敵國兇强，恃嶮相對，如失恩覆，則黔首奚處？大王天慈，寧不愍命〔五〕？敢以死請，伸〔六〕其悃愊。」王不忍固違，乃就群臣請三願，若許者，當留治國：「一願凡所王境，同奉和上；二願盡所治内，一切斷殺；三願所有儲財，賑給貧病。」群臣歡喜，僉然敬諾，於是一國皆從受戒。王後爲跋摩立精舍，躬自琢〔七〕材，傷王脚指，跋摩又爲呪治，有頃平復。道〔八〕化之聲，播於遐迩。鄰國聞風，皆遣使要請。

時京師名德沙門慧觀、慧聰等，遠挹風猷，思欲飡稟，以元嘉元年九月，面啓文帝，求迎請跋摩。帝即勅交州刺史，令泛舶延致。觀等又遣沙門法長、道沖、道儁等往彼祈請，并致書於跋摩及闍婆王婆多伽等，必希顧臨宋境，流行道教。跋摩以聖化宜廣，不憚遊方，先已隨商人竺難提舶，欲向一小國，會值便風，遂至廣州，故其遺文云：「業行風所吹，遂至於宋境。」此之謂也。

文帝知跋摩已至南海，於是復勑州郡，令資發下京。路由始興，經停歲許。始興有虎市山，儀形聳峙[九]，峯嶺高絶，跋摩謂其髣髴耆闍，乃改名靈鷲。於山寺之外，别立禪室，去[一〇]寺數里，磬音不聞，每至鳴椎，跋摩已至。或冒雨不沾，或履泥不污[一一]。時衆道俗，莫不肅然增敬。寺有寶月殿，跋摩於殿北壁手自畫作羅云像及定光、儒童布髮之形。像成之後，每夕放光，久之乃歇。始興太守蔡茂之深加敬仰。後茂之將死，跋摩躬自往視，説法安慰。後家人夢見茂之在寺中與衆僧講法，實由跋摩化導之力也。此山本多虎災，自跋摩居之，晝行夜往，或時值虎，以杖按頭，抒[一二]之而去。於是山旅水賓，去來無梗。感德歸化者，十有七八焉。

跋摩嘗於别室坐[一三]禪，累日不出。寺僧遣沙弥往候之，見一白師子緣柱而立[一四]，亘室[一五]弥漫，生青蓮華。沙弥驚恐大呼，往逐師子，豁無所見。其靈異無方，類多如此。

後文帝重勑觀等，復更敦請，乃汎舟下都，以元嘉八年正月達于建業。文帝引見，勞問慇懃，因又言曰：「弟子常欲持齋不殺，迫以身徇物，不獲從志。法師既不遠万里來化此國，將何以教之？」跋摩曰：「夫道在心，不在事；法由己，非由人。且帝王與匹夫所修各異，匹夫身賤名劣，言令不威，若不剋己苦躬，將何爲用？帝王以四海爲家，万民爲子，出一嘉言則士女咸悦，布一善政則人神以和，刑不夭命，役無勞力，則使風雨適時，寒暖應節，百穀滋繁，桑麻鬱茂。如此持齋，齋亦大矣；如此不殺，德亦衆矣〔一六〕。寧在闕半日之飡，全一禽之命，然後方爲弘濟耶？」帝乃撫机歎曰：「夫俗人迷於遠理，沙門滯於近教。迷遠理者，謂至道虚説；滯近教者，則拘戀篇章。至如法師所言，真謂開悟明達，可與言天人之際矣。」乃勅住祇洹寺，供給隆厚。公王英彦，莫不宗奉。俄而於寺開講法華及十地，法席之日，軒蓋盈衢，觀矚往還，肩隨踵接。跋摩神府自然，妙辯天逸〔一七〕，或時假譯人，而往復懸悟。

後祇洹慧義請出菩薩善戒，始得二十八品，後弟子代出二品，成三十品。未及繕寫，失序品及戒品，故今猶有兩本，或稱菩薩戒地。初，元嘉三年，徐州刺史王仲德於彭城請外國伊葉波羅譯出雜心，至擇品而緣礙遂輟。至是，更請跋摩譯出後品，足成十三卷。并先所出四分羯磨、優婆塞五戒略論、優婆塞二十二〔一八〕戒等，凡二十六卷，並文義詳允，梵漢弗差。

時影福寺尼慧果、浄奇〔一九〕等共請跋摩云：「去六年，有師子國八尼至京，云宋地先未經有尼，那得二衆受戒，恐戒品不全。」跋摩云：「戒法本在大僧衆發，設不本事，無妨得戒，如愛道之緣。」諸尼又恐年月不滿，苦欲更受，跋摩稱云：「善哉！苟欲增明，甚助隨喜。」但西國尼年臘未登，又十人不滿，且令學宋語，別因西域居士，更請外國尼來足滿十數。其年夏，在定林下寺安居。時有信者，採華布席，唯跋摩所坐，華彩更鮮。衆咸崇以聖禮。夏竟，還祇洹。其年九月二十八日，中食未畢，先起還閤。其弟子後至，奄然已終，春秋六十有五。

未終之前，預造遺文偈頌三十六行，自説因緣云：「已證二果。」手自封緘，付弟子阿沙羅云：「我終後，可以此文還示天竺僧，亦可示此境僧也。」既終之後，即扶坐繩床，顔貌不異，似若入定。道俗赴者，千有餘人，並聞香氣芬烈，咸見一物狀若龍蛇，可長一匹許，起於屍側，直上衝天，莫能詺〔二〇〕者。即於南林戒壇前，依外國法闍毗之。四部鱗集，香薪成積，灌之香油，以燒遺陰，五色焰起，氛氳麗空。是時天景澄朗，道俗哀歎，仍於其處起立白塔。欲重受戒諸尼悲泣望斷，不能自勝。

初，跋摩至京，文帝欲從受菩薩戒，會虜寇侵壃，未及諮禀，奄而遷化，以本意不遂，傷恨弥深，乃令衆僧譯出其遺文云：

前頂禮三寶，浄戒諸上座。濁世多諂曲，虚僞無誠信。愚惑不識真，懷嫉輕有德。是以諸賢聖，現世晦其迹。我求那跋摩，命行盡時至。所獲善功德，今當如實説。不以諂曲心，希望〔二一〕求名利。爲勸衆懈怠，增長諸佛法。大法力如是，仁者咸諦聽。我昔曠野中，初觀於死屍。膖脹虫爛壞，臭穢膿血流。繫心緣彼處，此身性如是。常見此身相，貪蛾不畏火。如是無量種，修習死屍觀。放捨餘聞思，依止林樹間。是夜專精進，正觀常不忘。境界恒在前，猶如對明鏡。如彼我亦然，由是心寂静。輕〔二二〕身極明浄，清涼止〔二三〕是樂。增長大歡喜，則生無著心。變成骨鎖相，白骨現在前。朽壞肢節離，白骨悉磨滅。無垢智熾燃，調伏思法相。我時得如是，身安極柔濡〔二四〕。如是方便修，勝進轉增長。微塵念念滅，壞色正念法。是則身究竟，何緣起貪欲？知因諸受生，如魚貪鈎餌。彼受無量壞，念念觀磨滅。知彼所依處，從心猨猴起。業及業報果〔二五〕，依緣念念滅。心所知種種，是名别相法。是則思慧念，次第滿足脩。觀種種法相，其心轉明了。我於尔炎〔二六〕中，明見四念處。律行從是竟，攝心緣中住。苦如熾燃劒，斯由渴愛轉。愛盡般涅槃，普見彼三界。死炎所熾燃，形體極消瘦。喜息樂方便，身還漸充滿。勝妙衆相生〔二七〕，頂忍亦如是。是於我心起，真實正方便。漸漸略境界，寂滅樂增長。得世第一法，一念緣真諦。次第法忍生，是謂無漏道。妄想及諸境，名字悉遠離。境界真諦義，除惱獲清涼。成就三昧果〔二八〕，離垢清涼緣。不涌亦不没，浄慧如明月。湛然正安住，純一寂滅相。非我所宣説，唯佛能證知。那波阿毗曇，説五因緣果。實義知修行，名者莫能見。諸論各異端，修行理無二。偏執有是非，達者無違諍。修行衆妙相，今我不宣説。懼人起妄想，誑惑諸世間。於彼修利相，我已説少分。若彼明智者，善知此緣起。摩羅婆國界，始得初聖果。阿蘭若山寺，道迹修遠離。後於師子國，村名劫波利。進修得二果，是名斯陀含。從是多〔二九〕留難，障修離欲道。見我修遠離，知是處空閑。咸生希有心，利養競來集。我見如火毒，心生大猒離。避亂浮于海，闍婆及林邑。業行風所飄，隨緣之宋境。於是諸國中，隨力興佛法。無問所應問，諦實真實觀。今此身滅盡，寂若燈火滅。

## 校勘記

〔一〕按，據名僧傳抄，名僧傳卷三有「祇洹寺求那跋摩」傳；出三藏記集卷一四有求那跋摩傳。

〔二〕工：高麗藏本作「公」。

〔三〕人：高麗藏、金藏本無。

〔四〕國：高麗藏、金藏本無。

〔五〕命：高麗藏再雕本、金藏本作「念」。

〔六〕伸：高麗藏、金藏本作「申」。

〔七〕琢：高麗藏、金藏本及開元釋教録卷五作「引」。

〔八〕道：高麗藏、金藏本作「導」。
〔九〕峙：高麗藏、金藏本作「孤」。
〔一〇〕去：高麗藏、金藏本作「室去」。
〔一一〕污：高麗藏、金藏本及開元釋教録卷五作「濕」。
〔一二〕抒：高麗藏、金藏本及開元釋教録卷五作「弄」。
〔一三〕坐：高麗藏、金藏本及開元釋教録卷五作「入」。
〔一四〕立：高麗藏初雕本、金藏本無，高麗藏再雕本作「上」。
〔一五〕室：高麗藏再雕本及開元釋教録卷五作「空」。
〔一六〕如此持齋齋亦大矣如此不殺德亦衆矣：原作「如此持齋亦大矣不殺亦衆矣」，據高麗藏、金藏本改。
〔一七〕逸：高麗藏、金藏本及開元釋教録卷五作「絶」。
〔一八〕二：原作「四」，據高麗藏、金藏本及出三藏記集卷一四求那跋摩傳改。按，此經即開元釋教録卷五求那跋摩譯經中著録之善信二十二戒，子注云：「亦云離欲優婆塞優婆夷具行二十二戒文，亦云三歸優婆塞戒。祐云三歸及優婆塞二十二戒，或云優婆塞戒。」
〔一九〕奇：高麗藏、金藏本作「音」。
〔二〇〕詺：原作「詔」，據高麗藏、金藏本改。出三藏記集卷一四求那跋摩傳、開元釋教録卷五作

「名」。

〔二二〕望：原作「有」，據高麗藏本及歷代三寶紀卷一〇改。

〔二三〕輕：歷代三寶紀卷一〇作「轉」。

〔二四〕止：高麗藏、金藏本作「心」。

〔二五〕濡：高麗藏、金藏本作「軟」。

〔二六〕報果：高麗藏再雕本作「果報」。

〔二六〕炎：高麗藏本作「焰」。按，尔炎、尔焰，皆梵語音譯，意譯「所知」「智母」「智境」等。慧琳一切經音義卷七〇：「爾焰，余瞻反，此云『所知』。舊作『尔炎』，一也。」翻譯名義集卷五法寶衆名篇「爾焰」條：「『爾焰，或名『爾炎』，此云『所知』，又云『應知』，又云『境界』。」

〔二七〕相生：高麗藏、金藏本作「生相」。

〔二八〕果：原作「畢」，據高麗藏再雕本、金藏本及歷代三寶紀卷一〇改。

〔二九〕多：原作「名」，據高麗藏、金藏本及歷代三寶紀卷一〇改。

## 宋京師奉誠寺僧伽跋摩

僧伽跋摩〔一〕，此云衆鎧，天竺人也。少而棄俗，清峻有戒德。善解律藏〔二〕，尤精雜心。以宋元嘉十年，步〔三〕自流沙，至于京邑。器宇宏肅，道俗敬異，咸宗事之，号曰「三藏法師」。

初，景平元年，平陸令許桑捨宅建刹，因名平陸寺。後道場慧觀以跋摩道行純備，請住此寺，崇其供養，以表厥德。跋摩共觀加塔三層，今之奉誠是也。跋摩行道諷誦，日夜不輟，僧衆歸集，道化流布。

初，三藏法師〔四〕明於戒品，將爲影福寺尼慧果等重受具戒。是時二衆未備，而三藏遷化。俄而師子國比丘尼鐵薩羅等至都，衆乃請〔五〕跋摩爲師，繼軌三藏。時〔六〕祇洹慧義擅步京邑，謂爲矯異，執志不同，親與跋摩拒論翻覆。跋摩標宗顯法，理證明允，既德有所歸，義遂迴剛，靡然推伏，令弟子慧基等服膺供事。僧尼受者，數百許人。宋彭城王義康崇其戒範，廣設齋供。四衆殷盛，傾于京邑。

慧觀等以跋摩妙解雜心，諷誦通利，先三藏雖譯，未及繕寫〔七〕，即以其年九月，於長干寺招集學士，更請出焉。寶雲譯語，觀自筆受，考覈研校，一周乃訖〔八〕。續出摩得勒伽、分別業報略、勸發諸王要偈及請聖僧浴文等〔九〕。

跋摩遊化爲志，不滯一方，既傳經事訖，辭還本國。衆咸祈止，莫之能留。元嘉十九年，隨西域賈人舶還外國，莫〔一〇〕詳其終。

## 校勘記

〔一〕按，據名僧傳抄，名僧傳卷三有「許岡寺僧伽跋摩」傳；出三藏記集卷一四有僧伽跋摩傳。

〔二〕律藏：高麗藏、金藏本作「三藏」，釋氏六帖卷九流通大教部「僧伽三藏」條作「律論」。

〔三〕步：高麗藏、金藏本作「出」。

〔四〕按，據文意及本卷求那跋摩傳、比丘尼傳卷二景福寺慧果尼傳可知，此「三藏法師」非僧伽跋摩，而應是求那跋摩。参見吉川忠夫、船山徹訳高僧伝（第一册，三〇八頁）。

〔五〕請：高麗藏、金藏本及出三藏記集卷一四僧伽跋摩傳作「共請」。

〔六〕時：高麗藏、金藏本無。

〔七〕按，據開元釋教録，僧伽跋摩譯雜阿毘曇心爲第四譯，此前已有僧伽提婆譯阿毘曇心十六卷（或十三卷）、法顯共覺賢譯雜阿毘曇心十三卷、伊葉波羅等譯雜阿毘曇心十三卷（求那跋摩續譯）。智昇認爲「未及繕寫」者，即此前三譯，而「見行之者」，即僧伽提婆譯本。

〔八〕按，據焦鏡後出雜心序（見出三藏記集卷一〇），雜阿毘曇心論於元嘉十一年甲戌九月於長干寺出，周年乃訖。然出三藏記集卷二新集經論録著録此論，云「宋元嘉十年於長干寺出，寶雲傳譯，其年九月訖」，與序説不同。又，雜阿毘曇心論，又名雜阿毘曇心、雜阿毘曇經等，略稱雜心論、雜心。

〔九〕按，出三藏記集卷二新集經論録僧伽跋摩譯經，即著録上述五部。開元釋教録卷五著録同。

請聖僧浴文外，皆存。

〔一〇〕莫：高麗藏、金藏本作「不」。

## 宋上定林寺曇摩蜜多

曇摩蜜多〔一〕，此云法秀〔二〕，罽賓人也。年至七歲，神明澄正，每見法事，輒自然欣躍，其親愛而異之，遂令出家。罽賓多出聖達，屢值明師，博貫群經，特深禪法，所得之要，皆極其〔三〕微奧。爲人沉邃有慧解，儀軌詳正〔四〕，生而連眉，故世号「連眉禪師」。

少好遊方，誓志宣化，周歷諸國，遂適龜兹。未至一日，王夢神告王曰：「有大福德人明當入國，汝應供養。」明旦，即勑外司：「若有異人入境，必馳奏聞。」俄而蜜多果至。王自出郊迎，延〔五〕請入宫，遂從稟戒，盡四事之禮。蜜多安而能遷，不拘利養。居數載，密〔六〕有去心，神又降夢曰：「福德人捨王去矣！」王惕然驚覺，既而君臣固留，莫之能止。遂度流沙，進到燉煌。於閑曠之地，建立精舍，植㮈千株，開園百畝，房閣池林〔七〕，極爲嚴淨。頃之，復適涼州，仍於公府舊寺更葺堂宇，學徒濟濟，禪業甚盛。

常以江右〔八〕王畿，志欲傳法，以宋元嘉元年，展轉至蜀，俄而出峽，停〔九〕止荆州，於長沙寺造立禪閣，翹誠懇惻，祈請舍利。旬有餘日，遂感一枚，衝器出聲，放光滿室。門徒道俗，莫不更增勇猛，人百其心。頃之，沿流東下，至于京師。初止中興寺，晚憩祇洹。蜜多道聲素著，化洽連邦，至京甫爾，傾都禮訊。自宋文袁皇后及皇太子、公主，莫不設齋桂宮，請戒椒掖。參候之使，旬日相望。即於祇洹寺譯出禪經、禪法要、普賢觀、虚空藏觀等。常以禪道教授，或千里諮受，四輩遠近，皆号「大禪師」。

會稽太守平昌孟顗深信正法，以三寶爲己任，素好禪味，敬心殷重。及臨浙右，請與同遊，乃於鄮縣之山建立塔寺。東境舊俗，多趨〔一〇〕巫祝，及妙化所移，比屋歸正。自西徂東，無思不服。元嘉十年還都，止鍾山定林下寺。蜜多天性凝静，雅愛山水，以爲鍾山鎮岳埒美嵩、華，常歎下寺基構臨澗低側，於是乘高相地，揆卜山勢，以元嘉十二年斬木刊石，營建上寺。士庶欽風，獻奉稠疊，禪房殿宇，鬱爾層構。於是息心之衆，萬里來集，諷誦肅邕，望風成化。定林達禪師，即神足弟子，弘其風教，聲震道俗。故能净化久而莫渝，勝業崇而弗替，蓋蜜多之遺烈也。爰自西域，至于南土，凡所遊履，靡不興造檀會，敷陳教法。

初，蜜多之發罽賓也，有迦毗羅神王衛送，遂至龜兹。於中路欲反，乃現形告辭蜜多曰：「汝神力通變，自在遊處，將不相隨共往南方。」語畢，即收影不現。遂遠從至都，即於上寺圖像著壁，迄至于今，猶有聲影之驗，潔誠祈福，莫不享願。以元嘉十九年七月六日卒于上寺，春秋八十有七〔一一〕。道俗四衆，行哭相趨，仍葬于鍾山宋熙寺前。

## 校勘記

〔一〕按，據名僧傳抄，名僧傳卷一九有「宋定林寺曇摩蜜多」傳，名僧傳説處第十九有「曇摩蜜多旬日之中得一舍利，形質雖小，光色異常事」「曇摩蜜多譯禪秘要三分、五門禪經一分事」。名僧傳抄中抄録有曇摩蜜多傳；出三藏記集卷一四有曇摩蜜多傳。

〔二〕按，名僧傳抄中云：「梁言法友。」

〔三〕之要皆極其：高麗藏、金藏本作「門户極甚」。

〔四〕正：原作「王」，據諸校本改。

〔五〕延：原作「乃」，據高麗藏、金藏本及出三藏記集卷一四曇摩蜜多傳、開元釋教録卷五改。

〔六〕密：原作「蜜」，據高麗藏、金藏本改。按，「蜜」雖可與「密」通，但爲與「蜜多」明顯區別計，校改作「密」。又，本傳中曇摩蜜多簡稱皆爲「蜜多」，未有稱爲「蜜」者。

〔七〕林：高麗藏、金藏本作「沼」。

〔八〕右：高麗藏、金藏本及出三藏記集卷一四曇摩蜜多傳作「左」。

〔九〕停：高麗藏、金藏本無。

〔一〇〕趨：高麗藏、金藏本作「趣」。

〔一一〕按，名僧傳抄中云：「春秋八十，元嘉十九年六月卒于寺。」

# 宋京兆釋智猛

釋智猛〔一〕，雍州京兆新豐人。禀性端明，厲〔二〕行清白。少襲法服，修業專至，諷誦之聲，以夜繼〔三〕日。每聞外國道人説天竺國土有釋迦遺迹及方等衆經，常慨然有感，馳心遐外，以爲萬里咫尺，千載可追也。遂以僞秦弘始六年甲辰之歲，招結同志沙門十有五人，發跡長安，渡河跨谷三十六所，至涼州城。

出自陽關，西入流沙，陵〔四〕危度〔五〕險，有過前倍〔六〕。遂歷鄯善、龜兹、于闐諸國，備矚風化。從于闐西南行二千里，始登葱嶺，而九人退還。猛與餘伴進行千七百里，至波淪國，同侶竺道嵩又復無常，將欲闍毗，忽失屍所在。猛悲歎驚異，於是自力而前。與餘四人共度雪山，渡辛頭河，到〔七〕罽賓國。國有五百羅漢，常往反阿耨達池。有大德羅漢，見猛至歡喜。猛諮問方土，爲説四天子事，具在猛傳〔八〕。猛於〔九〕奇沙國見佛文石唾壺，又於此國見佛鉢，光色紫紺，四際畫〔一〇〕然。猛香華供養，頂戴發願：「鉢若有應，能輕能重。」既而轉重，力遂不堪；及下案時，復不覺重。其道心所應如此。

復西南行千三百里，至迦惟羅衛國，見佛髮、佛牙及肉髻骨，佛影佛〔一一〕跡，炳然具存；又覩泥洹堅固之林，降魔菩提之樹。猛喜心内充，設供一日，兼以寶蓋大衣覆降魔像。其所遊踐，究觀靈變，天梯、龍池之事，不可勝數。

後至華氏國阿育王舊都，有大智婆羅門名羅閱宗〔二〕，舉族弘法，王所欽〔三〕重，造純銀塔，高三丈。既見猛至，乃問：「秦地有大乘學不？」猛答：「悉大乘學。」羅閱驚歎曰：「希有，希有！將非菩薩往化耶？」猛於其家得大泥洹梵本一部，又得僧祇律一部及餘經梵本，誓願流通，於是便反。以甲子歲發天竺，同行三伴，於路無常，唯猛與曇纂俱還。於涼州出泥洹本，得二十卷。以元嘉十四年入蜀，十六年七月造傳，記所遊歷。元嘉末，卒于成都。

余歷尋遊方沙門記列道路，時或不同；佛鉢頂骨，處亦乖爽。將知遊往天竺，非止一路；頂、鉢靈遷〔四〕，時届異土。故傳述見聞，難以例也。

## 校勘記

〔一〕按，據名僧傳抄，名僧傳卷二六有「宋定林上寺智猛」傳；出三藏記集卷一五有智猛法師傳。

〔二〕厲：高麗藏、金藏本作「勵」。

〔三〕繼：高麗藏、金藏本作「續」。

〔四〕陵：高麗藏、金藏本作「淩」。

〔五〕度：高麗藏、金藏本作「履」。

〔六〕倍：高麗藏、金藏本作「傳」。按，出三藏記集卷一五智猛法師傳、開元釋教録卷四中，有對「陵危度險，有過前倍」的具體描述：「二千餘里，地無水草，路絶行人。冬則嚴厲，夏則瘴熱。人死，聚骨以標行路。驝駞負糧，理極辛阻。」

〔七〕到：高麗藏再雕本作「至」。

〔八〕按，猛傳，即後文所謂智猛於元嘉十六年（四三九）七月所造傳，「記所遊歷」。出三藏記集卷八稱爲智猛遊外國傳，隋書卷三三經籍志二著録爲遊行外國傳一卷。

〔九〕於：出三藏記集卷一五智猛法師傳、開元釋教録卷四作「先於」。

〔一〇〕晝：思溪藏、高麗藏、金藏本作「盡」，出三藏記集卷一五智猛法師傳作「燦」。

〔一一〕佛：高麗藏、金藏本無。

〔一二〕宗：高麗藏初雕本作「宋」，高麗藏再雕本、金藏本作「家」。

〔一三〕欽：原作「飲」，據諸校本改。

〔一四〕遷：原作「迹」，據高麗藏、金藏本改。按，「頂」（頂骨）、「鉢」（佛鉢）不能稱爲「靈迹」。又，後云「時届異土」，故作「遷」是。

## 宋京師道林寺畺良耶舍 僧伽達多 僧伽羅多哆

畺良耶舍〔一〕，此云時稱，西域人。性剛直，寡嗜欲。善誦阿毗曇，博涉律部，其餘諸經，多所該綜。雖三藏兼明，而以禪門專業。每一禪觀，或七日不起。常以三昧正受，傳化諸國。以元嘉之初，遠冒沙河，萃于京邑，太祖文皇深加歎異。

初止鍾山道林精舍，沙門寶誌崇其禪法，沙門僧含〔二〕請譯藥王藥上觀及無量壽觀，含即筆受。以此二經是轉障之秘術，淨土之洪因，故沉吟嗟味，流通宋國。

平昌孟顗承風欽敬，資給豐厚。顗出守會稽，固請不去。後移憩江陵。元嘉十九年，西遊岷蜀，處處弘道，禪學成群。後還，卒於江陵。春秋六十矣。

時又有天竺沙門僧伽達多〔三〕、僧伽羅多哆〔四〕等，並禪學深明，來遊宋境。達多嘗在山中坐禪，日時將迫，念欲虛齋，乃有群鳥銜果，飛來授之。達多思惟：「獼猴奉蜜，佛亦受而食之，今飛鳥授食，何爲不可？」於是受而進之。元嘉十八年夏，受臨川康王請，於廣陵結居，後終於建業。

僧伽羅多哆，此云衆濟，以宋景平之末來至京師。乞食人間，宴坐林下，養素幽閑，不涉當世。以元嘉十年，卜居鍾阜之陽，剪棘開榛，造立精舍，即宋熙〔五〕是也。

校勘記

〔一〕按，據名僧傳抄，名僧傳卷一九有「宋道林寺畺良耶舍」傳，名僧傳説處第十九有「畺良耶舍晝夜懃習諷誦毗曇事」。

〔二〕含：原作「合」，據高麗藏、金藏本改。
〔三〕按，據名僧傳抄，名僧傳卷一九有「宋建康僧伽達多」傳。
〔四〕哆：高麗藏再雕本無。下同。按，「僧伽羅多」，即「僧伽羅多哆」之略。據名僧傳抄，名僧傳卷一九有「宋宋熙寺僧伽羅多哆」傳，名僧傳説處第十九有「僧伽羅多哆少失二親，又無兄弟事」。又，名僧傳抄中抄録有僧伽羅多哆傳。
〔五〕宋熙：高麗藏再雕本作「宋熙寺」。

## 宋京師中興寺求那跋陀羅阿那摩低

求那跋陀羅〔一〕，此云功德賢，中天竺人。以大乘學故，世号「摩訶衍」。本婆羅門種，幼學五明諸論，天文書筭，醫方呪術，靡不該博。後遇見阿毗曇雜心，尋讀驚悟，乃深崇佛法焉。其家世外道，禁絶沙門，乃捨家潛遁，遠求師範〔二〕，即投簪落髮〔三〕，專精志學。及受具戒〔四〕，博通三藏。爲人慈和恭恪，事師盡禮。頃之，辤小乘師，進學大乘。大乘師試令探取經匣，即得大品、華嚴，師嘉而歎曰：「汝於大乘有重緣矣！」於是讀誦講宣，莫能詶抗。進受菩薩戒法，乃奉書父母，勸歸正法，曰：「若專守外道，則雖還無益；若歸信三寶，則長得〔五〕相見。」其父感其言至，遂棄邪從正。

跋陀前到師子諸國，皆傳送資供。既有緣東方，乃隨舶汎海。中途風止，淡水復竭，舉船憂惶，跋陀曰：「可同心并力念十方佛，稱觀世音，何往不感？」乃密誦呪經，懇到禮懺。俄而信風暴至，密雲降雨，一船蒙濟。其誠感如此。

元嘉十二年至廣州，刺史車朗表〔六〕聞，宋太祖遣信迎接。既至京都，勅名僧慧嚴、慧觀於新亭慰〔七〕勞，見其神情朗徹，莫不虔仰。雖因譯交言，而欣若傾蓋。初住祇洹寺，俄而太祖延請，深加崇敬。瑯瑘顔延之，通才碩學，束帶造門。於是京師遠近，冠蓋相望。大將軍彭城王義康、承相南譙王義宣，並師事焉。

頃之，衆僧共請出經。於祇洹寺集義學諸僧，譯出雜阿含經，東安寺出法鼓經，後於丹陽郡譯出勝鬘、楞伽經，徒衆七百餘人，寶雲傳譯，慧觀執筆。往復諮析，妙得本旨。後譙王鎮荆州，請與俱行，安止辛寺，更創房殿。即於辛寺出無憂王、過去現在因果及〔八〕一卷無量壽、一卷泥洹、央掘魔〔九〕、相續解脱波羅蜜了義、現在佛名經三卷〔一〇〕、第一義五相略、八吉祥等諸經，并前所出，凡百餘卷，常令弟子法勇傳譯度語。譙王欲請講華嚴等經，而跋陀自忖未善宋言，有懷愧歎，即旦夕禮懺，請觀世音乞求冥應，遂夢有人白服持劍，擎一人首，來至其前，曰：「何故憂耶？」跋陀具以事對。荅曰：「無所多憂。」即以劒易首，更安新頭，語令迴轉，曰：「得無痛耶？」荅曰：「不痛。」豁然便覺，心神喜悦〔一一〕。旦起，語〔一二〕義皆通〔一三〕，備領宋言，於是就講。

元嘉將末，譙王屢有怪夢。跋陀荅云：「京都將有禍亂。」未及一年，元兇構逆。及孝建之初，譙王陰謀逆節，跋陀顔容憂慘，未及發言，譙王問其故，跋陀諫諍懇切，乃流涕而出曰：「必無所冀，貧道不容扈從。」譙王以其物情所信，乃逼與俱下。梁山之敗，火〔一四〕艦轉迫，去岸懸遠，判無全濟，唯一心稱觀世音，手捉筇〔一五〕竹杖，投身江中。水齊至膝，以杖刺水，水流深駛，見一童子尋後而至，以手牽之，顧謂童子：「汝小兒，何能度我？」恍忽之間，覺行十餘步，仍得上岸，即脱納衣欲償童子，顧覓不見，舉身毛竪，方知神力焉。

時王玄謨督軍梁山，世祖勑軍中：「得摩訶衍，善加料理，驛信送臺。」俄而尋得，令舸送都。世祖即時引見，顧問委曲，曰：「企望日久，今始相遇。」跋陀曰：「既染疊戾，分當灰粉。今得接見，重荷生造。」勑問：「並誰爲賊？」荅曰：「出家之人，不預戎事。然張暢、宗〔一六〕靈秀等並是〔一七〕驅逼，貧道所明。但不圖宿緣，乃逢此事。」帝曰：「無所懼也。」是日，勑住後堂，供施衣物，給以人乘。初，跋陀在荆州〔一八〕十載，每與譙王書疏，無不記録。及軍敗檢簡，無片言及軍事者。世祖明其純謹，益加禮遇。後因閑談，聊戲問曰：「念丞相不？」荅曰：「受供十年，何可忘德？今從陛下乞願，願爲丞相三年燒香。」帝悽然慘容，義而許焉。及中興寺成，勑令移住，爲開三間房。

後於東府讌會，王公畢集，勑見跋陀。時未及浄髮，白首皓然。世祖遥望，顧謂尚書謝莊曰：「摩訶衍聰明機解，但老期已至。朕試問之，其必悟人意也。」跋陀上階，因迎謂之曰：「摩訶衍不負遠來之意，但唯有一在。」即應聲荅曰：「貧道遠歸帝京，垂三十載，天子恩遇，銜愧罔極，但七十老病，唯一死在。」帝嘉其機辯，勑近御而坐，舉朝屬目。

後於秣陵界鳳皇樓西起寺，每至夜半，輒有推户而喚，視不見〔一九〕人，衆屢厭夢。跋陀燒香呪願曰：「汝宿緣在此，我今起寺，行道禮懺，常爲汝等。若住者，爲護寺善神；若不能住，各隨所安。」既而道俗十餘人同夕夢見鬼神千數，皆荷擔移去，寺衆遂安。今陶後渚白塔寺即其處也。

大明六年，天下亢旱，禱祈山川，累月無驗。世祖請令祈雨，必使有感，如其無獲，不須相見。跋陀曰：「仰憑三寶，陛下天威，冀必降澤。如其不獲，不復重見。」即往北湖釣臺燒香祈請，不復飲食。默而誦經，密加秘呪。明日晡時，西北雲起，初如車〔二〇〕蓋；日在桑榆，風震雲合，連日降雨。明旦，公卿入賀，勑見慰勞，嚫施相續。

跋陀自幼已來，蔬食終身，常執持香鑪，未嘗輟手。每食竟，輒分食飛鳥，乃集手取食。至太宗之世，禮供弥隆。到太始四年正月，覺體不悆，便與太宗及公卿等告別。臨終之日，延佇而望，云〔二一〕見天華聖像，禺中遂卒，春秋七十有五。太宗深加痛惜，慰賻甚厚。

公卿會葬，榮哀備焉。

時又有沙門寶意，梵言阿那摩低，本姓康，康居人，世居天竺。以宋孝建〔二二〕中，來止京師瓦官禪房，恒於寺中樹下坐禪，又曉經律，時人亦号「三藏」。常轉側數百貝子，立知凶吉，善能神呪。以香塗掌，亦見人往事。宋世祖施其一銅唾壺，高二尺許，常在床前。忽有人竊之，意取坐〔二三〕席一領空卷之，呪上數遍〔二四〕，經于三夕，唾壺還在席中，莫測其然。於是四遠道俗，咸敬而異焉。齊文惠、文宣及梁太祖並敬以師禮焉。永明末〔二五〕，卒〔二六〕於所住。

## 校勘記

〔一〕按，據名僧傳抄，名僧傳卷三有「中興寺求那跋陀」傳，名僧傳説處第三有「求那跋陀唯一心稱觀世音，投身江中，童子度之事」「求那跋陀祈雨必有感事」。名僧傳抄中抄録有求那跋陀傳；出三藏記集卷一四有求那跋陀羅傳。

〔二〕範：高麗藏、金藏本作「友」。

〔三〕鬃：高麗藏、金藏本作「彩」。

〔四〕戒：高麗藏、金藏本作「足」。

〔五〕得：高麗藏、金藏本無。

〔六〕表：原作「素」，據高麗藏、金藏本及出三藏記集卷一四求那跋陀羅傳、開元釋教録卷五等改。

〔七〕慰：高麗藏、金藏本及出三藏記集卷一四求那跋陀羅傳、開元釋教録卷五作「郊」。

〔八〕及：原作「經」，據高麗藏、金藏本改。按，若作「經」，則爲「過去現在因果經一卷」，而求那跋陀羅譯過去現在因果經爲四卷，明顯有誤。故「經」當作「及」，「一卷」屬後，即「一卷無量壽、一卷泥洹」。「一卷無量壽」者，即小無量壽經，闕本；「一卷泥洹」，開元釋教録求那跋陀羅譯經中未著録。名僧傳抄云求那跋陀羅在辛寺「出無憂王經一卷、八吉祥經一卷、過去現在因果四卷、無量壽一卷、泥洹一卷，凡十三部，合七十三卷」。

〔九〕央掘魔：高麗藏本作「央掘魔羅」。按，「央掘魔」即「央掘魔羅」之略。央掘魔羅經，四卷，出三藏記集卷二新集經論録云於道場寺譯出。

〔一〇〕經三卷：原作「等經等」，據高麗藏、金藏本改。按，現在佛名經，三卷，歷代三寶紀據高僧傳和始興録著録，云「元嘉二十九年正月七日於荆州爲南譙王劉義宣譯」。

〔一一〕喜悦：高麗藏、金藏本作「悦懌」。

〔一二〕語：高麗藏、金藏本作「道」。

〔一三〕通：高麗藏、金藏本無。

〔一四〕火：高麗藏再雕本、金藏本作「大」。按，慧琳一切經音義卷八九高僧傳第三卷音義作「火」：「火艦，下咸黤反。廣雅云：艦，舟也。埤蒼云：艦，板屋船也。考聲云：火艦，謂戰船也。古今正字：艦，謂船上下重也，從舟監聲也。」

〔一五〕笻：高麗藏、金藏本作「邛」。

〔一六〕宗：原作「宋」，據高麗藏、金藏本及出三藏記集卷一四求那跋陀羅傳、名僧傳抄、開元釋教録卷五改。

〔一七〕是：高麗藏、金藏本作「見」。

〔一八〕州：高麗藏、金藏本無。

〔一九〕不見：高麗藏、金藏本作「之無」。

〔二〇〕初如車：高麗藏、金藏本作「如」。

〔二一〕云：高麗藏、金藏本作「之」。

〔二二〕孝建：原作「孝武建」，據高麗藏、金藏本改。按，孝建（四五四—四五六）爲劉宋孝武帝劉駿的第一個年號。

〔二三〕取坐：思溪藏本作「取」，高麗藏、金藏本作「以」。

〔二四〕遍：高麗藏、金藏本作「通」。

〔二五〕末：高麗藏再雕本作「末年」。

〔二六〕卒：高麗藏、金藏本作「終」。

## 齊建康正觀寺求那毗地僧伽婆羅

求那毗地〔一〕，此言安進，本中天竺人。弱年從道，師事天竺大乘法師僧伽斯，聰慧强記，懃於諷誦，諳究大小乘將二十万言。兼學外典〔二〕，明〔三〕陰陽，占時驗事，徵兆非一。齊建元初，來至京師，止毗耶離寺。執錫從徒，威儀端肅。王公貴勝，迭相供請。

初，僧伽斯於天竺國抄脩多羅藏中要切譬喻，撰爲一部〔四〕，凡有百事，教授新學。毗地悉皆通誦〔五〕，兼明義旨，以永明十年秋，譯爲齊文，凡有十卷，謂〔六〕百句〔七〕喻經。復出十二因緣及須達長者經各一卷。自大明已後，譯經殆絶，及其宣流，世咸稱美。

毗地爲人弘厚，故万里歸集，南海商人咸宗事之。供獻皆受，悉爲營法。於建業淮側，造正觀寺居之。重閣層門，殿堂整飾。以齊〔八〕中興二年冬，終於所住。

梁初，復〔九〕有僧伽婆羅〔一〇〕者，亦外國學僧，儀貌謹潔，善於談對。至京師，亦止正觀寺。今上甚加禮接〔一一〕，勑於正觀寺及壽光殿占雲館中譯出大阿〔一二〕育王經、解脱道論等，凡十部三十三卷，使沙門〔一三〕釋〔一四〕寶唱〔一五〕、袁曇允等執〔一六〕筆受，現行於世〔一七〕。

## 校勘記

〔一〕按，據名僧傳抄，名僧傳卷三求那跋陀傳附有求那毗地傳（名僧傳抄求那跋陀傳亦附有求那毗地傳）；出三藏記集卷一四有求那毗地傳。

〔二〕典：原作「興」，據諸校本改。

〔三〕明：高麗藏本及出三藏記集卷一四求那毗地傳作「明解」。

〔四〕部：原作「命」，據諸校本改。

〔五〕誦：高麗藏、金藏本無。

〔六〕謂：原作「誦」，據高麗藏、金藏本改。

〔七〕句：高麗藏再雕本無。按，百喻經，又名百句譬喻經。出三藏記集卷九百句譬喻經記：「永明十年九月十日，中天竺法師求那毗地出。修多羅藏十二部經中抄出譬喻，聚爲一部，凡一百事，天竺僧伽斯法師集行大乘，爲新學者撰説此經。」又，此經出三藏記集卷二著録爲十卷，子注云或五卷。開元釋教録卷六著録爲四卷，子注云或五卷，並説：「祐等並云譯成十卷，此之四卷，百事足矣。」

〔八〕齊：高麗藏、金藏本無。按，中興（五〇一—五〇二）爲齊和帝蕭寶融的年號。

〔九〕復：高麗藏、金藏本無。

〔一〇〕按，僧伽婆羅，梁言僧養，亦云僧鎧，扶南國人，普通五年（五二四）卒於正觀寺。傳見續高僧傳卷一梁揚都正觀寺扶南國沙門僧伽婆羅傳。

〔一一〕接：高麗藏、金藏本作「遇」。

〔一二〕阿：高麗藏、金藏本無。

〔一三〕凡十部三十三卷使沙門：高麗藏、金藏本無。

〔一四〕釋：高麗藏初雕本、金藏本作「請」。

〔一五〕按，寶唱，俗姓岑，吴郡人。傳見續高僧傳卷一梁揚都莊嚴寺金陵沙門釋寶唱傳。

〔一六〕執：高麗藏、金藏本無。

〔一七〕現行於世：高麗藏、金藏本無。按，僧伽婆羅譯經，歷代三寶紀卷一一著録十一部三十八卷：阿育王經十卷、孔雀王陀羅尼經二卷、文殊師利問經二卷、度一切諸佛境界智嚴經一卷、菩薩藏經一卷、文殊師利所説般若波羅蜜經一卷、舍利弗陀羅尼經一卷、八吉祥經一卷、十法經一卷、解脱道論十三卷、阿育王傳五卷。智昇認爲阿育王傳即阿育王經，不合重出：「長房等録，復云婆羅更出育王傳五卷者，非也。前育王經即是其傳，不合重載。」故開元釋教録卷六著録僧伽婆羅譯經十部三十二卷（蓋解脱道論十二卷故），其本並在。

論曰：傳譯之功尚矣，固無得而稱焉。昔如來滅後，長老迦葉、阿難、末田地等並具足任〔一〕持八万法藏，弘道濟人，功用弥博，聖慧日光，餘輝〔二〕未隱。是後迦旃延子、達磨多羅、達摩尸梨帝等並博尋異論，各著言説，而皆祖述四含，宗軌三藏。至若龍樹、馬鳴、婆藪槃頭，則於方等深經領括樞要。源發般若，流貫雙林，雖曰化洽窪隆，而亦俱得其性。故令三寶載傳，輪轉〔三〕未絶。是以五百年中，猶稱正法在世。

夫神化所被〔四〕，遠近斯届。一聲一光，輒震他土；一臺一蓋，動覆恒國。真〔五〕丹之與迦維，雖路絶葱河，里踰數萬，若以聖之神力，譬猶武步之間，而令聞見限隔，豈非時也？及其緣運將感，名教潛洽，或稱爲浮屠〔六〕之主，或號爲西域大神。故漢明帝詔楚王英云：「王誦黄老之微言，尚浮屠之仁祀。」及通夢金人，遣使西域，迺有攝摩騰、竺法蘭懷道來化，協策孤征，艱苦必達。傍峻壁而臨深，躡飛絙而渡險。遺身爲物，處難能夷。傳法宣經，初化東土。後學與聞，蓋其力也。

爰至安清、支讖、康會、竺護等，並異世一時，繼踵弘贊。然夷夏不同，音韻殊隔，自非精括詁訓，領會良難。屬有支謙、聶承遠、竺佛念、釋寶雲、竺叔蘭、無羅叉等，並妙善梵漢之音，故能盡翻譯之致。一言三復，辭旨分明。然後更用此土宫商，飾以成製。論曰：「隨方俗語，能示正義。於正義中，置隨義語。」蓋斯謂也。

其後鳩摩羅什碩學鉤深，神鑒奥遠，歷遊中土，備悉方言。復恨支、竺所譯文製古質，未盡善美，迺更臨梵本，重爲宣譯。故致今古二經，言殊義一。時有生、融、影、叡、嚴、觀、恒、肇，皆領悟言前，辭潤珠玉，執筆承旨，任在伊人。故長安所譯，鬱爲稱首。是時姚興竊號，跨有皇畿，崇愛三寶，城塹遺法。使夫慕道來儀，遐迩烟萃，三藏法門，有緣必覩。自像運東遷，在兹爲盛。其佛賢比丘江東所譯華嚴大部，曇無讖河西所翻涅槃妙教，及諸師所出四含、五部、犍度、婆沙等，並皆言符法本，理愜三印。而童壽有別室之逼〔七〕，佛賢有擯黜之迹，考之實録，未易詳究。或以時運澆薄，道喪人漓〔八〕，故所感見，爰至於此。

若以近迹而求，蓋亦珪璋一〔一九〕玷也。

又，世高、無讖、法祖、法祚等，並理思淹通，仁澤成務，而皆不得其死，將由業有傳感，義無違避。故羅漢雖諸漏已盡，尚有〔二〇〕貫腦之厄；比干雖忠謹〔二一〕竭誠，猶招賜劍之禍。匪其然乎？間〔二二〕有竺法度者，自言專執小乘，而與三藏乖越；食用銅鉢，本非律儀所許；伏地相向，又是懺法所無。且法度生本南康，不遊天竺，晚值曇摩耶舍，又非專小之師，直欲谿壑其身，故爲矯異。然而達量君子，未曾迴適，尼衆易從，初禀其化。夫女人理教難愜，事迹易翻，聞因果則悠然扈背，見變術則奔波傾飲，隨墮之義〔二三〕，即斯謂也。

竊惟正法淵廣，數盈八億，傳譯所得，卷止千餘，皆由踰越沙阻，履跨危絶，或望烟渡險，或附杙前身，及相會推求，莫不十遺八九。是以法顯、智猛、智嚴、法勇等，發跡〔二四〕則結旅成群，還至則顧影唯一，實足傷哉！當知一經達此，豈非更賜壽命？而頃世學徒，唯慕鑽求一典，謂言廣讀多惑，斯蓋墮學之辭，匪曰通方之訓。何者？夫欲考尋理味，決正法門，豈可斷以胷襟而不博尋衆典？遂使空勞傳寫，永翳箱匣；甘露正説，竟莫披尋；無上寶珠，隱而弗用，豈不惜哉？若能貫採禪律，融冶經論，雖復祇樹息蔭，玄風尚啓〔二五〕，娑羅變葉，佛性猶彰。遠報能仁之恩，近稱傳譯之德，儻獲身命，寧不勗歟？

贊曰：頻婆揜唱，疊教攸陳。五乘競〔二六〕轉，八万弥綸。周星隱曜〔二七〕，漢夢通神。

騰、蘭、讖、什，徇道來臻。慈雲從蔭，慧水傳津。俾夫季末，方樹洪因。

## 校勘記

〔一〕任：高麗藏、金藏本作「住」。

〔二〕輝：高麗藏、金藏本作「暉」。

〔三〕輪轉：高麗藏再雕本、金藏本作「法輪」。

〔四〕被：高麗藏、金藏本作「接」。

〔五〕真：高麗藏、金藏本作「振」。

〔六〕屠：高麗藏、金藏本作「圖」。後同。

〔七〕逼：高麗藏、金藏本作「慆」。

〔八〕漓：高麗藏、金藏本作「離」。

〔九〕一：高麗藏再雕本作「之一」。

〔一〇〕有：高麗藏、金藏本作「貽」。

〔一一〕謹：高麗藏、金藏本作「謇」。

〔一二〕間：原作「聞」，據高麗藏、金藏本改。

〔一三〕義：原作「我」，據諸校本改。

〔一四〕跡：高麗藏、金藏本作「跓」。

〔一五〕啓：高麗藏、金藏本作「扇」。

〔一六〕競：高麗藏再雕本作「竟」。

〔一七〕隱曜：高麗藏、金藏本作「曜魄」。

龔：音恭。　刈稻：上魚吠反，下音道。刈稻，割禾也。　曛：兄云反，日暮也。　蹲：音存字。　舐脣：上神只反，舌舐也；下市倫反，口脣也。　梗：加猛反，礙也。　惶懅：下其預反，懼也。　煨燼：上烏回反，下徐刃反。　杙：音翼，椿杙也。　强倮：下音果。倮，敢也，勝也。　托：他落反。　企待：上丘智反。企待，舉踵而望也。　犍：音乾字。　挻：失然反。　丘墟：下起虚反。　旋旆：下薄帶反。旋旆，迴旗也。　湛然：上宅減反。　慊至：上苦點反。慊至，懇切〔一〕也。　枳園：上音只。　澆：古堯反。澆，沃也。　侵侮：下音武字，欺也，傷也。　拒：音巨，抵拒也。　禦捍：上音語字，下音汗字。　黔首：上巨廉反。黔首，黑首民也。　悃愊：上苦本反，下拔力反。悃愊，誠一也。　儲：音除，積也。　賑給：上震、軫二音。通呼以財贍貧曰賑給。　氛氲：上音焚，下紆云反。　柔濡：下軟字。　鉤餌：上古侯反，下而志反，以食誘魚也。　擅步：上時扇反。　葺：七入反，修葺也。　王畿：下渠依反，王者内地也。　椒掖：上子消反。椒掖，皇内之宫〔二〕庭也，謂以椒塗其室，欲暖温而辟惡氣也。掖，宫門也。　稠疊：鄮縣：上莫候反。　巫祝：上音無。巫，師也。　徂：在姑反，往也。上直留反。稠，重也。　埒：盧拙反。　莫渝：下音俞，變也。　享願：上許兩反，受也。　炳然：上音丙，明也。　嗜欲：上音視，貪也。　萃：才遂反，集也。　誌：音志字。　哆：丁可反。　恭恪：下口各反，敬也。　南譙：下自摇反。　扈從：上音户字，下去聲。　艦：胡減反，亭船也。　笻竹：上具恭反，笻竹可以爲杖。　怳惚：上兄往反，下音忽字。怳惚，無形之象。　料理：上音寮。　舸：古我反，輕舟也。　舋戾：上許近反，下零帝反。舋戾，罪惡也。　秣陵：上音末。　魘夢：上一檢反，睡魔也。　禺中：上音愚。禺中，食時也。　窪隆：上烏瓜反，下也，深也；隆，高也。　愆：去乾反。愆，過也。　珪璋：二字音圭章，玉也。　玷：音點，痕也。　忠謇：下居展反。　趾：音止，足趾。　揜：掩字。　攸：音由，所也。

## 校勘記

〔一〕反慊至懇切：原作「懇切反慊至」，據思溪藏本改。

〔二〕之宮：原作「宮之」，據思溪藏本改。

# 高僧傳卷第四

梁會稽嘉祥寺沙門慧皎撰

## 義解一



### 校勘記

〔一〕晉洛陽：高麗藏、金藏本無。按，後皆同此例，僅列人名及序號。

〔二〕二：原作「一」，據諸校本改。

〔三〕雅：原作「稚」，據思溪藏、高麗藏、金藏本改。

〔四〕按，始寧爲縣名，漢末分上虞南鄉立，屬會稽郡。傳文中云竺法義「憩于始寧之保山」，名僧傳亦云「晉始寧保山竺法義」（見名僧傳抄），故此或當作「始寧保山」。

## 晉洛陽朱士行竺叔蘭　無羅叉

朱士行〔一〕，潁川人。志業方直，勸〔二〕沮不能移其操。少懷遠悟，脱落塵俗。出家已後，專務經典。

昔漢靈之時，竺佛朔譯出道行經，即小品之舊本也，文句簡略，意義未周。士行嘗於洛陽講道行經，覺文意〔三〕隱質，諸未盡善，每嘆曰：「此經大乘之要，而譯理不盡。」誓志捐身，遠求大本。遂以魏甘露五年，發迹雍州，西渡流沙。既至于闐，果得梵書正本，凡九十章，遣弟子弗如檀，此言法饒，送經梵本還歸洛陽。未發之頃，于闐諸小乘學衆遂以白王云：「漢地沙門欲以婆羅門書惑亂正典，王爲地主，若不禁之，將斷大法，聾盲漢地，王之咎也！」王即不聽賫經。士行深懷痛心，乃求燒經爲證，王即許焉。於是積薪殿前，以火焚之。士行臨火誓曰：「若大法應流漢地，經當不然。如其無護，命也如何！」言已，投經火中，火即爲滅，不損一字，皮牒如本。大衆駭服，咸稱其神感，遂得送至陳留倉垣水南寺。

時河南居士竺叔蘭〔四〕，本天竺人，父世避難，居于河南。蘭少好遊獵，後經暫死，備見業果，因改厲專精，深崇正法，博究衆音，善於梵漢之語。又有無羅叉比丘，西域道士，稽古〔五〕多學，乃手執梵本，叔蘭譯爲晉文，稱爲放光波若。皮牒故本，今在豫章。至太安二年，支孝龍就叔蘭一時寫五部，校爲定本。時未有品目，舊本十四匹縑，今寫爲二十卷。士行遂終於于闐，春秋八十。依西方法闍維之，薪盡火滅，屍猶能全。衆咸驚異，乃呪曰：「若真得道，法當毀敗。」應聲碎散，因斂骨起塔焉。後弟子法益從彼國來，親傳此事。故孫綽正像論云：「士行散形於于闐。」此之謂也。

**校勘記**

〔一〕按，據名僧傳抄，名僧傳卷五有「晉倉垣水南寺朱仕行」傳；出三藏記集卷一三有朱士行傳。

〔二〕勸：原作「歡」，據高麗藏、金藏本及可洪新集藏經音義隨函録卷二七高僧傳第四卷音義改。

〔三〕意：高麗藏、金藏本作「章」。

〔四〕按，出三藏記集卷一三有竺叔蘭傳。

〔五〕稽古：金藏本作「藝業」。

## 晉淮陽支孝龍

支孝龍〔一〕，淮陽人。少以風姿見重，加復神彩卓犖，高論適時，常披味小品以爲心要。陳留阮瞻、潁川庾凱並結知音之交〔二〕，世人呼爲「八達」。時或嘲之曰：「大晉龍興，天下爲家，沙門何不全髮膚，去袈裟，釋梵〔三〕服，被綾羅？」龍曰：「抱一以逍遥，唯寂以致誠。剪髮毁容，改服變形，彼謂我辱，我棄彼榮。故無心於貴而愈貴，無心於足而愈足矣。」其機辯適時，皆此類也。時竺叔蘭初譯放光經，龍既素樂無相，得即〔四〕披閲，旬有餘日，便就開講。後不知所終矣。

孫綽爲之讚曰：「小方易擬，大器難像。盤〔五〕桓孝龍，剋邁高廣。物競宗歸，人思効仰。雲泉彌漫，蘭風肸響〔六〕。」

## 校勘記

〔一〕按，據名僧傳抄，名僧傳卷一一有「晉淮陽支孝龍」傳。

〔二〕交：原作「友」，據高麗藏、金藏本及法苑珠林卷五三機辯篇感應緣「晉沙門支孝龍」條引改。

〔三〕梵：高麗藏、金藏本作「胡」。

〔四〕得即：原作「即得」，據高麗藏、金藏本改。

〔五〕盤：高麗藏再雕本、金藏本及法苑珠林卷五三機辯篇感應緣「晉沙門支孝龍」條引作「桓」。

〔六〕響：高麗藏、金藏本作「嚮」。按，嚮，同「響」。肸響，傳佈。慧琳一切經音義卷八九高僧傳第四卷音義：「肸響，上忻説反。楊雄甘泉賦云：肸響豐融。劉良注云：肸響，布寫也。孟子云：聲響遍布也。（中略）案，響者，應聲也。高崖大屋，聲往迴應，謂之爲響。」

## 晉豫章山康僧淵 康法暢 支敏度

康僧淵〔一〕，本西域人，生于長安。貌雖梵人，語實中國。容止詳正，志業弘深。誦放光、道行二波若，即大、小品也。

晉成之世，與康法暢、支敏度等俱過江。暢亦有才思〔二〕，善爲往復，著人物始義論等。暢常執麈尾行，每值名賓，輒清談盡日。庾元規謂暢曰：「此麈尾何以常在？」暢曰：「廉者不求〔三〕，貪者不與，故得常在也。」敏度亦聰哲有譽，著〔四〕譯經録，今行於世。

淵雖德愈暢、度，而別以清約自處。常乞匃自資，人未之識。後因分衛之次，遇陳郡殷浩，浩始問佛經深遠之理，却辯俗書性情之義，自晝至〔五〕曛，浩不能屈，由是改觀。瑯瑯王茂弘以鼻高眼深戲之，淵曰：「鼻者面之山，眼者面之淵，山不高則不靈，淵不深則不清。」時人以爲名荅。

後於豫章山立寺，去邑數十里，帶江傍嶺，松〔六〕竹鬱茂，名僧勝達，響附成羣。常以持心梵天〔七〕經空理幽遠，故偏加講説，尚學之徒，往還填委。後卒於寺焉。

## 校勘記

〔一〕按，據名僧傳抄，名僧傳卷一有「晉豫章山康僧淵」傳。

〔二〕思：原作「忌」，據諸校本改。

〔三〕求：高麗藏、金藏本作「取」。

〔四〕著：原作「著傳」，據高麗藏、金藏本改。按，支敏度所撰，歷代三寶紀、大唐内典録、開元釋教録等皆著録爲經論都録。

〔五〕至：高麗藏、金藏本作「之」。

〔六〕松：高麗藏、金藏本作「林」。

〔七〕天：高麗藏、金藏本無。按，持心梵天經，直云持心經，又名持心梵天所問經，等御諸法經、莊嚴佛法經等，四卷，竺法護譯。

# 晉高邑竺法雅 毗浮 曇相 曇習

竺法雅〔一〕，河間人，凝正有器度。少善外學，長通佛義，衣冠仕子，咸附諮禀。時依雅〔二〕門徒並世典有功，未善佛理，雅乃與康法朗等以經中事數擬配外書，爲生解之例，謂之「格義」。及毗浮、曇相〔三〕等，亦辯格義，以訓門徒。雅風彩〔四〕灑落，善於樞機，外典佛經，遞互講説。與道安、法汰每披釋湊疑，共盡經要。後立寺於高邑，僧衆百餘，訓誘無懈。雅弟子曇習，祖述先師，善於言論，爲〔五〕趙太子石宣所敬云。

校勘記

〔一〕竺：高麗藏、金藏本無。又，據名僧傳抄，名僧傳卷一一有「晉高邑竺法雅」傳。
〔二〕雅：高麗藏、金藏本無。
〔三〕曇相：高麗藏、金藏本作「相曇」。按，本書卷十四目録作「曇相」。
〔四〕彩：高麗藏、金藏本作「采」。
〔五〕爲：高麗藏、金藏本作「爲僞」。

## 晉中山康法朗 令韶

康法朗〔一〕，中山人。少出家，善戒節。嘗讀經，見雙樹、鹿苑之處，鬱而歎曰：「吾已不值聖人，寧可不覩聖處！」於是誓往迦夷，仰瞻遺迹。乃共同學四人發趾〔二〕張掖，西過流沙，行經三日，路絶人蹤。忽見道傍有一故寺，草木没人，中有敗屋兩間，間中各有一人，一人誦經，一人患痢。兩人比房，不相料理，屎尿縱横，舉房臭穢。朗謂其屬曰：「出家同道，以法爲親，不見則已，豈可見而捨耶？」朗乃停六日，爲洗浣供養。至第七日，見此房中皆是香華，乃悟其神人。因語朗云：「比房是我和上，已得無學，可往問訊。」朗往問訊，因語朗云：「君等誠契，皆當入道，不須遠遊諸國，於事無益。唯當自力行道，勿令失時。但朗功業小未純〔三〕，未得所願，當還真丹國，作大法師。」於是四人不復西行，仍留此專精道業〔四〕。唯朗更遊諸國，研尋經論。後還中山，立〔五〕徒數百，講法相係。後不知所終。

孫綽爲之讚曰：「人亦有言，瑜瑕弗藏。朗公冏冏，能韜其光。敬終慎始，研覈微〔六〕章。何以取證？冰堅履霜。」

朗弟子令詔〔七〕，其先鴈門人，姓吕。少遊獵，後發心出家，事朗爲師。思學有功，特善禪數。每入定，或數日不起。後移柳泉山，鑿穴宴坐。朗終後，刻木爲像，朝夕禮事。孫綽正像論云：「吕韶凝神於中山。」即其人也。

## 校勘記

〔一〕按，據名僧傳抄，名僧傳卷六有「僞秦中山康法朗」傳。

〔二〕趾：高麗藏、金藏本作「跡」。

〔三〕小未純：高麗藏本作「尚小未純」，金藏本作「尚小」。

〔四〕道業：高麗藏、金藏本作「業道」。

〔五〕立：高麗藏、金藏本作「門」。
〔六〕覈微：高麗藏、金藏本作「微辯」。
〔七〕按，據名僧傳抄，名僧傳卷二〇有「晉中山郡柳泉山釋令詔」傳。「令詔」，當即「令韶」。

## 晉燉煌竺法乘竺法行　竺法存

竺法乘〔一〕，未詳何許〔二〕人。幼而神悟超絶，懸鑒過人，依竺法護爲沙弥，清真有志氣，護甚嘉焉。護既道被關中，且資財殷富，時長安有甲族欲奉大法，試護道德，僞往告急，求錢二十萬。護未及〔三〕答，乘年十三，侍在師側，即語客〔四〕曰：「和上意已相許矣。」客退後，乘曰：「觀此人神色，非實求錢，將以觀和上道德何如耳。」護曰：「吾亦以爲然。」明日，此客率其一宗百餘口詣護，請受戒具，謝求錢之意。於是師資名布遐迩。

乘後西到燉煌，立寺延學。忘身爲道，誨而不倦。使夫豺狼革心，戎狄知禮，大化西行，乘之力也。後終於所住。

孫綽道賢論以乘比王濬仲，論云：「法乘、安豐，少有機悟之鑒，雖道俗殊操，阡陌可以相准。」高士季顒爲之贊傳。

乘同學竺法行〔五〕、竺法存，並山栖履操，知名當世矣。

校勘記

〔一〕按，據名僧傳抄，名僧傳卷六有「僞趙燉煌竺法乘」傳。

〔二〕許：高麗藏、金藏本無。

〔三〕及：高麗藏、金藏本無。

〔四〕客：高麗藏、金藏本無。

〔五〕按，弘明集卷二宗炳明佛論：「中朝竺法行，時人比之樂令。」亦見本卷于道邃傳。

## 晉剡東岇山竺道潛　竺法友　竺法蘊　康法識　竺法濟

竺道潛〔一〕，字法深，姓王，瑯琊人，晉丞相武昌郡公敦之弟也。年十八出家，事中州劉元真爲師。元真早有才解之譽，故孫綽讚曰：「索索虛衿，翳翳閑沖。誰其體之？在我劉公。談能雕飾，照足開曚。懷抱之内，豁爾每融。」

潛伏膺已後，剪削浮華，崇本務學，微言興化，譽洽西朝。風姿容貌，堂堂如也。至年二十四，講法華、大品，既藴深解，復能善説。故觀風味道者，常數盈五百。

晉永嘉初，避亂過江。中宗元皇及肅祖明帝、丞相王茂弘、太尉庾元規並欽其風德，友而敬焉。建武太寧中，潛恒著屐至殿内，時人咸謂方外之士，以德重故也。及〔二〕中宗、肅祖昇霞〔三〕，王、庾又薨，乃隱迹剡山，以避當世。追蹤問道者，已復結侣〔四〕山門。

潛優遊講席三十餘載，或暢方等，或釋老莊。投身北面者，莫不内外兼洽。至哀帝好重佛法，頻遣兩使慇懃徵請，潛以詔旨之重，暫遊宫闕，即於御筵開講大品，上及朝士並稱善焉。于時簡文作相，朝野以爲至德。以潛是道俗標領，又先朝友敬，尊重挹服，頂戴兼常，迄乎龍飛，虔禮弥篤。潛常〔五〕於簡文處遇沛國劉恢〔六〕，恢嘲之曰：「道士何以遊朱門？」潛曰：「君自覩其朱門，貧道見爲蓬户。」司空何次道懿德純素，篤信經典，每加祗崇，遵以師資之敬，數相招請，屢興法禮〔七〕。

潛雖復從運東西，而素懷不樂，乃啓還剡之岬山，遂其先志。於是逍遥林阜，以畢餘年。支遁遣使求買岬山之側沃洲小嶺，欲爲幽栖之處。潛荅云：「欲來輒給，豈聞巢、由〔八〕買山而隱？」遁後與高驪〔九〕道人書云：「上坐竺法深，中州劉公之弟子，體德貞峙，道俗綸綜。往在京邑，維持法綱，内外俱〔一〇〕瞻，弘道之匠也。頃以道業靖濟，不耐塵俗，考室山澤，脩德就閑。今在剡縣之岬山，率合同遊，論道説義，高栖皓然，遐迩有詠。」以晉寧康二年，卒於山館，春秋八十有九。

烈宗孝武詔曰：「潛〔一一〕法師理悟虚遠，風鑒清貞，棄宰相之榮，襲染衣之素，山居人外，篤懃匪懈。方賴宣道以濟蒼生，奄然遷化，用痛于懷！可賻錢十万，星馳驛送。」

孫綽以潛比劉伯倫，論云：「潛公道素淵重，有遠大之量；劉伶〔一三〕肆意放蕩，以宇宙爲小。雖高栖之業劉所不及，而曠大之體同焉。」

時岬山復有竺法友〔一三〕，志業强正，博通衆典。嘗從潛受阿毗曇，一宿便誦。潛曰：「經目則諷，見稱昔人。若能仁更興大晉〔一四〕者，必取汝爲五百之一也。」年二十四，便能講説。後立剡縣城南臺寺〔一五〕焉。

竺法藴〔一六〕悟解入玄，尤善放光波若。

康法識〔一七〕亦有義學之譽〔一八〕，而以草隸知名。嘗遇康昕，昕自謂筆道過〔一九〕識，識共昕各作王〔二〇〕右軍草，傍人竊以爲貨，莫之能别。又寫衆經，甚〔二一〕見重〔二二〕。

竺法濟幼有才藻，作高逸沙門傳。

凡此諸人，皆潛之神足，孫綽並爲之讃，不復具抄。

校勘記

〔一〕竺道潛：高麗藏、金藏本及北山録卷四宗師議、釋氏六帖卷一〇法施傳燈部「竺潛蓬户」條引作「竺潛」。又，據名僧傳抄，名僧傳卷八有「晉剡東仰山寺竺法深」傳。

〔二〕及：高麗藏再雕本、金藏本無。

〔三〕霞：高麗藏、金藏本作「遐」。

〔四〕侣：高麗藏、金藏本作「旅」。

〔五〕常：高麗藏、金藏本作「嘗」。

〔六〕恢：卷後音義及高麗藏、金藏本作「惔」。可洪新集藏經音義隨函録卷二七高僧傳第四卷音義亦作「惔」：「劉惔：談、噉二音。」按，劉恢、劉惔實爲一人。世説新語德行「劉尹在郡」條，劉孝標注引劉尹别傳曰：「惔字真長，沛國蕭人也。漢氏之後。真長有雅裁，雖蓽門陋巷，晏如也。歷司徒左長史、侍中、丹陽尹。爲政務鎮静信誠，風塵不能移也。」余嘉錫詳細分析了世説新語等書中的相關材料後指出，劉惔和劉恢實爲一人：「而真長之名，則一作恢，一作惔，其官又同爲丹陽尹。然則恢之與惔，即是一人，無疑也。」詳見世説新語箋疏賞譽篇「庾穉恭與桓温書」條箋疏。

〔七〕禮：高麗藏、金藏本作「祀」。

〔八〕由：原作「中」，據諸校本改。

〔九〕驪：高麗藏、金藏本作「麗」。

〔一〇〕俱：高麗藏、金藏本作「具」。

〔一一〕潛：高麗藏再雕本作「深」。

〔一二〕伶：原作「靈」，據高麗藏本改。按，劉伶（二二一—三〇〇），字伯倫，沛國人，以飲酒著稱。傳見晉書卷四九。

〔三〕按，據名僧傳抄，名僧傳卷八有「晉剡東仰山寺竺法友」傳。
〔四〕晉：思溪藏本作「智」。
〔五〕臺寺：原作「法臺寺」，據高麗藏、金藏本改。按，此寺當即「吴郡臺寺」，見本書卷六道祖傳。
〔六〕按，據名僧傳抄，名僧傳卷八有「晉剡東仰山寺竺法藴」傳。
〔七〕識：名僧傳抄中作「式」。按，據名僧傳抄，名僧傳卷八有「晉剡東仰山寺康法式」傳。
〔八〕譽：高麗藏、金藏本作「功」。
〔九〕過：原作「遇」，據高麗藏、金藏本改。
〔一〇〕王：高麗藏、金藏本無。
〔一一〕甚：原無，據高麗藏、金藏本補。
〔一二〕見重：高麗藏本作「見重之」。

## 晉剡沃洲山支遁支法虔　竺法仰

支遁〔一〕，字道林，本姓關氏，陳留人，或云河東林慮人。幼有神理，聰明秀徹。初至京師，太原王濛甚重之，曰：「造微之功，不減輔嗣。」陳郡殷融嘗與衛玠交，謂其神情儁徹，後進莫有繼之者，及見遁，歎息以爲重見若人。家世事佛，早悟非常之理。隱居餘杭山，沉〔二〕思道行之品，委曲慧印之經，卓焉獨拔，得自天心。年二十五出家。每至講肆，善標宗會，而章句或有所遺，時爲守文者所陋。謝安聞而善之，曰：「此乃九方歅〔三〕之相馬也，略其玄黄而取其駿逸。」王洽、劉恢、殷浩、許詢、郄超、孫綽、桓彦表、王敬仁、何次道、王文度、謝長遐、袁彦伯等，並一代名流，皆著塵外之狎。遁嘗在白馬寺與劉系之等談莊子逍遥篇，云：「各適性以爲逍遥。」遁曰：「不然。夫桀跖以殘害爲性，若適性爲得者，彼亦逍遥矣。」於是退而注逍遥篇，羣儒舊學，莫不歎伏。

後還吴，立支山寺。晚欲入剡，謝安爲吴興守〔四〕，與遁書曰：「思君日積，計辰傾遲。知欲還剡自治，甚以悵然。人生如寄耳，頃風流得意之事，殆爲都盡。終日慼慼，觸事惆悵，唯遲君來，以晤言消之，一日當千載耳。此多山，縣閑静，差可養疾，事不異剡，而醫藥不同，必思此緣，副其積想也。」王羲之時在會稽，素聞遁名，未之信，謂人曰：「一往之氣，何足可〔五〕言！」後遁既還剡，經由于郡，王故往〔六〕詣遁，觀其風力。既至，王謂遁曰：「逍遥篇可得聞乎？」遁乃作數千言，標揭新理，才藻驚絶。王遂披襟解帶，留〔七〕連不能已。仍請住靈嘉寺，意存相近。

俄又投迹剡山，於沃州〔八〕小嶺立寺行道。僧衆百餘，常隨禀學。時或有惰者，遁乃著座右銘以勗之曰：「懃之懃之，至道非彌。奚爲淹滯，弱喪神奇？茫茫三界，眇眇長羈。煩勞外湊，冥心内馳。徇赴欽渴，緬邈忘疲。人生一世，涓若露垂。我身非我，云云誰施？達人懷德，知安必危。寂寥清舉，濯累禪池。謹守明禁，雅翫玄規。綏心神道，抗志無爲。寥〔九〕朗三蔽，融冶六疵。空同五陰，虚豁〔一〇〕四肢。非指喻指，絶而莫離。妙覺既陳，又玄其知。宛轉平任，與物推移。過此以往，勿思勿議。敦之覺父，志在嬰兒。」

時論以遁才堪經濟〔一一〕而潔己拔俗，有違兼濟之道，遁乃作釋朦論。

晚移石城山，又立栖光寺。宴坐山門，遊心禪苑，木食澗飲，浪志無生。乃注安般、四禪〔一二〕諸經及即色遊玄論、聖不辨知論、道行旨歸、學道誡等，追蹤馬鳴，躡影龍樹，義應法本，不違實相。晚出山陰，講維〔一三〕摩經，遁爲法師，許詢爲都講。遁通一義，衆人咸謂詢無以厝難。詢每〔一四〕設一難，亦謂遁不復能通。如此至竟，兩家不竭。凡在聽者，咸謂審得遁旨，迴令自説，得兩三反便亂。

至晉哀帝即位，頻遣兩使徵請，出都，止東安寺，講道行波若，白黑欽崇，朝野悦服。

太原王濛宿構精理，撰其才辭，往詣遁，作數百語，自謂遁莫能抗。遁徐〔一五〕曰：「貧道與君別來多年，君語了不長進。」濛慚而退焉，乃歎曰：「實緇鉢之王何也。」

郄超問謝安：「林公談何如嵇中散？」安曰：「嵇努力裁得去耳。」又問：「何如殷浩？」安〔一六〕曰：「亹亹論辯，恐殷制支；超拔直上，淵源〔一七〕實有慚德。」郄超後與親友書云：「林法師神理所通，玄拔獨悟，數〔一八〕百年來紹明大法，令真理不絶，一人而已！」

遁淹留京師，涉將三載，乃還東山，上書告辭曰：

遁頓首言：敢以不才，希風世表，未能鞭後，用忝靈化。蓋沙門之義，法出佛之[一九]聖，彫淳[二〇]反朴，絶欲歸宗。遊虚玄之肆，守内聖之則，佩五戒之貞，毗外王之化。諧無聲之樂，以自得爲和；篤慈愛之孝，蠕動無傷；銜撫恤之哀，永悼不仁；秉未兆之順，遠防宿命；挹無位之節，履亢不悔。是以哲王御世[二一]，南面之重，莫不欽其風尚，安其逸軌，探其順心，略其形敬，故令歷代彌新矣。

陛下天鍾聖德，雅尚不倦，道遊靈模，日昃忘御，可謂鍾鼓晨極，聲滿[二二]天下，清風既劭[二三]，莫不幸甚！上願陛下齊齡二儀，弘敷至法[二四]，去陳信之妖誣，尋丘禱之弘議，絶小塗之致泥，奮宏轡於夷路。若然者，太山不婬季氏之旅，得一以成靈；王者非員[二五]丘而不禋，得一以永貞。若使貞靈各一，人神相忘，君君而下無親舉，神神而呪不加靈，玄德交被，民荷冥祐。恢恢六合，成吉祥之宅；洋洋大晉，爲元亨之宇。常無爲而万物歸宗，執大象而天下自往。國典刑殺，則有司存焉。若生而非惠，則賞者自得；戮而非怒，則罰者自刑。弘公器以厭神意，提詮衡以極冥量，所謂天何言哉，四時行焉！

貧道野逸東山，與世異榮，菜蔬長阜，潄流清壑，繿縷畢世，絶窺皇階。不悟乾光曲矅，猥被蓬蓽，頻奉明詔，使詣上京，進退惟咎〔二六〕，不知所厝。自到天庭〔二七〕，屢蒙引見，優遊〔二八〕賓禮，策以微言。每愧才不拔滯，理無拘新，不足對揚玄模，允塞視聽，踧踖侍人，流汗位席。曩四翁赴漢，干木蕃魏，皆出處有由〔二九〕，默語適會。今德非昔人，動静乖理〔三〇〕，遊魂禁省，鼓言帝側，將困非據，何能有爲？且歲月僶俛，感若斯之嘆，況復同志索居，綜習遼落，迴〔三一〕首東顧，孰能無懷？上願陛下特〔三二〕蒙放遣，歸之林薄，以鳥養鳥，所荷爲優。謹露板以聞，伸其愚管，裹粮望路，伏待慈詔。

詔即許焉。資給發遣，事事豐厚。一時名流，並餞離於征虜。蔡子叔前至，近遁而坐。謝万〔三三〕石後至，值蔡暫起，謝便移就其處。蔡還，合褥舉謝擲地，謝不以介意。其爲時賢所慕如此。

既而收迹剡山，畢命林澤。人嘗有遺遁馬者，遁受〔三四〕而養之。時或有譏之者，遁曰：「愛其神駿，聊復畜耳。」後有餉鶴者，遁謂鶴曰：「尔沖天之物，寧爲耳目之翫乎？」遂放之。

遁幼時嘗與師共論物類，謂鷄卵生用，未足爲殺，師不能屈。師尋亡，忽現形，投卵於地，鷇破鶵行，頃之俱滅。遁乃感悟，由是蔬食終身。

遁先經餘姚塢山中住，至於明辰，猶還塢中。或問其意，荅云：「謝安石〔三五〕昔數來見就〔三六〕，輒移旬日。今觸情舉目，莫不興想。」後病甚，移還塢中。以晉太和元年閏四月四日，終于所住，春秋五十有三。即窆於塢中，厥塚存焉。或云終剡，未詳。遁善草隸〔三七〕。郄超爲之序傳，袁宏爲之銘讚，周曇寶爲之作誄。

孫綽道賢論以遁方向子期，論云：「支遁、向秀，雅尚莊老，二子異時，風好玄同矣。」又喻道論云：「支道林者，識清體順，而不對於物。玄道沖濟，與神情同任。此遠流之所以歸宗，悠悠者所以未悟也。」

後高士戴逵行經遁墓，乃歎曰：「德音未遠而拱木已繁！冀神理綿綿，不與氣運俱盡耳。」

遁有同學法虔，精理入神，先遁亡。遁歎曰：「昔匠石廢斤於郢人，牙生輟絃於鍾子。推己求人，良不虛矣。寶契既潛，發言莫賞。中心蘊結，余其亡矣！」乃著切悟章，臨亡成之，落筆而卒。凡遁所著文翰，集有十卷，盛行於世。

時東土復有竺法仰〔三八〕者，亦〔三九〕慧解致聞，爲王坦之所重。亡後，猶見形詣王，勗以行業焉。

## 校勘記

〔一〕按，據名僧傳抄，名僧傳卷八有「晉剡石城山寺支道林」傳，名僧傳説處第八有「支道琳石城山立栖光精舍事」。

〔二〕沉：高麗藏、金藏本作「深」。

〔三〕歅：高麗藏、金藏本作「堙」。按，九方歅，又作九方堙，即九方皋，是春秋時善相馬者。

〔四〕守：高麗藏、金藏本無。

〔五〕可：高麗藏、金藏本無。

〔六〕往：高麗藏、金藏本無。

〔七〕留：高麗藏、金藏本作「流」。

〔八〕州：高麗藏、金藏本作「洲」。

〔九〕寥：高麗藏、金藏本作「寮」。

〔一〇〕虚豁：高麗藏、金藏本作「豁虚」。

〔一一〕濟：高麗藏、金藏本作「贊」。

〔一二〕按，出三藏記集卷一二陸澄撰法論目録中，有支道林本起四禪序并注。「本起四禪」，或即此「四禪」，然諸經録中未見著録。「四禪」者，或爲「四諦」之誤。四諦經，安世高譯。大正藏本歷代三寶紀卷七著録支遁本起四禪序，據其校勘記，宋、元諸本皆作本起四諦序。大唐内典録卷三亦作本起四諦序。

〔一三〕維：原作「羅」，據思溪藏、高麗藏、金藏本改。

〔一四〕每：高麗藏、金藏本無。

〔一五〕徐：高麗藏再雕本作「乃徐」。

〔一六〕安：原作「女」，據諸校本改。

〔一七〕淵源：高麗藏初雕本、金藏本作「淵浩」，高麗藏再雕本作「淵源浩」。按，殷浩（三〇三—三五六），字淵源，陳郡長平人。晉書卷七七有傳。又，此句北山録卷四宗師議引作：「超拔直上，殷有慚德。」

〔一八〕數：高麗藏、金藏本作「實數」。

〔一九〕之：高麗藏初雕本作「影」，高麗藏再雕本、金藏本無。

〔二〇〕淳：高麗藏、金藏本作「純」。

〔二一〕世：高麗藏、金藏本無。

〔二二〕滿：高麗藏、金藏本作「振」。

〔二三〕劭：高麗藏、金藏本作「邵」。

〔二四〕法：高麗藏、金藏本作「化」。

〔二五〕員：高麗藏、金藏本作「圓」。

〔二六〕咎：高麗藏、金藏本及釋氏六帖卷一〇法施傳燈部「支遁道林」條作「谷」，歷代三寶紀卷七作「咎」（據大正藏校勘記，元本作「谷」）。
〔二七〕庭：高麗藏、金藏本作「道」，歷代三寶紀卷七作「衢」。
〔二八〕遊：高麗藏、金藏本作「以」。
〔二九〕由：高麗藏、金藏本作「時」。
〔三〇〕理：高麗藏、金藏本及歷代三寶紀卷七作「衷」。
〔三一〕迴：高麗藏、金藏本及歷代三寶紀卷七作「延」。
〔三二〕特：高麗藏、金藏本作「時」。
〔三三〕万：原作「安」，據高麗藏、金藏本改。按，謝万，字万石，謝安（字安石）之弟。世說新語雅量中亦云：「謝万石後來，坐小遠。蔡暫起，謝移就其處。蔡還，見謝在焉，因合褥舉謝擲地，自復坐。謝冠幘傾脱，乃徐起振衣就席，神意甚平，不覺瞋沮。」
〔三四〕受：高麗藏、金藏本作「愛」。
〔三五〕石：高麗藏再雕本、金藏本作「在」。
〔三六〕就：高麗藏、金藏本無。
〔三七〕遁善草隸：高麗藏、金藏本無。
〔三八〕按，據名僧傳抄，名僧傳卷八有「晉會稽山寺竺法仰」傳。

〔三九〕亦：高麗藏、金藏本無。

## 晉剡山于法蘭 竺法興　支法淵　于法道

于法蘭〔一〕，高陽人，少有異操。十五出家，便以精懃爲業。研諷經典，以日兼夜，求法問道，必在衆先。迄在冠年，風神秀逸，道振三河，名流四遠。性好山泉，多處巖壑。嘗於冬月在山，冰雪甚厲，時有一虎來入蘭房，蘭神色無忤，虎亦甚馴。至明旦雪止，方〔二〕去。山中神祇，常來受法。其德被精靈，皆此類也。

後聞江東山水，剡縣最〔三〕奇，乃徐步東甌，遠矚嶀嵊，居于石城山足，今之元華寺也。時人以其風力比庾元規，孫綽道賢論以比阮嗣宗，論云：「蘭公遺身，高尚妙迹，殆至人之流。阮步兵傲獨不羣，亦蘭之儔也。」

居剡少時，愴然歎曰：「大法雖興，經道多闕。若一聞圓教，夕死可也！」乃遠適西域，欲求異聞。至交州，遇疾，終於象林。

沙門支遁追立像，讚曰：「于氏超世，綜體玄旨。嘉遁山澤，仁感〔四〕虎兕。」

別傳云蘭亦感枯泉漱水，事與竺法護同，未詳〔五〕。

又有竺法興、支法淵、于法道，與蘭同時比德。興以洽見知名，淵以才華著稱，道以義解馳聲矣。

校勘記

〔一〕按，據名僧傳抄，名僧傳卷八有「晉長安山寺于法蘭」傳，當即此于法蘭。「剡山于法蘭」者，過江後之稱。

〔二〕方：高麗藏、金藏本作「乃」。

〔三〕最：高麗藏、金藏本作「稱」。

〔四〕仁感：高麗藏本作「馴洽」。

〔五〕按，法苑珠林卷六三祈雨篇感應緣有「晉沙門于法蘭感涸澗涌水清流」條（出冥祥記）。

## 晉剡白山于法開　于法威

于法開〔一〕，不知何許人。事蘭公爲弟子，深思孤發，獨見言表。善放光及法華。又祖述耆婆，妙通醫法。嘗乞食投主人家，值婦人在草危急，衆治不驗，舉家遑擾，開曰：「此易治耳。」主人正宰羊，欲爲淫祀，開令先取少肉爲羹，進竟，因氣針之。須臾，羊膜裹兒而出。晉〔二〕升平五年，孝宗有疾，開視脉，知不起，不肯復入。康獻后令曰：「帝小不佳，昨呼于公視脉，但〔三〕到門不前，種種辭憚，宜收付廷尉。」俄而帝崩，獲免。還剡石城，續修元華寺，後移白山靈鷲寺。每與支道林爭即色空義，廬江何默申明開難，高平郗超宣述林解，並傳於世。

開有弟子法威，清悟有樞辨。故孫綽爲之讚曰：「易曰翰白，詩美蘋藻。斑如在場，芬若停潦。于威明發，介然遐討。有潔其名，無愧懷抱。」開嘗使威出都，經過山陰，支遁正講小品，開語威言：「道林講，比汝至，當至某品中。」示語攻難數十番，云：「此中舊難通。」威既至郡〔四〕，正值遁講，果如開言。往復多番，遁遂屈，因厲聲曰：「君何足復受人寄載來耶？」故東山喭云：「深量開思，林談識記。」

至哀帝時，累被徵詔〔五〕，乃出京講放光經。凡舊學抱疑，莫不因之披釋。講竟，辭還東〔六〕。帝戀德慇懃，嚫錢絹及步輿，并冬夏之服。謝安、王文度悉皆友善。或問：「法師高明剛簡，何以醫術經懷？」答曰：「明六度以除四魔之病，調九候以療風寒之疾，自利利人，不亦可乎？」

年六十，卒於山寺。孫綽爲之目曰：「才辯縱横，以數術弘教，其在開公〔七〕乎！」

## 校勘記

〔一〕按，據名僧傳抄，名僧傳卷八有「晉剡白山靈鷲寺于法開」傳，名僧傳説處第八有「于法開白山造靈鷲寺事」。

〔二〕晉：高麗藏、金藏本無。按，升平（三五七—三六一）爲東晉穆帝司馬聃第二個年號。
〔三〕但：高麗藏、金藏本作「旦」。
〔四〕郡：原作「那」，據諸校本改。
〔五〕徵詔：高麗藏、金藏本作「詔徵」。
〔六〕東：高麗藏再雕本、金藏本作「東山」。
〔七〕公：原作「厶」，據諸校本改。

## 晉燉煌于道邃

于道邃〔一〕，燉煌人。少而失蔭，叔親養之，邃孝敬竭誠，若奉其母。至年十六出家，事蘭公爲弟子。學業高明，内外該覽。善方藥，美書札。洞諳殊俗，尤巧談論。護公常稱邃高簡雅素，有古人之風，若不無年〔二〕，方〔三〕爲大法梁棟矣。

後與蘭〔四〕公俱過江，謝慶緒大相推重。性好山澤，在東多遊履名山。爲人不屑毁譽，未嘗以塵迹經抱。後隨蘭適西域，於交阯遇疾而終，春秋三十有一矣。郗超圖寫其形，支遁爲〔五〕著銘，讚曰：「英英上人，識通理清。朗質玉瑩，德音蘭馨。」

孫綽以邃比阮咸。或曰：「咸有累騎之譏，邃有清泠〔六〕之譽，何得爲匹？」孫綽曰：「雖迹有窪隆，高風一也。」喻道論云：「近洛中有竺法行，談者以方樂令；江南有于道邃，識者以對勝流。皆當時共所見聞，非同志之私譽也〔七〕。」

### 校勘記

〔一〕按，據名僧傳抄，名僧傳卷八有「晉剡山于道邃」傳。

〔二〕年：高麗藏本無。

〔三〕方：釋氏六帖卷一〇法施傳燈部「道邃古風」條作「當」。

〔四〕蘭：高麗藏本作「簡」。按，蘭公，即于法蘭。

〔五〕爲：高麗藏、金藏本無。

〔六〕泠：高麗藏、金藏本作「令」。

〔七〕也：原作「也一」，據思溪藏、高麗藏、金藏本改。

## 晉剡葛峴山竺法崇 道寶

竺法崇〔一〕，未詳何許〔二〕人。少入道，以戒節見稱，加又敏而好學，篤志經呪〔三〕，而尤長法華一教。嘗遊湘州麓山，山精化爲夫人，詣崇請戒，捨所住山以爲寺。崇居之少時，化洽湘土。後還剡之葛峴山，茅菴澗飲，取欣禪慧，東甌學者競往〔四〕湊焉。與隱士魯國孔淳之相遇，每盤遊極日，輒信宿忘歸，披襟領〔五〕契，自以爲得意之交也。崇迺嘆曰：「緬想人外三十餘年，傾蓋于茲，不覺老之將至！」後淳之別遊，崇咏曰：

「皓然之氣，猶在心目。山林之士，往而不反。其若人之謂乎？」崇後卒於山中，著法華義疏四卷云。

時剡東岇山復有釋道寶者，本姓王，瑯琊人，晉丞相導之弟。弱年信悟，避世辭榮，親舊諫止，莫之能制。香湯澡沐〔六〕，將就下髮，乃詠曰：「安知万里水，初發濫觴時。」後以學行顯焉。

**校勘記**

〔一〕按，據名僧傳抄，名僧傳卷八有「晉長沙麓山寺釋法崇」傳。
〔二〕許：高麗藏、金藏本無。
〔三〕呪：高麗藏、金藏本作「記」。
〔四〕往：原作「住」，據諸校本改。
〔五〕領：高麗藏、金藏本作「頓」。
〔六〕沐：高麗藏、金藏本作「浴」。

## 晉始寧山竺法義

竺法義〔一〕，未詳何許人。年十三〔二〕，遇深公，便問：「仁利是君子所行，孔丘何故罕言？」深曰：「物尠能行，是故寡〔三〕言。」深見其幼而穎悟，勸令出家。於是栖志法門，從深受學。遊刃衆典，尤善法華。後辭深出京，復大開講席，王導、孔敷並承風敬友。至晉興寧中，更還江左，憩于始寧之保山，受業弟子常有百餘。至咸安二年，忽感心氣疾病，常存念觀音，乃夢見一人破腹洗腸，覺便病愈。傅亮每云：「吾先君與義公遊處，每聞説觀音神異，莫不大小肅然。」

至〔四〕晉寧康三年，孝武皇帝遣使徵請，出都講説。晉太元五年，卒於都，春秋七十有四矣。帝以錢十万買新亭崗爲墓，起塔三級。義弟子曇爽〔五〕於墓所立寺，因名新亭精舍。後宋孝武南下伐凶，鑾旆至止，式宫此寺。及登禪，復幸禪堂，因爲開拓，改曰中興。故元嘉末童謡云：「錢唐出天子。」乃禪堂之謂。故中興禪房猶有龍飛殿焉，今之天安是也。

**校勘記**

〔一〕按，據名僧傳抄，名僧傳卷八有「晉始寧保山竺法義」傳，名僧傳説處第八有「竺法義遇篤病，唯專念觀世音，夢一沙門出其腸洗濯，還内腹中頓瘉事」。又，名僧傳抄中抄録有竺法義傳。

〔二〕按，名僧傳抄中云「年九歲，遇竺法深」「年十三，伏膺道門，修治戒行」。

〔三〕寡：高麗藏本作「罕」。

〔四〕至：高麗藏、金藏本無。

〔五〕按，據名僧傳抄，名僧傳卷二八有「晉建初寺曇爽」傳。

## 晉東莞竺僧度竺慧超

竺僧度〔一〕，姓王，名晞，字玄宗，東莞人也。雖少出孤微，而天姿秀發。至年十六，神情爽拔，卓尔異人。性度温和，鄉鄰所羡。時獨與母居，孝事盡禮。求同郡楊德慎女，亦乃衣冠之〔二〕家人。女字苕華，容貌端正，又善墳籍，與度同年。求婚之日，即相許焉。未及成禮，苕華母亡。頃之，苕華父又亡，度〔三〕母亦卒。度覩〔四〕世代無常，忽然感悟，乃捨俗出家，改名僧度。抗迹〔五〕塵表，避地遊學。

苕華服畢，自惟〔六〕三從之義，無獨立之道，乃與度書，謂髪膚不可傷毁，宗祀不可頓廢，令其顧世教，改遠志，曜翘爍之姿於盛明之世，遠休〔七〕祖考之靈，近慰人神之願，并贈詩五首。其一篇曰：「大道自無窮，天地長且久。巨石故叵消，芥子亦難數。人生一世間，飄若風〔八〕過牖。榮華豈不茂？日夕就彫朽。川上有餘吟，日斜思鼓缶。清音可娱耳，滋味可適口。羅紈可飾軀，華冠可曜首。安事自翦削，耽空以害有。不道妾區區，但令君恤後。」

度答書曰：「夫事君以治一國，未若弘道以濟万邦；事〔九〕親以成一家，未若弘道以濟三界。髮膚不毀，俗中之近言耳。但吾德不及遠，未能兼被，以此爲愧。然積簣成山，亦冀從微之著也。且披袈裟，振錫杖，飲清流，詠波若，雖公王之服、八珍之饍、鏗鏘之聲、煒曄之色，不與易也。若能懸契，則同期於泥洹矣。且人心各異，有若其面，卿之不樂道，猶我之不慕俗矣。楊氏，長別離矣！万世因緣，於今絶矣！歲聿云暮，時不我與。學道者，當以日損爲志；處世者，當以及時爲務。卿年德並茂，宜速有所慕，莫〔一〇〕以道士經心而坐失盛年也。」

又報詩五篇，其一首曰：「機運無停住，倏忽歲時過。巨石會當竭，芥子豈云多？良由去不息，故令川上嗟。不聞榮啓期，皓首發清歌。布衣可暖身，誰論飾綾羅？今世雖云樂，當奈後生何？罪福良由己，寧云己恤他。」

度既志懷匪石，不可迴轉，苕華感悟，亦起深信。度於是專精佛法，披味羣經，著毗曇旨歸，亦行於世。後不知所終。

時河內又有竺慧超〔一一〕者，亦行解兼著，與高士鴈門周續之友善，注勝鬘經焉。

**校勘記**

〔一一〕按，據名僧傳抄，名僧傳卷一五有「宋東莞竺僧度」傳。

〔一二〕之：高麗藏、金藏本無。

〔三〕度：高麗藏本作「庶」。

〔四〕覩：高麗藏本作「遂覩」。

〔五〕抗迹：高麗藏、金藏本作「迹抗」。

〔六〕惟：歷代三寶紀卷七作「惟有」。

〔七〕烋：高麗藏、金藏本作「休」。

〔八〕若風：高麗藏再雕本、金藏本作「忽若」。

〔九〕事：高麗藏、金藏本作「安」。

〔一〇〕莫：原作「莫不」，據高麗藏、金藏本改。

〔一一〕按，據名僧傳抄，名僧傳卷一一有「晉河内釋惠超」傳。

匹縑：上疋字，下音兼。縑，絹也。　卓犖：下呂角反。卓犖，有才辯也。　庚凱：上於主反，下吾哀反。　嘲：竹交反。嘲，謔。　肸嚮：上許乙反，下許兩反。乞匃：下音蓋字。　冏：居永反。　阡陌：上音千。阡陌，道路也。南北曰阡，東西曰陌。　屐：奇逆反，履屐也。　剡山：上時染反，越地也。　沛國：上博帶反。　惔：音談。　沃洲：上烏篤反。　高驪：下音離。　峙：直里反，立也。　昕：許斤反。　玠：音界。　系：胡計反。　桀跖：上渠列反，下音隻。桀、跖，古之賊人也。　眇眇：美小反。　涓：俱玄反。涓，滴也。　綏：音雖，安也。　融冶：上余弓反，消融也；下音野，爐冶也。　六疵：下疾斯反，疵，病也。六疵，六識之謂也。　嵇：音兮。　喈：户皆反。　蠕動：上音軟，能動細虫也。　恤：思律反，愍恤也。　履亢：下苦浪反，未詳何義[一]。　日昃：下音側。　劭：時照反，美也。　致泥：下去聲。　宏轡：上惠萌反，大也；下音祕，制馬者也。　禋：音因，祀也，享也。　繿縷：上落談反，下吕主反。繿縷，衣破也。猥：烏每反。　蓬蓽：上薄紅反，蓬蒿也；下音必，荆也。蓬草爲門，荆蓽爲户也。允塞：下桑則反。　踧[二]踖：上子六反，下音積。踧踖，謹敬也。　衷：音中字。　殼：口角反，卵皮也。　鶵：助朱反，鳥子也。　塢：一古反，餘姚地名。塢，山曲深處也。　窆：彼驗反，束棺下埋也。　誄：倫水反，述死者之行也。逵：具追反。　郢人：上以領反。　輟絃：上知劣反，止也；下音賢，琴絃也。馴：音旬，順也。　東甌：下烏侯反。　嵱嵊：上他胡反，下食證反，山名，在剡縣。膜：音莫，脂膜也。　麓山：上音鹿，山足有林也。　峴山：上形顯反。　濫觴：上郎淡反，浮游水也；下音傷，酒器也。濫觴，謂泛行酒也。　尠：息淺反，沙也。　崗：音剛，山脊也。　鑾旆：上郎端反，下薄貝反。鑾旆，天子之鑾車旌旆也。　東莞：下音官，郡名。　苕華：上音條。　翹爍：上渠摇反，下詩若反。　叵：普可反，不可也。　鼓缶：下方久反，瓦器。　積簣：下求位反，盛土之竹籠也。　鏗鏘：上口耕反，下七羊反。　鏗鏘，金玉之韻也。　煒曄：上羽鬼反，下于輒反。　煒曄，明也。

**校勘記**

〔一〕按，可洪新集藏經音義隨函録卷二七高僧傳第四卷音義：「履允，苦浪反，高也。又音剛，星名也。並正作『亢』也。又音尹，信也。」

〔二〕踧：原作「踉」，據思溪藏本改。

# 高僧傳卷第五

梁會稽嘉祥寺沙門慧皎撰

## 義解二



### 校勘記

〔一〕竺法雅三重出不刊：思溪藏本作大字「竺法雅三」，高麗藏再雕本、金藏本無。按，竺法雅傳已見卷四，本卷重出故不刊。又，思溪藏本後文亦重出竺法雅傳。

〔二〕四：高麗藏再雕本、金藏本作「三」。按，此後序號依次類推，不再一一出校。

〔三〕光：高麗藏再雕本、金藏本作「先」。

〔四〕徽：思溪藏本作「微」。

## 晉長安五級寺釋道安 王嘉

釋道安〔一〕，姓衛氏，常山扶柳人也，家世英儒。早失覆蔭，爲外兄孔氏所養。年七歲讀書，再覽能誦，鄉鄰嗟異。至年十二出家，神性〔二〕聰敏，而形貌甚陋，不爲師之所重。驅役田舍，至于三年，執勤就勞，曾無怨色。篤性精進，齋戒無闕。數歲之後，方啓師求經。師與辯意經一卷，可五千言。安賫經入田，因息就覽。暮歸，以經還師，更求餘者。師曰：「昨經未讀，今復求耶？」答曰：「即已闇誦。」師雖異之，而未信也。復與成具光明經一卷，減一万言。賫之如初，暮復還師。師執經覆之，不差一字。師大驚嗟，而敬〔三〕異之。後爲受具戒，恣其遊學。

至鄴，入中寺，遇佛圖澄。澄見而嗟嘆，與語終日。衆見形貌〔四〕不稱，咸共輕怪，澄曰：「此人遠識，非尒儔也！」因事澄爲師。澄講，安每覆述，衆未之愜，咸言「須待後次，當難殺崑崙子」，即安。後更覆講，疑難鋒起，安挫銳解紛，行有餘力。時人語曰：「漆道人，驚四鄰〔五〕。」

于時學者多守聞見，安乃歎曰：「宗匠雖邈，玄旨可尋，應窮究幽遠，探索〔六〕微奥，令無生之理宣揚季末，使流遁之徒歸向有本。」於是遊方問道，備訪經律〔七〕。

後避難潛于濩澤。大陽竺法濟、并州支曇講講〔八〕陰持入經，安後從之受業。頃之，與同學竺法汰俱憩飛龍山。沙門僧先〔九〕、道護已在彼山，相見欣然，乃共披文屬思，妙出神情。安後於太行恒山創立寺塔，改服從化者，中分河北。時武邑太守盧歆聞安清秀，使沙門敏見苦要之，安辭不獲免，乃受請開講。名實既符，道俗欣慕。

至年四十五，復還冀部，住受都寺，徒衆數百，常宣法化。石虎死〔一〇〕，彭城王〔一一〕嗣立，遣中使竺昌蒲請安入華林園，廣修房舍。安以石氏之末，國運衰〔一二〕危，乃西適牽口山。迄冉閔之亂，人情蕭索，安乃謂其衆曰：「今天災旱蝗，寇賊縱横，聚則不立，散則不可。」遂復率衆入王屋女林〔一三〕山。頃之，復渡河，依陸渾山栖〔一四〕，木食修學。

俄而慕容俊逼陸渾，遂南投襄陽。行至新野，謂徒衆曰：「今遭凶年，不依國主則法事難立。又教化之體，宜令廣布。」咸曰：「隨法師教。」乃令法汰詣楊州，曰：「彼多君子，好尚風流。」法和入蜀：「山水可以修閑。」安與弟子慧遠等四百餘人渡河，夜行，值雷雨，乘電光而進。前行得人家，見門裏有二馬柳〔一五〕，之〔一六〕間懸一馬篼，可容一斛，安便呼：「林伯〔一七〕升！」主人驚出，果姓林名伯升，謂是神人，厚相接待。既而弟子問：「何以知其姓字？」安曰：「兩木爲林，篼容伯升也。」既達襄陽，復宣佛法。

初，經出已久，而舊譯時謬，致使深義〔一八〕隱没未通。每至講説，唯叙大意，轉讀而已。安窮覽經典，鉤深致遠，其所注般若、道行、密迹、安般諸經，並尋文比句，爲起盡之義，及〔一九〕析疑、甄解，凡二十二卷。序致淵富，妙盡深旨。條貫既叙，文理會通。經義克明，自安始也。

自漢魏迄晉，經來稍多，而傳經之人，名字弗説。後人追尋，莫測年代。安乃揔集名目，表其時人，詮品新舊，撰爲經録。衆經有據，實由其功。

四方學士，競往師之。時，征西將軍桓朗子鎮江陵，要安暫往。朱序西鎮，復請還襄陽，深相結納。序每歎曰：「安法師道學之津梁，澄治之鑪肆矣〔二〇〕。」安以白馬寺狹，乃更立寺，名曰檀溪，即清河張殷宅也。大富長者，並加〔二一〕贊助，建塔五層，起房四百。涼州刺史楊弘忠送銅万斤，擬爲承露盤，安曰：「露盤已託〔二二〕汰公營造，欲迴此銅鑄像，事可然乎？」忠欣而敬諾。於是衆共抽捨，助成佛像，光相丈六，神好明著，每夕放光，徹照堂殿。像後又自行至万山，舉邑皆往瞻禮，遷以還寺〔二三〕。安既大願果成，謂言：「夕死可矣！」

苻堅遣使送外國金箔倚像，高七尺，又金坐像、結珠弥勒像、金縷繡像、織成像各一尊〔二四〕。每講會法聚，輒羅列尊像，布置幢旛，珠珮迭暉，烟華亂發，使夫升階履闥者，莫不肅焉盡敬矣。有一外國銅像，形製古異，時衆不甚恭重，安曰：「像形相致佳，但髻形未稱。」令弟子爐治其髻。既而光炎煥炳，耀滿一堂。詳視髻中，見一舍利，衆咸愧服。安曰：「像既靈〔二五〕異，不煩復治。」乃止。識者咸謂安知有舍利，故出以示衆。

時襄陽習鑿齒鋒辯天逸，籠罩當時。其先藉〔二六〕安高名，早已致書通好，曰：「承應真履正，明白內融，慈訓〔二七〕兼照，道俗齊蔭。自大教東流，四百餘年，雖蕃王居士時有奉者，而真丹宿訓，先行上世，道運時遷，俗未僉悟。自頃道業之隆，咸無以匹。所謂月光將出，靈鉢應降。法師任當洪範，化洽深幽〔二八〕，此方諸僧，咸有思慕。各願〔二九〕慶雲東徂，摩尼迴曜，一躡七寶之座，暫現明哲之燈，雨甘露於豐草，植栴檀於江湄。則如來之教，復崇於今日；玄波溢漾，重蕩於一代矣。」文多，不悉載。及聞安至止，即往修造。既坐，稱言：「四海習鑿齒。」安曰：「弥天釋道安。」時人以爲名荅。齒後餉梨十枚，正值衆食，便手自剖分，梨盡人遍，無參差者。高平郗超遣使遺米千斛，修書累紙，深致慇懃。安荅書云：「損米千斛〔三〇〕，弥覺有待之爲煩！」習鑿齒與〔三一〕謝安書云：「來此見釋道安，故是遠勝非常道士！師徒數百，齋講不倦，無變化技術可以惑常人之耳目，無重威大勢可以整群小之參差。而師徒肅肅，自相尊敬，洋洋濟濟，乃是吾由來所未見。其人理懷簡衷，多所博涉，內外群書，略皆遍覩，陰陽筭數，亦皆能通，佛經妙義，故所遊刃。作義乃似法蘭〔三二〕、法道〔三三〕，恨足下不同日而見，其亦每言思得一叙。」其爲時賢所重，類皆然也。

安在樊沔十五載，每歲常再講放光般若，未嘗廢闕。晉孝武皇帝承風欽德，遣使通問，并有詔曰：「安法師器識倫通，風韻標朗，居道訓俗，徽績兼著。豈直規濟當今，方乃陶津來世！俸給一同王公，物出所在。」

時苻堅素聞安名，每云：「襄陽有釋道安，是〔三四〕神器，方欲致之，以輔朕躬。」後遣苻丕南攻襄陽，安與朱序俱獲於堅。堅謂僕射權翼曰：「朕以十万之師取襄陽，唯得一人半。」翼曰：「誰耶？」堅曰：「安公一人，習鑿齒半人也。」既至，住長安五重寺，僧衆數千，大弘法化。

初，魏晉沙門依師爲姓，故姓各不同。安以爲大師之本，莫尊釋迦，乃以釋命氏。後獲增一阿含，果稱四河入海，無復河名；四姓爲沙門，皆稱釋種。既懸與經符，遂爲永式。

安外涉群書，善爲文章。長安中衣冠子弟爲詩賦者，皆依附致譽。時藍田縣得一大鼎，容二十七斛，邊有篆銘，人莫能識，乃以示安。安云：「此古篆書，云魯襄公所鑄。」乃寫爲隸文。又有人持一銅斛，於市賣之，其形正圓，下向爲斗，横梁昂者爲升〔三五〕，低者爲合。梁一頭爲籥，籥同黄〔三六〕鍾，容半合，邊有篆銘。堅以問安，安云：「此王莽自言出自舜皇，龍集〔三七〕戊辰，改正即真，以同律量，布之四方，欲小大器鈞，令天下取平焉。」其多聞廣識如此。堅勑學士：「内外有疑，皆師於安。」故京兆爲之語曰：「學不師安，義不中難。」

初，堅承石氏之亂。至是，民户殷富，四方略定，東極滄海，西併龜兹，南苞襄陽，北盡沙漠，唯建業一隅未能抗伏。堅每與侍臣談話，未嘗不欲平一江左，以晉帝爲僕射，謝安爲侍中。堅弟平陽公融及朝臣石越、原紹等並切諫，終不能迴。衆以安爲堅所信敬，乃共請曰：「主上將有事東南，公何能不〔三八〕爲蒼生致一言耶？」會堅出東苑，命安升輦同載。僕射權翼諫曰：「臣聞天子法駕，侍中陪乘。道安毁形，寧可參厠？」堅勃然作色曰：「安公道德可尊，朕以天下不易，輿輦之榮，未稱其德！」即勑僕射扶安登輦。俄而顧謂安曰：「朕將與公南遊吴越，整六師而巡狩，涉會稽以觀滄海，不亦樂乎？」安對曰：「陛下應天御世，有八州之富〔三九〕，居中土而制四海，宜栖神無爲，與堯舜比隆。今欲以百萬之師，求厥田下下之土。且東南區地，地卑氣厲，昔舜禹遊而不反，秦王〔四〇〕適而不歸，以貧道觀之，非愚心所同也。平陽公懿戚，石越重臣，並謂不可，猶尚見距〔四一〕，貧道輕淺，言必不允，既荷厚遇，故盡丹誠耳。」堅曰：「非爲地不廣、民不足治也。將簡天心，明大運所在耳！順時巡狩，亦著前典。若如來言，則帝王無省方之文乎？」安曰：「若鑾駕必動，可先幸洛陽，抗〔四二〕威蓄鋭，傳檄江南。如其不服，伐之未晚。」堅不從，遣平陽公融等精鋭二十五萬爲前鋒，堅躬率步騎六十萬。到頃，晉遣征虜將軍謝石、徐州刺史謝玄距之。堅前軍大潰於八公山〔四三〕西，晉軍逐北三十餘里，死者相枕。融馬倒殞首，堅單騎而遁，如所諫焉。

安常注諸經，恐不合理，乃誓曰：「若所説不甚遠理，願見瑞相。」乃夢見梵道人頭白、眉毛長，語安云：「君所注經，殊合道理。我不得入泥洹，住在西域，當相助弘通，可時時設食。」後十誦律至，遠公乃知和上所夢，賓頭盧也。於是立座飯之，處處成則。

安既德爲物宗，學兼三藏，所制僧尼軌範、佛法憲章，條爲三例：一曰行香定座上經〔四四〕上講之法，二曰常日六時行道飲食唱時法，三曰布薩差使悔過等法。天下寺舍，遂則而從之。

安每與弟子法遇等於弥勒前立誓，願生兜率。後至秦建元二十一年正月二十七日，忽有異僧，形甚庸陋，來寺寄宿。寺房既窄〔四五〕，處之講堂。時維那直殿，夜見此僧從窻隙出入，遽以白安。安驚起禮訊，問其來意，荅云：「相爲而來。」安曰：「自惟罪深，詎可度脱？」彼荅云：「甚可度耳。然須更〔四六〕浴聖僧，情願必果。」具示浴法。安請問來生所往〔四七〕之處，彼乃以手虚撥天之西北，即見雲開，備覩兜率妙勝之報。尔夕，大衆數十人悉皆同見。安後營浴具，見有非常小兒伴侶數十來入寺戲，須臾就浴，果是聖應也。至其年二月八日，忽告衆曰：「吾當去矣。」是日齋畢，無疾而卒，葬城內五級寺中。是歲，晉太元十年也，年七十二〔四八〕。

未終之前，隱士王嘉往候安，安曰：「世事如此，行將及人，相與去乎？」嘉曰：「誠如所言！師且〔四九〕前行，僕有小債未了，不得俱去。」及姚萇之得長安也，嘉時故在城內，萇與苻登相持甚久，萇乃問嘉：「朕當得登不？」荅曰：「略得。」萇怒曰：「得當言得，何略之有？」遂斬之。此嘉所謂負債者也。萇死後，其子興方殺登。興字子略，即嘉所謂「略得」者也。

嘉字子年，洛陽人也。形貌鄙陋，似若不足。本滑稽，好語笑。然不食五穀，清虚服氣，人咸宗而事之。往問善惡，嘉隨而應荅，語則可笑，狀如調戲，辞似讖記，不可領解，事過多驗。初養徒於加眉谷中，苻堅遣大鴻臚徵，不就。及堅將欲南征，遣問休否，嘉無所言，乃乘使者馬，佯向東行數百步，因落靴帽，解棄衣服，奔馬而還，以示堅壽春之敗。其先見如此。及姚萇正〔五〇〕害嘉之日，有人於隴上見之，乃遣〔五一〕書於萇。安之潛契神人，皆此類也。

安先聞羅什在西國，思共講析，每勸堅取之。什亦遠聞安風，謂是東方聖人，恒遥而禮之。初，安生而便左臂有一皮，廣寸許，著臂，捋可得上下也〔五二〕，唯不得出手。又肘外有方肉，上有通文〔五三〕，時人謂之爲「印手菩薩」。安終後十六年，什公方至。什恨不相見，悲恨無極。

安既篤好經典，志在宣法，所請外國沙門僧伽提婆、曇摩難提及僧伽跋澄等，譯出衆經百餘万言。常與沙門法和詮定音字，詳覈文旨，新出衆經，於是獲正。

孫綽爲名德沙門論，目〔五四〕云：「釋道安博物多才，通經名理。」又爲之讚曰：「物有廣瞻，人固多宰。淵淵釋安，專能兼倍。飛聲汧隴，馳名淮海。形雖草〔五五〕化，猶若常在。」

有別記云：河北別有竺道安，與釋道安齊名，謂習鑿齒致書於竺道安。道安本隨師姓竺，後改爲釋，世見其二姓，因謂爲兩人，謬矣。

## 校勘記

〔一〕按，據名僧傳抄，名僧傳卷五有「僞秦長安官寺釋道安」傳，名僧傳説處第五有「道安造彌勒像事」「道安與弟子法遇等於彌勒像前立誓，願同生兜率事」「道安令弟子銅佛像頂上有一舍利，晃然放光，照於室内事」「道安遇客僧問罪根淺深，及西北空晴見兜率宫殿事」「惠戒生兜率事」「道安等八人生兜率事」「法遇生兜率事」「道安即印手菩薩事」。又，名僧傳抄中抄録有道安傳；出三藏記集卷一五有道安法師傳。

〔二〕性：高麗藏再雕本、金藏本作「智」。

〔三〕敬：高麗藏再雕本、金藏本無。按，「而敬異之」，出三藏記集卷一五道安法師傳作「敬而異之」。

〔四〕貌：出三藏記集卷一五道安法師傳作「望」。

〔五〕鄰：原作「憐」，據諸校本改。

〔六〕索：原無，據七寺本補。

〔七〕按，「于時學者多守聞見」至此，原無，據高麗藏再雕本、大正藏本補。

〔八〕講：原無，據金剛寺本補。按，支曇講，并州人。出三藏記集卷六道安陰持入經序：「會太陽比丘竺法濟、并州道人支曇講陟岨冒寇，重爾遠集。此二學士，高朗博通，誨而不倦者也。遂與析槃暢礙，造兹注解。」

〔九〕僧先：又作「僧光」，傳見本卷。

〔一〇〕石虎死：高麗藏再雕本作「時石虎死」。

〔一一〕彭城王：高麗藏再雕本作「彭城王石遵墓襲」。按，彭城王，即石遵，石虎第九子，石虎死後，廢繼任者石世而自立。

〔一二〕裒：高麗藏再雕本、金藏本作「將」。

〔一三〕林：高麗藏再雕本、金藏本作「牀」，大正藏本作「休」，出三藏記集卷一五道安法師傳作「机」。

按，可洪新集藏經音義隨函録卷二七高僧傳音義第五卷作「牀」：「女牀，音床，山名，在王屋。或作『妝』，音莊。」

〔一四〕栖：高麗藏再雕本無。

〔一五〕枊：高麗藏再雕本、金藏本及出三藏記集卷一五道安法師傳作「棉」。按，可洪新集藏經音義隨函録卷二七高僧傳音義第五卷：「馬枊，五郎反，繫馬柱，劉備縛督郵者也。又五浪反。」又二四卷出三藏記集第十五卷音義：「馬棉，五郎、五浪二反，繫馬柱也。正作『枊』。」

〔一六〕之：高麗藏再雕本、金藏本作「棉」。

〔一七〕伯：高麗藏再雕本作「百」。後同。

〔一八〕義：高麗藏再雕本、金藏本作「藏」。

〔一九〕及：高麗藏再雕本作「乃」。

〔二〇〕按，「深相結納」至此，原無，據高麗藏再雕本補。

〔二一〕加：原作「和」，據思溪藏本、高麗藏再雕本、金藏本改。

〔二二〕託：高麗藏再雕本、金藏本作「訖」。

〔二三〕按，「每夕放光」至此，原無，據高麗藏再雕本補。

〔二四〕尊：高麗藏再雕本、金藏本作「張」。按，名僧傳抄道安傳中云：「苻堅遣使送外國金薄倚像高七尺一軀、金坐像一軀，結珠彌勒像、金縷繡像、織成像各一張。」

〔二五〕靈：原作「盡」，據高麗藏再雕本、金藏本及法苑珠林卷一六敬佛篇彌勒部感應緣「晉沙門釋道安」條引改。

〔二六〕藉：高麗藏再雕本、金藏本作「聞」。

〔二七〕慈訓：原作「慈訓所」，據高麗藏再雕本、金藏本及弘明集卷一二習鑿齒與釋道安書改。

〔二八〕深幽：高麗藏再雕本作「幽深」。

〔二九〕各願：高麗藏再雕本及弘明集卷一二習鑿齒與釋道安書作「若」。

〔三〇〕損米千斛：高麗藏再雕本、金藏本作「捐米」。

〔三一〕與：原作「書與」，據高麗藏再雕本、金藏本及出三藏記集卷一五道安法師傳改。

〔三二〕蘭：原作「簡」，據高麗藏再雕本、金藏本及出三藏記集卷一五道安法師傳改。法蘭，即于法蘭，傳見卷四。

〔三三〕法道：出三藏記集卷一五道安法師傳作「法祖」，恐非。按，法道，即于法道，「以義解馳聲」，見卷四于法蘭傳附。若爲「法祖」（帛法祖），前「法蘭」當即「竺法蘭」，兩者皆爲前代高僧，且以譯經著稱，而非義解。

〔三四〕是：原作「足」，據高麗藏再雕本、金藏本改。按，「是神器」，出三藏記集卷一五道安法師傳作「是名器」。

〔三五〕升：高麗藏再雕本作「斗」。

〔三六〕黄：高麗藏再雕本、金藏本無。
〔三七〕集：原無，據高麗藏、金藏本補。
〔三八〕能不：高麗藏再雕本、金藏本作「不能」。
〔三九〕富：高麗藏再雕本、金藏本作「貢富」。
〔四〇〕王：高麗藏再雕本及出三藏記集卷一五道安法師傳作「皇」。
〔四一〕距：高麗藏再雕本、金藏本作「拒」。下一「距」同。
〔四二〕抗：原作「枕」，據高麗藏再雕本、金藏本及出三藏記集卷一五道安法師傳改。
〔四三〕山：高麗藏再雕本、金藏本無。
〔四四〕經：高麗藏再雕本作「講經」。
〔四五〕窄：高麗藏再雕本、金藏本作「迮」。
〔四六〕更：高麗藏本作「臾」。按，大正藏本法苑珠林卷一六敬佛篇彌勒部感應緣「晉沙門釋道安」條引作「臾」，據其校勘記，餘諸本皆作「更」。
〔四七〕往：原無，據高麗藏再雕本、金藏本補。按，法苑珠林卷一六敬佛篇彌勒部感應緣「晉沙門釋道安」條引作「生」。
〔四八〕年七十二：原無，據高麗藏再雕本、金藏本補。
〔四九〕且：高麗藏再雕本、金藏本作「并」。

〔五〇〕正：高麗藏再雕本、金藏本無。
〔五一〕遺：高麗藏再雕本、金藏本作「遺」。
〔五二〕也：高麗藏再雕本、金藏本作「之」。
〔五三〕按，「又肘外有方肉，上有通文」，原無，據高麗藏再雕本補。
〔五四〕目：原作「自」，據出三藏記集卷一五道安法師傳、法苑珠林卷一六敬佛篇彌勒部感應緣引改。
〔五五〕草：法苑珠林卷一六敬佛篇彌勒部感應緣「晉沙門釋道安」條、釋氏六帖卷一〇法施傳燈部「道安印手」條引作「革」。

## 晉蒲坂釋法和

釋法和〔一〕，滎〔二〕陽人也。少與安公同學，以恭讓知名。善能標明論總〔三〕，解悟疑滯。因石氏之亂，率徒入蜀，巴漢之士，慕德成群。聞襄陽陷沒，自蜀入關，住陽平寺。後於金輿谷設會，與安公共登山嶺，極目周睇，既而悲曰：「此山高聳，遊望者多，一從此化，竟測何之！」安曰：「法師持心有在，何懼後生？若慧心不萌，斯可悲矣！」後與安公詳定新經，參正文義。

頃之，僞晉王姚緒請往〔四〕蒲坂講説。其後少時，勑語弟子：「俗網〔五〕煩惱，苦累非一。」乃正衣服，繞佛禮拜，還坐本處，以衣蒙頭，奄然而卒，時年八十矣。

**校勘記**

〔一〕按，據名僧傳抄，名僧傳卷六有「僞秦滎陽釋法和」傳（「滎」，原作「滎」，據意改）。又，道慈中阿含經序中稱之爲「冀州道人釋法和」（見出三藏記集卷九）。出三藏記集卷一五道安法師傳有附傳，亦云冀州人。

〔二〕滎：可洪新集藏經音義隨函録卷二七高僧傳音義第五卷作「熒」：「熒陽，上或作『滎』，同，音螢，水名，在鄭州。」

〔三〕總：高麗藏再雕本及出三藏記集卷一五道安法師傳作「綱」。

〔四〕往：高麗藏再雕本、金藏本作「住」。

〔五〕綱：高麗藏再雕本、金藏本作「内」。按，大正藏本出三藏記集卷一五道安法師傳作「内」，據其校勘記，宋、元、明本作「綱」。

## 晉太山竺僧朗〔一〕支僧敦

竺僧朗〔二〕，京兆人。少而遊方問道，長〔三〕還關中，專當講説。嘗與數人同共赴請，行至中途，忽告同輩曰：「君等寺中衣物，似有竊者。」如言即反，果有盜焉。由其相語，故得無失。

朗〔四〕蔬食布衣，志耽人外。以僞秦〔五〕皇始元年，移卜太山。與隱士張忠爲林下之契，每共遊處。忠後爲苻堅所徵，行至華陰山而卒。朗乃於金輿谷崑崙〔六〕山中別立精舍，猶是太山西北之一巖也。峯岫高險，水石宏壯。朗創築房室，製窮山美，内外屋宇，數十餘區。聞風而造者，百有餘人。朗孜孜訓誘，勞不告倦。秦主苻堅欽其德素，遣使徵請，朗同〔七〕辭老疾，乃止，於是月月修書〔八〕䞋遺。堅後沙汰衆僧，乃別詔曰：「朗法師戒德冰霜，學徒清秀，崑崙一山，不在搜例。」及〔九〕秦姚興，亦加歎重。燕主慕容德欽朗名行，假號東齊王〔一〇〕，給以二縣租税，朗讓王而取租税，爲興福業。晉孝武致書遺。魏主拓跋珪亦送書致物〔一一〕。其爲時人所敬如此。

此谷中舊多虎災，人常〔一二〕執仗結群而行。及朗居之，猛獸歸伏，晨行夜往，道俗無滯，百姓咨嗟，稱善無極，故奉高人至今猶呼金輿谷爲朗公谷也。凡有來詣朗者，人數多少，未至一日，輒已逆知，使弟子爲具飲食，必如言果至，莫不歎其有預見之明矣。後卒於山中，春秋八十有五。

時太山復有支僧敦〔一三〕者，本冀州人。少遊汧隴，長歷荆雍。妙通大乘，兼善數論，著人物始義論，亦行於世。

## 校勘記

〔一〕按，本書卷十四目録置於下文「晉長沙寺釋曇戒」傳後。

〔二〕按，據名僧傳抄，名僧傳卷八有「晉奉高琨瑞山寺竺僧朗」傳。

〔三〕長：原作「長安」，據高麗藏再雕本、金藏本改。

〔四〕朗：高麗藏再雕本、金藏本作「朗常」。

〔五〕秦：高麗藏再雕本作「秦苻健」。按，皇始（三五一—三五五）爲前秦景明帝苻健年號。

〔六〕崘：原作「崙」，據文意改。後同。按，崑崘山，又名昆崘山、琨瑞山、金輿山等。可洪新集藏經音義隨函録卷二七高僧傳第五卷音義中作「琨瑞」：「琨瑞，上古魂反。」又，水經注卷八濟水：「濟水又東北，右會玉水，水導源太山朗公谷，舊名琨瑞溪，有沙門竺僧朗，少事佛圖澄，碩學淵通，尤明氣緯，隱于此谷，因謂之朗公谷。故車頻秦書云：苻堅時，沙門竺僧朗嘗從隱士張巨和遊。巨和常穴居，而朗居琨瑞山，大起殿舍，連樓累閣，雖素飾不同，並以靜外致稱，即此谷也。水亦謂之琨瑞水也。」又張巨和，即張忠，字巨和，中山人。永嘉之亂，隱於泰山。傳見晉書卷九四隱逸傳。又，魏書卷一一四釋老志：「先是，有沙門僧朗，與其徒隱于泰山之琨瑜谷。帝遣使致書，以繒、素、旃罽、銀鉢爲禮。今猶號曰『朗公谷』焉。」琨瑜谷之「瑜」爲「瑞」之形誤。修訂本魏書校勘記中已經指出（「疑此處『瑜』爲『瑞』字之殘訛」），只是因爲没有意識到高僧傳中崑崙山之「崙」爲「崘」之形訛，而崑崘山又名琨瑞山而已。

〔七〕同：疑爲「固」之形誤。

〔八〕按，「徵請，朗同辭老疾」至此，原無，據高麗藏再雕本補。

〔九〕及：高麗藏再雕本作「及後」。

〔一〇〕按，「假號東齊王」，原無，據高麗藏、金藏本補。

〔一一〕按，「朗讓王而取租税」至此，原無，據高麗藏、金藏本補。

〔一二〕人常：高麗藏再雕本作「常」，金藏本無。

〔一三〕按，據名僧傳抄，名僧傳卷一〇有「晉奉高太山寺僧敦」傳。

## 晉京師瓦官寺竺法汰 曇壹 曇二

竺法汰〔一〕，東莞人。少與道安同學，雖才辯不逮，而姿貌過之。與道安避難，行至新野，安分張徒衆，命汰下京。臨别，謂安曰：「法師儀軌西北，下座弘教東南，江湖道術，此焉相忘〔二〕矣。至於高會浄國〔三〕，當期之歲寒耳。」於是分手，泣涕而别。乃與弟子曇壹、曇二等四十餘人，沿沔〔四〕東下，遇疾，停陽口。時桓温鎮荆州，遣使要過，供事湯藥。安公又遣弟子慧遠下荆問疾。汰疾〔五〕小愈，詣温，温欲共汰久語，先對諸賓，未及前汰。汰既疾勢未歇，不堪久坐，乃乘輿歷厢迴出。相聞與温曰：「風痰忽發，不堪久語，比當更造。」温忽忽起出，接輿循〔六〕焉。

汰形長八尺，風姿可觀，含吐藴籍，辭若蘭芳。時沙門道恒頗有才力，常執心無義，大行荆土。汰曰：「此是邪説，應須破之。」乃大集名僧，令弟子曇壹難之。據經引理，析駮紛紜。恒仗〔七〕其口辯，不肯受屈。日色既暮，明旦更集。慧遠就席，設〔八〕難數番，關責鋒起。恒自覺義途差異，神色微動，麈尾扣案，未即有荅。遠曰：「不疾而速，杼柚〔九〕何爲？」坐者皆笑。心無之義，於此而息。

汰下都止瓦官寺。晉太宗簡文皇帝深相敬重，請講放光經。開題大會，帝親臨幸，王侯公卿莫不畢集。汰形解過人，流名四遠。開講之日，黑白觀聽，士庶〔一〇〕成群。及諮稟門徒，以次駢席，三吴負袠至者千數。瓦官寺本是河内山玩〔一一〕墓，王公〔一二〕爲陶處。晉興〔一三〕寧中，沙門慧力啓乞爲寺，止有堂塔而已。及汰居之，更拓房宇，修立衆業，又起重門以可地勢。汝南世子司馬綜第去寺近，遂侵掘寺側，重門淪陷，汰不介懷。綜乃感悟，躬往悔謝。汰卧與相見，傍若無人。領軍王洽、東亭王珣、太傅謝安並欽敬無極。

臨亡數日，忽覺不悆，乃語弟子：「吾將去矣。」以晉太元十二年卒，春秋六十有八。烈宗孝武詔曰：「汰法師道播八方，澤流後裔，奄尔喪逝，痛貫于懷，可賻錢十萬，喪事所須，隨由備辦。」

孫綽爲之讚曰：「凄風拂林，鳴絃映壑。爽爽法汰，校德無怍。」

汰弟子曇壹、曇二，並博練經義，又善老易，風流趣好，與慧遠齊名。曇二少卒，汰哭之慟，曰：「天喪回也！」汰所著義疏并與郄超書論本無義，皆行於世。或有言曰「汰是安公弟子」者，非也。

**校勘記**

〔一〕按，據名僧傳抄，名僧傳卷一一有「晉瓦官寺竺法汰」傳。

〔二〕忘：高麗藏再雕本、金藏本作「望」。

〔三〕國：高麗藏再雕本、金藏本作「因」。

〔四〕沔：思溪藏、高麗藏再雕本作「江」，金藏本無。

〔五〕疾：高麗藏再雕本、金藏本作「病」。

〔六〕輿循：高麗藏再雕本、金藏本作「與歸」。

〔七〕仗：原作「拔」，據高麗藏再雕本、金藏本改。

〔八〕設：原作「攻」，據高麗藏再雕本、金藏本改。

〔九〕柚：高麗藏再雕本、金藏本作「軸」。按，杼柚，亦作「杼軸」，織布機上的梭子和筘，喻指構思。可洪新集藏經音義隨函録卷二七高僧傳第五卷音義中即作「杼軸」：「杼軸，上直与反。」

〔一〇〕庶：高麗藏再雕本、金藏本作「女」。

〔一一〕山玩：高麗藏再雕本、金藏本作「山玩公」。

〔二〕王公：高麗藏再雕本、金藏本無。按，王公，即王導。劉世珩南朝寺考：「瓦官寺，本河内山玩墓也。在小長岡，地名三井岡，張昭、陸機諸宅皆環繞其側。晉元帝時，王導以爲陶處。」

〔三〕「興」，原作「與」，據諸校本改。

## 晉飛龍山釋僧光道護

釋僧光〔一〕，冀州人，常山淵公弟子。性純素，有貞操。爲沙弥時，與道安相遇於逆旅，安時亦未受具戒，因共披陳志慕，神氣慷慨。臨别相謂曰：「若俱長大，勿忘同遊。」光受戒已後，厲行精苦，學通經論。值石氏之亂，隱於飛龍山。遊想巖壑，得志禪慧。道安後復從之，相會欣喜，謂昔誓始從，因共披文屬思，新悟尤多。安曰：「先舊格義，於理多違。」光曰：「且當分析逍遥，何容是非先達？」安曰：「弘贊理教，宜令允愜，法鼓競鳴，何先何後？」光乃與安〔二〕、汰等南遊晉平〔三〕，講道弘化。後還襄陽，遇疾而卒。

又有沙門道護〔四〕，亦冀州人，貞節有慧解，亦隱飛龍山。與安等相遇，乃共言曰：「居静離俗，每欲匡正大法，豈可獨步山門，使法輪輟軫？宜各隨力所被，以報佛恩。」衆僉曰：「善。」遂各行化，後不知所終。

校勘記

〔一〕光：高麗藏再雕本、金藏本作「先」。後同。按，據名僧傳抄，名僧傳卷六有「僞秦飛龍山釋僧光」傳。

〔二〕安：高麗藏再雕本無。

〔三〕平：湯用彤先生校注曰：「『平』，疑是『土』字之誤。」

〔四〕按，據名僧傳抄，名僧傳卷六有「僞秦飛龍山竺道護」傳。

## 晉荆州上明竺僧輔

竺僧輔〔一〕，鄴人也。少持戒行，執志貞苦。學通諸論，兼善經法。道振伊洛，一都宗事。值西晉飢亂，輔與釋道安等隱于濩澤，研精辯析，洞盡幽微。後憩荆州上明寺，單蔬自節，禮懺翹懃，誓生兜率，仰瞻慈氏。時瑯琊王忱〔二〕爲荆州刺史，藉輔貞素，請爲戒師，一門宗奉。後未亡二日，忽云：「明日當去。」至于臨終，妙香滿室，梵響相係，道俗奔波，來者万數。是日後分，無疾而化，春秋六十。因葬寺中，僧爲起塔。

校勘記

〔一〕按，據名僧傳抄，名僧傳卷六有「晉江陵上東寺竺僧輔」傳。「上東寺」，僅此一見，或爲「上明寺」之誤。

〔三〕忱：高麗藏再雕本、金藏本作「忼」。按，王忱，字元達，小字佛大。傳見晉書卷七五。

## 晉京師瓦官寺竺僧敷

竺僧敷〔一〕，未詳氏族。學通衆經，尤善放光及道行波若。西晉末亂，移居江左，止京師瓦官寺，盛開講席，建業舊僧，莫不推服。時同寺沙門道嵩亦才解相次，與道安書云：「敷公研微秀發，非吾等所及也。」

時異學之徒，咸謂心神有形，但妙於万物，隨其能言，互相摧壓。敷乃著神無形論，以有形便有數，有數則有盡，神既無盡，故知無形矣。時狀〔二〕辯之徒，紛紜交諍，既理有所歸，愜然信服。後又著放光、道行等義疏。後終於寺中，春秋七十餘矣。

竺法汰與道安書云：「每憶敷上人，周旋如昨。逝没〔三〕奄復多年，與其清談之日，未嘗不相憶。思得與君共覆疏其美，豈圖一旦永爲異世！痛恨之深，何能忘情？其義理所得，披尋之功，信難可圖矣！」汰與安書，數述敷義。今推尋，失其文製，湮没可悲。

### 校勘記

〔一〕按，據名僧傳抄，名僧傳卷一一有「晉瓦官寺竺僧敷」傳。

〔二〕狀：高麗藏再雕本、金藏本作「仗」。又，大正藏本歷代三寶紀卷七作「狀」，然據其校勘記，餘諸本皆作「伏」。

〔三〕没：高麗藏再雕本、金藏本作「殁」。

## 晉荆州長沙寺釋曇翼僧衛

釋曇翼〔一〕，姓姚，羌人也，或云冀州人。年十六出家，事安公爲師。少以律行見稱，學通三藏，爲門人所推。經遊蜀郡，刺史毛璩深重之，爲設中食，躬自瞻奉。見翼於飯中得一粒穀，先取食之，璩密以敬異，知必不辜〔二〕信施。後〔三〕餉米千斛，翼受而分施。

翼嘗隨安在檀溪寺。晉長沙太守滕含之〔四〕於江陵捨宅爲寺，告安求一僧爲摠〔五〕領。安謂翼曰：「荆楚士庶，始欲師宗，成其化者，非尔而誰？」翼遂杖錫南征，締構寺宇，即長沙寺是也。後氐〔六〕賊越逸，侵掠漢南，江陵闔境避難上明，翼又於彼立寺。群寇既蕩，復還江陵，修復長沙寺，丹誠祈請，遂感舍利，盛以金瓶，置于齋座。翼乃頂禮立誓曰：「若必是金剛餘陰，願放光明。」至乎中夜，有五色光彩從瓶漸出，照滿一堂。舉衆驚嗟，莫不挹〔七〕翼神感。當于尔時，雖復富蘭等見，亦迴僞歸真也。

後入巴陵君山伐木，山海經所謂洞庭山也。山上有穴，通吴之苞山。山既靈異，人甚憚之。翼率人入山，路值白蛇數十，卧遮行轍，翼退還所住，遥請〔八〕山靈，爲其禮懺，乃謂神曰：「吾造寺伐材，幸願共爲功德。」夜即夢見神人告翼曰：「法師既爲三寶須用，特相隨喜，但莫令餘人妄有所伐。」明日更往，路甚清夷。於是伐木，沿流而下。其中伐人不免私竊，還至寺上，翼材已畢，餘人所私之者，悉爲官所取。其誠感如此。

翼常歎寺立僧足而形像尚少，阿育王所造容儀神瑞，皆多布在諸方，何其無感，不能招致？乃專精懇惻，請求誠應。以晉太〔九〕元十九年甲午之歲二月八日，忽有一像現于城北，光相衝天。時白馬寺僧衆先往迎接，不能令動。翼乃往祇禮，謂衆人曰：「當是阿育王像降我長沙寺焉。」即令弟子三人捧接，飄然而起，迎還本寺。道俗奔赴，車馬轟填。後罽賓禪師僧伽難陀從蜀下入寺禮拜，見像光上有梵字，便曰：「是阿育王像，何時來此〔一〇〕？」時人聞者，方知翼之不謬。年八十二而終。終日，像圓光奄然靈化，莫知所之，道俗咸謂翼之通感焉。

時長沙寺復有僧衛〔一一〕沙門，學業甚著，爲殷仲堪所重。尤善十住，乃爲之注解。

## 校勘記

〔一〕按，據名僧傳抄，名僧傳卷六有「晉江陵長沙寺釋曇翼」傳。又，名僧傳抄中抄録有曇翼傳。

〔二〕辜：高麗藏再雕本、金藏本作「孤」。

〔三〕後：高麗藏再雕本、金藏本作「得後」。

〔四〕滕含之：高麗藏再雕本、金藏本作「騰含」。按，湯用彤先生結合名僧傳抄、晉書等考察後，認爲「應以『滕含』爲是」。「含」，名僧傳抄曇翼傳中作「舍」，當爲「含」之誤。道宣集神州三寶感通録卷中則作「滕畯」，但又保留了「滕含」之説：「有長沙太守江陵滕畯（一云滕含），以永和二年捨宅爲寺，額表郡名。承道安法師襄川綜領，請一監護。安謂弟子曇翼曰：『荆楚士庶，始欲信法，成其美者，非爾誰歟？爾其行矣！』翼負錫南征。」可洪新集藏經音義隨函録卷二六東夏三寶感通録卷中音義：「滕畯，上徒登反，下子峻反，人姓名也。一云滕含。」「滕含，上徒登反，國名也，因以爲姓。説文從舟，通俗文從月。又音悉，悞也。新韻闕此『滕』字也。又水勇也，右從水。」釋氏六帖卷一〇法施傳燈部「曇翼感像」條徑云「滕畯」：「晉長沙太守滕畯捨宅爲寺，告安公求一僧爲綱領，安謂翼曰：『荆楚士庶，始欲歸心，非爾而誰？』翼遂杖錫而往。」據晉書卷八，滕含卒於晉穆帝升平五年（三六一），而道安率衆到襄陽在公元三六五年，故長沙寺的締構，自然在此年之後，其時滕含已卒，故當以滕畯爲是。滕畯無傳，其事迹零星見載於梁書、南史等。參見楊鵬江陵長沙寺締構與興盛考論，長江大學學報，二〇一〇年第三期。

〔五〕揔：高麗藏再雕本、金藏本作「綱」。又，「揔領」，名僧傳抄中作「寺主」。

〔六〕氐：原作「互」，實爲「氐」的俗字，故改。按，此字湯用彤先生改爲「丕」，校注云：「原本『丕』作『互』。按晉書孝武帝紀苻丕於太元四年（公元三七九年）陷襄陽。並參看原本曇徽傳可知

『互』係『丕』之誤，因改正。」前秦爲氐族政權，故以「互（氐）賊」指苻丕的軍隊，但徑改「互」爲「丕」，則似有不妥。

〔七〕挹：高麗藏再雕本、金藏本作「以」。

〔八〕請：思溪藏、金藏本作「謂」。

〔九〕太：原作「木」，據諸校本改。

〔一〇〕此：原作「北」，據諸校本改。

〔一一〕按，據名僧傳抄，名僧傳卷一一有「晉江陵長沙寺釋僧衛」傳。

## 晉荆州長沙寺釋法遇

釋法遇〔一〕，不知何許〔二〕人。弱年好學，篤志墳素，而任性誇誕，謂傍若無人。後與安公相值，忽然信伏，遂投簪許道，事安爲師。既沐玄化，悟解非常，折挫本心，謙虛成德。義陽太守阮保聞風欽慕，遥結善友，脩書通好，施遺相接。

後襄陽被寇，遇乃避地東下，止江陵長沙寺，講説衆經，受業者四百餘人。時一僧飲酒，廢夕燒香，遇止罰而不遣。安公遥聞之，以竹筒盛一荆子，手自緘封，題以寄遇。遇開封見杖，即曰：「此由飲酒僧也。我訓領不懃，遠貽憂賜！」即命維那鳴槌集衆，以杖筒置香橙上，行香畢，遇乃起出衆前，向筒致敬。於是伏地，命維那行杖三下，内杖筒中，垂淚自責。時境内道俗，莫不歎息，因之厲業者甚衆。既而與慧遠書曰：「吾人微闇短，不能率衆，和上雖隔在異域，猶遠垂憂念，吾罪深矣！」後卒於江陵，春秋六十〔三〕矣。

**校勘記**

〔一〕按，據名僧傳抄，名僧傳卷一一有「晉江陵長沙寺釋法遇」傳。又，名僧傳抄中抄録有法遇傳，其中有云：「別傳云『曇遇』，又別記云『道遇』也。」

〔二〕許：高麗藏再雕本、金藏本無。

〔三〕按，名僧傳抄中云「六十一」。

## 晉荆州上明釋曇徽

釋曇徽〔一〕，河内人。年十二，投道安出家。安尚其神彩，且令讀書。二三年中，學兼經史。十六，方許剃髮。於是專務佛理，鏡測幽凝，未及立年，便能講説。雖志業高素，而以恭推見重。

後隨安在襄陽，苻丕寇境，乃東下荆州，止〔二〕上明寺。每法輪一轉，則黑白奔波。常顧解有所從，乃圖寫安形，存念禮拜。於是江陵士女，咸西向致敬印手菩薩。或問：「法師道化，何如和上？」徽曰：「和上内行深淺，未易可測。外緣所被，多諸應驗。在吾一滞，寧比江海耶？」

以晉太元二十年卒。臨亡之日，體無餘患，上堂同衆中食，因而告別。食竟還房，右脇而化，春秋七十三矣。著立本論九篇，六識旨歸十二首，並行於世。

**校勘記**

〔一〕徽：思溪藏本、名僧傳抄作「微」。下同。據名僧傳抄，名僧傳卷一一有「晉江陵上明寺釋曇微」傳。名僧傳説處第十一有「道俗男女向西致敬事」。

〔二〕止：原作「正」，據諸校本改。

## 晉長安覆舟山釋道立

釋道立〔一〕，不知何許人。少出家，事安公爲師，善放光經。又以莊老三玄微應佛理，頗亦屬意焉。

性澄靜〔二〕，不涉當世。後隨安入關，隱覆舟山，巖居獨立〔三〕，不受供養。每潛思入禪，輒七日不起，如此者數矣。後夏初，忽出山，鳩集衆僧，自爲講大品經〔四〕。或問其故，答云：「我止可至秋，爲欲令所懷粗訖耳。」自恣後數日，果無疾而終，時人謂知命者矣。

**校勘記**

〔一〕按，據名僧傳抄，名僧傳卷一〇有「僞秦覆舟山道立」傳。

〔二〕靜：高麗藏再雕本、金藏本作「靖」。
〔三〕立：高麗藏再雕本作「處」。
〔四〕經：高麗藏再雕本、金藏本無。

## 晉長沙寺釋曇戒

釋曇戒，一名慧精〔一〕，姓卓，南陽人。晉外兵郎〔二〕棘陽令潛之弟也。居貧務學，遊心墳典。後聞于法道講放光經，乃借衣一聽，遂深悟佛理，廢俗從道，伏事安公爲師。博通三藏，誦經五十餘万言，常日禮五百拜佛，晉臨川王甚知重。後篤疾，常誦弥勒佛名不輟口。弟子智生侍疾，問：「何不願生安養？」戒〔三〕曰：「吾與和上等八人同願生兜率，和上及道願等皆已往生，吾未得去，是故有願耳。」言畢，即有光照于身，容貌更悦，遂奄尔遷化，春秋七十，仍葬安公墓右。

**校勘記**

〔一〕按，據名僧傳抄，名僧傳卷二三有「晉長安太后寺釋惠精」傳，名僧傳説處第二十三有「曇戒願生兜率事」。又，名僧傳抄中抄録有惠精傳。
〔二〕郎：高麗藏再雕本、金藏本作「部」。
〔三〕戒：高麗藏再雕本、金藏本作「誡」。

## 晉於潛青山竺法曠

竺法〔一〕曠，姓皋〔二〕，下邳人，寓居吴興。早失二親，事後母，以孝聞。家貧無蓄，常躬耕壟畔，以供色養。及母亡，行喪盡禮，服闋出家，事沙門竺曇印爲師。印明叡有道行，曠師事竭誠。迄受具戒，栖風立操，卓尔殊群，履素安業，志行淵深。印嘗疾病危篤，曠乃七日七夜祈誠禮懺，至第七日，忽見五色光明照印房户，印如覺，有人以手振〔三〕之，所苦遂愈。

後辭師遠遊，廣尋經要，還止於潛青山石室。每以法華爲會三之旨，無量壽爲浄土之因，常吟詠二部，有衆則講，獨處則誦。謝安爲吴興守〔四〕，故往展敬，而山栖幽阻，車不通轍，於是解駕山椒，陵峯步往。

晉簡文皇帝遣堂邑太守曲安遠詔問起居，并諮以妖星，請曠爲力。曠荅詔曰：「昔宋景修福，妖星移次。陛下光輔已來，政刑允輯，天下任重，萬機事殷，失之毫氂，差以千里。唯當勤修德政，以賽天譴。貧道必當盡誠上荅，正恐有心無力耳。」乃與弟子齋懺，有頃災滅。

晉興寧中，東遊禹穴，觀矚山水。始投若耶之孤潭，欲依巖傍嶺，栖閑養志，郄超、謝慶緒並結交[五]塵外。時東土多遇疫疾，曠既少習慈悲，兼善神呪，遂遊行村里，拯救危急，乃出邑，止昌原寺。百姓疾者，多祈之致効。有見鬼者，言曠之行住，常有鬼神數十衛其前後。

時沙門竺道鄰造無量壽像，曠乃率其有緣，起立大殿。相傳云伐木遇旱[六]，曠呪令至水。晉孝武帝欽承風聞，要請出京，事以師禮，止于長干寺。元興元年卒，春秋七十有六。散騎常侍顧愷之爲作讚傳云。

**校勘記**

〔一〕法：名僧傳抄中作「道」。按，據名僧傳抄，名僧傳卷八有「晉於替青山寺竺道曠」傳。
〔二〕皋：高麗藏再雕本、金藏本作「睪」。
〔三〕振：高麗藏再雕本、金藏本作「按」。
〔四〕守：高麗藏再雕本、金藏本無。
〔五〕交：高麗藏再雕本、金藏本作「居」。
〔六〕旱：原作「早」，據諸校本改。

## 晉吳虎丘東山寺竺道壹（帛道猷　道寶）

竺道壹[一]，姓陸，吳人也。少出家，貞正有學業，而晦迹隱智，人莫能知。與之久處，方悟其神出。瑯琊王珣兄弟深加敬事。晉太和中出都，止瓦官寺，從汰公受學。數年之中，思徹淵深，講傾都邑。汰有弟子曇壹，亦雅有風操，時人呼曇壹爲「大壹」，道壹爲「小壹」，名德相繼，爲時論所宗。晉簡文皇帝深所知重。

及帝崩汰死，壹乃還東，止虎丘山。學徒苦留不止，乃令丹楊尹移壹還都。壹荅尹〔二〕曰：「蓋聞大道之行，嘉遁得肆其志；唐虞之盛，逸民不奪其性。弘方由於有外，致遠待而不踐。大晉光熙，德被無外；崇禮佛法，弘長彌大。是以殊域之人，不遠萬里，被褐振錫，洋溢天邑，皆割愛棄欲，洗心清玄。遐期曠世，故道深常隱；志存慈救，故遊不滯方。自東徂西，唯道是務。雖萬物惑其日計，而識者悟其歲功。今若責其屬籍，同役編户，恐遊方之士，望崖於聖世；輕舉之徒，長往〔三〕而不反。虧盛明之風，謬〔四〕主相之旨。且荒服之賓，無關天臺；幽藪之人，不書王府。幸以時審讞，詳〔五〕而後集也。」壹於是閑居幽阜，晦影窮谷。

時若耶山有帛道猷〔六〕者，本姓馮，山陰人。少以篇牘著稱，性率素，好丘壑，一吟一詠，有濠上之風，與道壹經有講筵之遇。後與壹書云：「始得優遊山林之下，縱心孔釋之書，觸興爲詩，陵峯採藥，服餌蠲痾，樂有餘也。但不與足下同日，以此爲恨耳。」因有詩曰：「連峯數千里，脩林帶平津。雲過遠山翳，風至梗荒榛。茅茨隱不見，鷄鳴知有人。

閑步踐其逕，處處見遺薪。始知百代下，故有上皇民〔七〕。」

而壹得書，既〔八〕有契心抱，乃東適耶溪，與道猷相會，定於林下。於是縱情塵外，以經書自娱。

頃之，郡守瑯瑘王薈於邑西起嘉祥寺，以壹之風德高遠，請居僧首。壹乃抽六物遺於寺，造金牒千像。壹既博通内外，又律行清嚴，故四遠僧尼咸依附諮禀，時人号曰「九州都維那」。後暫往吴之虎丘山。以晉隆安中，遇疾而卒，即葬於山南，春秋七十有一矣。

孫綽爲之讚曰：「馳辯説言，因緣不虚。惟兹壹公，綽然有餘。譬若春圃，載芬載譽。條被猗蔚，枝幹森疎。」

壹弟子道寶〔九〕，姓張，亦吴人。聰慧夙成，尤善席上。張彭祖、王秀琰〔一〇〕皆見推重，並著莫逆之交焉。

校勘記

〔一〕按，據名僧傳抄，名僧傳卷八有「晉吴虎東山竺道一」傳。

〔二〕尹：高麗藏再雕本、金藏本作「移」。

〔三〕長往：原作「卓長往」，據高麗藏再雕本改。

〔四〕謬：原作「有謬」，據高麗藏再雕本改。

〔五〕讞詳：高麗藏再雕本作「翔」。可洪新集藏經音義隨函録卷二七高僧傳第五卷音義中有「審讞」：「審讞，魚蹇反，議也。又，魚竭反。」其所據本，當作「讞詳」。按，本卷卷後音義亦作「讞詳」。讞詳、翔，義皆可通。「讞」屬上，亦審也，議也；「詳」屬下，詳盡。「翔」，即詳盡。

〔六〕按，據名僧傳抄，名僧傳卷一五有「宋山陰若邪山道猷」傳。

〔七〕按，金剛寺本、七寺本、興聖寺本及祖庭事苑卷三「白道猷」條引，後尚有四句：「開此無事迹，以待無俗賓。長嘯自林際，歸此保天真。」

〔八〕而壹得書既：高麗藏再雕本、金藏本作「壹既得書」。

〔九〕按，據名僧傳抄，名僧傳卷一〇有「晉吴虎丘東竺道寶」傳。

〔一〇〕按，王秀琰，湯用彤先生校曰：「『秀琰』應是『季琰』之誤。王珉字季琰，王導之孫。」王珉（三五一—三八八），字季琰，小字僧彌。傳見晉書卷六五。

## 晉山陰嘉祥寺釋慧虔 浄嚴

釋慧虔〔一〕，姓皇甫，北地人也。少出家，奉持戒行，志操確然。憩廬山〔二〕十有餘年，道俗有業志勝途者，莫不屬慕風彩。羅什新出諸經，虔志存敷顯，宣揚德教。以遠公在山，足紐振玄風，虔乃東遊吴越，矚地弘通。以晉義熙之初，投山陰嘉祥寺，克己導物，苦身率衆。凡諸新經，皆書寫講説。涉將五載，忽然得病，寢疾少時，自知必盡，乃屬想安養，祈誠觀音〔三〕。山陰北〔四〕寺有淨嚴尼，宿德有戒行，夜夢見觀世音從西郭門入，清暉妙狀，光暎日月，幢旛華蓋，皆以七寶莊嚴，見便作禮問曰：「不審大士今何所之？」答云：「往嘉祥寺迎虔公。」因爾無常。當時疾雖綿篤，而神色平平，有如〔五〕恒日。侍者咸聞異香，久之乃歇。虔既自審必終，又覩瑞相，道俗聞見，咸生歎〔六〕羡焉。

**校勘記**

〔一〕按，據名僧傳抄，名僧傳卷二七有「晉山陰嘉祥寺惠虔」傳。
〔二〕廬山：高麗藏再雕本、金藏本作「廬山中」。
〔三〕觀音：高麗藏再雕本、金藏本作「觀世音」。
〔四〕北：高麗藏再雕本作「比」。
〔五〕有如：原作「如有」，據高麗藏再雕本、金藏本改。
〔六〕歎：原作「歡」，據高麗藏再雕本、金藏本改。

解紛：下芳文反。解紛，釋其煩亂也。旱蝗：下音皇，災五穀之虫。馬枊：下吾剛反，繫馬柱也。馬蔸：下丁侯反，餧馬蘢也。作「兜」，誤。斛：胡谷反。斛，斗。甄解：上居延反，識别也。燿：余照反，光燿也。籠罩：上郎東反，下竹孝反。　江湄：下音眉，水際也。　溢漾：上夷一反，下羊向反。溢漾，水大皃也。　餉：詩尚反，贈餉也。　剖分：上疋口反。　郗超：上丘逆反。　樊沔：上音煩字，下弥兖反。　鼎：音頂，鍋鼎也。　篆銘：上直轉反，篆書也；下莫經反，銘記也。　昂：吾剛反。　籥：音藥，管籥。　王莽：下母朗反，篡漢位也。　參厠：上七含反，下初使反。參厠，間雜也。　勃然：上蒲没反，怒作也。　傅檄：下胡的反，告急之牘也。　潰：玄對反，散也。　殞：雨敏反，亡也。　憲章：上許達反，法也。　窄：音責，狹也。　窻隙：下丘逆反，孔隙。　遽：其預反，速也。　鴻臚：下力吾反。　靴帽：上兄和反。　捋：盧話反，手捋也。　綽：昌約反，人名也。　汧壟：上音牽，下呂勇反，正作「隴」〔一〕。汧縣改爲隴州。　蒲坂：下音反，蒲坂，地名，在河東也。　峰岫：上音峯字，下音袖，山也。　租稅：上子姑反。　風痰：下音談，胷中冷病也。　藴藉：上紆運反，下才夜反。藴藉，雅措也。　析駮：上先擊反，下必角反，謂剖析駮難也。　麈〔二〕尾：上音主，似鹿尾，堪爲拂也。　扣：苦候反，擊也。　杼柚：上直吕反，機梭也；下音逐。　駢席：上步田反。　慷慨：上苦朗反，下苦愛反。慷慨，竭誠也。　鄴：音業，地也。　濩澤：上烏獲反，縣名。　伉：口朗反。　摧壓：上自雷反，下音押。

湮没：上音因，沈也。　璩：音渠字。　締構：上音第。締構，創業也。　侵掠：下音略，劫也。　轟填：上兄萌反。轟填，車聲。　香橙：下都鄧反，椅橙也。　皋：音高。　下邳：下步悲反，地名。　寓：音遇，寄也。　闋：音缺，終也。　允輯：下音集，和也。　毫氂：下力之反。　譴：牽現反，責也。　愷：口改反。　讞詳：上魚列反，議也。又，語展反。　篇牘：下音讀。　蠲痾：上俱玄反，除也；下音阿字，病也。　翳：一計反。　森疎：上所今反，下色魚反。　確然：上口角反，堅也。

**校勘記**

〔一〕隴：原作「龍」，據文意改。

〔二〕塵：原作「塵」，據文意改。

# 高僧傳卷第六

梁會稽嘉祥寺沙門慧皎撰

## 義解三



### 晉廬山釋慧遠

釋慧遠〔一〕，本姓賈氏，鴈門樓〔二〕煩人也。弱而好書，珪璋秀發。年十三，隨舅令狐氏遊學許洛。故少爲諸生，博綜六經，尤善莊老。性度弘偉〔三〕，風鑒朗拔，雖宿儒英達，莫不服其深致。

年二十一，欲度〔四〕江東，就范宣子共契嘉遁〔五〕。值石虎已死，中原寇亂，南路阻塞，志不獲從。

時沙門釋道安立寺於太行恒山，弘讚像法，聲甚著聞，遠遂往歸之。一面盡敬，以爲真吾師也。後聞安講波若經，豁然而悟，乃歎曰：「儒道九流，皆糠粃耳！」便與弟慧持投簪落髮〔六〕，委命受業。既入乎道，厲然不群，常欲總攝綱維，以大法爲己任。精思諷持，以夜續晝。貧旅無資，緼纊常闕，而昆弟恪恭，終始不懈。有沙門曇翼，每給以燈燭之費。安公聞而喜曰：「道士誠知人矣！」遠籍慧解於前因，發勝心於曠劫，故能神明英越，機鑒遐深。安公常歎曰：「使道流東國，其在遠乎！」年二十四，便就講説。嘗有客聽講，難實相義，往復移時，弥增疑昧。遠乃引莊子義爲連類，於是〔七〕惑者曉然，是後安公特聽慧遠不廢俗書。安有弟子法遇、曇徽，皆風才照灼，志業清敏，並推伏焉。

後隨安公南遊樊沔〔八〕。僞秦建元九年，秦將苻丕寇斥襄陽，道安爲朱序所拘，不能得去，乃分張徒衆，各隨所之。臨路，諸長德皆被誨約，遠不蒙一言。遠乃跪曰：「獨無訓勗，懼非人例。」安曰：「如汝〔九〕者，豈復相憂？」遠於是與弟子數十人南適荆州，住上明寺。

後欲往羅浮山，及屆潯陽，見廬峯清静，足以息心，始住龍泉精舍。此處去水本〔一〇〕遠，遠乃以杖扣地，曰：「若此中可得栖立，當使朽壤抽泉。」言畢，清流涌出，浚矣〔一一〕成溪。其後少時，潯陽亢旱，遠詣池側，讀海龍王經，忽有巨蛇從池上空，須臾大雨。歲以有年，因号精舍爲龍泉寺焉。

時有沙門慧永，居在西林，與遠同門舊好，遂要遠同止。永謂刺史桓伊曰：「遠公方當弘道，今徒屬已廣而來者方多，貧道所栖褊狹，不足相處，如何？」桓乃爲遠復於山東更立房殿，即東林是也。遠創造精舍，洞盡山美，却負香爐之峯，傍帶瀑布之壑。仍石疊〔一二〕基，即松栽構。清泉環階，白雲滿室。復於寺内别置禪林，森樹烟凝，石逕〔一三〕苔合。凡在瞻履，皆神清而氣肅焉。

遠聞天竺有佛影，是佛昔化毒龍所留之影，在北天竺月氏國那竭呵城南古仙人石室中住〔一四〕，道取流沙西一万五千八百五十里。每欣感交懷，志欲瞻覩。會有西域道士叙其光相，遠乃背山臨流，營築龕室，妙筭畫工，淡彩圖寫。色疑〔一五〕積空，望似烟霧，暉相炳曖〔一六〕，若隱而顯。遠乃著銘曰：

廓矣大象，理玄無名。體神入化，落影離形。迴暉層巖，凝映虚亭。在陰不昧，處闇愈〔一七〕明。婉步蟬蜕，朝宗百靈。應不同方，迹絶而〔一八〕冥。其一茫茫荒宇，靡勸靡獎。淡虚寫容，拂空傳像。相具體微，沖姿自朗。白毫吐曜，昏夜中爽。感徹乃應，扣誠發響。留音停岫，津悟冥賞。撫之有會，功弗由曩。其二

旋踵忘敬，罔慮罔識。三光掩暉，万象一色。庭宇幽藹，歸途莫測。悟之以靖，開之以力。慧風雖遐，惟塵假〔一九〕息。匪聖玄覽，孰扇其極？其三

希音遠流，乃眷東顧。欣風慕道，仰規玄度。妙盡毫端，運微輕素。託彩虛淡〔二〇〕，殆映霄霧。迹似〔二一〕像真，理深其趣。奇興開襟，祥風引路。清氣迴軒，昏交未曙。髣〔二二〕髴神容，依俙欽遇。其四

銘之圖之，曷營曷求？神之聽之，鑒尔所修。庶兹塵軌，映彼玄流。漱清〔二三〕靈沼，飲和至柔。照虛應簡，智落乃周。深懷冥託〔二四〕，宵想神遊。畢命一對，長謝百憂。其五

又，昔潯陽陶侃經鎮廣州，有漁人於海中見神光，每夕豔發，經旬弥盛，怪以白侃，侃往詳視，乃是阿育王像，即接歸以送武昌寒溪寺。寺主僧珍嘗往夏口，夜夢寺遭火，而此像屋獨有龍神圍遶。珍覺，馳還寺，寺既焚盡，唯像屋存焉。侃後移鎮，以像有威靈，遣使迎接。數十人舉〔二五〕之至水，及上船，船又覆没，使者懼而反之，竟不能獲。侃幼出雄武，素薄信情，故荆楚之間爲之謡曰：「陶惟劒雄，像以神標。雲翔泥宿，邈何遥遥？可以誠

致，難以力招。」及遠創寺既成，祈心奉請，乃飄然自輕，往還無梗。方知遠之神感，證在風謠(二六)矣。於是率衆行道，昏曉不絕，釋迦餘化，於斯復興。既而謹律息心之士，絕塵清信之賓，並不期而至，望風遥集。彭城劉遺民、豫章雷次宗、鴈門周續之、新蔡畢穎之、南陽宗炳、張萊(二七)民、張秀(二八)碩等，並棄世遺榮，依遠遊止。遠乃於精舍無量壽像前，建齋立誓，共期西方。乃令劉遺民著其文曰：

維歲在攝提，秋七月戊辰朔，二十八日乙未，法師釋慧遠，貞感幽奥，霜(二九)懷特發，乃延命同志息心貞信之士百有二十三人，集於廬山之陰般若雲(三〇)臺精舍阿弥陀像前，率以香華，敬薦而誓焉。

惟(三一)斯一會之衆，夫緣化之理既明，則三世之傳顯矣；遷感之數既符，則善惡之報必矣。推交臂之潛淪，悟無常之期切，審三報之相催，知險趣之難拔，此其同志諸賢所以夕惕宵勤，仰思攸濟者也。

蓋神者可以感涉，而不可以迹求。必感之有物，則幽路咫尺；苟求之無主，則渺(三二)茫何(三三)津？今幸以不謀而僉心西境，叩篇開(三四)信，亮情天發，乃機象通於寢夢，欣歡百於子來。於是雲圖表暉，影侔神造，功由理諧，事非人運。兹實天啓其誠，冥運來萃者矣，可不剋心重精，疊思以凝其慮哉！

然其景績參差，功德不一，雖晨祈云同，夕歸攸〔三五〕隔，即我師友之眷，良可悲矣！是以慨焉胥命，整襟法堂，等施一心，亭懷幽極，誓茲同人，俱遊絶域。其有驚出絶倫，首登神界，則無獨善於雲嶠，忘兼全〔三六〕於幽谷。先進之與後升，勉思彙〔三七〕征之道。然復妙觀大〔三八〕儀，啓心貞照，識以悟新，形由化革。藉扶容〔三九〕於中流，蔭瓊柯以咏言，飄雲衣於八極，汎香風以窮年。體忘安而弥穆，心超樂以自怡。臨三塗而緬謝，傲天宫而長辭。紹衆靈以繼軌，指太息以爲期。究茲道也，豈不弘哉！

遠神韻嚴肅，容止方稜。凡預瞻覿，莫不心形戰慄。曾有一〔四〇〕沙門，持竹如意，欲以奉獻，入山信宿，竟不敢陳，竊留席隅，默然而去。有慧義法師，强正不〔四一〕憚，將欲造山，謂遠弟子慧寶曰：「諸君庸才，望風推服，今試觀我如何！」至山，值遠講法華，每欲難問，輒心悸流汗〔四二〕，竟不敢語。出，謂慧寶曰：「此公定可訝！」其伏物蓋衆如此。

殷仲堪之荆州，過山展敬，與遠共臨北澗，論易體要〔四三〕，移景不勸。既〔四四〕而歎曰：「識信深明，實難庶幾〔四五〕。」司徒王謐、護軍王默等，並欽慕風德，遥致師敬。謐修書曰：「年始四十，而衰同耳順。」遠荅曰：「古人不愛尺璧而重寸陰，觀其所存，似不在長年耳。檀越既履順而遊性，乘佛理以御心，因此而推，復何羨於遐齡耶？聊想斯理久已得之，爲復酬來信耳。」

盧循〔四六〕初下據江州城，入山詣遠。遠少與循〔四七〕父嘏〔四八〕同爲書生，及見循，歡然道舊，因朝夕音介〔四九〕。僧有諫遠者曰：「循爲國寇，與之交厚，得不疑乎？」遠曰：「我佛法中，情無取捨，豈不爲識者所察？此不足懼。」及宋武追討盧循，設帳桑尾，左右曰：「遠公素王廬山，與循交厚。」宋武曰：「遠公世表之人，必無彼此。」乃遣使賫書致敬，并遺錢米。於是遠近方服其明見。

初經流江東，多有未備，禪法無聞，律藏殘闕。遠慨其道缺，乃令弟子法淨、法領等遠尋衆經，踰越沙雪，曠歲方反，皆獲梵本，得以傳譯。昔安法師在關，請曇摩難提出阿毗曇心。其人未善晉言，頗多疑滯。後有罽賓沙門僧伽提婆，博識衆典，以晉太元十六年來至潯陽，遠請重譯阿毗曇心及三法度論，於是二學乃興，并製序標宗，貽於學者，孜孜爲道，務在弘法。每逢西域一賓，輒懇惻諮訪，聞羅什入關，即遣書通好曰：

釋慧遠頓首。去歲得姚左軍書，具承德問。仁者曩絶殊域，越自外境，于時音驛〔五〇〕未交，聞風而悦，但江湖難冥，以形乖爲歎耳。須〔五一〕知承否通之會，懷寶來遊，至止有問，則一日九馳，徒情欣雅味，而無由造盡，寓目望途，固以〔五二〕增其勞佇。每欣大法宣流，三方同遇，雖運鍾其末，而趣均在昔。誠未能扣津妙門，感徹遺靈。至於虚襟遺〔五三〕契，亦無日不懷。夫旃檀移植，則異物同熏；摩尼吐曜，則衆珍自積。是惟教合之道，猶虚往實歸，況宗一無像而應不以情者乎？是故負荷大法者，必以無執爲〔五四〕心；會友〔五五〕以仁者，使功不自己。若令法輪不停軫於八正之路，三寶不輟音於將盡之期，則滿願不專美於絶代，龍樹豈獨善於前蹤？今往比量衣裁，願登高座爲著之，并天漉之器，此既法物，聊以示懷。

什荅書曰：

鳩摩羅什〔五六〕和南。既未言面，又文辭殊隔，導心之路不通，得意之緣圮絶。傳驛來貺〔五七〕，粗承風德，比知何如〔五八〕？備聞一途，可以蔽百。經言末後東方當有護法菩薩，勗哉仁者，善弘其事！夫財有五備，福、戒、博聞、辯才、深智，兼之者道隆，未具者疑滯，仁者備之矣。所以寄心通好，因譯傳意，豈其能盡？粗酬來意耳。損所致比量衣裁，欲令登法座時著，當如來意，但人不稱物，以爲愧耳。今往常所用鍮石雙口澡罐〔五九〕，可備法物之數也。

并遺偈一章，曰：

既已捨染樂，心得善攝不？若得不馳散，深入實相不？畢竟空相中，其心無所樂。若悦禪智慧，是法性無照。虚誑等無實，亦非停心處。仁者所得法，幸願示其要。

遠重與什書曰：

日有涼氣，比復何如？去月法識道人至，聞君欲還本國，情以悵然。先聞君方當大出諸經，故未〔六〇〕欲便相諮求。若此傳不虛，衆恨可言。今輒略問數十條事，冀有餘暇一一〔六一〕爲釋。此雖非經中之大難，要〔六二〕欲取決於君耳。

并報偈一章，曰：

本端竟何從，起滅有無際。一微涉動境，成此頹山勢。惑相〔六三〕更相乘，觸理自生滯。因緣雖無主，開途非一世。時無悟宗匠，誰將握玄契？末〔六四〕問尚悠悠，相與期暮歲。

後有弗若多羅來適關中，誦出十誦梵本，羅什譯爲晉文，三分始二，而多羅弃世，遠常慨其未備。及聞曇摩流支入秦，復善誦此部，乃遣弟子曇邕致書祈請，令於關中更出餘分，故十誦一部具足無闕。晉地獲本，相傳至今。葱外妙典，關中勝說，所以來集茲土者，遠之力也。外國衆僧咸稱漢地有大乘道士，每至燒香禮拜，輒東向稽首，獻心廬岳。其神理之迹，故未可測也。先是中土未有泥洹常住之說，但言壽命長遠而已，遠乃歎曰：「佛是至極，至極〔六五〕則無變，無變之理，豈有窮耶？」因著法性論曰：「至極以不變爲性，得性以體極爲宗。」羅什見論而歎曰：「邊國人未有經，便闇與理合，豈不妙哉！」

秦主[六六]姚興欽風名德[六七]，歎其才思，致書殷勤，信餉連接，贈以龜茲國細縷雜變像，以伸款心。又令姚嵩獻其珠像。釋論新出，興送論并遺書曰：「大智論新譯訖，此既龍樹所作，又是方等旨歸，宜爲一序，以伸作者之意。然此諸道士咸相推謝，無敢動手。法師可爲作序，以貽後之學者。」遠荅[六八]云：「欲令作大智論序以伸作者之意，貧道聞懷大非小褚[六九]所容，汲深非短綆所測。披省之日，有愧高命，又體羸多疾，觸事有廢，不復屬意已來，其日亦久。緣來[七〇]告之重，輒粗綴所懷。至於研究之美，當復寄[七一]諸明德。」其名高遠固[七二]如此。遠常謂大智論文句繁廣，初學難尋，乃抄其要文，撰爲二十卷，序致淵雅，使夫學者息過半之功矣。

後桓玄征殷仲堪，軍經廬山，要遠出虎溪，遠稱疾不堪。玄自入山，左右謂玄曰：「昔殷仲堪入山禮遠，願公勿敬之。」玄荅：「何有此理？仲堪本死人耳。」及至見遠，不覺致敬。玄問：「不敢毁傷，何以剪削？」遠荅云：「立身行道。」玄稱善。所懷問難，不敢復言，乃説征討之意，遠不荅。玄又問：「何以見願？」遠云：「願檀越安隱，使彼亦復[七三]無他。」玄出山，謂左右曰：「實乃生所未見。」玄後以震主之威，苦相延致，乃貽書騁説，勸令登仕。遠荅辭堅正，確乎不拔，志踰丹石，終莫能迴。俄而玄欲沙汰衆僧，教僚屬曰：「沙門有能伸述經誥，暢説義理，或禁行循[七四]整，足以宣寄大化。其有違於此者，悉皆罷道〔七五〕。唯廬山道德所居，不在搜簡之例。」遠與玄書曰：「佛教陵〔七六〕遲，穢雜日久，每一尋至，慨憤盈懷。常恐運出非意，淪湑將及。竊見清澄諸道人教，實應其本心。夫涇以渭分，則清濁殊勢；枉以直正，則不仁自遠。此命既行，必二〔七七〕理斯得，然後令飾僞者絶假通之路，懷真者無負俗之嫌。道世交興，三寶復隆矣。」因廣玄〔七八〕條制，玄從之。

昔成帝幼沖，庾冰輔政〔七九〕，以爲沙門應敬王者。尚書令何充、僕射褚翜〔八〇〕、諸葛恢〔八一〕等奏不應敬禮，官議悉同充等。門下承冰旨爲駮，同異紛然，竟莫能定。及玄在姑熟，欲令盡敬，乃與遠書曰：「沙門不敬王者，既是情所不〔八二〕了，於理又是所未喻。一代大事，不可令其體不允。近與〔八三〕八座書，今以呈君，君可述所以不敬意也，此便當行。行〔八四〕之事一二，令詳遣〔八五〕想，必有以釋其所疑耳。」遠答書曰：「夫稱沙門者，何耶？謂能發矇俗之幽昏，啓化表之玄路。方將以兼忘之道，與天下同往，使希高者挹其遺風，漱流者味其餘津。若然，雖大業未就，觀其超步之迹，所悟固已弘矣。又袈裟非朝宗之服，鉢盂非廊廟之器，沙門塵外之人，不應致敬王者。」玄雖苟執先志，恥即外從，而覩遠辭旨，趑趄未決。有頃，玄篡位，即下書曰：「佛法宏大，所不能測。推奉主之情，故興其敬。今事既在己，宜盡謙光，諸道人勿復致禮也。」

遠乃著沙門不敬王者論，凡有五篇：一曰在家，謂在家奉法〔八六〕，則是順化之民，情未變俗，迹同方内，故有天屬之愛，奉主之禮。禮敬有本，遂因之以成教。二曰出家，謂出家者能遁世以求其志，變俗以達其道。變俗則服章不得與世典同禮，遁世則宜高尚其迹。夫然，故能拯溺俗於沉流，拔玄根於重劫。遠通三乘之津，近開人天之路。如令一夫全德，則道洽六親，澤流天下，雖不處王侯之位，固已協契皇極，在宥生民矣。是故内乖天屬之重，而不違〔八七〕其孝；外闕奉主之恭，而不失其敬也。三曰求宗不順化，謂反本求宗者，不以生累其神；超落塵封者，不以情累其生。不以情累其生，則其生可滅；不〔八八〕以生累其神，則其神可冥。冥神絶境，故謂之泥洹。故沙門雖抗禮万乘，高尚其事，不爵王侯，而沾其惠者也。四曰體極不兼應，謂如來之與周孔發致雖殊，潛相影響；出處成〔八九〕異，終期必同。故雖曰道殊，所歸一也。不兼應者，物不能兼受也。五曰形盡神不滅，謂識神馳騖，隨行東西也。此是論之大意，自是沙門得全方外之迹矣。

及桓玄西奔，晉安帝自江陵旋〔九〇〕于京師，輔國何無忌勸遠候迎〔九一〕，遠稱疾不行。帝遣使勞問，遠脩書曰：「釋慧遠頓首。陽月和暖，願御膳順宜。貧道先嬰重疾，年衰益甚，猥蒙慈詔曲垂光慰，感懼之深，實百于懷。幸遇慶會而形不自運，此情此慨，良無以喻。」詔荅：「陽中感懷，知所患未佳，甚情耿〔九二〕。去月發江陵，在道多諸惡，情遲兼常，本〔九三〕冀經過相見，法師既養素山林，又所患未痊，邈無復因，增其歎恨。」

陳郡謝靈運負才〔九四〕傲俗，少所推崇，及一相見，肅然心服。遠内通佛理，外善群書，夫預學徒，莫不依擬。時遠講喪服經，雷次宗、宗炳等並執卷承旨。次宗後别著義疏，首稱雷氏，宗炳因寄書嘲之曰：「昔與足下共於釋和上間面受此義，今便題卷首稱雷氏乎？」其化兼道俗，斯類非一。

自遠卜居廬阜，三十餘年，影不出山，迹不入俗。每送客遊履，常以虎溪爲界焉。以晉義熙十二年八月初動散，至六日困篤，大德耆年皆稽顙請飲豉酒，不許；又請飲米汁，不許；又請以蜜〔九五〕和水爲漿，乃命律師，令披卷尋文，得飲與不。卷未半而終，春秋八十三矣〔九六〕。門徒號慟，若喪考妣，道俗奔赴，踵〔九七〕繼肩隨。遠以凡夫之情難割，乃制七日展哀，遺命使露骸松下。既而弟子收葬，潯陽太守阮侃〔九八〕於山西嶺鑿壙開隧〔九九〕，謝靈運爲造碑文，銘其遺德，南陽宗炳又立碑寺門。

初，遠善屬文章，辭氣清雅，席上談吐，精義簡要。加以容儀端整，風彩灑落，故圖像于寺，遐迩式瞻。所著論、序、銘、讚、詩、書，集爲十卷，五十餘篇，見重於世焉。

### 校勘記

〔一〕按，據名僧傳抄，名僧傳卷九有晉尋陽廬山釋惠遠傳，名僧傳説處第九有「廬山惠遠以道安敬爲真吾師事」「惠遠以錫杖扣地，清流涌出，搆立堂房，遂號龍泉精舍事」「阿育王所造文殊師利像乘波而至事」「廬山惠遠於無量壽像前建齋立誓事」「清信之士一百二十三人，集廬山之陰般若臺精舍無量壽像前率事」「建立精舍唯置一釋迦像事」「遠常謂大智論文句繁積，初學難尋事」」，出三藏記集卷一五有慧遠法師傳。

〔二〕樓：高麗藏、金藏本作「婁」。

〔三〕偉：高麗藏、金藏本作「博」。

〔四〕度：高麗藏再雕本作「渡」。

〔五〕嘉遁：原無，據高麗藏、金藏本及出三藏記集卷一五慧遠法師傳補。

〔六〕鬃：高麗藏、金藏本作「彩」。

〔七〕是：原無，據高麗藏再雕本補。

〔八〕沔：高麗藏再雕本作「河」。

〔九〕汝：高麗藏、金藏本作「公」。

〔一〇〕本：高麗藏初雕本作「太」，高麗藏再雕本作「大」。

〔一一〕浚矣：高麗藏、金藏本作「後卒」。

〔一二〕疊：高麗藏再雕本作「壘」。

〔一三〕逕：高麗藏、金藏本作「筵」。

〔一四〕住：高麗藏初雕本作「徑」，高麗藏再雕本作「經」。

〔一五〕疑：出三藏記集卷一五慧遠法師傳作「凝」。

〔一六〕曖：高麗藏、金藏本作「焕」。

〔一七〕愈：高麗藏、金藏本作「逾」。

〔一八〕而：高麗藏再雕本、金藏本作「杳」。

〔一九〕假：高麗藏、金藏本及廣弘明集卷一五佛影銘作「攸」。

〔二〇〕彩虚淡：高麗藏、金藏本及廣弘明集卷一五佛影銘作「綵虚凝」。

〔二一〕似：高麗藏、金藏本及廣弘明集卷一五佛影銘作「以」。

〔二二〕髣：原作「鬘」，據思溪藏、高麗藏、金藏本改。

〔二三〕清：高麗藏、金藏本作「情」。

〔二四〕託：原作「記」，據諸校本改。

〔二五〕畢：高麗藏、金藏本作「舉」。

〔二六〕謡：高麗藏、金藏本作「諺」。

〔二七〕萊：原作「菜」，據嘉興藏本改。按，張野（三五〇—四一八），字萊民，南陽宛人，後徙居潯陽柴桑，師敬慧遠。

〔二八〕秀：原作「季」，據大正藏校勘記改（大正藏云宫本「季」作「秀」）。按，張詮（三五九—四二三），字秀碩，張野之族人。

〔二九〕霜：高麗藏、金藏本作「宿」。
〔三〇〕雲：高麗藏、金藏本無。
〔三一〕惟：原作「推」，據思溪藏、高麗藏、金藏本及出三藏記集卷一五慧遠法師傳改。
〔三二〕渺：高麗藏、金藏本作「眇」。
〔三三〕何：高麗藏、金藏本作「河」。
〔三四〕開：思溪藏本作「則」。
〔三五〕攸：出三藏記集卷一五慧遠法師傳作「悠」。又，據大正藏校勘記，宮本作「彼」。
〔三六〕全：原作「令」，據高麗藏本改。
〔三七〕彙：高麗藏、金藏本作「策」。按，慧琳一切經音義卷八九高僧傳第六卷音義中亦作「彙」：「彙征，上韋貴反。廣雅云：彙，猶類也。周易曰：拔茅連茹彙征，吉。王弼注云：彙征，以其類相牽引也。征，行也。」
〔三八〕觀大：高麗藏本作「覲大」，金藏本作「覲天」。
〔三九〕扶容：高麗藏初雕本、金藏本作「扶蓉」，高麗藏再雕本作「芙蓉」。
〔四〇〕一：高麗藏再雕本、金藏本無。
〔四一〕不：高麗藏、金藏本作「少」。
〔四二〕流汗：高麗藏、金藏本作「汗流」。

〔四三〕要：高麗藏、金藏本無。
〔四四〕既：高麗藏、金藏本作「見」。
〔四五〕庶幾：思溪藏本作「爲度」，高麗藏、金藏本作「爲庶」。
〔四六〕循：思溪藏、高麗藏、金藏本作「脩」。後同。按，盧循（？—四一一），范陽涿人，晉書卷一〇〇有傳。
〔四七〕循：原作「脩」，據文意改。
〔四八〕嘏：高麗藏、金藏本作「瑕」。按，盧嘏（三三四—四一一），盧循之父。
〔四九〕介：高麗藏再雕本、金藏本作「問」。
〔五〇〕驛：高麗藏再雕本、金藏本作「譯」。
〔五一〕須：高麗藏再雕本作「頃」。
〔五二〕以：高麗藏、金藏本作「已」。
〔五三〕遺：高麗藏、金藏本作「遣」。
〔五四〕執爲：高麗藏再雕本作「報爲」，金藏本作「報情」。
〔五五〕友：原作「反」，據諸校本改。
〔五六〕什：高麗藏、金藏本作「耆婆」。
〔五七〕睍：高麗藏、金藏本作「況」。

〔五八〕知何如：高麗藏初雕本作「知何必」，高麗藏再雕本、金藏本作「復如何必」。
〔五九〕罐：高麗藏、金藏本作「灌」。
〔六〇〕未：高麗藏、金藏本作「來」。
〔六一〕一：高麗藏、金藏本作「二」。
〔六二〕要：高麗藏、金藏本無。
〔六三〕相：高麗藏、金藏本作「想」。
〔六四〕未：高麗藏、金藏本作「來」。
〔六五〕至極：原無，據高麗藏、金藏本補。
〔六六〕主：思溪藏、金藏本作「王」。
〔六七〕風名德：高麗藏、金藏本作「德風名」。
〔六八〕荅：高麗藏再雕本作「荅書」。
〔六九〕褚：原作「堵」，據高麗藏再雕本改。
〔七〇〕來：原無，據高麗藏、金藏本及出三藏記集卷一五慧遠法師傳補。
〔七一〕復寄：高麗藏初雕本作「經復寄」，高麗藏再雕本作「復朞」。
〔七二〕固：點校本出三藏記集卷一五慧遠法師傳作「國」，校勘記云：「『國』字宋本、磧砂本、元本、明本及梁傳六本傳作『固』，兹從麗本。」

〔七三〕復：高麗藏、金藏本無。

〔七四〕循：高麗藏、金藏本作「脩」。

〔七五〕道：高麗藏、金藏本作「遣」。

〔七六〕陵：高麗藏、金藏本作「淩」。

〔七七〕二：高麗藏再雕本作「一」。

〔七八〕玄：金藏、大正藏本作「立」。

〔七九〕政：高麗藏、金藏本作「正」。

〔八〇〕翌：高麗藏、金藏本作「昱」。按，弘明集卷一二尚書令何充奏沙門不應盡敬、尚書令何充及褚翌諸葛恢馮懷謝廣等重表，褚翌時爲「散騎常侍、左僕射、長平伯」。

〔八一〕恢：高麗藏本作「惔」。按，弘明集卷一二尚書令何充奏沙門不應盡敬、尚書令何充及褚翌諸葛恢馮懷謝廣等重表，諸葛恢時爲「散騎常侍、右僕射、建安伯」。

〔八二〕不：思溪藏、高麗藏、金藏本作「未」。

〔八三〕與：高麗藏、金藏本無。

〔八四〕行：高麗藏、金藏本無。

〔八五〕遣：思溪藏、高麗藏、金藏本作「盡」。

〔八六〕謂在家奉法：原作「奉法」，據高麗藏本改。金藏本作「謂在奉法」。

〔八七〕違：高麗藏再雕本作「逆」。

〔八八〕不：原作「不生」，據高麗藏、金藏本及沙門不敬王者論求宗不順化第三改。

〔八九〕成：高麗藏、金藏本作「咸」。

〔九〇〕旋：原作「施」，據諸校本改。

〔九一〕迎：高麗藏、金藏本作「覲」。

〔九二〕甚情耿：高麗藏初雕本作「其情耿」，高麗藏再雕本、金藏本作「其情耿耿」。

〔九三〕本：原作「木」，據諸校本改。

〔九四〕才：原作「不」，據諸校本改。

〔九五〕蜜：原作「密」，據諸校本改。

〔九六〕按，廣弘明集卷二三謝靈運廬山慧遠法師誄云慧遠「春秋八十有四，義熙十三年秋八月六日薨」。

〔九七〕踵：高麗藏、金藏本作「轂」。

〔九八〕侃：高麗藏、金藏本作「保」。按，三國魏有河内太守阮侃，字德如，尉氏人，與嵇康爲友，顯非此東晉之潯陽太守。此「阮侃」，或當據金藏等改爲「阮保」。名僧傳抄中，法遇傳中有義陽太守陳留阮保（亦見本書卷五法遇傳），或爲一人。

〔九九〕隧：原作「塚」，據高麗藏、金藏本改。又，慧琳一切經音義卷八九高僧傳第六卷音義中作「墜」，即「隧」字的異體：「開墜，下隨醉反。聲類云：墜，埏道也。今説文考聲從土作墜。」

塿，埏道。」

## 晉蜀龍淵寺釋慧持　惠巖　僧恭　道泓　曇蘭

釋慧持〔一〕者，慧遠之弟也，沖默有遠量。年十四，學讀書，一日所得，當他一旬。善文史，巧才製。年十八出家，與兄共伏事道安法師。遍學衆經，遊刃三藏。及安在襄陽遣〔二〕遠東下，持亦俱行。初憩荆州上明寺，後適廬山，皆隨遠共止。

持形長八尺，風神儁爽，常躡草〔三〕屣，納衣半脛。廬山徒屬，莫匪英秀，往反三千，皆以持爲稱首。持有姑爲尼，名道儀，住在江夏。儀聞京師盛於佛法，欲下觀化，持乃送姑至都，止于東安寺。晉衛軍瑯瑘王珣深相器重。時有西域沙門僧伽羅叉，善誦四含，珣請出中阿含經，持乃校閲文言，搜括詳定，後還山。

少時，豫章太守范甯請講法華、毗曇，於是四方雲聚，千里遥集。王珣與范甯書云：「遠公、持公孰愈？」范荅書云：「誠爲賢兄賢〔四〕弟也。」王重書云：「但令如兄，誠未易有，況弟復〔五〕賢耶？」兖州刺史瑯瑘王恭致書於沙門僧檢曰：「遠、持兄弟，至德何如？」檢荅曰：「遠、持兄弟也，綽綽焉信有道風矣！」羅什在關，遥相欽敬，致書通好，結爲善友。

持後聞成都地沃民豐，志往傳化，兼欲觀瞻[六]峨嵋，振錫岷岫，乃以晉隆安三年辭遠入蜀，遠苦留不止。遠歎曰：「人生愛聚，汝獨[七]樂離，如何？」持亦悲曰：「若滯情愛聚者，本不應出家，今既割欲求道，正以西方爲期耳。」於是兄弟抆[八]淚，憫默而別。行達荆州，刺史殷仲堪禮遇欣重。時桓玄亦在彼，玄雖涉學功疎，而一往神出，見持有鄰幾獨絶，尤歎是今古無比，大欲結歡。持既疑其爲人，遂弃而不納。殷、桓二人苦欲留之，持益無停意。臨去，與玄書曰：「本欲栖病峨嵋之岫，觀化流沙之表，不能負其發足之懷。」便束裝首路。玄得書惆悵[九]，知其不可止。遂乃到蜀，止龍淵精舍，大弘佛法。井絡四方，慕德成侶，刺史毛璩雅[一〇]相崇挹。

時有沙門惠巖、僧恭[一一]，先在岷蜀，人情傾蓋。及持至止，皆望風推服。有升持堂者，皆号「登龍門」。恭公幼有才思，爲蜀郡僧正。巖公内外多解，素爲毛璩所重。後蜀人譙縱因鋒鏑之機，攻殺毛璩，割璩[一二]蜀土，自号成都王。乃集僧設會，逼請巖公，巖不得已而赴。璩既宿昔檀越，一旦傷破，覩事增悲，痛形顏色，遂爲譙縱所忌，因而被害。舉邑紛擾，白黑危懼。

持避難憩郫縣中寺。縱有從子道福，凶悖尤甚，將兵往郫，有所討戮。還過入寺，人馬浴血，衆僧大怖，一時驚走。持在房前盥洗，神色無忤。道福直至持邊，持彈指灑水，淡然自若。福愧悔流汗，出寺門，謂左右曰：「大人故與衆異！」後境内清怗，還止龍淵寺，講説齋懺，老而愈篤。以晉義熙八年卒于寺中，春秋七〔一三〕十有六。臨終遺命，務勗律儀，謂弟子曰：「經言戒如平地，衆善由生。汝等〔一四〕行住坐卧，宜其謹哉！」以東間經籍付弟子道泓，在西間法典囑弟子曇蘭〔一五〕。泓業行清敏，蘭神悟天發，並係軌師蹤焉。

## 校勘記

〔一〕按，據名僧傳抄，名僧傳卷一〇有「晉蜀郡龍淵寺惠持」傳，名僧傳説處第十有「惠持九歲隨兄同爲書生，俱依釋道安抽簪落髮事」「惠持辭惠遠之處，入蜀之時，契以西方爲期事」。

〔二〕遣：原作「道」，據高麗藏、金藏本改。

〔三〕草：高麗藏、金藏本作「革」。

〔四〕賢：高麗藏、金藏本無。

〔五〕弟復：高麗藏、金藏本作「復弟」。

〔六〕瞻：高麗藏、金藏本作「矚」。

〔七〕獨：高麗藏初雕本、金藏本無，高麗藏再雕本作「乃」。

〔八〕拉：高麗藏、金藏本作「收」。

〔九〕愴：高麗藏再雕本作「悵」。

〔一〇〕雅：原作「推」，據高麗藏本改。

〔一一〕按，據名僧傳抄，名僧傳卷一二有「晉蜀郡龍淵寺釋惠嚴」傳、卷一三有「宋城都廣平寺釋僧恭」傳。

〔一二〕璩：高麗藏再雕本作「據」。

〔一三〕七：原作「八」，據高麗藏、金藏本改。按，湯用彤先生指出：「按慧遠傳謂：遠卒於義熙十二年，八十三歲。慧持卒於義熙八年，則不應爲八十六歲。」東林十八高賢傳中，亦云「義熙八年順寂，春秋七十六」。廬山記卷三十八賢傳釋慧持法師中則云「義熙八年壬子順寂，春秋七十二」。

〔一四〕等：高麗藏、金藏本無。

〔一五〕按，此曇蘭，或即名僧傳中閑居寺曇蘭。據名僧傳抄，名僧傳卷二八有「宋宜昌閑居寺曇蘭」傳。

## 晉廬山釋慧永 僧融

釋慧永，姓鄱〔一〕，河内人也。年十二出家，伏事沙門竺曇現爲師。後又伏膺道安法師，素與慧〔二〕遠共期，欲結宇羅浮之岫，遠既爲道安所留，永乃欲先踰五嶺。行經潯陽，郡人陶範苦相要留，於是且停廬山之西林寺。既門徒稍盛，又慧遠同築〔三〕，遂有意終焉。永貞素自然，清心克己，言常含笑，語不傷物。耽好經典，善於講説。蔬食布衣，率以終歲。又别立一茅室於嶺上，每欲禪思，輒往居焉。時有至房者，並聞殊香之氣。永屋中常有一虎，人或畏者，輒驅出〔四〕，令上山，人去後，還復循〔五〕伏。永嘗出邑，薄晚還山，至烏橋，烏橋營主醉，騎馬當道，遮永，不聽去。日時向晚，永以杖遥指馬，馬即驚走，營主倒地。永捧慰還營，因尔致疾。明晨往寺，向永悔過，永曰：「非貧道本意，恐戒神所爲耳。」白黑聞知，歸心者衆矣。

後鎮南將軍何無忌作鎮潯陽，爰〔六〕集虎溪，請永及慧遠。遠既久持名望，亦雅足才力，從者百餘，皆端整有風序。及高言華論，舉動可觀。永恬〔七〕然獨往，卒尔後至，納衣草屐，執杖提鉢，而神氣自若，清散無矜。衆咸重其貞素，翻更多之。遠少所推先，而挹永高行，身執卑恭，以希冥福。

永厲行精苦，願生西方，以晉義熙十年，遇疾危〔八〕篤，而專謹戒律，執志愈勤，雖枕痾懷苦，顔色怡悦。未盡少時，忽歛衣合掌，求屣欲起，如有所見。衆咸驚問，荅云：「佛來。」言終而卒，春秋八十有三。道俗在山，咸聞異香，七日乃歇。

時廬山又有釋僧融〔九〕，亦苦節通靈，能降伏鬼物云。

## 校勘記

〔一〕鄱：高麗藏、金藏本作「潘」。又，據名僧傳抄，名僧傳卷一二有「晉尋陽廬山西寺惠永」傳，卷二三又有「晉尋陽廬山陵雲寺釋惠永」傳。名僧傳抄抄録卷二三中之惠永傳，云其爲「河内人也，出家爲竺曇現弟子」，故此惠永，即本傳之慧永。而名僧傳卷二二「西寺惠永」之「西寺」，當即此傳中慧永「且停廬山之西林寺」，故疑名僧傳卷二二、卷二三中之兩惠永，即此慧永一人。或此處慧永，誤合名僧傳中兩惠永爲一人。然同地同時有兩位名字相同的高僧可能性很小，故應本是一人而名僧傳誤分爲兩人耳。

〔二〕慧：高麗藏、金藏本無。

〔三〕築：思溪藏本作「藻」，金藏本作「架」。按，釋氏六帖卷一〇法施傳燈部「慧永指馬」條云「與遠同居」。

〔四〕出：思溪藏、高麗藏、金藏本無。

〔五〕循：高麗藏再雕本作「馴」。

〔六〕爰：高麗藏、金藏本作「陶爰」。

〔七〕恬：高麗藏本作「怗」。

〔八〕危：高麗藏、金藏本作「綿」。

〔九〕按，據名僧傳抄，名僧傳卷二三有「晉尋陽廬山釋僧融」傳。詳見續高僧傳卷二六梁九江東林寺釋僧融傳。

## 晉廬山釋僧濟

釋僧濟〔一〕，未詳何許人。晉太元末〔二〕，入〔三〕廬山，從遠公受學。大小諸經及世典書數，皆遊練心抱，貫其深要。年始過立，便出邑開講，歷當元匠。遠每謂曰：「共吾弘佛法者，尔其人乎？」

後停山少時，忽感篤疾，於是誠要〔四〕西國，想像弥陀。遠遺濟一燭，曰：「汝可以運〔五〕心安養，競諸漏刻。」濟執燭憑〔六〕机，停想無亂，又請衆僧夜集，爲轉無量壽經。至五更中，濟以燭授同學，令於僧中行之，於是暫卧。因夢見自秉一燭，乘虚而行，覩無量壽佛，接置于掌，遍至十方。不覺欻然而覺，具爲侍疾者說之，且悲且慰，自省四大，了無疾苦。至于明夕，忽索履起立，目逆虚空，如有所見，須臾還卧，顔色更悅。因謂傍人云：「吾其去矣。」於是轉身右脇，而〔七〕言氣俱盡，春秋四十有五矣。

### 校勘記

〔一〕按，據名僧傳抄，名僧傳卷一三有「晉尋陽釋僧濟」傳。

〔二〕末：高麗藏、金藏本作「中」。

〔三〕入：高麗藏、金藏本作「來入」。

〔四〕誠要：思溪藏本作「要識」，高麗藏、金藏本作「要誠」。按，「誠要西國」，亦即誓生西方極樂淨土。又，董志翹先生據日本石山寺本、七寺本認爲作「屬誠」是，「『屬』有『歸屬』義」，「『屬誠』猶『歸誠』也。所謂『屬誠西國，想像弥陀』即歸誠佛國、遥念彌陀之意」。見高僧傳的史料、語料價值及重新校理與研究，東南大學學報，二〇〇四年第四期。

〔五〕運：高麗藏、金藏本作「建」。

〔六〕馮：高麗藏、金藏本作「憑」。

〔七〕而：高麗藏、金藏本無。

## 晉新陽釋法安

釋法安，一名慈欽〔一〕，未詳何許人，遠公之弟子也。善持〔二〕戒行，講說衆經，兼習禪業。善能開化愚曚，拔邪歸正。

晉義熙中，新陽縣虎災。縣有大社樹，下築神廟，左右居民以百數，遭虎死者夕有一兩。安嘗遊其縣，暮逗此村，民以畏虎，早閉門〔三〕閭。安逕之樹下，通夜坐禪。向曉，聞虎負人而至，投之樹北，見安如喜如驚，跳伏安前。安爲說法授戒，虎踞地不動，有頃而去。旦，村人追虎至樹下，見安，大驚，謂是神人。遂傳之一縣，士庶宗奉，虎災由此而息。因改神廟，留安立寺，左右田園，皆捨爲衆業。

後欲作畫像，須銅青，困不能得。夜夢見一人，近〔四〕其床前，云：「此下有銅鍾。」覺即掘之，果得二口，因以青成像。後以一鍾〔五〕助遠公鑄佛，餘一，武昌太守熊〔六〕無患借視，遂留之。安後不知所終。

**校勘記**

〔一〕按，據名僧傳抄，名僧傳卷二八有「宋武陵顯宋寺慈欽」傳，不知是否即此慈欽。

〔二〕持：思溪藏、高麗藏、金藏本無。

〔三〕門：高麗藏本無。

〔四〕近：高麗藏、金藏本作「迂」。按，大正藏本法苑珠林卷一九敬僧篇感應緣「晉沙門釋法安」引（出冥祥記）作「迂」，據其校勘記，宋、元、明本作「逕」。

〔五〕一鍾：高麗藏再雕本作「銅」，金藏本作「鍾」。

〔六〕熊：思溪藏本、高麗藏初雕本、金藏本作「能」。

## 晉廬山釋曇邕

釋曇邕〔一〕，姓楊，關中人。少仕僞秦王，爲〔二〕衛將軍。形長八尺，雄武過人。太元八年，從苻堅南征，爲晉軍所敗，還至長安，因從安公出家。安公既往，乃南投廬山，事遠公爲師。內〔三〕外經書，多所綜涉，志尚弘法，不憚疲苦。後爲遠入關，致書羅什，凡爲使命，十有餘年。鼓擊風流，摇動峯岫，强悍〔四〕果敢，專對不辱。

京師道場僧鑒〔五〕挹其德解，請還楊州，邕以遠年高，遂不果行。然遠神足〔六〕高抗者，其類不少，恐後不相推謝，因以小緣託擯邕出，邕奉命出山，容無怨忤。乃於山之西南，營立茅宇，與弟子曇果澄思禪門。

嘗於一時，果夢見山神求受五戒，果曰：「家師在此，可往諮受。」後少時，邕見一人著單衣帢〔七〕，風姿端雅，從者二十許人，請受五戒。邕以果先夢，知是山神，乃爲説法授戒。神䞋以外國匕筯，禮拜辭别，儵忽不見。

至遠臨亡之日，奔赴號踊，痛深天屬。後往荆州，卒於竹林寺。

## 校勘記

〔一〕按，據名僧傳抄，名僧傳卷一〇有「晉尋陽廬山東寺曇邕」傳。

〔二〕王爲：高麗藏初雕本作「王」，高麗藏再雕本、金藏本作「至」。

〔三〕内：原作「師」，據思溪藏、高麗藏、金藏本改。

〔四〕悍：高麗藏、金藏本作「捍」。

〔五〕按，據名僧傳抄，名僧傳卷二八有「宋定林下寺僧鑒」傳。

〔六〕足：原作「色」，據高麗藏、金藏本改。

〔七〕帢：高麗藏、金藏本作「帽」。按，慧琳一切經音義卷八九高僧傳第六卷音義中作「袷」：「衣袷，下監峽反。蒼頡篇云：袷，合也。廣雅云：重也。説文云：衣無絮也，從衣合聲。」

## 晉吳臺寺釋道祖 慧要　曇順　曇詵　法幽　道恒　道授

釋道祖〔一〕，吳國人也。少出家，爲臺寺支法濟〔二〕弟子。幼有才思，精勤務學。後與同志僧遷、道流等共入廬山七年，並山中受戒。各隨所習，日有其新。遠公每謂祖等易悟：「盡如此輩，不復憂後生矣！」遷、流等並年二十八而卒。遠歎曰：「此子並才義英茂，清悟日新，懷此長往，一何痛哉！」道流撰諸經目未就，祖爲成之，今行於世。

祖後還京師瓦官寺講説，桓玄每詣〔三〕觀聽，乃謂人曰：「道祖後發，愈於遠公，但儒博不逮耳。」及玄輔政〔四〕，欲使沙門敬王者〔五〕，祖乃辭還吳之臺寺。有頃，玄篡位，勑郡送祖出京，祖稱以〔六〕疾，不行。於是絶迹人事，講道終日，以晉元熙元年卒，春秋七十三〔七〕矣。

遠有弟子慧要，亦解經律，而尤長巧思。山中無漏刻〔八〕，乃於泉水中立十二葉芙蓉，因流波轉以定十二時，晷景無差焉。亦嘗作木鳶，飛數百步。

遠又有弟子曇順、曇詵〔九〕，並義學致譽。順本黄龍人，少受業什公，後還師遠，蔬食有德行。南蠻校尉劉遵於江陵立竹林寺，請經始，遠遣從〔一〇〕焉。詵亦清雅有風則，注維摩及著窮通論等。

又有法幽、道恒、道授等百有餘人，或義解深明，或匡拯〔一一〕衆事，或戒行清高，或禪思深入，並振名當世，傳業于今。

校勘記

〔一〕按，據名僧傳抄，名僧傳卷一一有「晉吴郡臺寺釋道祖」傳。
〔二〕濟：高麗藏、金藏本及釋氏六帖卷一〇法施傳燈部「道祖易悟」條引作「齊」。
〔三〕詣：高麗藏初雕本、金藏本無，高麗藏再雕本作「往」。
〔四〕政：高麗藏、金藏本作「正」。
〔五〕者：高麗藏、金藏本無。
〔六〕以：高麗藏、金藏本無。
〔七〕三：高麗藏再雕本、金藏本作「二」。
〔八〕漏刻：高麗藏、金藏本作「刻漏」。
〔九〕按，據名僧傳抄，名僧傳卷一三有「宋尋陽廬山釋曇詵」傳。
〔一〇〕從：高麗藏再雕本作「徙」。
〔一一〕拯：原作「極」，據高麗藏、金藏本改。

## 晉長安大寺釋僧碧弘覺

釋僧碧〔一〕，姓傅氏，北地泥〔二〕陽人，晉河間郎中令遐之元子也。少出家，止長安大寺，爲弘覺法師弟子，覺亦一時法匠。䂮初從受業，後遊青司、樊沔之間。通六經及三藏，律行清謹，能匡振佛法。

姚萇、姚興早挹風名，素所知重，及僭有關中，深相頂敬。興既崇信三寶，盛弘大化，建會設齋，烟蓋重疊，使夫慕道捨俗者，十室其半。自童壽入關，遠僧復集，僧尼既多，或有愆漏，興曰：「凡夫〔三〕學僧，未階苦忍，安得無過？過而將極〔四〕，過遂多矣！宜立僧主，以清大望。」因下書曰：「大法東遷，於今爲盛，僧尼已多，應須綱領，宣授遠規，以濟頹緒。僧䂮法師學優早年，德芳暮齒，可爲國内僧主；僧遷法師禪慧兼修，即爲悦衆；法欽、慧斌共掌僧録。給車輿吏力。」䂮資侍中秩，傳詔、羊車各二人，遷等並有厚給。供〔五〕事純儉，允愜〔六〕時望，五衆肅清，六時無怠。至弘始七年，敕加親信仗身、白從各三十人。僧正之興，䂮之始也。

䂮躬自步行，車輿以給老疾，所獲供恤，常充衆用。雖年在秋方，而講説經律，勗衆無倦。以弘始之末，卒〔七〕長安大寺，春秋七十三〔八〕矣。

校勘記

〔一〕按，據名僧傳抄，名僧傳卷一二有「僞秦長安大寺釋僧䂮」傳。

〔二〕泥：原作「濘」，據思溪藏、高麗藏、金藏本改。

〔三〕夫：高麗藏再雕本作「未」。

〔四〕將極：高麗藏本作「極」，金藏本作「不劾」。

〔五〕供：高麗藏、金藏本作「共」。

〔六〕愜：原作「怯」，據高麗藏、金藏本改。

〔七〕卒：高麗藏、金藏本作「卒於」。

〔八〕七十三：高麗藏、金藏本及釋氏六帖卷一〇法施傳燈部「僧䂮侍中」條作「七十」。

## 晉彭城郡釋道融

釋道融〔一〕，汲郡林慮人。十二出家，厥師愛其神彩，先令外學。往村借論語，竟不賫歸，於彼已誦。師更借本覆之，不遺一字。既嗟而異之，於是恣其遊學。迄至立年，才解英絶，内外經書，闇遊心府。

聞羅什在關，故往諮稟。什見而奇之，謂姚興曰：「昨見融公，復是大奇〔二〕聰明釋子。」興引見歎重，勑入逍遥園，參正詳譯。因請什出菩薩戒本，今行於世。後譯中論，始得兩卷，融便就講，剖析文言，預貫終始。什又命融，令講新法華，什自聽之，乃歎曰：「佛法之興，融其人也！」

俄而師子國有一婆羅門，聰辯多學，西土俗書，罕不披誦，爲彼國外道之宗，聞什在關大行佛法，乃謂其徒曰：「寧可使釋氏之風獨傳震旦，而吾等正化不洽東國？」遂乘駝負書，來入長安。姚興見其口眼便辟〔三〕，頗亦惑之。婆羅門乃啓興曰：「至道無方，各遵〔四〕其事。今請與秦僧捔其辯力，隨有優者，即傳其化。」興即許焉。時關中僧衆相視缺然，莫敢當者。什謂融曰：「此外道聰明殊人，捔言必勝，使無上大道在吾徒而屈，良可悲矣！若使外道得志，則法輪摧軸，豈可然乎？如吾所覩，在君一人！」融自顧才力不減，而外道經書未盡披讀，乃密令人寫婆羅門所讀經目，一披即誦。後剋日論義，姚興自出，公卿皆會闕下。關中僧衆，四遠必集。融與婆羅門擬相訓抗，鋒辯飛玄，彼所不及。婆羅門自知辭理已屈，猶以廣讀爲誇。融乃列其所讀書并秦地經史名目卷部，三倍多之。什因嘲之曰：「君不聞大秦廣學，那忽輕尔遠來？」婆羅門心愧悔伏，頂禮融足，旬〔五〕日之中，無何而去。像運再興，融之〔六〕力也。

融後還彭城，常講說相續。聞〔七〕道至者，千有餘人，依隨門徒，數盈三百。性不狎諠，常登樓披翫，慇懃善誘，畢命弘法。後卒於彭城，春秋七十四矣。所著法華、大品、金光明、十地、維摩等義疏，並行於世矣。

## 校勘記

〔一〕按，據名僧傳抄，名僧傳卷一一有「晉彭城郡竺道融」傳。

〔二〕大奇：思溪藏本作「天奇」，高麗藏、金藏本作「奇特」。
〔三〕辟：高麗藏、金藏本作「僻」。
〔四〕遵：高麗藏、金藏本作「尊」。
〔五〕旬：高麗藏、金藏本作「數」。
〔六〕之：高麗藏、金藏本及法苑珠林卷五五破邪篇感應緣「捨邪歸正」引作「有」。
〔七〕聞：高麗藏再雕本作「問」。

## 晉長安釋曇影

釋曇影〔一〕，或云北人，不知何許郡縣。性虚靖，不甚交遊，而安貧志學，舉止詳審。過似〔二〕淹遲，而神氣駿捷，志與形反。能講正法華經及光讚波若。每法輪一轉，輒道俗千數。

後入關中，姚興大加禮接。及什至長安，影往從之。什謂興曰：「昨見影公，亦是此國風流標望之僧也。」興勑住逍遥園，助什譯經。初出成實論，凡諍論問荅，皆次第往反，影恨其支離，乃結爲五番，竟以呈什。什曰：「大善！深得吾意。」什後出妙法華經，影既舊所命宗，特加深思，乃著法華義疏四卷，并注中論。後山栖隱處，守節塵外，脩功立善，愈老愈篤。以晉義熙中卒，春秋七十矣。

### 校勘記

〔一〕按，據名僧傳抄，名僧傳卷一二有「僞秦長安大寺釋曇影」傳（「曇」，原作「景」，據意改）。

〔二〕似：思溪藏本作「以」。

## 晉長安釋僧叡 僧楷

釋僧叡〔一〕，魏郡長樂人也。少樂出家，至年十八，始獲從志，依投僧賢法師爲弟子。謙虛内敏，學與時競。至年二十二，博通經論。嘗聽僧朗法師講放光經，屢有〔二〕譏難。朗與賢有濠上之契，謂賢曰：「叡比格難，吾累思不能通，可謂賢賢弟子也！」

至年二十四，遊歷名邦，處處講說，知音之士，負袠成群。常歎曰：「經法雖少，足識因果，禪法未傳，厝心無地。」什後至關，因請出禪法要三卷，始是鳩摩羅陀所製，末是馬鳴所說，中間是外國諸聖共造，亦稱菩薩禪。叡既獲之，日夜脩習，遂精練五門，善入六静〔三〕。

僞司徒公姚嵩深相禮貴。姚興問嵩：「叡公何如？」嵩荅：「實鄴衛之松栢。」興勑見之。公卿皆集，欲觀其才器。叡風韻窪隆〔四〕，含吐彬蔚。興大賞悦，即勑給俸恤、吏力、人轝。興後謂嵩曰：「乃四海之〔五〕標領，何獨鄴衛之松栢〔六〕！」於是美聲遐布，遠近歸德。

什所翻經，叡並參正。昔竺法護出正法華經受決品云「天見人，人見天」，什譯經至此，乃言曰：「此語與西域義同，但在言過質。」叡曰：「將非『人天交接，兩得相見』？」什喜曰：「實然。」其領悟標出，皆此類也。

後出成實論，令叡講之。什謂叡曰：「此諍論中，有七處〔七〕文破毗曇而在言小隱。若能不問而解，可謂英才。」至叡啓發幽微，果不諮什而契然懸會。什歎曰：「吾傳譯經論，得與子相值，真無所恨矣！」著大智論、十二門論、中論等序〔八〕，并著大小品、法華、維摩、思益、自在王、禪經等序，皆傳於世。

初，叡善攝威儀，弘讚經法，常迴此諸業，願生安養。每行住坐卧，不敢正背西方。後自知命盡，忽集僧告别，乃謂衆曰：「平生誓願，願生西方。如叡所見，或當得往，未知定免狐疑城〔九〕不？但身口意業，或相違犯，願施以大慈，爲永劫法朋也。」於是入房洗浴，燒香禮拜，還座〔一〇〕，向西方，合掌而卒。是日，同寺咸見五色香烟從叡房出，春秋六十七矣。

時又有沙門僧楷，與叡公同學，亦有高名云。

**校勘記**

〔一〕按，據名僧傳抄，名僧傳卷一二有「僞秦長安釋僧叡」傳，名僧傳説處第十二有「僧叡誓生安養，行立坐卧常向西面事」。

〔二〕有：金藏本作「布」。

〔三〕静：高麗藏再雕本、金藏本作「浄」。

〔四〕窪隆：高麗藏、金藏本作「霔流」。按，慧琳一切經音義卷八九高僧傳第六卷音義中作「窪流」：「窪流，泓花反。廣雅：窪，下也。前第四卷已具釋。」「前第四卷已具釋」者，即高僧傳卷四音義，然作「窪隆」：「窪隆，上烏花反，廣雅云：窪，猶下也。淮南子云：牛蹄之窪，不生鱣鮪。亦小水皃也。説文從穴洼聲，洼音同上。下六沖反，郭注爾雅云：隆，中央高也。鄭注禮記云：隆，盛也。説文云：從𨸏從夅。」

〔五〕之：高麗藏、金藏本無。

〔六〕栢：原作「相」，據諸校本改。

〔七〕處：高麗藏、金藏本作「變處」。

〔八〕序：高麗藏、金藏本作「諸序」。按，出三藏記集卷一〇收僧叡撰大智度論序、卷一一收十二門論序、中論序、大品經序、小品經序、法華經後序、思益經序、毘摩羅提經義疏序、自在王經後序、關中出禪經序。

〔九〕城：高麗藏本作「成」。

〔一〇〕座：高麗藏、金藏本作「牀」。

## 晉長安釋道恒 道標

釋道恒〔一〕，藍田人。年九歲，戲于路，隱士張忠見而嗟曰：「此小兒有出人之相，在俗必有輔政之功，處道必能光顯佛法。恨吾老矣，不得見之！」恒少失二親，事後母，以孝聞。家貧無蓄粒〔二〕，常手自畫繢，以供瞻〔三〕奉。而篤好經典，學兼宵夜。至年二十，後母又亡，行喪盡禮，服畢出家。又〔四〕遊刃佛理，多所通達〔五〕，學該内外，才思清敏。羅什入關，即往修造，什大嘉之。及譯出衆經，並助詳定。

時恒有同學道標，亦雅有才力，當時擅名，與恒相次。秦主姚興以恒、標二人神氣俊朗，有經國之量，乃勑僞尚書令姚顯，令敦逼恒、標罷道，助振王業。又下書恒、標等曰：「卿等皎然之操，實在可嘉，但君臨四海，治急須才，今勑尚書令顯，令奪卿等法服，助翼贊時世。苟心存道味，寧繫白黑？望體此懷，不以守節爲辭也。」恒、標等荅曰：「奉去月二十八〔六〕日詔，令奪恒、標等法服，承命悲懷，五情失〔七〕守。恒等才質闇短，染法未深，緇服之下，誓畢身命，並習佛法，不閑世事。徒廢非常之業，終無殊異之功。昔光武尚能縱嚴陵之心，魏文容管寧之操，抑至尊之高心，遂匹夫之微志，況陛下以道御物，兼弘三寶，願鑒元元之情，垂曠通物之理也。」

興又致書於什、罯二法師曰：「別已數旬，每有傾想。漸暖，比休泰耳。小虜遠舉，更無處分，正有憒然耳。頃万事之殷，須才以理之。近詔恒、標二人，令釋羅漢之服，尋大士之蹤〔八〕，然道無不在，願法師等勗以諭之〔九〕。」什、罯等荅曰：「蓋聞太上以道養民而物自是，其復有德而治天下。是以古之明主，審違性之難御，悟任物之多因。故堯放許由於箕山，陵讓放杖〔一〇〕於魏國，高祖縱四皓於終南，叔度辝蒲輪於漢岳，蓋以適賢之性爲得賢也。今恒、標等德非圓達，分在守節，少習玄化，伏膺佛道。至於敷析妙典，研究幽微，足以啓悟童稚，助化功德。願陛下放〔一一〕既往之恩，縱其微志也。」興後頻復下書，闔境救之，殆而得免〔一二〕。恒乃歎曰：「古人有言：益我貨者損我神，生我名者殺我身。」於是竄影巖壑，畢命幽藪，蔬食味禪，緬迹人外。晉義熙十三年，卒于山舍，春秋七十二。恒著釋駁〔一三〕論及百行箴，標作舍利弗毗曇序并弔〔一四〕王喬文，並行於世。

### 校勘記

〔一〕按，據名僧傳抄，名僧傳卷一二有「僞秦長安釋道恒」傳。

〔二〕粒：高麗藏、金藏本無。

〔三〕瞻：嘉興藏本作「贍」。

〔四〕又：高麗藏再雕本、金藏本無。

〔五〕通達：高麗藏、金藏本作「兼通」。

〔六〕八：高麗藏、金藏本無。按，弘明集卷一一道恒道標二法師答僞秦主姚略勸罷道書、歷代三寶紀卷八等皆云「奉去月二十八日詔」。

〔七〕失：原作「夫」，據諸校本改。

〔八〕按，弘明集卷一一姚主與鳩摩耆婆書，此後有「想當盤桓耳」一句。

〔九〕勗以諭之：高麗藏、金藏本作「助以喻之」。

〔一〇〕陵讓放杖：高麗藏再雕本作「文軾干木」。按，大正藏本弘明集卷一一僧䂮僧遷法服法支鳩摩耆婆等求止恒標罷道奏中作「陵讓干木」，而據大正藏校勘記，餘諸本中皆作「陵讓放杖」；歷代三寶紀卷八亦作「陵讓放杖」。「文軾干木」者，文，魏文侯；軾，憑軾，表示尊敬；干木，段干木。淮南子卷一九脩務訓：「段干木辭祿而處家，魏文侯過其閭而軾之。」「陵讓放杖」者，陵，大山，喻指國君，這裏代指魏文侯；讓，推賢尚善也；放杖，放下拐杖，引申指停止奔波，過清净的隱居生活，這裏代指段干木。

〔一一〕放：高麗藏再雕本、金藏本作「施」。

〔一二〕免：高麗藏、金藏本作「勉」。

〔一三〕駁：原作「駮」，據思溪藏、高麗藏再雕本、金藏本改。按，道恒釋駁論，見弘明集卷六。

〔一四〕弔：原作「予」，據高麗藏再雕本、金藏本改。

## 晉長安釋僧肇

釋僧肇〔一〕，京兆人。家貧，以傭書爲業，遂因繕寫，乃歷觀經史，備盡墳籍。志〔二〕好玄微，每以莊老爲心要。嘗讀老子道〔三〕德章，乃歎曰：「美則美矣，然期棲〔四〕神冥累之方，猶未盡善。」後見舊維摩經，歡喜頂受，披尋翫味，乃言：「始知所歸矣！」因此出家。學善方等，兼通三藏，及在冠年，而名振關輔。時競譽之徒，莫不猜其早達，或千里負糧〔五〕，入關抗辯。肇既才思幽玄，又善談説，承機挫鋭，曾不流滯。時京兆宿儒及關外英彦，莫不挹其鋒辯，負氣摧衄。

後羅什至姑藏，肇自遠從之，什嗟賞無極。及什適長安，肇亦隨入。及〔六〕姚興命肇與僧叡等入逍遥園，助詳定經論。肇以去聖久遠，文義舛〔七〕雜，先舊所解，時有乖謬，及見什諮禀，所悟更多。因出大品之後，肇便著般若無知論，凡二千餘言，竟以呈什。什讀之稱善，乃謂肇曰：「吾解不謝子，辭當相挹。」

時廬山隱士劉遺民見肇此論，乃歎曰：「不意方袍復有平叔！」因以呈遠公，遠乃撫机歎曰：「未嘗〔八〕有也！」因共披尋翫味，更存往復。遺民乃致書肇曰：

頃飡徽聞〔九〕，有懷遥仰，歲末寒嚴，體中何如？音寄壅隔，增用抱〔一〇〕藴。弟子沉痾草澤，常有弊瘵〔一一〕，願彼大衆康和，外國法師休悆不？去年夏末，見上人波若無知論，才運清儁，旨中沉允。推步聖文，婉然有歸，披味慇懃，不能釋手。真可謂浴心方等之淵，悟懷絶冥之肆，窮盡精巧，無所間然。但闇者難曉，猶有餘疑一兩〔一二〕，今輒條之如別〔一三〕，願從〔一四〕容之暇，粗爲釋之。

肇荅書曰：

不面在昔，佇想用勞。得前疏并問，披尋反覆，欣若暫對。涼風屆〔一五〕節，頃常何如？貧道勞疾每不佳，即此大衆尋常，什師休勝。秦主道性自然，天機邁俗，城塹三寶，弘道〔一六〕是務。由使異典勝僧，自遠而至，靈鷲之風，萃乎兹土。領公遠舉，乃是千載之津梁。於西域還得方等新經二百餘部，什師於大寺〔一七〕出新至諸經，法藏淵曠，日有異聞。禪師於瓦官寺教習禪道，門徒數百，日夜匪懈，邕邕肅肅，致自欣樂。三藏法師於中寺出律部，本末精悉，若覩初製。毗婆沙法師於石羊寺出舍利弗毗曇梵本，雖未及譯，時問中事，發言新奇。貧道一生猥參嘉運，遇兹盛化，自〔一八〕不覩釋迦祇桓〔一九〕之集，餘復何恨？但恨不得與道勝君子同斯法集耳。稱詠既深，聊復委及。然來問婉切，難爲郢人。貧道思不關微，兼拙於筆〔二〇〕語，且至趣無言，言則乖旨〔二一〕。云云不已，竟何所辯？聊以狂言，示訓來旨也。

肇後又著不真空論、物不遷論等，并注維摩及製諸經論序，並傳於世。及什亡之〔二二〕後，追悼永往，翹思弥厲，乃著涅槃無名論。其辞曰：

經稱有餘、無餘涅槃。涅槃者，秦言無爲，亦名滅度。無爲者，取乎虚無寂漠〔二三〕，妙絶於有爲；滅度者，言乎大患永滅，超度四流。斯蓋鏡像之所歸，絶稱之幽宅也。而曰有餘、無餘者，蓋是出處之異号，應物之假名。余嘗試言之：

夫涅槃之爲道也，寂寥虚曠，不可以形名得；微妙無相，不可以有心知。超群有以幽昇，量太虚而永久，隨之弗得其蹤，迎之罔眺其首。六趣不能攝其生，力負無以化其體。眇〔二四〕漭惚恍，若存若往。五目莫覩其容，二聽不聞其響。冥冥窈窈〔二五〕，誰見誰曉？弥綸〔二六〕靡所不在，而獨曳於有無之表。然則言之者失其真，知之者返其愚，有之者乖其性，無之者傷其軀。所以釋迦掩室於摩竭，浄名杜口於毗耶，須菩提唱無説以顯道，釋梵絶〔二七〕聽而雨花，斯皆理爲神御，故口爲緘嘿〔二八〕。豈曰無辯？辯所〔二九〕不能言也。經曰真解脱者，離於言數，寂滅永安，無終無始，不晦不明，不寒不暑，湛若虚空，無名無證。論曰涅槃非有，亦復非無，言語路絶，心行處滅。尋夫經論之作也，豈虚構哉？果有其所以不有，故不可得而有；有其所以不無，故不可得而無耳。何者？本之有境，則五陰永滅；推之無鄉，則幽靈不竭。幽靈不竭，則抱一湛然；五陰永滅，則万累都捐。万累都捐，故〔三〇〕與道通同；抱一湛然，故神而無功。神而無功，故〔三一〕至功常存〔三二〕；與道通同，故沖而不改。沖而不改，不可爲有；至功常存，不可爲無。然則有無絶於内，稱謂淪於外，視聽之所不暨，四空之所昏昧，恬兮而夷，怕〔三三〕焉而泰，九流於是乎交歸，衆聖於此乎冥會。斯乃希夷之境，太玄之鄉，而欲以有無題榜標〔三四〕其方域而語神道者，不亦邈哉！

其後十演九折，凡數千言，文多不載。論成之後，上表於姚興曰：

肇聞天得一以清，地得一以寧，君王得一以治天下。伏惟陛下叡哲欽明，道與神會，妙契寰中，理無不統〔三五〕，故能遊刃万機，弘道終日，威〔三六〕被蒼生，垂文作範。所以域中有四大，王居一焉。涅槃之道也，蓋是三乘之所歸，方等之淵府。渺〔三七〕茫希夷，絶視聽之域；幽致虚玄，非群情之所測。肇以人微〔三八〕，猥蒙國恩，得閑居學肆，在什公門下十有餘年。雖衆經殊趣，勝致非一，然〔三九〕涅槃一義，常以〔四〇〕聽習爲〔四一〕先。但肇才識闇短，雖屢蒙誨諭，猶懷漠漠，爲竭愚不已，亦如似有解，然未經高勝先唱，不敢自決。不幸什公去世，諮參無所，以爲永恨！而陛下聖德不孤，獨與什公神契，目擊道存，快其〔四二〕方寸，故能振彼玄風，以啓末俗。一日遇蒙答安成侯嵩問無爲宗極，頗涉涅槃無名之義，今輒作涅槃無名論，有十演九折，博採衆經，託證成喻，以仰述陛下無名之致，豈曰關〔四三〕詣神心，窮究遠當？聊以擬議玄門，班諭〔四四〕學徒耳。若少參聖旨，願勑存記，如其有差，伏承旨授。

興荅旨慇懃，備加〔四五〕讚述。即勑令繕寫，班諸子姪，其爲時所重如此。

晉義熙十年，卒於長安，春秋三十有一矣。

## 校勘記

〔一〕按，據名僧傳抄，名僧傳卷一二有「僞秦長安釋僧肇」傳。

〔二〕志：高麗藏、金藏本作「愛」，歷代三寶紀卷八作「性」，唐元康撰肇論疏卷上引高僧傳作「深」。

〔三〕道：高麗藏、金藏本無。按，「嘗讀老子道德章」，歷代三寶紀卷八作「嘗讀老子至道德章」。

〔四〕期栖：高麗藏、金藏本及吉藏百論疏卷上作「期」，大正藏本三論玄義作「棲」。大正藏本歷代三寶紀卷八作「則斯」，據大正藏校勘記，宋、宮本作「則期」，明本作「斯栖」。

〔五〕負粮：高麗藏、金藏本作「趍負」。

〔六〕入及：高麗藏、金藏本作「返」。

〔七〕舛：高麗藏本作「多」。按，慧琳一切經音義卷八九高僧傳第六卷音義中亦作「舛」：「舛雜，上川兗反。廣雅：舛，背也。顧野王云：差舛不齊也。説文：對卧也，從夊牛相背。會意字也。」

〔八〕嘗：高麗藏、金藏本作「常」。

〔九〕聞：高麗藏、金藏本作「問」。

〔一〇〕抱：高麗藏、金藏本作「悒」。

〔一一〕瘵：高麗藏、金藏本作「瘁」。

〔一二〕一兩：高麗藏、金藏本無。

〔一三〕别：高麗藏、金藏本作「左」。

〔一四〕從：思溪藏、金藏本作「縱」。

〔一五〕届：原作「戒」，據思溪藏本及肇論附答劉遺民書改。

〔一六〕道：原作「通」，據高麗藏、金藏本及肇論附答劉遺民書改。

〔一七〕大寺：原作「大石寺」，據高麗藏、金藏本及出三藏記集卷三引答江東隱士劉遺民書改。本書卷二鳩摩羅什傳中亦云「長安大寺」，開元釋教録卷四云姚興、姚嵩「篤信緣業，屢請什於常安大寺講説新經。什以弘始四年壬寅至十四年壬子，譯大品、小品、金剛等經七十四部，三百八十餘卷」。

〔一八〕自：高麗藏本及肇論附答劉遺民書作「自恨」。

〔一九〕祇桓：高麗藏、金藏本作「泥洹」。

〔二〇〕筆：高麗藏、金藏本作「華」。

〔二一〕旨：原作「至」，據高麗藏再雕本、金藏本改，肇論附答劉遺民書、歷代三寶紀卷八作「趣」。

〔二二〕亡之：高麗藏、金藏本作「之亡」。

〔二三〕漠：高麗藏、金藏本作「寞」。

〔二四〕眇：涅槃無名論開宗第一作「潢」。

〔二五〕冥冥窈窈：高麗藏、金藏本作「窈窈冥冥」，涅槃無名論開宗第一作「冥冥窈窅」。

〔二六〕綸：高麗藏、金藏本作「倫」。

〔二七〕絶：高麗藏再雕本作「乃絶」。

〔二八〕口爲緘嘿：高麗藏初雕本、金藏本作「口爲緘默」，高麗藏再雕本作「口爲之緘默」，涅槃無名論開宗第一作「口以之而默」。

〔二九〕所：思溪藏本作「而」。

〔三〇〕故：原作「故其」，據高麗藏、金藏本及涅槃無名論改。

〔三一〕故：原作「故則」，據高麗藏、金藏本及涅槃無名論改。

〔三二〕存：高麗藏、金藏本作「在」。下二「存」同。

〔三三〕怕：高麗藏、金藏本作「泊」。

〔三四〕標：高麗藏、金藏本無。

〔三五〕統：高麗藏、金藏本作「曉」。

〔三六〕威：高麗藏、金藏本作「依」。

〔三七〕渺：高麗藏、金藏本作「眇」。

〔三八〕人微：高麗藏、金藏本作「微軀」。

〔三九〕然：高麗藏、金藏本無。

〔四〇〕以：高麗藏、金藏本作「爲」。

〔四一〕爲：高麗藏、金藏本無。

〔四二〕快其：高麗藏、金藏本作「決其」，涅槃無名論作「快盡其中」。

〔四三〕關：高麗藏、金藏本作「開」。

〔四四〕諭：高麗藏、金藏本作「喻」。

〔四五〕加：原作「如」，據高麗藏、金藏本改。

令狐：二字音靈胡，複姓也。　糠粃：上音康字，下音妣，穀不實也。　緼纊：上紆粉反，緼，麻也；下苦況反，纊，綿也。　斥：音尺。　朽壤：上許久反，腐也；下汝兩反，土也。　褊狹：上卑免反，窄也；下侯夾反。　瀑布：上蒲木反，山泉也。　蟬蜕：下音税，蟬退殼也。　幽藹：下於蓋反，清也。　陶侃：上音桃，下苦罕反，人名也。　豔：艶字。　咫尺：上音只，八寸曰咫，十寸曰尺。　侔：莫浮反，齊也。　胥：息徐反。　雲嶠：下渠笑反，山峯高也。　芙蓉〔一〕：二字音扶容，荷花也。　瓊柯：上巨營反，玉也；下音哥，枝柯也。　究兹：上音救。　方棱：下郎登反。　心悸：下求季反，心動皃。　謐：音蜜。　季〔二〕：年字。　暇：古馬反。　否通：上弼美反，塞也。　天漉：下音鹿。　頹：徒回反。　綆：加猛反，井索也。　淪湑：下息餘反，没也。　涇：音經，水名。　淆分：上户交反，水名。　褚翌：上丑吕反，下音翼。　在宥：下音右。　馳騖：下音務。馳騖，奔逸也。　耿：耕字上聲。　豉酒：上市義反，豆豉也。　壙：苦況反，墓〔三〕穴也。　墬：音遂，墓道也。　甯：奴定反。　娥嵋：俄眉二音，西蜀山名。　憫然：上音敏，傷也。　譙：在摇反。　陴縣：上音皮，正作「郫」，縣在蜀。　鄱：音婆。　門閭：下力居反，里巷也。　晷景：上音軌，日也。　木鳶：下音緣，鵄鳶也。　詵：所巾反。　斌：布巾反。　彬蔚：上彼巾反，下烏勿反。彬蔚，文質盛皃也。　畫繢：下玄對反，繢亦畫也，又作「繪」。　憒然：上俱妹反，心煩亂也。　箕：上居其反。　竄：麁筭反，逃竄也。　箴：音針，誡也。　摧衂：上自雷反，下尼六反。摧衂，折挫也。　瘵：則界反，病也。　渺漭：上美小反，下母朗反。渺漭，廣遠皃也。　窈窈：煙曉反。　杜口：上徒户反，塞也。　榜標：上「牓」字同，下必苗反。

### 校勘記

〔一〕芙蓉：正文實作「扶容」。

〔二〕季：正文實作「年」。

〔三〕墓：原作「基」，據文意改。下一「墓」同。

# 高僧傳卷第七

梁會稽嘉祥寺沙門慧皎撰

## 義解四

釋道猛二十八　　釋超進二十九　　釋法瑶〔三〕三十

釋道猷三十一　　釋慧通三十二

**校勘記**

〔一〕宋：思溪藏、高麗藏、金藏本無。

〔二〕二十二：原作「二十」，據思溪藏、高麗藏、金藏本改。

〔三〕瑶：高麗藏、金藏本作「珍」。

## 宋京師龍光寺竺道生寶林　法寶　惠生

竺道生〔一〕，本姓魏，鉅鹿人。寓居彭城，家世仕族。父爲廣戚令，鄉里稱爲善人。生幼而穎悟，聰哲若神。其父知非凡器，愛而異之。後值沙門竺法汰，遂改俗歸依，伏膺受業。既踐法門，儁思奇拔，研味句義，即自開解。故年在志學，便登講座，吐納問辯，辝清珠玉。雖宿望學僧，當世名士，皆慮挫詞窮，莫敢詶抗。年至具戒，器鑒日深，性度機警，神氣清穆。

初入廬山，幽栖七年以求其志。常以入道之要，慧解爲本，故鑽仰群經，斟酌雜論，萬里隨法，不憚疲苦。後與慧叡、慧嚴同遊長安，從什公受業。關中僧衆，咸謂神悟。後還都，止青園寺。寺是晉恭思皇后褚氏所立，本種青處，因以爲名。生既當時法匠，請以居焉。

宋太祖文皇深加歎重。後太祖設會，帝親同衆御于地筵，下食良久，衆咸疑日晚，帝曰：「始可中耳。」生曰：「白日麗天，天言始中，何得非中？」遂取鉢便食，於是一衆從之，莫不歎其樞機得衷。王弘、范泰、顔延之〔二〕並挹敬風猷，從之問道。

生既潛思日久，徹悟言外，迺喟然歎曰：「夫象以盡意，得意則象忘；言以詮理，入理則言息。自經典東流，譯人重阻，多守滯文，鮮見圓義。若忘筌取魚，始可與言道矣。」於是校閲真俗，研思因果，迺言〔三〕善不受報，頓悟成佛。又著二諦論、佛性當有論、法身無色論、佛無淨土論、應有緣論等，籠罩舊説，妙有淵旨。而守文之徒，多生嫌嫉，與奪之聲，紛然競起。又六卷泥洹先至京都〔四〕，生剖析經理，洞入幽微，迺説一〔五〕闡提人皆得成佛。于時大本未傳，孤明先發，獨見忤衆，於是舊學以爲邪説，譏憤滋甚，遂顯大衆，擯而遣之。生於大衆中正容誓曰：「若我所説反於經義者，請於現身即表癘〔六〕疾；若與實相不相違背者，願捨壽之時據師子座。」言竟，拂衣而遊。

初投吴之虎丘山，旬日之中，學徒數百。其年夏，雷震青園佛殿，龍昇于天，光影西壁，因改寺名，号曰龍光。時人歎曰：「龍既已去，生必行矣。」俄而投迹廬山，銷影巖岫，山中僧衆，咸共敬服。後涅槃大本至于南京，果稱闡提悉有佛性，與前所説，合若符契。

生既獲斯經，尋即講説，以宋元嘉十一年冬十一月庚子〔七〕，於廬山精舍升于法座。神色開朗，德音俊發，論議數番，窮理盡妙，觀聽之衆，莫不悟悦。法席將畢，忽見麈尾紛然而墜，端坐正容，隱几而卒，顔色不異，似若入定。道俗嗟駭，遠近悲泣。於是京邑諸僧内慙自疚，追而信服。其神鑒之至，徵瑞如此。仍葬廬山之阜。

初，生與叡公及嚴、觀同學齊名，故時人評曰：「生、叡發天真，嚴、觀窪流得，慧義彭悖〔八〕進，寇淵于嘿〔九〕塞。」生及叡公獨標天真之目，故以秀出群士矣。

初，關中僧肇始注維摩，世咸翫味，生乃更發深旨，顯暢新異〔一〇〕，及諸經義疏，世皆寶焉。

王微以生比郭林宗，乃爲之立傳，旌其遺德。時人以生推闡提得佛，此語有據，頓悟、不受報等時亦〔一一〕憲章。宋太祖嘗述生頓悟義，沙門僧弼等皆設巨〔一二〕難，帝曰：「若使逝者可興，豈爲諸君所屈！」

後龍光又有沙門寶林，初經長安受學，後祖述生公諸義，時人号曰「遊玄生」，著涅槃記及注異宗論、檄魔文等。林弟子法寶，亦學兼内外，著金剛後心論等，亦祖述生義焉。

近代又有釋惠生〔一三〕者，亦止龍光寺，蔬食，善衆經典〔一四〕，兼工草隸，時人以同寺相繼，号曰「大、小二生」也。

## 校勘記

〔一〕按，據名僧傳抄，名僧傳卷一〇有「宋尋陽廬山西寺道生」傳；出三藏記集卷一五有道生法師傳。

〔二〕之：高麗藏、金藏本無。

〔三〕言：高麗藏再雕本作「立」。

〔四〕都：高麗藏再雕本作「師」。

〔五〕一：高麗藏、金藏本作「阿」。按，一闡提，icchantika 或 ecchantika 之音譯，又作「一闡底迦」「一顛迦」等，亦有作「阿闡提」「阿顛底迦」等者，意譯「斷善根」「信不具足」等。

〔六〕癘：高麗藏、金藏本作「厲」。

〔七〕按，「十一月」，或爲「十月」之誤。出三藏記集卷一五道生法師傳云「宋元嘉十一年冬十月庚子」。又廣弘明集卷二三釋慧琳龍光寺竺道生法師誄：「元嘉十一年冬十月庚子，道生法師卒於廬山。」

〔八〕憉㤉：思溪藏本、出三藏記集卷一五道生法師傳作「彭亨」。可洪新集藏經音義隨函録卷二七高僧傳第七卷音義：「彭亨，許庚反，彭，道也，盛也；亨（『亨』，原作『享』，據意改），通也，自强也。正作『憉悙』（『悙』，原作『悖』，據意改）也。」續高僧傳第八卷音義：「彭亨（『亨』，原作『享』，據意改），正作『憉悙』，上蒲庚反，下呼庚反，自强也；又，真也。又，彭，盛也；亨，通也。」

〔九〕嘿：高麗藏、金藏本作「默」。

〔一〇〕異：原作「典」，據高麗藏再雕本及出三藏記集卷一五道生法師傳改。

〔一一〕時亦：高麗藏初雕本、金藏本作「亦爲」，高麗藏再雕本作「時亦爲」。

〔一二〕巨：普寧藏本作「目」。

〔一三〕按，惠生，見續高僧傳卷六梁揚都龍光寺釋僧喬傳。

〔一四〕典：高麗藏、金藏本無。

## 宋京師烏衣寺釋慧叡

釋慧叡〔一〕，冀州人，少出家，執節精峻。常遊方而學，經行蜀之西界，爲人所略〔二〕，常使牧羊。有商客信敬者，見而異之，疑是沙門，請問經義，無不綜達。商人即以金贖之。既還襲染衣，篤學弥至。

遊歷諸國，迺至南天竺界，音譯詁訓，殊方異義，無不必〔三〕曉。後還，憩廬山，俄入〔四〕關從什公諮禀。後適京師，止于〔五〕烏衣寺，講説衆經，皆思徹言表，理契環中。

宋大將軍彭城王義康請以爲師，再三乃許。王請入第受戒，叡曰：「禮聞來學，不聞往教。」康大以爲愧，乃入寺虔禮，祇奉戒法。後以貂裘奉叡，叡不著。嘗〔六〕坐之，王密令左右求買，雇〔七〕三十萬，叡曰：「雖非所服，既大王所施，聊爲從用耳。」陳郡謝靈運篤好佛理，殊俗之音，多所達解，迺諮叡以經中諸字并衆音異旨，於是著十四音訓叙，條例〔八〕梵漢，昭然可了，使文字有據焉。

叡以宋元嘉中卒，春秋八十有五矣。

## 校勘記

〔一〕按，據名僧傳抄，名僧傳卷一三有「宋烏衣寺釋惠叡」傳。
〔二〕略：高麗藏初雕本、金藏本作「掠」，高麗藏再雕本作「抄掠」。
〔三〕必：永樂南藏本、金剛寺本作「畢」，廬山記卷三釋慧叡法師作「洞」。
〔四〕入：高麗藏、金藏本作「又入」。
〔五〕于：高麗藏、金藏本無。
〔六〕嘗：高麗藏、金藏本作「常」。
〔七〕雇：高麗藏再雕本、金藏本作「酬」。
〔八〕例：高麗藏再雕本作「列」。

# 宋京師東安寺釋慧嚴 法智

釋慧嚴[一]，姓范，豫州人。年十二爲諸生，博曉詩書。十六出家，又精練佛理。迄甫立年，學洞群籍，風聲四遠，化洽殊邦。聞什公在關，復從受學，訪正音義，多所異聞。後還京師，止東安寺。

宋高祖素所知重。高祖後伐長安，要與同行，嚴曰：「檀越此行，雖伐罪弔民，貧道事外之人，不敢聞命！」帝苦要之，遂行。

及文帝在位，情好尤密，每見弘讚問佛法。先是帝未甚崇信，至元嘉十二年，京尹蕭摹之上啓，請制起寺及鑄像。帝迺與侍中何尚之、吏部郎中羊玄保等議之，謂尚之曰：「朕少來讀經不多，比日弥復無暇，三世因果，未辯厝懷。而復不敢立異者，正以卿輩時秀率所敬信故也。范泰、謝靈運常言：六經典文，本在濟俗爲治，必求靈性真奧，豈得不以佛經爲指南耶？近見顔延之推[二]達性論、宗炳難白黑論，明佛汪汪，尤爲名理，並足開奬人意。若使率土之賓[三]皆敦此化，則朕坐致太平，夫復何事？近蕭摹之請制，未全經通，即以相示，委卿增損，必有以遏戒浮俗[四]，無傷弘奬者，迺當著令耳。」

尚之對曰：「悠悠之徒，多不信法。以臣庸蔽，獨秉愚懃，懼以闕薄，貽[五]點大教。

今乃更荷褒拂，非所敢當，至如前代群英，則不負明詔矣。中朝已遠，難復盡知，度江以來，則王導、周顗、庾亮、王濛〔六〕、謝尚、郄超、王坦、王恭、王謐、郭文、謝敷、戴逵、許詢及亡高祖兄弟、王元琳昆季、范汪〔七〕、孫綽、張玄、殷顗，或宰輔之冠蓋，或人倫之羽儀，或置情天人之際，或抗迹烟霞之表，並稟志歸依，厝心崇信。其間比對，則蘭、護、開、潛、淵、遁、崇、邃，皆亞迹黄中，或不測人也。近世道俗，較〔八〕談便尔。若當備舉夷夏，爰逮漢魏，奇才異德，胡可勝言！惠遠法師嘗云：『釋氏之化，無所不可。適道固自教源，濟俗亦爲要務。』竊尋此説，有契理奥。何者？若使家家持戒，則一國息刑。故佛澄適趙，二石減〔九〕暴；靈塔放光，苻健損虐。故神道助教，有自來矣。而蕭摹所啓，亦不謂全非。但傷蠹道俗者，本在無行僧尼，而情見難分，袪取未易。金銅土木雖靡〔一〇〕費滋深，必福業所寄，復難得頓絶。臣比思爲斟酌，進退難安。今日親奉德音，實亦〔一一〕用夷泰。」

羊玄保進曰：「此談蓋天人之際，豈臣所宜預？竊恐秦楚論强兵之術，孫吴盡吞併之計，將無取於此耶？」

帝曰：「此非戰國之具，良如卿言。」

尚之曰：「夫禮隱逸則戰士怠，貴仁德則兵氣衰。若以孫吴爲志，苟在吞噬，亦無取堯舜之道，豈唯釋教而已耶？」

帝悦曰：「釋門有卿，亦猶孔氏之有季路，所謂惡言不入於耳。」帝自是信心迺立，始致意佛經。及見嚴、觀諸僧，輒論道義理。時顔延之著離識觀及論檢，帝命嚴辨其同異，往復終日。帝笑曰：「公等今日無愧支、許。」嚴後著無生滅論及老子略注等。

東海何承天以博物著名，乃問嚴：「佛國將用何曆？」嚴云：「天竺夏至之日，方中無影，所謂天中。於五行土德，色尚黄，數尚五，八寸爲一尺，十兩當此土十二兩，建辰之月爲歲首。」及討覈分至，推校薄蝕，顧步光影，其法甚詳，宿度年紀，咸有條例，承天無所厝難。後婆利國人來，果同嚴説，帝勑任豫受焉。

大涅槃經初至宋土，文言致善，而品數疎簡，初學難以厝〔二〕懷。嚴迺共慧觀、謝靈運等依泥洹本加之品目，文有過質，頗亦治改，始有數本流行。嚴迺夢見一人，形狀極偉，厲聲謂嚴曰：「涅槃尊經，何以輒〔三〕加斟酌！」嚴覺已，惕然，迺更集僧，欲收前本，時識者咸云：「此蓋欲誡厲後人耳。若必不應者，何容即時方夢？」嚴以爲然。頃之，又夢神人告曰：「君以弘經之力，必當見佛也。」

嚴以宋元嘉二十年卒于東安寺，春秋八十有一矣。帝詔曰：「嚴法師器識淵遠，學道之匠，奄尔遷神，痛悼于懷。可給錢五万，布五十疋。」

嚴弟子法智〔四〕，幼有神理。年二十四往江陵，值雅公講，便論議數番，雅厝通無地。雅顧眄四衆曰：「小子斐然成章！」智笑曰：「迺變風變雅作矣。」於是聲布楚郢，譽洽京吴，善成實及大小品焉。

校勘記

〔一〕按，據名僧傳抄，名僧傳卷一三有「宋東安寺惠嚴」傳。

〔二〕推：金藏本及弘明集卷一一何令尚之答宋文皇帝讚揚佛教事作「折」。弘明集卷四有何承天達性論和顔延之釋何衡陽達性論。

〔三〕賓：高麗藏再雕本作「濱」。

〔四〕俗：高麗藏再雕本作「淫」。

〔五〕貽：原作「貼」，據高麗藏、金藏本及弘明集卷一一何令尚之答宋文皇帝讚揚佛教事改。

〔六〕濛：原作「蒙」，據高麗藏、金藏本及弘明集卷一一何令尚之答宋文皇帝讚揚佛教事改。按，王濛（三〇九—三四七），字仲祖，太原晉陽人，曾爲司徒左長史。晉書卷九七有傳。

〔七〕汪：原作「注」，據高麗藏、金藏本及弘明集卷一一何令尚之答宋文皇帝讚揚佛教事改。按，范汪（三〇八—三七二），字玄平，南陽順陽人，曾爲東陽太守。晉書卷七五有傳。

〔八〕較：高麗藏、金藏本作「敷」。按，慧琳一切經音義卷九〇高僧傳第七卷音義中作「較」：「較談，上音角。集訓云：較其優劣也。或從攴作『𢿘』，正從爻作『較』。傳文從交作『較』，俗字也。」

〔九〕減：原作「滅」，據高麗藏、金藏本改。按，「佛澄適趙，二石減暴」句，弘明集卷一一何令尚之答宋文皇帝讚揚佛教事作「佛圖澄入鄴而石虎殺戮減半」。

〔一〇〕靡：高麗藏再雕本、金藏本作「縻」，嘉興藏本作「糜」。

〔一一〕亦：高麗藏再雕本作「亦深」。

〔一二〕厝：高麗藏、金藏本作「措」。

〔一三〕輒：高麗藏、金藏本作「輕」。

〔一四〕按，據名僧傳抄，名僧傳卷一六有「宋東安寺法智」傳。

## 宋京師道場寺釋慧觀 僧馥　法業

釋慧觀〔一〕，姓崔，清河人。十歲，便以博見馳名。弱年出家，遊方受業。晚適〔二〕廬山，又諮稟惠遠。聞什公入關，乃自南徂北，訪覈異同，詳辨新舊。風神秀雅，思入玄微。時人稱之曰：「通情則生、融上首，精難則觀、肇第一。」迺著法花宗要序以簡什，什曰：「善男子，所論甚快！君小却當南遊江漢之間，善以弘通爲務。」

什亡後，迺南適荊州。州將司馬休之甚相敬重，於彼立高悝寺，使夫荊楚之民迴邪歸正者，十有其半。宋武南伐休之，至江陵，與觀相遇，傾心待接，依然若舊。因勑與西中郎遊，即文帝也。俄而還京，止道場寺。觀既妙善佛理，探究老莊，又精通十誦，博採諸部，故求法問道者，日不空筵。

元嘉初三月上巳，車駕臨曲水讌會，命觀與諸〔三〕朝士賦詩。觀即坐先獻，文旨清婉，事適當時。瑯琊王僧達、廬江何尚之並以清言致款，結賞塵外。

宋元嘉中卒，春秋七十有一。著辨宗論、論頓悟漸悟義及十喻序讚、諸經序等，皆傳於世。

時道場寺又有僧馥〔四〕者，本醴〔五〕泉人，專精義學，注勝鬘經。又有法業〔六〕，本長安人，善大小品及雜心，蔬食節己，故晉陵公主爲起南林寺，後遂居焉。

**校勘記**

〔一〕按，據名僧傳抄，名僧傳卷一三有「宋道場寺釋惠觀」傳。

〔二〕適：原作「滴」，據諸校本改。

〔三〕諸：高麗藏、金藏本無。

〔四〕按，據名僧傳抄，名僧傳卷七有「宋道場寺僧馥」傳。

〔五〕醴：高麗藏、金藏本作「澧」。

〔六〕按，據名僧傳抄，名僧傳卷七有「宋南林寺法業」傳。

# 宋京師祇洹寺釋慧義僧睿

釋慧義〔一〕，姓梁，北地人。少出家，風格秀舉，志業强正。初遊學於彭、宋之間，備通經義。

後出京師，迺説云：冀州有法稱道人，臨終語弟子普嚴云：「嵩高靈神云江東有劉將軍應受天命，吾以三十二璧、鎮金一鉼爲信。」遂徹宋王，宋王謂義曰：「非常之瑞，亦須非常之人然後致之，若非法師自行，恐無以獲也。」義遂行。以晉義熙十三年七月往嵩高山，尋覓未得，便至心燒香行道，至七日夜，夢見一長鬚老公，拄杖將義往璧處指示，云：「是此石下。」義明便周行山中，見一處炳然，如夢所見，即於廟所石壇下得〔二〕璧大小三十二枚、黄金一鉼。此瑞詳之宋史。義後還京師，宋武加接尤重。迄乎踐祚，禮遇弥深。

宋永初元年，車騎范泰立祇洹寺，以義德爲物宗，固請經始。義以泰清信之至，因爲指授儀則。時人以義方身子，泰比須達，故祇洹之稱，厥号存焉。後西域名僧，多投止此寺，或傳譯經典，或訓授禪法。

宋元嘉初，徐羡之、檀道濟等專權朝政，泰有不平之色，嘗肆言罵之。羡等深憾，聞者皆憂泰在不測。泰亦慮及於禍，迺問義安身之術，義曰：「忠順不失，以事其上，故上下能相親也，何慮之足憂？」因勸泰以果竹園六十畝施寺，以爲幽冥之祐。泰從之，終享其福。及泰〔三〕薨，泰〔四〕第三子晏謂義昔承厥父之險，説求園地，追以爲憾，遂奪而不與。義秉泰遺疏，紛紜紜紜，彰於視聽。義迺移止烏衣，與慧叡同住。宋元嘉二十一年，終於烏衣寺，春秋七十三矣。晏後少時而卒。晏弟暐，後染孔熙先謀逆，厥宗同潰。

後祇洹寺又有釋僧睿〔五〕，善三論，爲宋文所重。

校勘記

〔一〕按，據名僧傳抄，名僧傳卷一三有「宋祇洹寺釋惠義」傳。

〔二〕得：高麗藏再雕本作「果得」。

〔三〕泰：高麗藏初雕本無。

〔四〕泰：高麗藏再雕本、金藏本無。

〔五〕按，據名僧傳抄，名僧傳卷一四有「宋祇洹寺僧睿」傳。

## 宋京師彭城寺釋道淵慧琳

釋道淵，姓寇，不知何許人。出家，止京師東安寺。少持律檢，長習義宗。衆經數論，靡不通達，而潛光隱德，世莫之知。後於東安寺開講，剖析玄微，洞盡幽賾，使終古積滯，涣然冰解。於是學徒改觀，翕然附德。後移止彭城寺。宋文帝以淵行爲物軌，勑居寺任〔一〕。後卒於所住，春秋七十有八。

淵弟子慧琳〔二〕，本姓劉，秦郡人，善諸經及莊老，俳諧好語笑，長於製作，故集有十卷。而爲性傲誕，頗自矜伐。淵嘗詣傅亮，琳先在坐，及淵至，琳不爲致禮。淵怒之，彰於顏〔三〕色，亮遂罰琳杖二十。宋世祖雅重琳，引見，常昇獨榻，顏延之每以致譏，帝輒不悦。後著白黑論，乖於佛理。衡陽太守何承天與琳比狎，雅相擊揚，著達性論，並拘滯一方，詆呵釋教。顏延之及宗炳難〔四〕駁二論，各萬餘言。琳既自毁其法，被斥交州。世云淵公見麻星者，即其人也。

## 校勘記

〔一〕任：高麗藏再雕本、金藏本作「住」。

〔二〕按，據名僧傳抄，名僧傳卷二二有「宋彭城寺惠琳」傳。

〔三〕於顏：高麗藏、金藏本無。

〔四〕難：思溪藏、高麗藏、金藏本及弘明集卷一一何令尚之答宋文皇帝讚揚佛教事作「檢」。又，何承天達性論及顏延之難文，見弘明集卷四；宗炳文，見弘明集卷三。

## 宋京師彭城寺釋僧弼

釋僧弼〔一〕，本吴人。性度虚簡，儀止方直。少與龍光曇幹同遊長安，從什受學。愛日惜力，竭〔二〕有深思。什加賞特深，使頒預參譯。後遊歷名邦，備矚〔三〕風化。時有請弼爲寺主，弼曰：「至道不弘，淳風日緬，自非定慧兼足，無以鎮立風猷。且當隨緣致益，何得獨善一寺？」

後南居楚郢十有餘年，訓誘經戒，大化江表。河西王沮渠蒙遜遠挹風名，遣使通敬，䞋遺相續。後下都，止彭城寺。文皇器重，每延講説。宋元嘉十九年卒，春秋七十有八矣。

### 校勘記

〔一〕按，據名僧傳抄，名僧傳卷一三有「宋彭城寺釋僧弼」傳。

〔二〕竭：高麗藏、金藏本作「靖」。

〔三〕矚：高麗藏、金藏本作「瞻」。

## 宋東阿釋慧静

釋慧静，姓王，東阿〔一〕人。少遊學伊洛之間，晚歷徐兖。容皃甚黑，而識悟清遠。時洛中有沙門道經，亦解邁當世，與静齊名，而耳甚長大，故時人語曰：「洛下長大〔二〕耳，東阿黑如墨。有問無不訓，有訓無不塞。」

静至性虚通，澄審有思力。每法輪一轉，輒負帙千人，海内學賓，無不必〔三〕集。誦法花、小品，注維摩、思益，著涅槃略記、大品旨歸及達命論并諸法師誄，多流傳北土，不甚過江。宋元嘉中卒，春秋六十餘矣。

**校勘記**

〔一〕東阿：高麗藏初雕本、金藏本作「東河」，思溪藏本作「河東」。後同。按，作「東阿」是。本書卷十四目録亦作「東阿」。據名僧傳抄，名僧傳卷一三有「宋東阿釋惠静」傳。

〔二〕長大：思溪藏、高麗藏、金藏本及釋氏六帖卷一〇法施傳燈部「慧静酬塞」條引作「大長」。

〔三〕必：嘉興藏本作「畢」。

## 宋京師祇洹寺釋僧苞法和

釋僧苞〔一〕，京兆人。少在關，受學什公。宋永初中，遊北徐，入黄山精舍。復造静、定二師進業，仍於彼建三七普賢齋懺。至第一〔二〕七日，有白鵠飛來，集普賢座前，至中行香畢，乃去。至二十一日將暮，又有黄衣四人繞塔數匝，忽然不見。苞少有志節，加復祥感，故匪懈之情，因之弥厲。日誦萬餘言經，常禮數百拜佛。

後東下京師，正值祇洹寺發講，法徒雲聚，士庶駢席。苞既初至，人未有識者，迺乘驢往看。衣服垢弊，皃有風塵。堂内既迮，坐驢韝於户外。高座舉〔三〕題適竟，苞始欲厝言，法師便問：「客僧何名？」苔云：「名苞。」又問：「盡何所苞？」苔曰：「高座之人，亦可苞耳。」迺致問數番，皆是先達思力所不逮。高座無以抗其辝，遂遜退而止。

時王弘、范泰聞苞論議，歎其才思，請與交言，仍屈住祇洹寺，開講衆經，法化相續。陳郡〔四〕謝靈運聞風而造焉，及見苞神氣，弥深歎伏。或問曰：「謝公何如？」苞曰：「靈運才有餘而識不足，抑不免其身矣。」

苞嘗於路行，見六劫被録，苞爲説法，勸念觀世音，群劫以臨危之際，念念懇切。俄而送吏飲酒，洪醉，劫解枷得免焉。宋元嘉中卒。

時瓦官寺〔五〕又有釋法和〔六〕者，亦精通數論，致譽當時，爲宋高祖所重，勑爲僧主焉。

校勘記

〔一〕按，據名僧傳抄，名僧傳卷七有「宋祇洹寺僧苞」傳。

〔二〕一：高麗藏初雕本、金藏本作「十」，高麗藏再雕本無。

〔三〕舉：高麗藏再雕本、金藏本作「出」。

〔四〕陳郡：原作「及陳郡」，據高麗藏、金藏本及法苑珠林卷四七懲過篇感應緣引改。

〔五〕寺：高麗藏、金藏本無。

〔六〕按，據名僧傳抄，名僧傳卷一三有「宋瓦官寺釋法和」傳。

## 宋餘杭方顯寺釋僧詮

釋僧詮〔一〕，姓張，遼西海陽人。少遊燕齊，遍學外典。弱冠方出家，復精練〔二〕三藏，爲北土學者之宗。後過江，止京師，鋪筵大講，化洽江南。吴郡張恭請還吴講説，姑蘇之士並慕德歸心。初止閑居寺，晚憩虎丘山。詮先於黄龍國造丈六金像，入吴，又造人中金像，置于虎丘山之東寺。詮性好檀施，周贍貧乏，清確〔三〕自守，居無縑幣。後平昌孟顗於餘杭立方顯寺，請詮居之。率衆翹懃，禪禮無輟，看尋苦至，遂迺失明，而策厲弥精，講授不廢。吴國張暢、張敷，譙國戴顒、戴勃，並慕德結交，崇以師禮。

詮後暫遊臨安縣，投董功曹家。功曹者，清信弟子也。詮投止少時，便遇疾甚篤，而常見所造之像來在西壁，又見諸天童子皆來侍病。弟子法朗夢見一臺，數人捧之，問：「何所去？」荅云：「迎詮法師。」明旦果卒。縣令阮尚之使葬白土山郭文舉之塜右，以擬梁鴻之附要離也。特進王裕及高士戴顒至詮墓所，刻石立碑，唐思賢造文，張敷作詸。

校勘記

〔一〕按，據名僧傳抄，名僧傳卷二七有「宋吴虎丘山僧詮」傳，名僧傳説處第二十七有「僧詮寫彌陀經數千部事」「僧詮祈誠西方，願生安養事」。

〔二〕練：高麗藏、金藏本作「鍊」。

〔三〕按，慧琳一切經音義卷九〇高僧傳第七卷音義：「清確，苦角反。古今正字：確，堅也，從石隺聲。隺，音涸。傳文從霍作『礭』，俗字，非也。」

## 宋江陵辛寺釋曇鑒道海　惠龕　惠恭　曇泓　道廣　道光

釋曇鑒〔一〕，姓趙，冀州人。少出家，事竺道祖爲師。蔬食布衣，律行精苦，學究群經，兼善數論。聞什公在關，杖策從學，什常謂鑒爲一聞持人。後遊方宣化，達自荆州，止江陵辛寺。年登耳順，厲行弥潔，常願生安養，瞻覲弥陀。後弟子僧濟辞往上明，鑒云：「汝去迺住，恐不復相見。」因委曲疏受付囑。至夜，與諸耆老共叙無常，言甚切至。既夜，各各還房，鑒獨留步廊下。至三更，沙弥僧願請還房，鑒曰：「汝但眠，不須復來。」至明旦，弟子慧嚴依常問訊，見合掌平坐而口不言。迫就察之，實迺已卒。身體柔軟，香潔倍常，因伸而殮焉。春秋七十。

吴郡張辨作傳并讚，讚曰：「披荔逞芬，握瑾表潔。渾渾法師，弗緇〔二〕弗涅。煒曄初辰，條蔚暮節。神遊智往，豈伊實訣。」

時江陵又有釋道海〔三〕、北州釋惠龕、東州釋惠恭、淮南釋曇泓〔四〕、東鶫山釋道廣、弘農釋道光等，並願生安養，臨終祥瑞焉。

校勘記

〔一〕按，據名僧傳抄，名僧傳卷七有「宋江陵辛寺曇鑒」傳，名僧傳説處第七有「曇鑒誓生安養事」。

〔二〕緇：高麗藏、金藏本作「淄」。又，慧琳一切經音義卷九〇高僧傳第七卷音義：「弗緇，下滓師反。毛詩傳云：黑色也。説文：從糸甾聲也。傳作『淄』，非也。」可見慧琳所見亦作「淄」。

〔三〕按，據名僧傳抄，名僧傳卷二四有「宋江陵道海」傳。又，名僧傳抄中抄録有道海傳。

〔四〕按，據名僧傳抄，名僧傳卷二〇有「宋建康曇泓」傳，不知與此「淮南曇泓」是否同爲一人。

## 宋廬山淩雲寺釋惠安

釋惠安〔一〕，未詳是何人。蔬食精苦，學通經義，兼能善説，又以專戒見稱，誦經三〔二〕十餘萬言。止廬山淩〔三〕雲寺，學徒雲聚，千里從風。常捉一杖，云是西域僧所施。杖光色烱〔四〕徹，亦頗有香氣。上有梵書，人莫能識。後入關〔五〕詣羅什，捉杖自隨。什見，大〔六〕驚曰：「此杖迺在此間耶？」因譯其字云：「本生天竺娑〔七〕羅林，南方喪亂草付興，後得羅什道教隆。」安後以杖嚫外國僧波沙那，那賫還西域。安以宋元嘉中卒於山寺。

**校勘記**

〔一〕按，據名僧傳抄，名僧傳卷二五有「宋尋陽廬山陵雲寺惠安」傳。

〔二〕三：高麗藏再雕本作「四」。

〔三〕淩：高麗藏、金藏本作「陵」。

〔四〕烱：高麗藏、金藏本作「灼」。按，慧琳一切經音義卷七七釋門系録：「烱徹，上坰迥反，蒼頡篇云：烱，明也。廣雅：光也。説文：從火同聲也。」又，可洪新集藏經音義隨函録卷二七高僧傳音義第七卷中作「炳」。

〔五〕關：原作「開」，據高麗藏、金藏本改。

〔六〕大：高麗藏、金藏本作「杖」。

〔七〕娑：思溪藏本作「婆」。按，娑羅，意譯「堅固」，佛陀在拘尸那城阿利羅跋提河邊娑羅雙樹間入滅，故此處謂之「娑羅林」。大唐西域記卷六拘尸那揭羅國：「（阿恃多伐底河）西岸不遠，至娑羅林。其樹類槲而皮青白，葉甚光潤。四樹特高，如來寂滅之所也。」

## 宋淮南中寺釋曇無成曇冏

釋曇無成〔一〕，姓馬，扶風人。家世避難，移居黄龍。年十三出家，履業清正，神悟絶倫。未及具戒，便精往復。聞什公在關，負笈從之。既至見什，什問：「沙弥何能遠來？」荅曰：「聞道而至。」什大善之。於是經停務學，慧業愈深。姚興謂成曰：「馬季長碩學高明，素驕〔二〕當世，法師故當不尔？」荅曰：「以道伏心，爲除此過。」興甚異之，供事殷厚。姚祚將亡，關中危擾，成迺憩於淮南中寺。涅槃、大品，常更互講説，受業二百餘人。與顔延之、何尚之共論實相，往復弥晨。成迺著實相論，又著明漸論。宋元嘉中卒，春秋六十有四。

時中寺復有曇冏〔三〕者，與成同學齊名，爲宋臨川康王義慶所重焉。

### 校勘記

〔一〕按，據名僧傳抄，名僧傳卷一四有「宋淮南中寺釋曇無成」傳。

〔二〕驕：原作「矯」，據高麗藏本改。思溪藏本作「碻」，金藏本作「熇」。按，可洪新集藏經音義隨函録卷二七高僧傳音義第七卷作「嬌」：「素嬌，宜作『碻』『塙』，二同苦角反，貞鞭之義也，高也。又音憍，態也，非義也。川音作『熇』，音臛，亦非義也。」

〔三〕曇冏：疑即名僧傳抄中之「曇因」。按，據名僧傳抄，名僧傳卷一四有「宋淮南中寺釋曇因」傳。

## 宋京師靈味寺釋僧含道含

釋僧含〔一〕，不知何許人。幼而好學，篤志經史及天文筭術。長通佛義，數論兼明，尤善大涅槃，常講説不輟。元嘉七年，新興太守陶仲祖立靈味寺，欽含風軌，請以居之。含昂衆清謹，三業無虧。後西遊歷陽，弘讚正法。江左道俗，響附〔二〕如林。時任城彭丞〔三〕著無三世論，含迺作神不滅論以抗之。使夫見聞之者，莫不將墜而更興矣。又著聖智圓鑒論、無生論、法身論、業報論及法花宗論等，皆傳於世。

頃之，南遊九江，大闡經法。瑯琊顔竣〔四〕時爲南中郎記室參軍，隨鎮潯陽，與含深相器重，造必終日。含嘗密謂竣曰：「如令〔五〕讖〔六〕緯不虚者，京師尋有禍亂。真人應符，屬在殿下，檀越善以緘之。」俄而元凶構逆，世祖龍飛，果如其言也。後平康無疾，忽告衆辭別，至于明晨，奄然已化，時人謂之知命。

時又有釋道含者，亦學解有功，著釋異十論云云。

### 校勘記

〔一〕僧含：疑即名僧傳抄中之「僧合」。按，據名僧傳抄，名僧傳卷一四有「宋靈味寺釋僧合」傳。

〔二〕附：原作「術」，據思溪藏、高麗藏、金藏本改。

〔三〕任城彭丞：原作「任彭城函」，據高麗藏、金藏本及釋氏六帖卷一〇法施傳燈部「僧含六論」條改。又，可洪音義所據本或作「任城彭函」，新集藏經音義隨函録卷二七高僧傳音義第七卷中有「彭函」條。「僧含」，曇噩新脩科分六學僧傳卷二一作「僧念」，「任城彭丞」作「彭城任函」，不知何據，或爲「任彭城函」的臆改。

〔四〕竣：高麗藏、金藏本作「峻」。後同。按，顔竣，字士遜，瑯琊臨沂人，顔延之長子。傳見宋書卷七五。

〔五〕令：原作「今」，據高麗藏本改。

〔六〕識：原作「織」，據高麗藏、金藏本改。

## 宋江陵琵琶寺釋僧徹 僧莊

釋僧〔一〕徹，姓王，本太原晉陽人。少孤，兄弟二人寓居襄陽。徹年十六，入廬山造遠公。遠見而異之，問曰：「寧有出家意耶？」對曰：「遠塵離俗，固其本心。繩墨鎔鈞，更唯匠者。」遠曰：「君能入道，當得無畏法門。」於是投簪委質，從遠受業。遍學衆經，尤精波若。又以問道之暇，亦厝懷篇牘，至若一賦一詠，輒落筆成章。嘗至山南，扳〔二〕松而嘯。於是清風遠集，衆鳥和鳴，超然有勝氣。退還諮遠：「律禁〔三〕管絃，戒絶歌舞。一吟一嘯，可得爲乎？」遠曰：「以散亂[四]言之，皆爲違法。」由是迺止。

至年二十四，遠令講小品，時輩未之許。及登座，辯旨明析，聽者無以折其鋒。遠謂之曰：「向者勍對[五]，並無遺力，汝城隍嚴固，攻者喪師，發軫能尔，良爲未易。」由是門人推服焉。

遠亡後，南遊荆州，止江陵城内五層寺。晚移琵琶寺。彭城王義康、儀同蕭思話[六]等，並從受戒法，延[七]請設齋，躬自下饌。宋元嘉二十九年卒，春秋七十。刺史南譙王劉義宣爲造墳壙。

時荆州上明有釋僧[八]莊者，亦善涅槃及數論。宋孝武初，被勑下都，稱疾不赴。

**校勘記**

〔一〕僧：名僧傳抄中作「惠」。據名僧傳抄，名僧傳卷一四有「宋江陵枇杷寺惠徹」傳（枇，原作「琵」，據意改）。

〔二〕扳：高麗藏再雕本作「攀」。

〔三〕禁：高麗藏、金藏本作「制」。

〔四〕亂：思溪藏本作「辞」。按，北山録卷四宗師議：「有僧澈者，善篇牘。嘗至山南，攀松而嘯。於是和風遠集，衆鳥悲鳴，超然有勝氣。退而諮於遠曰：『律禁管絃歌舞，一吟一嘯，可得爲乎？』遠曰：『以亂意言之，皆爲違法。』澈聞，唯而止。」

〔五〕對：高麗藏、金藏本作「敵」。

〔六〕話：原作「詁」，據高麗藏、金藏本改。按，蕭思話（四〇〇—四五五），官至郢州刺史，卒後以本官贈征西將軍、開府儀同三司。傳見宋書卷七八。

〔七〕延：高麗藏、金藏本作「筵」。

〔八〕僧：名僧傳抄中作「惠」。據名僧傳抄，名僧傳卷一四有「宋江陵上明寺釋惠莊」傳。

## 宋吳虎丘山釋曇諦

釋曇諦〔一〕，姓康，其先康居人。漢靈帝時，移附中國，獻帝末亂，移止吳興。諦父彤〔二〕，嘗爲冀州別駕。母黄氏，晝寢，夢見一僧呼黄爲母，寄一麈尾并鐵鏤書鎮二枚。眠覺，見兩物具存，因而懷孕生諦。諦年五歲，母以麈尾等示之，諦曰：「秦王所餉。」母曰：「汝置何處？」荅云：「不憶。」至年十歲出家，學不從師，悟自天發。

後隨父之樊鄧，遇見關中僧䂮道人，忽唤䂮名。䂮曰：「童子何以呼宿老〔三〕名？」諦曰：「向者忽言阿上是諦沙弥，爲衆僧採菜，被野豬所傷，不覺失聲耳。」䂮經爲弘覺法師弟子，爲僧採菜，被野豬所傷。䂮初不憶此，迺詣諦父。諦父具説本末，并示書鎮、麈尾等，䂮迺悟而泣曰：「即先師弘覺法師也。師經爲姚萇講法華，貧道爲都講，姚萇餉師二物，今遂在此。」追計弘覺捨命，正是寄物之日。復憶採菜之事，弥深悲仰。

諦後遊覽經籍，遇〔四〕目斯記。晚入吴虎丘寺，講禮、易、春秋各七遍，法華、大品、維摩各十五遍。又善屬文翰，集有六卷，亦行於世。

性愛林泉。後還吴興，入故章崐山，閑居澗飲二十餘載，以宋元嘉末卒於山〔五〕，春秋六十餘。

## 校勘記

〔一〕按，據名僧傳抄，名僧傳卷一〇有「晉故章崐山支曇諦」傳，名僧傳説處第十有「曇諦講法華、大品、維摩各十五遍事」。

〔二〕肜：思溪藏本作「彤」，金藏本作「服」。按，可洪新集藏經音義隨函録卷二七高僧傳第七卷音義中作「肜」，注曰：「音融，又抽林反，人名。」又，大正藏本法苑珠林卷二六宿命篇感應緣「宋釋曇諦」條引作「彤」，據其校勘記，餘諸大藏經中皆作「肜」。

〔三〕老：思溪藏、金藏本及歷代三寶紀卷一一作「土」。按，大正藏本法苑珠林卷二六宿命篇感應緣「宋釋曇諦」條引作「土」，據其校勘記，餘諸大藏經中皆作「老」。

〔四〕遇：嘉興藏本作「過」。

〔五〕山：高麗藏再雕本及法苑珠林卷二六宿命篇感應緣「宋釋曇諦」條引作「山舍」。又，曇諦之卒年，廣弘明集卷二三道護道士支曇諦誄云：「晉義熙七年（四一一）五月某日，道士支曇諦卒，春秋六十有五。」湯用彤先生校注曰：「本傳謂諦見僧晷時尚爲童子。查僧晷傳，晷卒於弘始末（約公元四一五年），與諦年齡相若，本傳似係傳聞之誤。」「應以誅爲正，不應列爲宋僧。」

## 宋壽春石磵寺釋僧導 僧因 僧音 僧威

釋僧導〔一〕，京兆人。十歲出家，從師受業，師以觀世音經授之，讀竟諮師：「此經有幾卷？」師欲試之，乃言：「止有此耳。」導曰：「初云『尔時無盡意』，故知『尔』前已應有事。」師大悦之，授以法花一部，於是晝夜看尋，粗解文義。貧無油燭，常採薪自照。

至年十八，博讀轉多。氣幹雄勇，神機秀發，形止方雅，舉動無忤。僧叡見而奇之，問曰：「君於佛法，且欲何願？」導曰：「且願爲法師作都講。」叡曰：「君方當爲万人法主，豈肯對揚小師乎！」迄受具戒，識洽愈深，禪律經論，達自心抱。

姚興欽其德業，友而愛焉。入寺相造，迺同輦還宫。及什公譯出經論，並參議詳定。導既素有風神，又值關中盛集，於是謀猷衆典，博採真俗，迺著成實、三論義疏及空有二諦論等。

後宋高祖西伐長安，擒獲僞主，蕩清關内。既素藉導名，迺要與相見，謂導曰：「相望久矣，何其流滯殊俗？」荅曰：「明公盪一九有，鳴鑾〔二〕河洛，此時相見，不亦善乎？」高祖旍〔三〕旆東歸，留子桂陽公義真鎮關中，臨别，謂導曰：「兒年小留鎮，願法師時能顧懷。」義真後爲西虜〔四〕赫連勃勃〔五〕所逼，出自關南，中塗擾敗，醜虜乘凶，追騎將及，導率弟子數百人遏於中路，謂追騎曰：「劉公以此子見託，貧道今當以死送之。會不可得，不煩相追。」群寇駭其神氣，遂迴鋒而反。義真走竄于草，會其中兵段宏，卒以獲免，蓋由導之力也。高祖感之，因令子姪内外師焉。

後立寺於壽春，即東山寺也。常講説經論，受業千有餘人。會虜滅〔六〕佛法，沙門避難投之者數百，悉給衣食。其有死於虜者，皆設會行香，爲之流涕哀慟。

至孝武帝昇位，遣使徵請，導翻然應詔，止于京師中興寺。鑾轝降蹕，躬出候迎。導以孝建之初，三綱〔七〕更始，感事懷昔，悲不自勝。帝亦哽咽良久，即勑於瓦官寺開講維摩，而帝親臨幸，公卿畢〔八〕集。導登高座曰：「昔王宫託生，雙樹現滅，自尓已來，歲逾千載，淳源永謝，澆風不追，給苑丘墟，鹿園蕪穢。九十五種以趣下爲升高，三界群生以火宅爲浄國，豈知上聖流涕，大士栖惶者哉！」因潸然泫淚，四衆爲之改容。又謂帝曰：「護法弘道，莫先帝王。陛下若能運四等心，矜危勸善，則此沙土〔九〕瓦礫，便爲自在天宫。」帝稱善久之，坐者咸悦。

後辭還壽春，卒於石磵，春秋九十有六。

時有沙門僧因，亦當世名匠，與導公〔一〇〕相次。或問因云：「法師與導公孰愈？」答云：「吾與僧導同師什公，准之孔門，則導公入室，吾可升堂。」

導有弟子僧音、僧威〔一一〕等，並善成實。

## 校勘記

〔一〕按，據名僧傳抄，名僧傳卷一四有「宋壽陽東山寺釋僧導」傳。

〔二〕鸞：高麗藏、金藏本作「鑾」。

〔三〕旍：高麗藏、金藏本作「旋」。

〔四〕虜：原作「虞」，據思溪藏、高麗藏、金藏本改。

〔五〕赫連勃勃：原作「勃人赫連」，據意改。高麗藏、金藏本作「勃勃赫連」。按，赫連爲姓，勃勃是名。赫連勃勃（三八一—四二五），朔方人，大夏的建立者。義熙十三年（四一七）攻陷長安，劉義真退守洛陽。

〔六〕滅：高麗藏、金藏本作「俄滅」。

〔七〕綱：原作「綱」，據諸校本改。

〔八〕畢：高麗藏、金藏本作「必」。

〔九〕土：高麗藏、金藏本作「石」。

〔一〇〕公：高麗藏再雕本、金藏本無。

〔一一〕僧音僧威：高麗藏、金藏本作「僧威僧音」。

## 宋蜀武擔寺釋道汪 普明 道闇

釋道汪〔一〕，姓潘，長樂人。幼隨叔在京，年十三，投廬山遠公出家。研綜經律，雅善涅槃，蔬食數十餘年。嘗行梁州道，汪〔二〕爲羌賊所圍，垂失衣鉢，汪與弟子數人誓心共念觀世音，有頃，覺如雲霧者覆汪等身，群盜推索不見，於是獲免。後聞河間玄高法師禪慧深廣，欲往從之，中路值吐谷渾之難，遂不果行，於是旋于成都。

徵士費文淵初從受業，乃立寺於州城西北，名曰祇洹。化行巴蜀，譽洽朝野。梁州刺史申坦與汪有舊，坦後致故，汪將往省之，仍欲停彼。費文淵乃上書刺史張悅曰：「道汪法師識行清白，風霜弥峻，卓尔不群，礭焉難拔。近聞梁州遣迎，承教旨許去，闔境之論，僉曰非宜。鄙州邊荒，僧尼出萬，禪戒所資，一焉是賴。豈可水失其珠，山亡其玉！願鑒道〔三〕俗之誠，令四輩有憑也。」悅即敦留，遂不果行。悅還都，具向宋孝武述汪德行，帝即勑令迎接爲中興寺主。汪迺因悅固辝以疾，遂獲免。於是謝病下帷，絕窺人世。

後劉思考臨州，大設法祀，請汪講説，迺應請。或問：「法師常誓守靖，何以虧節？」荅曰：「劉公篤信，方欲大法憑之，何辭小勞耶？」先是，峽中人每於石岸之側見神光夜發，思考以大明之中，請汪於光處起寺，即崖鐫像，因險立室，行途瞻仰，咸發浄心。後王景茂請居武擔寺爲僧主，勗衆清謹，白黑歸依。以宋泰始元年，卒於所住〔四〕，顧命令闍維之。劉思考爲起塔於武擔寺門之右。

景和元年，蕭惠開西鎮成都，承汪高譽，思共講道，行至中途，聞汪已逝，迺歎曰：「惜也，吾不及其人！文舉之追康成，曾何足道！」其爲時賢所惜如此。

時蜀江陽寺釋普明〔五〕、長樂寺釋道闇〔六〕並戒德高明。明〔七〕蔬食誦經，苦節通感。闇學兼内外，尤善談吐，吴國張裕請爲戒師云。

## 校勘記

〔一〕按，據名僧傳抄，名僧傳卷二二有「宋欣平龍華寺道汪」傳。又，名僧傳抄中抄録有道汪傳。

〔二〕汪：高麗藏、金藏本無。

〔三〕道：高麗藏初雕本無。

〔四〕按，名僧傳抄中，云其元嘉二十四年（四四七）卒。

〔五〕按，本書卷一二有宋臨渭釋普明傳。據名僧傳抄，名僧傳卷二二有「宋寧蜀江陽寺普明」傳，名僧傳説處第二十二有「普明誦法華見普賢乘象事」（此事亦見本書宋臨渭釋普明傳），而名僧傳無「宋臨渭釋普明」，則其或以「宋臨渭釋普明」和「宋寧蜀江陽寺普明」爲一人。

〔六〕按，據名僧傳抄，名僧傳卷一三有「宋廣平長樂寺釋道誾」傳。

〔七〕明：高麗藏再雕本無。

## 宋山陰天柱山釋慧静

釋慧静〔一〕，姓邵，吴興餘杭人。居貧履操，厲行精苦，風姿秀整，容止可觀。始遊學廬山，晚還都〔二〕進業，解兼内外，偏善涅槃。

初住〔三〕治城寺，顔延之、何尚之並欽慕風德。顔延之每歎曰：「荆山之玉，唯静是焉。」及子竣出鎮東州，攜與同行，因栖于天柱山寺。及大明之中，又遷居剡之法華臺。後憩東岬〔四〕山。處處磐〔五〕遊，並以弘法爲務。年過知命，志節弥堅。宋太始中卒，春秋五十有八。所著文翰，集爲十卷。

### 校勘記

〔一〕按，據名僧傳抄，名僧傳卷一五有「宋會稽天柱山惠静」傳。

〔二〕都：高麗藏再雕本作「上都」。

〔三〕住：高麗藏再雕本作「止」。

〔四〕岬：高麗藏、金藏本作「仰」。

〔五〕磐：高麗藏本作「般」，金藏本作「盤」。

## 宋長沙麓山釋法愍 僧宗

釋法愍〔一〕，北人。弱年慕道，篤志經籍。十八出家，便遊踐州國，觀風味道。波若、數論及諸經律，皆所遊刃。後憩江夏郡五層寺。

時沙門僧昌於江陵城内立塔，刺史謝晦欲壞之，愍聞，故往諫晦。晦意不止，愍於是隱迹於長沙麓山，終身不出。晦迺率儀至寺，厚賜酒肉，嚴鼓振威，斬斫形像。俄而雲霧暗天，風塵四起，晦驚懼而走，後以叛逆誅滅。隊人丁法成、史僧雙見身癩病，餘多犯法而死。

愍迺著顯驗論以明因果，并注大道地經。後卒於山中，春秋八十有三。弟子僧道立碑頌德。

時始興郡靈化寺有比丘僧宗〔二〕，亦博涉經論，著法性、覺性二論云。

### 校勘記

〔一〕按，據名僧傳抄，名僧傳卷一〇有「晉江夏五層寺法愍」傳。

〔三〕按，據名僧傳抄，名僧傳卷一〇有「宋始興靈化山寺僧宗」傳。

## 宋京師北多寶寺釋道亮 静林 慧隆

釋道亮〔一〕，不知何許人，住京師北多寶寺。神悟超絶，容止可觀，而性剛忤物，遂顯於衆。元嘉之末，被徙南越。時人或譏其不能保身，亮曰：「業理所之，特非人事。」於是命侶宵征，南適廣州，弟子智林等十二人隨之。停南六載，講説衆經〔二〕，化陶嶺外。至大明中，還止京兆，盛開法席，著成實論義疏八卷。宋太始中卒，春秋六十有九。

時多寶寺復有静林、慧隆〔三〕。林善大涅槃〔四〕，爲宋孝武所器敬。隆亦善衆經及數論，又苦節通靈。隆患心氣積時，夜有非人送藥〔五〕，云秣陵令所送。授器已，奄然不見。隆取一服，所苦即瘳。

校勘記

〔一〕按，據名僧傳抄，名僧傳卷一四有「宋多寶寺釋道亮」傳。

〔二〕衆經：高麗藏、金藏本作「導衆」。

〔三〕按，據名僧傳抄，名僧傳卷一四有「宋北多寶寺釋静林」傳、卷一七有「齊北多寶寺惠隆」傳。

〔四〕大涅槃：高麗藏、金藏本作「大涅槃經」。

〔五〕藥：高麗藏、金藏本作「湯」。

## 宋丹陽釋梵敏 僧籥

釋梵敏〔一〕，姓李，河東人。少遊學關隴，長歷彭泗。内外經書，皆闇遊心曲。晚憩丹陽，頻建講説。謝莊、張永、劉虬、吕道惠皆承風欣悦，雅相歎重。數講法華、成實，又序要義百科，略標綱紐〔二〕，故文止一卷。屬辞省詣，見重當時。後卒於丹陽，春秋七十餘矣。

時又有釋僧籥〔三〕者，本上黨人，善涅槃經，爲張暢所重。

### 校勘記

〔一〕按，據名僧傳抄，名僧傳卷一四有「宋丹楊釋梵敏」傳（丹，原作「舟」，據意改）。

〔二〕綱紐：原作「網紐」，據思溪藏本改。

〔三〕按，據名僧傳抄，名僧傳卷七有「宋彭城晉山寺僧籥」傳。

## 宋京師中興寺釋道温 僧慶　惠定　僧嵩

釋道温〔一〕，姓皇甫，安定朝那人，高士謐之後也。少好琴書，事親以孝聞。年十六，入廬山，依遠公受學。後遊長安，復師童壽。元嘉中，還止襄陽檀溪寺。善大乘經，兼明數論，樊沔〔二〕學徒並師之。

時吴國張邵鎮襄陽，子敷隨之。敷聽温講還，邵問：「温何如？」敷曰：「義解足以析微，道心未易可測。」邵躬往候之，方挹其神俊。後從容謂温〔三〕曰：「法師儻能還俗，當以别駕相處。」温曰：「檀越乃以桎梏誘人！」即日辭往江陵。邵追之不及，歎恨。

孝建初，被勑下都，止中興寺。大明中，勑爲都邑僧主。路昭皇太后大明四年十月八日造普賢像成，於中興禪房設齋，所請凡二百僧，列名同集，人數已定。于時寺既新構，嚴衛甚肅，忽有一僧晚來就座，風容都雅，舉堂矚目，與齋主共語百餘許言，忽不復見。檢問門防〔四〕，咸言不見出入，衆迺悟其神人。温時既爲僧主，迺列言秣陵曰〔五〕：「皇太后睿鑒沖明，聖符幽洽，滌思净場，研衿至境。固以聲藻宸内，事靈〔六〕梵表，迺創思鎔斵，抽寫神華，模造普賢，來儀盛像，寶傾宙珍，妙盡天飾。所設齋講，訖今月八日，贓會有限，名簿素定。引次就席，數無盈減，轉經將〔七〕半，景及昆吾。忽覩異僧預于座内，容止端嚴，氣皃秀發，舉衆驚嗟，莫有識者。齋主問曰：『上人何名？』荅曰：『名惠明。』『住何寺？』荅曰〔八〕：『來自天安。』言對之間，倏然不見。闔席悚愧，遍筵肅慮。以爲明祥所賁，幽應攸闡，紫山可覿，華臺不遠。蓋聞至誠所感，還景移緯，澄心所徇〔九〕，發石開泉。況帝德涵運，皇功懋洽，仁洞乾遐，理暢冥外？故上王盛士，刻表大明之朝；勸發妙身，躬見龍飛之室。適若因陛下惠燭海隅，明華日月，故以『惠明』爲人名；繼天興祚，式垂無壃，故以『天安』爲寺稱。神基弥遠，道政方凝，九服咸泰〔一〇〕，万寓齊悦。謹列言屬縣，以顯天休。」縣即言郡。時京兆尹孔靈符以事表聞，詔仍改禪房爲天安寺，以旌厥瑞焉。

温後累當講任，稟味之賓，填委相屬。精懃導物，數感神異。帝悦之，賜錢五十万。時人爲之語曰：「帝主傾財，温公率則。上天懷感，神靈降德。」

宋太始初卒，春秋六十有九。

時中興寺復有僧慶、惠定、僧嵩〔一一〕，並以義學顯譽。慶善三論，爲時學所宗。定善涅槃及毗曇，亦數當元匠。嵩亦兼明數論，末年僻執，謂佛不應常住。臨終之日，舌本先爛焉。

## 校勘記

〔一〕按，據名僧傳抄，名僧傳卷一四有「宋中興寺釋道温」傳。

〔二〕沔：高麗藏、金藏本作「鄧」。

〔三〕温：高麗藏、金藏本無。

〔四〕門防：高麗藏再雕本作「防門」。

〔五〕曰：高麗藏、金藏本作「白」。

〔六〕靈：高麗藏、金藏本作「虚」。
〔七〕將：高麗藏、金藏本作「明」。
〔八〕曰：高麗藏、金藏本及法苑珠林卷一七普賢部感應緣引作「云」。
〔九〕徇：高麗藏、金藏本及法苑珠林卷一七普賢部感應緣引作「殉」。
〔一〇〕泰：高麗藏、金藏本作「太」。
〔一一〕按，據名僧傳抄，名僧傳卷一六有「宋中興寺僧慶」傳，卷一四有「宋中興寺釋惠定」傳、「宋中興寺釋僧嵩」傳。

## 宋京師莊嚴寺釋曇斌 曇濟 曇宗

釋曇斌〔一〕，姓蘇，南陽人。十歲出家，事道禕爲師。始住江陵辛〔二〕寺，聽經論，學禪道，覃思深至，而情未盡達。夜夢神人謂斌曰：「汝所疑義，遊方自決。」於是振錫挾衣，殊邦問道。

初下京師，仍往吴郡。值僧業講十誦，飡聽少時，悟解深入。後還都，從静林法師諮受涅槃。又就吴興小山法瑶〔三〕，研訪泥洹、勝鬘。晚從南林法業，受華嚴、雜心。既遍歷衆師，備聞異釋，迺潛思積時，以窮其妙，融冶百家，陶貫諸部。於是還止樊鄧，開筵講説，四遠名賓，負袠皆至。

及孝建之初，勑王玄謨資發出京。初止新安寺，講小品、十地，并申頓悟漸悟之旨。時心競之徒，苦相讎校。斌既辝愜理詣，終莫能屈。陳郡袁粲令望當時，而嘉斌行解，嘗令中書舍人巢尚介意欲試之，斌不爲屈。粲迺躬自往候。粲每勸斌數覲天子，斌曰：「貧道方外之人，豈宜與天子同遊〔四〕？」粲益以高之，後請爲母師。宋建平王景素亦諮其戒範。宋元徽中，卒於莊嚴寺，春秋六十有七。

時莊嚴復有曇濟〔五〕、曇宗，並以學業才力見重一時。濟述七宗〔六〕論，宗著經目及數林〔七〕。

**校勘記**

〔一〕按，據名僧傳抄，名僧傳卷一六有「宋莊嚴寺曇斌」傳，名僧傳説處第十六有「曇斌夢見彌勒事」。又，名僧傳抄中抄録有曇斌傳。

〔二〕辛：高麗藏、金藏本作「新」。

〔三〕瑤：高麗藏、金藏本作「珍」。

〔四〕遊：高麗藏、金藏本作「趣」。又，「與天子同遊」，釋氏六帖卷一〇法施傳燈部「曇斌方外」條作「與士子同趣」。

〔五〕按，據名僧傳抄，名僧傳卷一六有「宋莊嚴寺曇濟」傳，名僧傳説處第十六有「曇濟以夜繼日，未常安寢事」「釋迦興陶神之化，慈氏唱方外之教事」。又，名僧傳抄中抄録有曇濟傳。

〔六〕宗：原作「家」，據高麗藏、金藏本改。按，名僧傳抄曇濟傳：「（曇濟）著七宗論。」元康撰肇論疏卷上：「梁朝釋寶唱作續法論一百六十卷云：宋莊嚴寺釋曇濟作六家七宗論，論有六家，分成七宗。第一本無宗，第二本無異宗，第三即色宗，第四識含宗，第五幻化宗，第六心無宗，第七緣會宗。本有六家，第一家分爲二宗，故成七宗也。」

〔七〕按，出三藏記集卷五新集疑經僞撰雜録著録佛所制名數經五卷，云「齊武帝時，比丘釋王宗所撰。抄集衆經，有似數林，但題稱佛制，懼亂名實，故注于録」。此佛所制名數經，當即數林；王宗，當即此曇宗，「王」爲其俗姓耳。而之所以稱爲王宗者，或爲與靈味寺釋曇宗（俗姓虢，傳見本書卷一三）相區別故。歷代三寶紀卷一一著録王宗撰佛所制名數經五卷、衆經目録二卷。衆經目録，即此經目。

## 宋京師何園寺釋慧亮

釋慧亮，姓董〔一〕，先名顯亮，爲東阿靖公〔二〕弟子。少有清譽，時人呼靖爲「大師」，亮爲「小師」。雖年望未逮，而風軌繼之。後立寺於臨淄，講法華、大小品、十地等，學徒雲聚，千里命駕。後過江，止何園寺。顏延之〔三〕、張緒眷德留連，每歎曰：「安、汰吐珠玉於前，斌、亮振金聲於後，清言妙緒，將絶復興。」

太始之初，莊嚴〔四〕大集，簡閱義士上首千人，勑亮與斌遞爲法主。當時宗匠，無與競焉。宋元徽中卒，春秋六十三矣。著玄通論，今行於世。

校勘記

〔一〕董：高麗藏、金藏本作「姜」。

〔二〕靖公：即本卷之東阿慧靜。釋氏六帖卷一〇法施傳燈部「慧亮小師」條中皆作「靜」。

〔三〕之：高麗藏、金藏本無。

〔四〕莊嚴：高麗藏再雕本、金藏本作「莊嚴寺」。

## 宋下定林寺釋僧鏡曇隆

釋僧鏡〔一〕，姓焦，本隴西人，遷居吴地。至孝過人，輕財好施。家貧母亡，太守賜錢五千，苦辭不受，迺身自負土，種植松栢，廬于墓所，泣血三年。服畢出家，住吴縣華山寺〔二〕。後入關隴，尋師受法，累載方還。停止京師，大闡經論。司空東海徐湛之重其風素，請爲一門之師。後東反姑蘇，復專當法匠。臺寺沙門道流請停歲許。又東適上虞徐山，學徒隨往，百有餘人。化洽三吴，聲馳上國。陳郡謝靈運以德音致款。宋世祖藉其〔三〕風素，勑出京師，止定林下寺。頻建法聚，聽衆雲集。著法華、維摩、泥洹義疏并毗曇玄論，區別義類，有條貫焉。

宋元徽中卒，春秋六十有七。

上虞徐山先有曇隆道人〔四〕，少善席上，晚忽苦節過人，亦爲謝靈運所重，常共遊嶀嵊。亡後，運乃誄焉。

**校勘記**

〔一〕按，據名僧傳抄，名僧傳卷一〇有「宋鍾山定林下寺僧鏡」傳。

〔二〕寺：高麗藏、金藏本無。

〔三〕其：原作「甚」，據思溪藏、高麗藏、金藏本及釋氏六帖卷一〇法施傳燈部「僧鏡至孝」條改。

〔四〕按，據名僧傳抄，名僧傳卷二五有「晉上虞徐山曇隆」傳。

## 宋京師靈根寺釋僧瑾 曇度　玄運

釋僧瑾〔一〕，姓朱，沛國人，隱士建〔二〕之第四子也。少善莊老及詩禮。後行至廣陵，見曇因法師，遂稽首一面，伏膺爲道。遊學内典，博涉三藏。後至京師，值龍光道生，復依憑受業。初憩冶城寺，宋孝武勅爲湘東王師，苦辭以疾，遂不獲免，王從請五戒，甚加優禮。

先是智斌沙門初代曇岳爲僧正，斌亦德爲物宗，善三論及維摩、思益、毛詩、莊、老等。後義嘉構釁，時人讒斌云：「爲義嘉行道。」遂被擯交州。時湘東踐祚，是爲明帝，仍勅瑾使爲天下僧主，給法伎一部，親信二十人，月給錢三萬，冬夏四〔三〕賜，并車輿吏力。凡請〔四〕外鎮，皆勑與瑾辭，四方獻奉，並問僧正得未，其見重如此。

瑾性不蓄金，皆充福業，起靈根、靈基二寺，以爲禪慧栖止。及明帝末年，頗多忌諱，故涅槃滅度之翻，於此暫息。凡諸死亡、凶禍、衰白等語，皆不得以對。因之犯忤而致戮者，十有七八。瑾每以匡諫，恩禮遂薄。時汝南周顒入侍帷幄，瑾嘗謂顒曰：「陛下比日所行，殊非人君舉動。俗事諷諫，無所復益，妙理深談，弥爲賒緩。唯三世苦報，最切近情，檀越儻因機候，正當陳此而已。」帝後風疾，數加針灸，痛惱無聊，輒召顒及殷洪等説鬼神雜事，以散胷懷。顒迺習讀法句、賢愚二經，每見談説，輒爲言先。帝往往驚曰：「報應真當如此，亦寧可不畏？」因此犯忤之徒屢被全宥。蓋瑾之所因，爲得人也。瑾以宋元徽中卒，春秋七十有九。

後〔五〕有沙門曇度〔六〕，續爲僧主。度本瑯瑘人，善三藏及春秋、莊、老、易等〔七〕，世祖、太宗並加欽賞。及少帝乖禮，度亦行藏得所，舉動無忤。止于新安寺。同寺又有釋玄運〔八〕者，亦精通大小乘，張永、張融並升堂問道。

校勘記

〔一〕按，據名僧傳抄，名僧傳卷一六有「宋靈基寺僧瑾」傳。

〔二〕建：原作「逮」，據高麗藏、金藏本改。
〔三〕四：高麗藏再雕本作「四時」。
〔四〕請：高麗藏、金藏本作「諸」。
〔五〕後：高麗藏、金藏本作「復」。
〔六〕按，據名僧傳抄，名僧傳卷一七有「齊新安寺曇度」傳。
〔七〕等：高麗藏、金藏本作「宋」。
〔八〕按，據名僧傳抄，名僧傳卷二二有「齊新安寺玄運」傳。又，廣弘明集卷二三有慧琳新安寺釋玄運法師誄，據之可知其於建武四年（四九七）五月八日甲午卒，春秋六十九。

## 宋京師興皇寺釋道猛道堅　惠鸞　惠敷　僧訓　道明

釋道猛〔一〕，本西涼州人。少而游歷燕趙，備矚風化，後停止壽春，力精懃學。三藏九部，大小數論，皆思入淵微，無不鏡徹，而成實一部，最爲獨步。於是大化江西，學人成列。至元嘉二十六年，東遊京師，止于東安寺，復續開講席。宋太宗爲湘東王時，深相崇薦，及登祚，倍加禮接，賜錢三十万，以供資待。太始之初，帝創寺于建陽門外，勑猛爲綱領。帝曰：「夫人能弘道，道藉人弘，今得法師，非直道益蒼生，亦有光〔二〕世望，可目寺爲興皇。」由是成号。及創造工〔三〕畢，勑猛於寺開講成實。序題之日，帝親臨幸，公卿皆集，四遠學賓，負袠齊至。猛神韻無忤，吐納詳審，帝稱善久之，因有詔曰：「猛法師風道多濟，朕素賓友，可月給錢三万，令史〔四〕四人，白簿吏二十人，車及步轝各一乘，乘轝至客省。」猛隨有所獲，皆賑施貧乏，營造寺廟。以宋元徽三年，卒于東安寺，春秋六十有五。

後有道〔五〕堅、惠鸞、惠敷、僧訓、道〔六〕明，並止興皇寺。義學之譽，抑亦次焉。

**校勘記**

〔一〕按，據名僧傳抄，名僧傳卷一五有「宋東安寺道猛」傳。

〔二〕光：高麗藏再雕本作「光於」。

〔三〕工：高麗藏、金藏本作「功」。

〔四〕史：思溪藏本作「使」，高麗藏、金藏本作「吏」。

〔五〕道：名僧傳抄中作「惠」。據名僧傳抄，名僧傳卷二二有「齊興皇寺惠堅」傳。

〔六〕道：高麗藏、金藏本作「導」。

## 宋山陰靈嘉寺釋超進 曇機 道憑

釋超進，本姓顓頊氏，長安人。篤志精懃，幼而敦學。大小諸經，並加綜採。神性和敏，戒行嚴潔。故年在未立，而振譽關中。及西虜赫連勃勃〔一〕寇陷長安，人情危擾，法事罷廢，進避地東下，止于京師，更精尋文旨，開暢講說。頃之，進適姑蘇，復弘佛法。時平昌孟顗守在會稽，藉其〔二〕風猷，迺遣使迎接，安置山陰靈嘉寺。於是停止浙東，講論相續。邑野僧尼及清信男女，並結菩薩因緣，伏膺式〔三〕範。至宋太始中，被徵出都，講大法鼓經。俄而旋于稽邑〔四〕，還紹法化。以大般〔五〕涅槃是窮理之教，每留思踟蹰，累加講說。凡經〔六〕齋會者，無不必請，若值他許，則爲移日。後年衰脚疾，不堪外赴，並送食于房，以希冥益。

進爲性篤好經典，看尋苦至，及年老失明，猶使弟子唱涅槃經，旬中一遍。其耽好若此。以宋元徽中卒，春秋九十有四。

時有曇機法師，本姓趙氏，亦長安人。值關中寇亂，避地東下，遊觀山水，至于稽邑。善法華、毗曇，時世宗奉，與進相次。郡守瑯琊王琨請居邑西嘉祥寺，寺本琨祖薈所創也。

時又有釋道憑者，亦是當世法匠，而執性剛忤，論者少之。

**校勘記**

〔一〕赫連勃勃：原作「孛孛赫連」，據意改。高麗藏、金藏本作「勃勃赫連」。

〔二〕其：原作「甚」，據思溪藏、嘉興藏本改。

〔三〕式：高麗藏、金藏本作「戒」。

〔四〕稽邑：高麗藏再雕本作「會稽」。

〔五〕般：高麗藏、金藏本無。

〔六〕經：高麗藏、金藏本作「結」。

## 宋吴興小山釋法瑶曇瑶

釋法瑶〔一〕，姓楊，河東人。少而好學，尋問万里。宋景平中，來遊兖豫。貫極衆經，傍通異部。後聽東阿静公講，衆屢請覆述，静歎曰：「吾不及也。」元嘉中過江，吴興沈演之特深器重，請還吴興武康小山寺，首尾十有九年。自非祈請法事，未嘗出門。居于武康，每歲開講，三吴學者，負笈盈衢。乃著涅槃、法華、大品、勝鬘等義疏。大明六年，勑吴興郡禮致〔二〕上京，與道猷同止新安寺，使頓、漸二悟，義各有宗。至便就講，鑾輦降蹕，百辟陪筵。

瑶年雖栖暮，而蔬苦弗改，戒節清白，道俗歸焉。宋元徽中卒，春秋七十有六。

時宋熙有曇瑶〔三〕者，善浄名、十住及莊、老，又工草隸，爲宋建平宣簡王宏所重。

### 校勘記

〔一〕瑶：高麗藏、金藏本作「珍」。後同。按，因法瑶與道猷曾同止新安寺故，名僧傳卷七稱爲「宋新安寺法瑶」。

〔二〕禮致：高麗藏、金藏本作「致禮」，釋氏六帖卷一〇法施傳燈部有「法瑶頓漸」條作「禮送」。

〔三〕按，據名僧傳抄，名僧傳卷一五有「宋宋熙寺曇瑶」傳（宋熙，原作「宗熙」，據意改）。此寺僧伽羅多哆造，「聳刹陵雲，高堂架日，鑿澗延流，傍巖列樹。當時之威德，故號曰宋熙」（名僧傳卷一九）。

## 宋京師新安寺釋道猷 道慈　慧整　覺世

釋道猷〔一〕，吴人。初爲生公弟子，隨師之廬山。師亡後，隱〔二〕臨川郡山，乃見新出勝鬘經，披卷而歎曰：「先師昔義，闇與經同，但歲不待人，經集義後，良可悲哉！」因注勝鬘，以翌宣遺訓，凡有五卷，文煩不行。

宋文〔三〕問慧觀：「頓悟之義，誰復習之？」荅云：「生〔四〕弟子道猷。」即勑臨川郡發遣出京。既至，即延入宫内，大集義僧，命〔五〕猷伸〔六〕述頓悟。時競辨之徒，關責互起，猷既積思參玄，又宗源有本，乘機挫鋭，往必摧鋒，帝乃撫几〔七〕稱快。及孝武升位，尤相歎重，乃勑住新安，爲鎮寺法主。帝每稱曰：「生公孤情絶照，猷公直轡獨上，可謂克明師匠，無忝徽音！」

宋元徽中卒，春秋七十有一。

後有豫州沙門道慈，善維摩、法華，祖述猷義，删其所注勝鬘以爲兩卷，今行於世。時北多寶慧整〔八〕、長樂覺世〔九〕，並齊名比德。整特精三論，爲學者所宗。世善於大品及涅槃諸〔一〇〕經，立不空假名義。

**校勘記**

〔一〕按，據名僧傳抄，名僧傳卷一五有「宋新安寺道猷」傳。

〔二〕隱：原無，據高麗藏本及釋氏六帖卷一〇法施傳燈部「道猷頓悟」條補。

〔三〕宋文：原作「宋文簡」，據高麗藏、金藏本改。按，宋文即宋文帝劉義隆（四〇七—四五三），元嘉元年（四二四）即位。

〔四〕生：高麗藏再雕本作「生公」。

〔五〕命：高麗藏、金藏本作「令」。

〔六〕伸：高麗藏、金藏本作「申」。

〔七〕几：高麗藏、金藏本作「机」。

〔八〕按，據名僧傳抄，名僧傳卷一四有「宋天保寺釋惠整」傳，或即此慧整。參後。

〔九〕按，據名僧傳抄，名僧傳卷一五有「宋長樂寺覺世」傳。又，名僧傳抄中抄録有覺世傳：「覺世，京兆人也。年十二出家，篤信行，無嗜慾。觀世榮利，若浮雲焉。學善泥洹、大品，立二諦義，以不空假名爲宗。論議清辨，與惠整齊名。其高談玄勝，以理會心，商略過之。少遊彭城，後來京甸，憩長樂寺。太始中，多通方等經。世手不執卷，而思徹微眇，磐疑石難，莫不冰釋。精進勇猛，三業俱勤。弟子僧瑶遇酒小過，戒之曰：『縱情殆惰，醉酒飽食，此皆罰性之斧也。婆塞不爲，況復息心！若能依律懇懺，特恕一反。若其不爾，便宜遠去。』於是門徒肅然，莫不戰慄。四輩崇仰，遠人慕義。春秋五十九云云。」

〔一〇〕諸：高麗藏再雕本、金藏本無。

## 宋京師冶城寺釋慧通

釋慧通〔一〕，姓劉，沛國人。少而神情爽發，儁氣虛玄，止于冶城寺。每塵尾一振，輒軒蓋盈衢。東海徐湛之、陳郡袁粲敬以師友之禮。孝武皇帝厚加寵秩，勑與海陵、小建平二王爲友。袁粲著蘧顔論示通，通〔二〕難詰往反，著文于世。又製大品、勝鬘、雜心、毗曇等義疏，并駁夷夏論、顯證論、法性論及爻象記等，皆傳於世。宋昇明中卒，春秋六十三矣。

### 校勘記

〔一〕按，據名僧傳抄，名僧傳卷一六有「宋冶城寺惠通」傳（冶，原作「治」，據意改）。

〔二〕通：原無，據高麗藏、金藏本補。

叡：羊歲反。　淵：烏玄反。　弼：皮必反。　苞：必交反。　詮：七全反。　亮：力向〔一〕反。　斌：彼巾反。　猷：音由。　鉅鹿：上音巨。鉅鹿，郡名。　穎悟：上余領反，利也。　汰：音太。　伏膺：下親陵、於陵二反。伏謂事業也，膺謂身也，以親從伏事而學藝也。　踐：蹈也，音賤。　儁：俊字。　摧鋒：上自雷反。　詶抗：上音酬，下口浪反，以詶荅抗敵也。　鑽仰：上子官反。論語云：「仰之弥高，鑽之弥堅。」所謂其道玄邈而不可測。　斟酌：上音針。　憚：徒旦反，懼也。　樞機：上昌朱反，門輪也；下居衣反，弩牙也。謂門輪能開閉也，弩牙發箭也。樞機，取其要用也。　衷：音中。　挹：音邑，酌也。　風猷：下音由，美也。　迺：乃字。　喟然：上苦謂反，太息也。　忘筌：下七全反，取魚竹器也。　校閱：教、悦二音，計數。　籠罩：下竹孝反。　剖析：上疋口反，下先擊反。　闡提：上昌演反。　忤：音悟，觸也。　譏憤：上居依反，呵也；下房粉反，怒也。　擯：必刃反，棄逐也。　癘疾：上音例，疫癘也。　删：所間反。删，削也。　巖岫：上吾銜反，下音袖。巖，崖；岫，穴也。　麈尾：上音主，拂也。　駭：胡買反，驚也。　疚：音救。　阜：扶九反，小山也。　窪：烏瓜反，深也，下也。　憉悙：上步庚反，下許庚反。　寇淵：上苦候反，下烏玄反。

嘿塞：上音墨，下桑則反。　旌：音精，表也。　憲章：上音獻，法也。　檄魔：上胡的反，書牘也。　草隸：下零帝反，楷書曰隸。　精峻：下私閏反，高也。　牧羊：上音目，放牧也。　綜達：上子宋反，摠也。　襲：音習。　詁訓：上音古。　憩：丘例反。憩，止也，息也。　貂裘：上音彫，似鼠而黃，皮可以爲裘。　聊：音寮，略也。　迄：許訖反，至也。　摹：莫胡反。　無暇：下音夏，閑暇也。　蘧：音渠。　遏：於割反，止也。　悠悠：音由。悠悠，遠也。　庸蔽：上音容，下必祭反。　褒拂：上博毛反。　顗：語豈反。　庾亮：上於主反，下力向反。　郄：丘逆反。　謐：音蜜。　逵：具惟反。　詢：息旬反。　琳：音琳〔二〕。　綽：昌約反。　覬：居異反。　淵遁：下徒困反。　邃：私遂反。　較：音角，略也。　損虐：魚略反。　蠹：音妬，蟲害也。　袪：丘居反。　吞噬：下音逝。噬，齧也。　轡：音秘。　討覈：上他老反，窮討也；下閑隔反，考其實也。　薄蝕：下音食，侵日月之神曰蝕也。　偉：羽鬼反，異也，大也。　惕然：上他的反，驚惕也。　痛悼：下音盜，傷悼也。　几：居矣反。几，案。　顧眄：下音麪，視也。　斐然：上芳尾反，文章皃也。　楚郢：下以井反，地名。　徂：在胡反，往也。　肇：音召。　高悝：下苦回反，一音里。 讌會：上於見反。 清婉：下紆阮反，美也。 馥：音伏。 勝鬘：下莫班反。 璧：必亦反，玉也。 拄杖：上知主反。 枚：音梅，个也。 一鉼：下音餅，金片也。 憾：胡感反，恨也。 享：許雨反。享，受也。 薨：兄弘反。薨，亡也。 紛紜：上芳文反，下俱有反。紛紜，亂也。 潰：玄對反，散也。 幽賾：下助隔反，玄微也。 渙然：上音喚。 翕然：上許及反。 軌：俱水反。軌，則也。 傲誕：上吾告反，下音但。 矜伐：上居陵反，自大也。 爻象：上户交反，卦爻。 㯓榻：二音塔，椅也。 比狎：下胡甲反，近也。 詆呵：上音底，毀也，呰也。 難駮：下必角反。 矚：音燭，視也。 沮渠：上子徐反，複姓也。 䞋遺：上初近反，下惟醉反。䞋遺，施贈也。 兖：緣淺反，州名。 琨：音昆。 邁：莫敗反，遠也。 誄：倫水反，述死者之行狀曰誄也。 白鵠：下胡篤反。 駢席：上步田反。 迮：音責，狹也。 化洽：下侯夾反，沾也。 憩：丘例反，止也。 清確：下口角反，堅也。 縑幣：上音兼，下毗祭反。 翹懃：上巨摇反。 輟：知劣反，止也。 譙國：上自摇反。 顒：愚恭反。 問訙[三]：下音信，亦作「訊」。 殮：力焰反，殯殮也。 披荔：下音麗，草也。 緇：側師反，黑色也。 涅：奴劫反，黑土可染皂。 煒燁：上羽鬼反，下于輒反。煒燁，光明也。　條蔚：下烏勿反。條蔚，草木盛皃也。　訣：音決，别也。　龕：苦含反。　泓：紆萌反。　轅：音園。　負笈：下其業反，負書箧也。　素碻：下熱也，苦角反，堅硬之皃。　薈：烏外反。　冏：俱永反。　翌：音翼，助也。　勗：許玉反，勸也。　竣：七旬反。　織緯：下音謂。　鎔鈞：上音容，下俱匀反，陶家輪鎔鑄也。　投簪：下側參反，棄冠也。　勍對：上巨京反，敵也。　墳壙：下苦況反，塚穴也。　肜：以戎反〔四〕。　鐵鏤：下音陋，雕鏤也。　懷孕：下余證反。　餉：詩尚反。　䂮：音略。　崐山：上音昆。　擒獲：上音禽。擒，捉也。　盪：音蕩。　旍旆：上「旌」同，下薄帶反，旗之屬。　西虜：音魯，戎虜。　赫連：上許客反，姓也。　遏：於葛反，止〔五〕也。　駭：胡解反，驚也。　走竄：下麄筭反，逃也。　鑾蹕：上郎端反，下音余。天子之車，以朱鳥銜於車軾曰鑾蹕。　降蹕：下音必，警蹕也，天子駕前上行者也。　哽咽：上加猛反，下於結反。哽咽，憂悲不止也。　澆風：上古堯反。　丘墟：下起虚反。　潸然：上所間反。潸然，泣灑也。　泫淚：上玄犬〔六〕反，垂淚也。　矜危：上居陵反，憐也。　瓦礫：下音曆。　石磵：下音諫，石夾水曰磵。　研綜：上宜牽反，下子宋反。研，計也；綜，理也。　羌賊：上苦良反。羌，戎。　僉曰：上七廉反，皆也。　鄙：碑美反，邊邑也。　窺：傾弥反，視也。　崖：魚皆反，山崖也。　鐫像：上子全反。彫鐫，佛像。　闍：音銀。　操摻：七到反。操，志也。上正下誤。　剡：時染反，越郡縣名。　磐遊：上音盤。　麓山：上音鹿。　叛逆：上音畔，下魚力反。叛逆，逃背也。　徙：斯綺反，移徙也。　秣陵：上音末。　瘳：音抽，病安也。　關隴：下力勇反。　虬：渠幽反。　籥：音藥。　謐：音蜜。　桎梏：上音質，下古篤反，杻械之别名也。　滌思：上徒的反，下去聲。滌思，洗念也。　襟：音今。　藻：音早，文藻。　創思：上初狀反。創，構也。　斵：音卓，正作「斲」〔七〕。　倏然：上音叔。　所賁：下彼義反。賁，飾也。　攸闡：上音由，所也；下昌演反，開闡也。　覿：音敵，見也。　殉：詞閏反。　涵連：上音含。　凝：魚陵反。　禕：於宜反。　覃思：上徒南反，延也，長也。　挾衣：上胡怙反。　讎校：酬教二音，校書也。　愜：苦怗反，心伏也。　巢：助交反。　元徽：下音暉，年号也。　臨淄：下側思反，地名。　遞：音第。遞，互也。　湛之：上宅減反。　嶀嵊：上他胡反，下時證反，越地山名。　瑾：渠鎮反。　沛國：上博帶反。　構舋：上古候反，下許近反。構舋，架禍也。　讒：助銜反。讒，佞也。

蓄：許六反。蓄，積也。　忌諱：下許謂反。　戮：六字，刑戮。　帷幄：下於角反。帷，幕；幄，帳也。　賖緩：下玄伴反。　默灸：二同音救。　屢：力句反，頻屢也。　全宥：下音右，赦宥也。　負袠：下遲一反，經袠也。　顓頊：上音專，下許玉反，五帝中黃帝之孫也。　孛孛：二同蒲没反。　寇陷：上苦候反，賊寇也；下胡鑑反，陷没也。　會稽：上俱外反，下音鷄。　耽好：上丁含反，下去聲。　難詰：上奴旦反，下起一反。難詰，窮問也。　挫鋭：上則卧反，下羊歲反。挫鋭，抑其鋒利也。

校勘記

〔一〕向：原作「回」，據思溪藏本改。

〔二〕按，此音義有誤，「琳」疑當作「林」。

〔三〕訙：正文實作「訊」。

〔四〕彤以戎反：思溪藏本作「彤徒冬反」。

〔五〕止：原作「上」，據思溪藏本改。

〔六〕犬：原作「太」，據思溪藏本改。

〔七〕斲：原作「斵」，據思溪藏本改。

中國佛教典籍選刊

# 高僧傳

下

〔梁〕慧皎 撰
富世平 點校

中華書局

# 高僧傳卷第八

梁會稽嘉祥寺沙門慧皎撰

## 義解五[一]

校勘記

〔一〕五：原無，據高麗藏、金藏本補。

## 齊僞魏濟州釋僧淵慧記　道登

釋僧淵〔一〕，本姓趙，潁川人，魏司空儼之後也。少好讀書，進戒之後，專攻佛義。初遊徐州〔二〕，止白塔寺。從僧嵩受成實〔三〕、毗曇〔四〕二論〔五〕。學未三年，功踰十載，慧解之聲，馳於遐邇。淵風姿宏偉，腰帶十圍，神氣清遠，含吐灑落。隱士劉因之捨所住山，給爲精舍。曇度、慧記、道登並從淵受業〔六〕。慧記兼通數論，道登善涅槃、法華，並爲魏主元宏所重，馳名僞〔七〕國。淵以僞太和五年卒，春秋六十有八，即齊建元三年也。

校勘記

〔一〕按，據名僧傳抄，名僧傳卷一七有「僞魏僧淵」傳，名僧傳説處第十七有「僧淵從僧嵩法師受成實論事」。

〔二〕州：高麗藏、金藏本作「邦」。

〔三〕成實：高麗藏、金藏本作「成實論」。

〔四〕毗曇：原作「曇毗」，據高麗藏、金藏本改。

〔五〕二論：高麗藏、金藏本無。

〔六〕按，據名僧傳抄，名僧傳卷一七有「僞魏惠記」「僞魏道登」傳。又，道登，傳見續高僧傳卷六魏恒州報德寺釋道登傳。

〔七〕僞：高麗藏再雕本作「魏」。

## 齊僞魏釋曇度

釋曇度〔一〕，本姓蔡，江陵人。少而敬慎威儀，素以戒範致稱。神情敏悟，鑒徹過人。後遊學京師，備貫衆典，涅槃、法華、維摩、大品，並探索微隱，思發言外。因以脚疾西遊，乃造徐州，從僧淵法師更受成實論。遂精通此部，獨步當時。魏主元宏聞風飡挹，遣使徵請。既達平城，大開講席。宏致敬下筵，親管理味。於是停止僞〔二〕都，法化相續，學徒自遠而至，千有餘人。以僞太和十三年卒於僞國，即齊永明六年也。撰成實論大義疏八卷，盛傳北土。

### 校勘記

〔一〕按，據名僧傳抄，名僧傳卷一七有「僞魏法度」傳，名僧傳説處第十七有「曇度著成實義記八卷傳北土事」，可見法度即此曇度。續高僧傳卷六魏恒州報德寺釋道登傳中，亦稱之爲「法度」。

〔二〕僞：高麗藏再雕本作「魏」。下文「僞國」之「僞」同。

## 齊京師莊嚴寺釋道慧玄趣　僧達

釋道慧〔一〕，姓王，餘姚人，寓居建業〔二〕。十一出家，爲僧遠弟子，止靈曜寺。至年十四，讀廬山慧遠集，迺慨然歎息，恨有生之晚。遂與友人智順泝流千里，觀遠遺迹，於是憩廬山西寺。涉歷三年，更還京邑。時王或〔三〕辯三相義，大聚學僧，慧時年十七，便發問數番，言語玄微，詮牒有次，衆咸奇之。

後受業於猛、斌二法師。猛嘗講成實，張融構難重疊，猛稱疾不堪多領，乃命慧令荅之。融以慧年少，頗協輕心。慧乘機挫鋭，言必詣理，酬酢往還，綽有餘裕。善大乘，明數論，講説相續，學徒甚盛。區別義類，始爲章段焉。褚澄、謝超宗名重當時，並見推禮。慧以母年老，欲存資奉，迺移憩莊嚴寺。母怜其志，復出家爲道，捨宅爲福，不遠〔四〕精舍。慧以齊建元三年卒，春秋三十有一。臨終，呼取麈尾，授友人智順。順慟曰：「如此之人，年不至四十，惜矣！」因以麈尾内棺中而殮〔五〕焉。葬於鍾山之陽。陳郡謝超宗爲造碑銘〔六〕。

時莊嚴復有玄趣、僧達〔七〕，並以學解見稱。趣博通衆經，兼〔八〕精内外，而尤善席上，風軌可欣。達少而頭白，時人号曰「白頭達」，亦博解衆典，尤精往復，而性剛忤物，被擯長沙。

校勘記

〔一〕按，據名僧傳抄，名僧傳卷一七有「齊莊嚴寺道惠」傳。

〔二〕業：高麗藏、金藏本作「鄴」。

〔三〕或：恐當爲「彧」之誤。湯用彤先生校注曰：「南史卷三十三謂：『王彧字景文，避明帝諱，以字行。好言理……』，疑係其人。」王景文（四一三—四七二），爲王導的五世孫，傳見宋書卷八五。

〔四〕不遠：高麗藏再雕本、金藏本作「建」。

〔五〕殮：高麗藏、金藏本作「斂」。

〔六〕銘：高麗藏、金藏本作「文」。

〔七〕按，據名僧傳抄，名僧傳卷一七有「齊莊嚴寺玄趣」「齊莊嚴寺僧達」傳。

〔八〕兼：高麗藏、金藏本作「並」。

## 齊京師中興寺釋僧鍾曇讖　曇遷　僧表　僧最　敏達　僧寶

釋僧鍾〔一〕，姓孫，魯郡人。十六出家，居貧履道。嘗至壽春，導公見而奇之。譙郡王鄴重其志操，供以四事。後請講百論，導往聽之，迺謂人曰：「後生可畏，真不虚矣！」鍾妙善成實、三論、涅槃、十地等。後南遊京邑，止于中興寺。

永明初，魏使李道固來聘，會于寺内。帝以鍾有德聲，勑令酬對，往復移時，言無失厝。日影小晚，鍾不食，固曰：「何以不食？」鍾曰：「古佛道法，過中不飡。」固曰：「何爲聲聞耶？」鍾曰：「應以聲聞得度者，故現聲聞。」時人以爲名荅。尔後盤桓講說，稟聽成群。

齊文惠太子、竟陵文宣王數請南面。齊永明七年卒，春秋六十。時與鍾齊名比德者，曇識〔二〕、曇遷、僧表、僧最、敏達〔三〕、僧寶〔四〕等，並各善經論，悉爲文宣所敬，迭興講席矣。

校勘記

〔一〕按，據名僧傳抄，名僧傳卷一七有「齊中興寺僧鍾」傳。

〔二〕識：高麗藏、金藏本作「織」。按，本書卷十四目録作「織」，本卷卷後音義中作「識」。又，據名僧傳抄，名僧傳卷一七有「齊靈基寺曇識」，或即此「曇識（織）」。

〔三〕敏達：釋氏六帖卷一〇法施傳燈部「僧鍾聲聞」條作「僧敏僧達」。也就是説，「敏達」爲僧敏、僧達兩位的誤合。然據名僧傳抄，名僧傳卷一七有「齊福寺敏達」傳，則敏達爲齊齊福寺高僧。

〔四〕按，據名僧傳抄，曇遷爲齊藥王寺高僧，僧表爲齊中興寺高僧，僧最爲齊謝寺高僧，僧寶爲齊莊嚴寺高僧，名僧傳卷一七皆有傳。名僧傳説處第十七有「僧寶祈心安養，臨彌陀佛，因索香火，快起合掌，奄忽而卒事」。

## 齊京師天保寺釋道盛

釋道盛〔一〕，姓朱，沛國人。幼〔二〕出家務學，善涅槃、維摩，兼通周易。始住湘州，宋明承風，勑令下京，止彭城寺。謝超宗一遇，遂敬以師禮。迺著述交論及生死本無源論等。後憩天保寺，齊高帝勑代曇度爲僧主。丹楊〔三〕尹沈文季素奉黄老，排嫉能仁，迺建義符僧局，責僧屬籍，欲沙簡僧尼。由盛綱領有功，事得寧寢。後沈〔四〕文季故於天保寺〔五〕設會，令陸修静與盛論議，盛既理有所長，又辞氣儁發，嘲謔往還，言無躓屈〔六〕，静意不獲申，恧焉而退。盛以齊永明中卒，春秋六十餘矣。

### 校勘記

〔一〕按，據名僧傳抄，名僧傳卷一七有「齊天保寺道盛」傳。
〔二〕幼：高麗藏再雕本作「幼而」。
〔三〕楊：高麗藏、金藏本作「陽」。
〔四〕沈：高麗藏、金藏本無。
〔五〕寺：高麗藏、金藏本無。
〔六〕屈：高麗藏、金藏本作「擾」。

## 齊京師湘宮寺釋弘充法鮮

釋弘充〔一〕，涼州人。少有志力，通莊老，解經律。大明末過江，初止多寶寺，善能問難，先達多爲所屈。後自開法筵，鋒鏑互起。充既思入玄微，口辯天逸，通疑釋滯，無所間然。每講法華、十地，聽者盈堂，宋太宰江夏文獻王義恭雅重之。明帝踐祚，起湘宮寺，請充爲綱領，於是移居焉。

于時湘宮又有法鮮比丘〔二〕，亦聰哲有思力，與充齊名。

充以齊永明中卒，春秋七十有三〔三〕。注文殊問菩提經及注首楞嚴經。

### 校勘記

〔一〕按，據名僧傳抄，名僧傳卷一七有「齊多寶寺弘苑」傳。「弘苑」，當即「弘充」之誤。而稱之爲「多寶寺弘充」者，蓋其「初止多寶寺」故。

〔二〕按，據名僧傳抄，名僧傳卷一七有「齊湘宮寺法鮮」傳。

〔三〕三：思溪藏、高麗藏、金藏本及釋氏六帖卷一〇法施傳燈部「弘充問難」條引作「二」。

## 齊高昌郡釋智林

釋智林〔一〕，高昌人。初出家，爲亮公弟子。幼而崇理好學，負衮長安，振錫江豫，博採群典，特善雜心。及亮公被擯，弟子十二人皆隨之嶺外。林迺愬踵藩〔二〕禺，化清海曲。至宋明之初，勑在所資給，發遣下京，止靈基寺。講説相續，禀服成群。申明二諦義，有三宗不同。時汝南周顒又作三宗論，既與林意相符，深所欣慰〔三〕，迺致書於顒曰：

近聞檀越叙二諦之新意，陳三宗之取捨，聲殊恒律，雖進物不速，如貧道鄙懷，謂天下之理，唯此爲得焉。不如此，非理也。是以相勸，速著紙筆。比見往來者，聞作論已成，隨喜充遍，特非常重。又承檀越恐立異當〔四〕時，干犯學衆，製論雖成，定不必出。聞之矍〔五〕然，不覺興卧。此義旨趣，似非初開。妙音中絶，六十七載，理高常韻，莫有能傳。貧道年二十時，便忝得〔六〕此義，常謂藉此微悟，可以得道。竊每懽喜，無與共之。年少見長安耆老，多云關中高勝迺舊有此義。當法集盛時，能深得斯趣者本無多人，既犯越常情，後進聽受，便自甚寡。傳過江東，略無其人。貧道捉麈尾已來，四十餘年，東西講説，謬重一時，其餘義統，頗見宗録，唯有此途白黑無一人得者。貧道積年，迺爲之發病，既痾衰末命〔七〕，加復旦夕西旋，顧唯此道從今永絶，不言檀越機發无緒〔八〕，獨創方外〔九〕。非意此音猥來入耳，且欣且慰，實無以況。建明斯義，使法燈有種〔一〇〕，始是真實行道第一功德。雖復國城、妻子施佛及僧，其爲福利，無以相過。既幸已詮述想，便宜廣宣，使賞音者見也。論明法理，當仁不讓，豈得顧惜衆心，以夭〔一一〕奇趣耶？若此論已成，遂復中寢，恐檀越方來或以此爲巨〔一二〕障。往言〔一三〕懇〔一四〕也，然非戲論矣。想便寫一本爲〔一五〕惠，貧道賫以還西，使處處弘通也。比小可牽〔一六〕，故入山取叙，深企付之。

顒因出論焉。故三宗之旨，傳述至今。

林形長八尺，天姿瓌雅，登座震吼，談吐若流。後辭還高昌。齊永明五年卒，春秋七十有九。著二諦論及毗曇雜心記，并注十二門論、中論等。

## 校勘記

〔一〕按，據名僧傳抄，名僧傳卷一七有「齊靈基寺智林」傳，名僧傳說處第十七有「智林著毗曇雜心義記、注十二門論及中論，並傳於世事」。

〔二〕藩：高麗藏初雕本、金藏本作「潘」，高麗藏再雕本作「番」。

〔三〕慰：高麗藏、金藏本作「遲」。

〔四〕當：高麗藏、金藏本作「常」。

〔五〕矍：高麗藏、金藏本及廣弘明集卷二四與汝南周顒書作「懼」。

〔六〕忝得：大正藏本廣弘明集卷二四與汝南周顒書作「參傳」，據其校勘記，餘諸本廣弘明集作「參得」。

〔七〕痾衰末命：廣弘明集卷二四與汝南周顒書作「衰痾未愈」。

〔八〕機發无緒：原作「天機發緒」，據高麗藏、金藏本改。按，大正藏本廣弘明集卷二四與汝南周顒書作「機發無緒」，據其校勘記，餘諸本廣弘明集「發」字作「撥」。
〔九〕外：原作「寸」，據思溪藏、高麗藏、金藏本及廣弘明集卷二四與汝南周顒書改。
〔一〇〕種：高麗藏、金藏本作「終」。
〔一一〕夭：大正藏本廣弘明集卷二四與汝南周顒書作「失」。
〔一二〕巨：廣弘明集卷二四與汝南周顒書作「法」。
〔一三〕言：原作「之」，據思溪藏、高麗藏、金藏本改。
〔一四〕言懇：廣弘明集卷二四與汝南周顒書作「意理」。
〔一五〕爲：原無，據高麗藏、金藏本及廣弘明集卷二四與汝南周顒書補。
〔一六〕牽：廣弘明集卷二四與汝南周顒書作「牽曳」。

## 齊京師靈根寺釋法瑗 法愛　法常　智興

釋法瑗〔一〕，姓辛，隴西人，辛毗之後。長兄源明，仕僞魏爲大尚書。第二兄法愛，亦爲沙門，解經論，兼數術，爲芮芮國師，俸以三千户。

瑗幼而闊達，倜儻殊群。路見貧寒，輒脱衣爲惠。初出家，事梁州沙門竺慧開。開懿德通神，時人謂得初果。開謂瑗曰：「汝情悟若此，必能綱摠末化，宜競力博聞，無得獨善。」於是辭開遊學。經涉燕趙，去來鄴洛。值胡寇縱横，關隴鼎沸，瑗冒險履危，學業無怠。

元嘉十五年，還梁州，因進成都，後東適建業，依道場慧觀爲師。篤志大乘，傍尋數論。外典墳索〔二〕，頗亦披覽。後入廬山，守静味禪，澄思五門，遊心三觀。頃之，刺史庾登之請出山講說。

後文帝訪覓述生公頓悟義者，迺勑下都，使頓悟之旨，重伸宋代。何尚之聞而歎曰：「常謂生公没後，微言永絶。今日復聞象外之談，可謂天未喪其〔三〕文也！」帝勑爲南平穆王鑠五戒師。及孝武即位，勑爲西陽王子尚友，辭疾不堪，久之獲免。

因廬于方山，注勝鬘及微密持經。論議之隙，時談孝經、喪服。後天保改構，請瑗居之，因辭山出邑，綱維寺網。刺史王景文往候，正值講喪服，問論數番，稱善而退。及明帝造湘宫新成，大開講肆，妙選英僧，勑請瑗充當法主。帝乃降蹕法筵，公卿會坐，一時之盛，觀者榮之。後齊文惠又請居靈根，因移彼寺。太尉王儉門無雜交，唯待瑗若師，書驛〔四〕盡敬。以齊永明七年卒，春秋八十一矣。

時靈根寺又有法常〔五〕、智興，並博通經論，數當講說。常迺尤能劇談，爲時匠所憚，而性甚剛梗，不偶人俗。

校勘記

〔一〕按，據名僧傳抄，名僧傳卷一七有「齊靈根寺法瑗」傳（根，原作「基」；瑗，原作「湲」，據意改)，名僧傳説處第十七有「法瑗夏於靈根講花嚴經事」。
〔二〕索：高麗藏再雕本、金藏本作「素」。
〔三〕其：清藏、大正藏本作「斯」。
〔四〕驛：思溪藏本、高麗藏初雕本作「譯」，高麗藏再雕本、金藏本作「語」。
〔五〕按，據名僧傳抄，名僧傳卷一七有「齊靈根寺法常」傳，名僧傳説處第十七有「法常從僧義讀阿毗曇事」。

## 齊蜀齊后山釋玄暢

釋玄暢〔一〕，姓趙，河西金城人。少時，家門爲胡虜所滅，禍將及暢，虜帥〔二〕見暢而止之，曰：「此兒目光外射，非凡童也。」遂獲免，仍往涼州出家。本名慧智，後遇玄高，事爲弟子。高每奇之，事必共議，因改名玄暢，以表付囑之旨。其後虐虜剪滅佛法，害諸沙門，唯暢得走。以元嘉二十二年閏五月十七日發自平城，路由代〔三〕郡、上谷，東跨太行，路經幽冀，南轉，將至孟津。唯手把一束楊枝，一扼葱葉。虜騎追逐，將欲及之，乃以楊枝擊沙。沙起天闇，人馬不能得前。有頃沙息，騎已復至，於是投身河中，唯以葱葉内鼻孔中通氣度水，以八月一日達于揚州。洞曉經律，深入禪要。占記吉凶，靡不誠驗。墳索〔四〕子氏，多所該涉。至於世技〔五〕

雜能，罕不必〔六〕備。初，華嚴大部文旨浩博，終古已來未有宣釋，暢乃竭思幽〔七〕尋，提章比句，傳講迄今，暢其始也。又善於三論，爲學者之宗。

宋文帝深加歎重，請爲太子師。再三固讓，弟子謂之曰：「法師方欲弘道濟物，廣宣名教，今帝王〔八〕虛己相延，皇儲蓄禮思敬，若道揚聖躬〔九〕，則四海歸德。今矯然高讓，將非聲聞耶？」暢曰：「此可與智者説，難與俗人言也。」及太初事故，方知先覺。自尔遷憩荆州，止長沙寺。時沙門功德直出念佛三昧經等，暢刊正文字，辭旨婉切。又舒手出香，掌中流水，莫之測也。

迄宋之季年，乃飛舟遠舉，西〔一〇〕適成都。初止大石寺，乃手畫作金剛密迹等十六神像。至昇明三年，又遊西界，觀矚岷嶺，乃於岷山郡北部廣陽縣界見齊后山，遂有終焉之志。仍倚巖傍谷，結草爲菴。弟子法期見神人乘馬，著青單衣，繞山一匝，還示造塔之處。以齊建元元年四月二十三日，建刹立寺，名曰齊興。正是齊太祖受錫命之辰。天時人事，萬里懸合。

時傅琰西鎮成都，欽暢風軌，待以師敬。暢立寺之後，乃致書於琰曰：

貧道栖荆累稔，年衰疹積，厭毒人諠，所以遠託岷界，卜居斯阜。在廣陽之東，去城千步，逶迤長亘，連壘疊嶺〔一一〕，嶺開〔一二〕四澗，亘列五峯，抱郭懷邑，迴望三方，負巒背岳，遠矚九流。以去年四月二十三日，創功覆簣。前冬至此，訪承尔日，正是陛下龍飛之辰。蓋聞道配太極者，嘉瑞自顯；德同二儀者，神應必彰。所以河洛眪有周之兆，靈石表大晉之徵。伏謂兹山之符驗，豈非齊帝之靈應耶？檀越奉國情深，至使運屬時徵，不能忘心，豈能遺事？輒疏山讚一篇，以露愚抱。

讚曰：峩峩齊山，誕自幽冥。潛瑞幾昔，帝號乃〔一三〕明。岑戴〔一四〕聖字〔一五〕，兆祚休名。巒根雲坦，峯岳霞平。規巖擬刹，度嶺締經。創工之日，龍飛紫庭。道侔二儀，四海均清。終天之祚，岳德表靈。

琰即具以表聞，勑蠲百户以充俸給。齊驃騎豫章王嶷作鎮荆陝〔一六〕，遣使徵請。河南吐谷渾主遥心敬慕，迺馳騎數百，迎於齊山。值已東赴，遂不相及。至齊武升位，司徒文宣王啓自江陵，旋于京師。文惠太子又遣徵迎，既勑命重疊，辭不獲免，於是汎舟東下。中途動疾，帶恙〔一七〕至京。傾衆阻望，止住靈根。少時而卒，春秋六十有九。是歲齊永明二年十一月十六日，即窆于鍾阜獨龍山前。臨川獻王立碑，汝南周顒製文。

## 校勘記

〔一〕按，據名僧傳抄，名僧傳卷七有「齊靈根寺玄暢」傳。稱「靈根寺玄暢」者，卒時「止住靈根」故。

〔二〕帥：思溪藏本作「師」。

〔三〕代：高麗藏、金藏本作「岱」。

〔四〕索：高麗藏再雕本作「典」，金藏本作「素」。

〔五〕技：高麗藏、金藏本作「伎」。

〔六〕必：嘉興藏本作「畢」。

〔七〕幽：高麗藏、金藏本作「研」。

〔八〕王：高麗藏、金藏本作「主」。

〔九〕躬：高麗藏再雕本作「君」。

〔一〇〕西：原作「迺」，據高麗藏、金藏本改。

〔一一〕連壘疊嶺：高麗藏本作「連疊」，金藏本作「連崗疊」。

〔一二〕開：高麗藏本作「關」。

〔一三〕乃：高麗藏再雕本作「仍」。

〔一四〕戴：高麗藏、金藏本作「載」。

〔一五〕字：高麗藏、金藏本作「宇」。

〔一六〕陝：高麗藏、金藏本作「峽」。

〔一七〕恙：高麗藏、金藏本作「患」。

# 齊上定林寺釋僧遠道憑　法令　慧泰

釋僧遠〔一〕，姓皇，渤〔二〕海重合人。其先北地皇甫氏，避難海隅故，去「甫」存「皇」焉。遠幼而樂道，年十六，欲出家，父母不許，因蔬食懺誦，曉夜不輟。年十八，方獲入道。時有沙門道憑〔三〕，高才秀德，聲蓋海岱，遠從受學。通明數論，貫大小乘。

宋大明中度江，住彭城寺。昇明中，於小丹楊牛落山立精舍，名曰龍淵。遠年三十一，始於青州孫秦寺南面講説。言論清暢，風容秀整。坐者四百餘人，莫不悦服。瑯琊王僧達才貴當世，藉遠風素，延止衆造寺。遠周〔四〕貧濟乏，身無留財。有玄紹比丘，每給以金貝，遠讓而弗受。嘗一時行青園，閭里中有〔五〕得時氣病者，憫而造之。見駢尸侶病者數人，人莫敢近。遠深加痛惋，留止不忍去。因爲告乞，斂死撫生，恩加骨肉。

宋新安孝敬王子鸞爲亡所生母殷貴妃〔六〕造新安寺，勑選三州，招延英哲，遠與小山法瑤、南澗顯亮俱被徵召，皆推遠爲允〔七〕舉之首。

大明六年九月，有〔八〕司奏曰：「臣聞邃拱凝居，非期宏峻；拳跪槃伏，豈止敬恭？將以〔九〕昭張四維，締制八寓，故雖儒法枝派，名墨條流，至於崇親嚴上，厥繇靡爽。唯浮圖爲教，逷自龍堆〔一〇〕，宗旨緬邈，微言淪遠〔一一〕，拘文蔽道，在末弥扇。遂迺陵越典度，偃居尊戚。失隨方之妙〔一二〕迹，迷製化之淵美〔一三〕。夫佛法以謙儉自牧，忠〔一四〕虔爲道，不輕比丘遭人必拜，目連桑門遇長則禮，寧有屈膝四輩而簡〔一五〕禮二親，稽首〔一六〕耆臘而直骸万乘者哉？故咸康創議，元興載述，而事屈偏黨，道挫餘分。今鴻源遥洗，群流仰鏡，九仙贍寶，百神聳〔一七〕職。而畿輦之内，含弗臣之氓；階席之間，延抗禮之客。懼非所以澄一風範，詳示景則者也。臣等參議，以爲沙門接見，皆當盡虔禮敬〔一八〕之容。依其本俗，則朝徽有序，乘方兼遠矣。」帝雖頗信法，而尤〔一九〕自驕縱，故奏上之日，詔即可焉。遠時歎曰：「我剃頭沙門，本出家求道，何關於帝王？」即日謝病，仍隱迹上定林山。及景和之中，此制又寢，還遵舊章。

宋明踐祚，請遠爲師，竟不能致。其後山居逸迹之賓，傲世淩雲之士，莫不策〔二〇〕踵山門，展敬禪室。廬山何點〔二一〕、汝南周顒、齊郡明僧紹、濮陽吴苞、吴國張融，皆投身接足，諮其戒範。後宋建平王景素謂栖玄寺是先王經始，既寺〔二二〕是人外，欲請遠居之。慇懃再三，遂不下山。齊太祖將升位，入山尋遠，遠固辭老疾，足不垂床。太祖躬自降禮，諮訪委悉。及登禪，復鑾駕臨幸，將詣遠房。房閤狹小，不容輿蓋。太祖欲見遠，遠持操不動。太祖遣問臥起，然後轉蹕而去，遠曾不屑焉。至于寢疾，文惠、文宣並服〔二三〕膺師禮，數往參候。時貴卿士，往還不絕。

遠蔬食五十餘年，澗飲二十餘載。遊心法苑，緬想人外，高步山門，蕭然物表。以齊永明二年正月，卒于定林上寺，春秋七十有一。帝〔二四〕致書於沙門法獻曰：「承遠上無常，弟子夜中已自知之。遠上此去，甚得好處，諸佳非一，不復增悲也。一二遲見法師，方可叙瑞夢耳。今正爲作功德，所須可具疏來也。」竟陵文宣王又書曰：「遠法師一代名德，志節清高，潛山樹美，四海飡風。弟子闇昧，謬蒙師範，方欲仰稟仁化，用洗煩慮，不謂此〔二五〕疾，奄成異世，悲痛之心，特不可忍。遠上即既〔二六〕業行圓通，曠劫希有，弟子意不欲遺形影迹，雜處衆僧墓中，得別卜餘地，是所願也。方應樹刹表奇，刻石銘德矣。」即爲營墳於山南，立碑頌德。太尉瑯瑘王儉製文。

時定林上寺又有法令、慧泰〔二七〕，並善經論，繼轡於遠焉。

**校勘記**

〔一〕按，據名僧傳抄，名僧傳卷七有「齊定林上寺僧遠」傳。

〔二〕渤：高麗藏、金藏本作「勃」。

〔三〕憑：思溪藏、高麗藏、金藏本作「慧」。按，本書卷十四目録作「憑」。續高僧傳卷八齊鄴西寶山寺釋道憑傳：「釋道憑，姓韓，平恩人。（中略）以齊天保十年三月七日，卒於鄴城西南寶山寺，春秋七十有二。」故知其生於永明六年（四八八），此時僧遠已卒。道慧，傳見本卷前文，爲僧遠弟子，非「遠從受學」者。此道憑疑即卷七超進傳附見之道憑。

〔四〕周：高麗藏、金藏本作「賙」。

〔五〕有：高麗藏、金藏本無。

〔六〕貴妃：原作「責如」，據高麗藏、金藏本改。

〔七〕允：高麗藏、金藏本作「元」。

〔八〕有：原作「右」，據高麗藏再雕本及宋書卷九七夷蠻傳、集沙門不應拜俗等事卷二宋孝武帝抑沙門致拜事改。

〔九〕以：高麗藏、金藏本作「欲」。

〔一〇〕堆：原作「脅」，據宋書卷九七夷蠻傳改。按，龍堆指白龍堆（西域沙丘名），這裏代指西域。又，宋書卷九七夷蠻傳、集沙門不應拜俗等事卷二宋孝武帝抑沙門致拜事此下有「反經提傳，訓遐事遠，練生鎣識，恒俗稱難」一段。

〔一一〕遠：宋書卷九七夷蠻傳、集沙門不應拜俗等事卷二宋孝武帝抑沙門致拜事中作「隔」。

〔一二〕妙：宋書卷九七夷蠻傳引作「眇」。

〔一三〕美：宋書卷九七夷蠻傳引作「義」。

〔一四〕忠：高麗藏、金藏本作「惠」。

〔一五〕簡：思溪藏、高麗藏、金藏本及集沙門不應拜俗等事卷二宋孝武帝抑沙門致拜事作「間」。

〔一六〕首：高麗藏、金藏本及宋書卷九七夷蠻傳中作「額」。
〔一七〕聳：高麗藏、金藏本作「從」。
〔一八〕盡虔禮敬：原作「盡禮敬」，據高麗藏、金藏本及宋書卷九七夷蠻傳補。按，集沙門不應拜俗等事卷二宋孝武帝抑沙門致拜事中作「盡禮虔敬」。
〔一九〕尤：高麗藏、金藏本作「久」。
〔二〇〕策：高麗藏、金藏本作「崇」，可洪新集藏經音義隨函録卷二七高僧傳第八卷音義中作「縈」。
〔二一〕點：原作「默」，據高麗藏、金藏本改。按，湯用彤先生校注曰：「南齊書列傳三十五謂：何求，廬江灊人。弟點，亦隱士。又據南史何尚之傳謂點：『門世信佛，常於居園中，招携勝侣及名德桑門。』何點梁書亦有傳。」
〔二二〕寺：思溪藏、高麗藏、金藏本作「等」。
〔二三〕並服：高麗藏、金藏本作「伏」。
〔二四〕帝：高麗藏、金藏本作「帝以」。
〔二五〕此：高麗藏再雕本作「比」。
〔二六〕既：高麗藏、金藏本無。
〔二七〕按，法令，傳見續高僧傳卷五梁鍾山上定林寺沙門釋法令傳；慧泰，傳見釋法令傳附。

## 齊荆州竹林寺釋僧慧曇順 慧敞 僧岫

釋僧慧〔一〕，姓皇甫，本安定朝那人，高士謐之苗裔。先人避難，寓居襄陽，世爲冠族。慧少出家，止荆州竹林寺，事曇順爲師。順，廬山慧遠弟子，素有高譽。慧服〔二〕膺已後，專心義學。至年二十五，能講涅槃、法華、十住、净名、雜心等，性强記，不煩都講，而文句辯析，宣暢如流。又善莊老，爲西學所師。與高士南陽宗炳、劉虬等並皆友善。炳每歎曰：「西夏法輪不絶〔三〕，其在慧公乎？」吴國張暢經遊西土，迺造慧而請交焉。

齊初，勑爲荆州僧主。風韻秀然，協道匡世，補益之功，有譽遐邇。年衰，常乘輿赴講，觀者号爲「秃頭官家」。與玄暢同時，時人〔四〕謂「黑衣二傑」。齊永明四年卒，春秋七十有九。

後有釋慧敞〔五〕者，亦志業〔六〕貞正，代慧爲僧主，續有功効焉。慧弟子僧岫，亦以學顯，力精致血疾而終。

### 校勘記

〔一〕按，據名僧傳抄，名僧傳卷二一有「齊江陵陟屺寺釋僧惠」傳。

〔二〕服：思溪藏、高麗藏、金藏本作「伏」。

〔三〕不絶：高麗藏本作「不絶者」。
〔四〕時人：高麗藏本作「時」，金藏本作「人」。
〔五〕按，據名僧傳抄，名僧傳卷二二有「齊江陵四層寺惠敞」傳。
〔六〕業：高麗藏、金藏本作「素」。

## 齊上定林寺釋僧柔弘稱　僧紹　僧拔　慧熙

釋僧柔〔一〕，姓陶，丹陽人。少而耿潔，便有出塵之操。年九歲，隨叔遊學。家世貧迫，藜藿不充，而篤志弥堅，履窮無改。後出家，爲弘稱弟子。稱姓吕，洛陽臨渭人，學通經論，聲譽早彰。柔服膺〔二〕已後，便精懃戒品，委曲禪慧。方等衆經，大小諸部，皆徹鑒玄源，洞盡宗要。年過弱冠，便登講席。一代名賓，並投身北面。

後東遊禹穴，值慧基法師，招停城傍，一夏講論。後入剡白山靈鷲寺，未至之夜，沙門僧緒夢見神人彩〔三〕旗素甲，滿山而出。緒問其故，答云：「法師當入，故出奉迎。」明旦待人，果是柔至。既而掃飾山門，有終焉之志。敷經導〔四〕學，有士如林。

齊太祖創業之始及世祖襲圖之日，皆建立招提，傍求義士，以柔耆素有聞，故徵書歲及。文宣諸王再三招請，乃更出京師，止于定林寺，躬爲元匠。四遠欽服，人神讚美。文惠、文宣，並服膺入室。柔秉德居宗，當之弗讓。常誓生安養國，每至懸輪〔五〕西次，輒嚬〔六〕容合掌。至臨亡之日，體無餘患，唯語弟子云：「吾應去矣。」仍鋪席于地，西向虔禮，奄然而卒。是歲延興元年，春秋六十有四，即葬於山南。沙門釋僧祐與柔少長山栖，同止歲久，亟挹道心，預聞法味，爲立碑墓所，東莞劉勰製文。

柔有弟子僧紹，亦貞正有學業。時鍾山山茨精舍又有僧拔、慧熙〔七〕，皆弱年英邁，幼著高名，並美業未就而相繼早卒。拔撰七玄論，今行於世。

校勘記

〔一〕按，據名僧傳抄，名僧傳卷七有「齊定林上寺僧柔」傳。

〔二〕服膺：高麗藏、金藏本作「伏膺」。下同。

〔三〕彩：高麗藏、金藏本作「朱」。

〔四〕導：高麗藏、金藏本作「遵」。

〔五〕輪：高麗藏、金藏本作「車」。

〔六〕嚬：思溪藏本作「頻」。

〔七〕按，據名僧傳抄，名僧傳卷一〇有「齊鍾山草堂寺僧拔」傳、卷一七有「齊草堂寺惠熙」傳。草堂寺，即山茨精舍。續高僧傳卷六梁國師草堂寺智者釋慧約傳：「（齊中書郎汝南周顒）於鍾山雷次宗舊館造草堂寺，亦號山茨。」

# 齊山陰法華山釋慧基僧行 慧旭 道恢 慧永 慧深 法洪

釋慧基〔一〕，姓呂〔二〕，吴國錢唐〔三〕人。幼而神情儁逸，機悟過人。初依隨祇洹慧義法師，至年十五，義嘉其神彩，爲啓宋文帝求度出家。文帝引見，顧問允愜〔四〕，即勑於祇洹寺爲設會出家。輿駕親幸，公卿必集。基既栖志法門，厲行精苦，學兼昏曉，解洞群經。後有西域法師僧伽跋摩弘讚禪律，來遊宋境，義乃令基入室供事。

年滿二十，度蔡州受戒。跋摩謂基曰：「汝當道王江東，不須久留京邑。」於是四五年中，遊歷講肆，備訪衆師。善小品、法華、思益、維摩、金剛波若、勝鬘等〔五〕經，皆思探玄賾，鑒徹〔六〕幽凝，提章比句，麗溢終古。

基師慧義既德居物宗，道王京土，士庶歸依，利養紛集。以基懿德可稱，乃攜共同活。及義之亡後，資生雜物近盈百萬，基法應獲半，悉捨以爲福，唯取龕故衣鉢協以東歸，還止錢唐〔七〕顯明寺。

頃之，進適會稽，仍止山陰法華寺。尚學之徒，追蹤問道，於是遍歷三吴，講宣經教。學徒至者，千有餘人。宋太宗遣使迎請，稱疾不行。元徽中，復被徵詔，始行過浙水，復動疾而還，乃於會邑龜山立寶林精舍，手疊塼石，躬自指麾，架懸乘險，製極山狀。初立三層，匠人小拙，後天震毀壞，更加修飾，遂窮其麗美。

基嘗夢見普賢，因請爲和尚〔八〕。及寺成之後，造普賢并六牙白象之形。即於寶林設三七齋懺，士庶鱗集，獻奉相仍。後周顒莅剡，請基講説。顒既素有學功，特深佛理，及見基訪覈，日有新異。劉瓛、張融並申以師禮，崇其義訓。司徒文宣王欽風慕德，致書慇懃，訪以法華宗旨，基乃著法華義疏，凡有三卷。及製門訓義序三十三科，并略申方便旨趣，會通空有二言。及注遺教等，並行於世。

基既德被三吴，聲馳海内，乃勑爲僧主，掌任十城，蓋東土僧正之始也。於是從容講道，訓厲禪慧，四遠從風，五衆歸伏。基性烈而能温，氣清而且穆，故預在門人，莫不兢戰。以齊建武三年冬十一月，卒于城傍寺，春秋八十有五。

初基寢疾，弟子夢見梵僧數人皆踞砌坐，問〔九〕所從來，答云：「從大乘國來，奉迎基和上。」後數日而亡，因窆于法華山南。特進廬江何〔一〇〕胤爲造碑文於寶林寺，銘其遺德。

基弟子僧行〔一一〕、慧旭、道恢並學業優深，次第敷講，各領門徒，繼軌前轍。後有沙門慧諒接掌僧任。諒亡，次沙門慧永。永風姿瓌雅，德行清嚴，亦遊刃衆經，時當講説。永後次沙門慧深，亦基之弟子。深與同學法洪並以戒素〔一二〕見重。深後次沙門曇興〔一三〕，亦沉審有氣〔一四〕局。

## 校勘記

〔一〕按，據名僧傳抄，名僧傳卷七有「齊山陰城傍寺惠基」傳。

〔二〕吕：高麗藏、金藏本作「偶」。

〔三〕唐：高麗藏本作「塘」。

〔四〕愜：高麗藏再雕本、金藏本作「怗」。

〔五〕等：原作「寺」，據諸校本改。

〔六〕徹：高麗藏本作「勬」，金藏本作「洞」。

〔七〕唐：高麗藏、金藏本作「塘」。

〔八〕尚：高麗藏、金藏本作「上」。

〔九〕問：原作「間」，據思溪藏、高麗藏、金藏本改。

〔一〇〕何：原作「河」，據高麗藏、金藏本改。按，何胤（四四六—五三一），字子季，廬江灊人。傳見南齊書卷五四、梁書卷五一。

〔一一〕僧行：高麗藏本作「德行」。按，本書卷十四目録作「僧行」。又，據名僧傳抄，名僧傳卷一〇有「齊上虞城山寺僧行」傳。名僧傳抄中抄録有僧行傳：「和上諱僧行，本姓支，會稽山陰人，年十三出家，爲基法師弟子，住城傍寺。（中略）永明中，上虞縣城山寺是蔡興宗所立，年歲稍久，風範彫喪，既闕總領，請和上鎮正，乃拂衣就之。（中略）春秋五十九，永明十一年卒。」

〔二〕素：高麗藏、金藏本作「潔」。
〔三〕與：高麗藏、金藏本作「與」。
〔四〕氣：高麗藏再雕本作「器」。

## 齊京師謝寺釋慧次僧寶　僧智　法珍　僧嚮　僧猛　法寶　慧淵

釋慧次〔一〕，姓尹，冀州人。初出家，爲志欽弟子。後遇徐州釋法遷，解貫當世，欽乃以次付囑。仍隨還南至京口，止竹林寺。至年十五，隨遷還彭城。雖復年在息慈，而志學無勌，清鑒倫通，超然孤拔。至年十八，解通經論，名貫徐土。迄稟具戒，業操弥深，頻講成實及三論等〔二〕。大明中出都，止于謝寺。迄宋季齊初，歸德稍廣，每講席一鋪，輒道俗奔赴。沙門智藏、僧旻、法雲〔三〕等皆幼年俊朗，慧悟天發，並就次請業焉。文慧、文宣悉敬以師禮，四事供給。永明八年講百論，至破塵品，忽然從化，春秋五十七矣。

時謝寺又有僧寶、僧智，長樂寺法珍、僧嚮〔四〕、僧猛、法寶、慧淵〔五〕，並一代英哲，爲時論所宗。

### 校勘記

〔一〕按，據名僧傳抄，名僧傳卷一七有「齊謝寺惠次」傳。

〔二〕等：高麗藏、金藏本無。

〔三〕按，智藏，俗姓顧，吴郡吴人，傳見續高僧傳卷五梁鍾山開善寺沙門釋智藏傳；僧旻，俗姓孫，吴郡富春人，傳見續高僧傳卷五梁揚都莊嚴寺沙門釋僧旻傳；法雲，俗姓周，宜興陽羨人，傳見續高僧傳卷五梁揚都光宅寺沙門釋法雲傳。

〔四〕嚮：嘉興藏本及釋氏六帖卷一〇法施傳燈部「慧次少雋」條作「響」。

〔五〕淵：本書卷十四目録、高麗藏、金藏本及釋氏六帖卷一〇法施傳燈部「慧次少雋」條作「調」。

## 齊京師何園寺釋慧隆智誕　僧辯　僧賢　道慧　法度

釋慧隆〔一〕，姓成，陽平人。少而居貧，學無師友，卓然自悟。年二十三方出家，十餘年中，凝心佛法，貫通衆典。宋太始中出都，止何園寺。隆既思徹詮表，善於清論，乘機抗擬，往必折鬬。宋明帝請於湘宫寺〔二〕開講成實，負袠問道八百餘人。其後王侯貴勝，屢招講説。凡先舊諸義盤滯之處，隆更顯發開張，使昭然可了，乃立實法斷結義等。汝南周顒目之曰：「隆公蕭散森疏，若霜下之松竹。」以永明八年卒，春秋六十有二。

時江西有釋智誕〔三〕，亦善於經論，與隆比德齊時，各馳名兩岸。時何園寺復有僧辯、僧賢、道慧、法度，並研精經論，功業可稱。

校勘記

〔一〕按，據名僧傳抄，名僧傳卷一七有「齊何薗寺惠隆」傳。

〔二〕寺：高麗藏、金藏本無。後同。

〔三〕按，據名僧傳抄，名僧傳卷一七有「僞魏智誕」傳。又，據續高僧傳卷六梁揚都湘宮寺釋曇准傳：「釋曇准，姓弘，魏郡湯陰人。住昌樂王寺，出家從智誕法師受業」。

## 齊京師太昌寺釋僧宗曇准　法身　法真　慧令　法仙　法最　僧敬　道文　僧賢

釋僧宗〔一〕，姓嚴，本雍州馮翊人。晉氏喪亂，其先四世祖移居秦郡。年九歲，爲瑗公弟子，諮承慧業。晚又受道於斌、濟二法師。善大涅槃及勝鬘、維摩等，每至講説，聽者將近千人〔二〕，妙辯不窮，應變無盡。而任性放蕩，亟越儀法，得意便行，不以爲礙。守檢專節者，咸有是非之論。文惠太子將欲罪擯徙逐〔三〕，通夢有感，於是改意歸焉。魏主元宏遥挹風德，屢致書并請開講。齊世〔四〕祖不許外出。宗講涅槃、維摩、勝鬘等，近盈百遍。以從來信施，造太昌寺以居之。建武三年卒〔五〕所住，春秋五十有九。

先是北土法師曇准聞宗特善涅槃，迺南遊觀聽。既南北情異，思不相參，准乃別更講說，多爲北土所師。准後居湘宫寺，與同寺法身、法真並爲當時匠者。時有安樂寺慧令、法仙、法最，中興寺僧敬、道文，天竺寺僧賢，並善數論，振名上國云。

**校勘記**

〔一〕按，據名僧傳抄，名僧傳卷一七有「齊大昌寺僧宗」傳。
〔二〕人：高麗藏、金藏本作「餘」。
〔三〕逐：原作「遂」，據思溪藏、普寧藏本改。
〔四〕世：高麗藏再雕本作「太」。按，齊世祖，即齊武帝蕭賾（四四〇—四九三）；齊太祖，即齊高帝蕭道成（四二七—四八二）。
〔五〕卒：高麗藏再雕本作「卒於」。

## 齊京師中寺釋法安慧光　敬遺　光贊　慧韜　道宗

釋法安〔一〕，姓畢，東平人，魏司隸校尉軌之後也。七歲出家，事白馬寺慧光〔二〕爲師。光幼而爽拔，博通内外，多所參知。安年在息慈，便精神秀出。時張永請斌公講，并屈召名學，永問斌云：「京下復有卓越年少不？」斌荅：「有沙弥道慧、法安、僧拔、慧熙。」永即要請，令道慧覆涅槃，法安述佛性，神色自若，序瀉無遺。永問並年幾，慧荅十九，安荅十八。永歎曰：「昔扶風朱勃年十二，能誦〔三〕書詠詩，時人号『才童』，今日二道士〔四〕，可曰『義少』也！」於是顯譽京朝，流名四遠。迄至立年，專當法匠。王僧虔出鎮湘州，携共同行。後南適番禺，正值彼〔五〕公講涅槃。安問論數番，彼〔六〕心愧讓席。停彼兩周，法事相繼。永明中還都，止中寺，講涅槃、維摩、十地、成實論，相繼不絶。司徒文宣王及張融、何胤、劉繪、劉瓛等，並稟服文義，共爲法友。永泰元年，卒於中寺，春秋四十有五。著浄名、十地義疏并僧傳五卷〔七〕。

時有靈基寺敬遺、光贊、慧韜，瓦官寺道宗，亦皆當時名流，爲學者所慕。

## 校勘記

〔一〕按，據名僧傳抄，名僧傳卷一七有「齊中寺法安」傳。

〔二〕按，據名僧傳抄，名僧傳卷二八有「宋白馬寺惠光」傳。

〔三〕誦：高麗藏、金藏本作「讀」。

〔四〕士：高麗藏、金藏本無。

〔五〕彼：高麗藏、金藏本作「攸」。下一「彼」同。

〔六〕彼：思溪藏本作「敬」。

〔七〕按，名僧傳説處第一七有「法安著十地義疏、沙門傳五卷，並傳於世事」。

## 齊京師中興寺釋僧印 慧龍

釋僧印〔一〕，姓朱，壽春人。少而神思沉審，安苦務學。初遊彭城，從曇度受三論。度既擅步一時，四遠依集，印稟味鑽研，窮其幽奧。後進往廬山，從慧龍諮受法華。龍亦當世著名，播於法華宗旨。印偏功構徹，獨表新異。於是東適京師，止中興寺，復陶思涅槃及其〔二〕餘經典。

宋大明中，徵君何點〔三〕招僧大集，請印爲法匠，聽者七百餘人。司徒文宣王、東海徐孝嗣，並挹敬風猷，屢請講説。印戒行清嚴，稟性和穆，含恕安忍，喜愠不彰。時壯〔四〕氣之徒，問論中間，或厝以嘲謔，印神采〔五〕夷然，曾無介〔六〕意。雖學涉衆典，而偏以法華著名，講法華凡二百五十二遍。以齊永元元年卒，春秋六十有五矣。

### 校勘記

〔一〕按，據名僧傳抄，名僧傳卷一七有「齊中興寺僧印」傳。

〔二〕其：高麗藏、金藏本無。

〔三〕點：原作「默」，據高麗藏、金藏本改。參本卷釋僧遠傳校勘記。

〔四〕壯：高麗藏再雕本作「仗」。

〔五〕采：高麗藏、金藏本作「彩」。
〔六〕介：思溪藏、高麗藏、金藏本作「外」。

## 齊瑯琊嵎山釋法度 法紹　僧朗　惠開　法開　僧紹

釋法度〔一〕，黄龍人。少出家，遊學北土，備綜衆經，而專以苦節成務。宋末，遊于京師。高士齊郡〔二〕明僧紹抗迹人外，隱居瑯琊之嵎山，挹度清真〔三〕，待以師友之敬。及亡，捨所居山爲棲霞精舍，請度居之。先有道士，欲以寺地爲館，住者輒死，及後爲寺，猶多恐動。自度居之，群妖皆息。

經〔四〕歲許，忽聞人馬鼓角之聲，俄見一人持紙名〔五〕通度，曰靳尚。度前之，尚形甚都雅，羽衛亦嚴。致敬已，乃言：「弟子王有此山七百餘年，神道有法，物不得干。前諸棲託，或非真正，故死病繼之，亦其命也。法師道德所歸，謹捨以奉給，并願受〔六〕五戒，永結來緣。」度曰：「人神道殊，無容相屈。且檀越血食世祀，此最五戒所禁。」尚曰：「若備門徒，輒先去殺。」於是辭去。明旦，度見一人送錢一萬，香燭刀子，疏云：「弟子靳尚奉供。」至月十五日，度爲設會，尚又來，同衆禮拜行道，受戒而去。嵎山廟巫夢神告曰：「吾已受戒於度法師，祠祀勿得殺戮。」由是廟用〔七〕薦止菜脯而已。度嘗動散寢於地，見尚從外來〔八〕，以手摩頭足而去。頃之復來，持一琉璃甌，甌中如水以奉度，味甘而冷，度所苦即間，其徵感若此。

時有沙門法紹〔九〕，業行清苦，譽齊於度，而學解優之，故時人号曰「北山二聖」。紹本巴西人，汝南周顒去成都，招共同下，止于山茨精舍。度與紹並爲齊竟陵王子良、始安王遥光恭以師禮，資給四事。度常願生安養，故偏講無量壽經，積有遍數。齊永元二年，卒於山中，春秋六十有四。

度弟子〔一〇〕僧朗，繼踵先師，復綱山寺。朗本遼東人，爲性廣學，思力該普，凡厥經律，皆能講說，華嚴、三論，最所命家。今上深見器重，勑諸義士受業于山。

時有彭城寺惠開〔一一〕，幼而神氣高朗，志學淵深，故早彰令譽，立年便講。又餘杭縣法開〔一二〕者，亦清爽儁發，善爲談論，出京止禪崗〔一三〕寺，與同寺僧紹有聞當時。

**校勘記**

〔一〕按，據名僧傳抄，名僧傳卷二二有「齊臨沂攝山法度」傳。

〔二〕郡：原作「邪」，據諸校本改。

〔三〕真：高麗藏、金藏本作「徽」。

〔四〕經：高麗藏再雕本作「住經」。

〔五〕紙名：高麗藏再雕本作「名紙」。按，大正藏本法苑珠林卷八九受戒篇三聚部感應緣引作「名紙」，餘諸大藏經本作「紙名」；釋氏六帖卷一〇法施傳燈部「法度二部」條引作「名紙」。紙名，即紙作的名刺，也即名紙。祖庭事苑卷四雪竇祖英下「名紙」條：「漢時未有紙，書姓名於刺，削竹木爲之，後用名紙代刺也。」

〔六〕受：原無，據高麗藏再雕本及法苑珠林卷八九受戒篇三聚部感應緣引補。

〔七〕用：思溪藏、普寧藏、嘉興藏本及法苑珠林卷八九受戒篇三聚部感應緣引作「同」，高麗藏初雕本作「周」。

〔八〕來：高麗藏再雕本作「而來」。

〔九〕按，據名僧傳抄，名僧傳卷二三有「齊草堂寺法紹」傳。

〔一〇〕弟子：高麗藏再雕本作「有弟子」。

〔一一〕按，惠開，俗姓袁，吴郡海鹽人。天監六年（五〇七）卒，年三十九。傳見續高僧傳卷六梁揚都彭城寺釋慧開傳。

〔一二〕按，法開，俗姓俞，吴興餘杭人。普通四年（五二三）卒，年六十五。傳見續高僧傳卷六梁餘杭西寺釋法開傳。

〔一三〕崗：金藏本作「岡」。又，續高僧傳卷六梁餘杭西寺釋法開傳：「開懷快然，遂負袠西遊，住禪岡寺，仍從柔、次二公學成實論。」宋書卷八七蕭惠開傳：「（蕭惠開）丁父艱，居喪有孝性，家素事佛，凡爲父起四寺，南岸南崗下，名曰禪崗寺；曲阿舊鄉宅，名曰禪鄉寺；京口墓亭，名曰禪亭寺；所封封陽縣，名曰禪封寺。」

## 梁京師治城寺釋智秀僧若　道乘　僧璿

釋智秀，本姓裘，京兆人，寓居建業。幼而穎悟，早有出家之心，二親愛而不許，密爲求婚，將剋娶日，秀乃間行避走，投蔣山靈曜寺剃髮出家。及年滿具戒，業操愈〔一〕堅，稟訪衆師，搜檢新異，於是大小兼明，數論精熟，尤善大小涅槃、浄名、波若。及講筵一建，輒王侯接駕，負衮肩隨。爲人神采〔二〕細密，思入玄微。其文句幽隱，並見披釋。以天監之初，卒于治城寺，春秋六十有三。會葬之日，黑白奔赴，街巷填闉，士庶含酸，榮哀以備。

時治城又有僧若〔三〕、道乘，並〔四〕當時令聞〔五〕。若與兄僧璿並善諸經及外書〔六〕。若誦法華，工草隸，後爲吴國僧正。乘亦志業明敏，而特善毗曇。

### 校勘記

〔一〕愈：高麗藏、金藏本作「逾」。

〔二〕采：高麗藏、金藏本作「彩」。

〔三〕按，僧若，莊嚴寺僧璩（傳見本書卷一一）之兄子，普通元年（五二〇）卒，傳見續高僧傳卷五梁吴郡虎丘山沙門釋僧若傳。

〔四〕並：高麗藏初雕本、金藏本無，高麗藏再雕本作「乘」。

〔五〕聞：高麗藏、金藏本作「問」。

〔六〕按，續高僧傳卷五梁吴郡虎丘山沙門釋僧若傳：「復有僧令者，若之兄也，亦以碩學知名。少而俊警，長益廉退，經律通明，不永早世。」僧令和僧璿如非一人，則僧若兄弟多人出家，且皆有令聞。

## 梁荆州釋慧球

釋慧球，本姓馬氏，扶風郡人，世爲冠族。年十六出家，住荆州竹林寺，事道馨爲師。禀承戒訓，履行清潔。後入湘州麓山〔一〕，專業禪道。頃之，與同學慧度俱適京師，諮訪經典。後又之彭城，從僧淵受成實論。至年三十二，方還荆土，專當法匠，講集相繼，學侣成群，荆楚之間，終古稱最。使西夏義僧得與京邑抗衡者，球之力也。中興元年，勅爲荆土僧主，訓勗之功，有譽當世。天監〔二〕三年卒，春秋七十有四。遺命露骸松下，弟子不忍行也。

校勘記

〔一〕麓山：高麗藏再雕本作「麓山寺」。

〔二〕監：高麗藏、金藏本作「鑒」。按，天監（五〇二—五一九）是梁武帝蕭衍第一個年號。

## 梁京師靈曜寺釋僧盛 法欣　智敞　法冏　僧護　僧韶

釋僧盛，本姓何，建業〔一〕人。少而神性〔二〕聰敏，加又志學翹懃，遂大明數論，兼善衆經，講説爲當時元匠。又特精外典，爲群儒所憚，故學館諸生，常以盛公相脅。天監〔三〕中，卒于靈曜寺，春秋五十餘。

時有宋熙寺法欣〔四〕，延賢寺智敞〔五〕、法冏，建元寺僧護〔六〕、僧韶〔七〕，皆比德同譽。欣、敞並善經論，法冏兼精律部，韶、護以毗曇著名。

校勘記

〔一〕業：高麗藏、金藏本作「鄴」。

〔二〕性：思溪藏、高麗藏、金藏本作「情」。

〔三〕監：高麗藏、金藏本作「鑒」。

〔四〕法欣：續高僧傳中作「智欣」。續高僧傳卷五梁鍾山宋熙寺沙門釋智欣傳：「釋智欣，姓潘，丹陽建康人也。」天監五年（五〇六）卒，春秋六十一。

〔五〕智敞：續高僧傳中作「法敞」。續高僧傳卷六梁揚都瓦官寺釋道宗傳：「復有法敞，住延賢寺。少研經數，長多講説。齊末歲儉，固窮守操，清貧馳務，不競貪積。天監初，西遊陸海，東歸全楚，弘宣有功焉。」

〔六〕僧護：續高僧傳中作「法護」。續高僧傳卷五梁揚都建元寺沙門釋法護傳：「釋法護，姓張，東平人。（中略）雅好博古，多講經論，常以毗曇命家。」天監六年卒，春秋六十九。

〔七〕按，僧韶，姓王，齊國高安人。天監三年卒于住寺，春秋五十有八。傳見續高僧傳卷五梁揚都建元寺沙門釋僧韶傳。

## 梁山陰雲門山寺釋智順

釋智順，本姓徐，瑯琊臨沂人。年十五出家，事鍾山延賢寺智度爲師。少而聰穎，篤志過人，故〔一〕雖年在息慈，而學功已績〔二〕。及受具戒，秉禁無疵。陶練衆經，而獨步於涅槃、成實。講説徒衆，常數百餘人。嘗以事生非慮，頗致坎折，而貞素確然，其徽無點。

齊竟陵文宣王特深禮異，爲修冶城寺以居之。司空徐孝嗣亦崇其行解，奉以師敬。及東昏失德，孝嗣被誅，子緄逃竄避禍，順身自營護，卒以獲〔三〕免。緄後重加資俸，一無所受。嘗有夜盜順者，净人追而擒之。順留盜宿于房内，明旦，遺以錢絹，喻而遣之。其仁洽篤恕如此。後東遊禹穴，止于雲門精舍。法輪之盛，復見江左。

順爲人虚靖[四]恭恪，形器若神，風軌清嚴[五]，動無失厝。故士庶瞻禮，當[六]有懼焉。以天監[七]六年，卒于山寺，春秋六十一。

初，順之疾甚，不食多日，一時中竟，忽索齋飯[八]。弟子曇和以順絶穀日久，密以半合米雜煮以進順。順咽而還吐，索水洗[九]漱，語和云：「汝永出雲門，不得還住。」其執節精[一〇]苦，皆此之類。臨終之日，房内頗聞異香，亦有見天華[一一]天蓋者。遺命露骸空地，以施蟲鳥，門人不忍行之，乃窆于寺側。弟子等立碑頌德，陳郡袁昂製文，法華寺釋惠舉又爲之墓誌。順所著法事讚及受戒、弘法等記，皆行於世。

## 校勘記

〔一〕故：高麗藏、金藏本無。
〔二〕績：高麗藏、金藏本作「積」。
〔三〕獲：高麗藏、金藏本作「見」。
〔四〕虚靖：高麗藏、金藏本作「謙虚」。
〔五〕清嚴：高麗藏、金藏本作「嚴厲」。
〔六〕當：高麗藏、金藏本作「常」。
〔七〕監：高麗藏、金藏本作「鑒」。
〔八〕飯：高麗藏、金藏本作「飲」。

〔九〕洗：高麗藏、金藏本作「洒」。

〔一〇〕精：高麗藏、金藏本作「清」。

〔一一〕天華：高麗藏、金藏本無。

## 梁京師靈味寺釋寶亮 道明　僧成　僧寶

釋寶亮，本姓徐氏，其先東莞胄族。晉亂〔一〕，避地于東萊掖縣〔二〕。亮年十二出家，師青州道明法師。明亦義學之僧，名高當世。亮就業專精，一聞無失。及具戒之後，便欲觀方弘化，每惟訓育有本，未能遠絶緣累。明謂曰：「沙門去俗，以宣通爲理，豈可拘此愛網，使吾道不東乎？」亮感悟，因此客遊。

年二十一至京師，居中興寺，袁粲一見而異之。粲後與明書曰：「頻見亮公，非常人也！比日聞所未聞，不覺歲之將暮。珠生合浦，魏人取以照車；璧在邯鄲，秦王請以華國。天下之寶，當與天下共之，非復上人貴州〔三〕所宜專也。」自是學名稍盛。及本親喪亡，路阻不得還北，因屏居禪思，杜絶人事〔四〕。齊竟陵文宣王躬自到房〔五〕，請爲法匠，亮不得已而赴。文宣接足恭禮，結菩薩〔六〕四部因緣。後移憩靈味寺，於是續講衆經，盛于京邑。講大涅槃凡八十四遍，成實論十四遍，勝鬘四十二遍，維摩二十遍，其大小品六〔七〕

遍，法華、十地、優婆塞戒、無量壽、首楞嚴、遺教、彌勒下生等亦各〔八〕近十遍。黑白弟子三千餘人，諮稟門徒常盈數百。

亮爲人神情爽岸，俊氣雄逸，及開章命句，鋒辯縱橫。其有問論者，或豫蘊重關，及亮之披解，便覺宗旨渙然，忘其素蓄。今上龍興，尊崇正道，以亮德居時望，亟延談説。亮任性率〔九〕直，每言輒稱「貧道」，上雖意有間然，而挹其神出。天監八年初，勑亮撰涅槃義疏十餘萬言，上爲之序曰：「非言無以寄言，言即無言之累，累言則可以息言，言息則諸見競起。所以如來乘本願以託生，現慈力以應化，離文字以設教，忘心相以通道。欲使珉玉異價，涇渭分流，制六師而正〔一〇〕四倒，反八邪而歸一味。折世智之角，杜異人之口。導求珠之心，開觀象之目。救燒〔一一〕灼於火宅，拯沉溺於浪海。故法雨降而燋種受榮，慧日升而長夜蒙曉。發迦葉之悱憤，吐真實之誠言。雖復二施等於前，五大陳於後，三十四問，參差異辯，方便勸引，各隨意荅，舉要論經，不出兩途：佛性開其本有之源，涅槃明其歸極之宗，非因非果，不起不作，義高萬善，事絶百非。空空不能測其真際，玄玄不能窮其妙門。自非德均平等，心合無生，金牆玉室，豈易入哉！有青州沙門釋寶亮者，氣調爽拔，神用俊舉，少貞苦節，長安法忍，耆年愈篤，齯〔一二〕齒不衰，流通先覺，孳孳〔一三〕如也。後進晚生，莫不依仰。以天監八年五月八日，勑〔一四〕亮撰大涅槃義疏，以九月二十日訖。光表微言，贊揚正道，連環既解，疑綱云除，條流明悉，可得略言。朕從容暇日，將欲覽焉，聊書數行，以爲記莂云尒。」

亮福德招感，供施累積。性不蓄金，皆散〔一五〕營福業，身没〔一六〕之後，房無留財。以天監八年十月四日卒于靈味寺，春秋六十有六。葬鍾山之南，立碑墓所，陳郡周興嗣、廣陵高爽並爲製文，刻于兩面。弟子法雲等又立碑寺内，文宣圖其形像於普弘寺焉。

時高座寺僧成〔一七〕、曠野寺僧寶亦並齊代法匠。寶又善三玄，爲貴遊所重。

### 校勘記

〔一〕亂：高麗藏、金藏本作「敗」。

〔二〕掖縣：思溪藏、高麗藏、金藏本作「惤縣」，大正藏本作「弦縣」。按，「掖縣」，或作「帓縣」。説文解字注：「帓，布也。各本删帓字，今補，布名也。出東萊。地理志、郡國志東萊郡皆有帓縣，蓋以布得名也。帓縣故城在今山東登州府黄縣南百二十里。按廣韻，帓，布名；掖，縣名，在東萊。集韻亦云：掖，縣名；帓，布名，出東萊掖縣。而魏地形志、晉地理志皆作惤縣，字从忄。今本郡國志亦从忄，未能是正。」

〔三〕貴州：高麗藏再雕本、金藏本作「之貴州」。

〔四〕杜絶人事：高麗藏、金藏本作「杜講説絶人事」。

〔五〕房：高麗藏、金藏本作「居」。

〔六〕薩：高麗藏、金藏本作「提」。

〔七〕六：高麗藏再雕本作「十」。

〔八〕各：高麗藏、金藏本作「皆」。

〔九〕性率：高麗藏初雕本、金藏本作「率」，高麗藏再雕本作「率性」。

〔一〇〕正：高麗藏本作「止」。

〔一一〕燒：高麗藏、金藏本作「焚」。

〔一二〕鯢：高麗藏本及大般涅槃經義疏序作「倪」。

〔一三〕孳孳：高麗藏再雕本作「孜孜」。

〔一四〕勑：高麗藏再雕本作「乃勑」。

〔一五〕散：高麗藏、金藏本作「敬」。

〔一六〕没：高麗藏、金藏本作「歿」。

〔一七〕按，據名僧傳抄，名僧傳卷一七有「齊高座寺僧成」傳。

## 梁上定林寺釋法通 聖進

釋法通，本姓褚氏，河南陽翟人，晉安東將軍、楊州都督裒之八世孫也。家世衣冠，禮義相襲。通幼而岐穎，聰悟絶倫。年十二〔一〕出家，遊學三藏，專精方等，大品、法華，尤所研密〔二〕。年未登立，便爲講匠。學徒雲聚，千里必集〔三〕。後踐迹京師，初止莊嚴，後憩定林上寺。棲閑隱素，履道唯勤。希風影附者，復盈山室。齊竟陵文宣王、丞相文獻王，皆紆貴慕德，親承頂禮。陳郡謝舉、吴國陸杲〔四〕、尋〔五〕陽張孝秀，並策步山門，禀其戒法。白黑弟子，七千餘人。晦迹鍾阜，三十餘載。坐禪誦念，禮懺精苦。

至天監十一年六月十日，便覺不悆，語弟子云：「我正〔六〕可至九月二十間〔七〕耳。」到九月十四日，見兩居士皆執白拂，來向牀前，便次第出去〔八〕。至〔九〕十七日，忽漫語云：「檀越不相識，何處來耶？」弟子曇智問意故，荅云〔一〇〕：「有一人著朱衣，戴幘，擎木箱底在牀前。」至二十日，見佛像作兩行來，通合掌良久，侍疾者但聞異香，竟不測其意。通乃密向同意慧弥説之。至二十一日，索香湯洗浴竟，仍作禮還卧，叉手當胷，正中時卒，春秋七十，仍葬于寺南。弟子静深等立碑墓側，陳郡謝舉、蘭陵蕭子雲並爲製文，刻于兩面。

時定林上寺復有沙弥聖〔一一〕進，本閹人，清信篤至，遂出家苦節。嘗頭陀至山東〔一二〕，宿于樹下，有虎來摩其頭，見進端坐無擾，跪之而去。爾〔一三〕後每獨行獨坐，常見青馬一匹衛其左右。

**校勘記**

〔一〕二：高麗藏、金藏本作「一」。

〔二〕密：高麗藏再雕本、金藏本作「審」。
〔三〕集：高麗藏、金藏本作「萃」。
〔四〕杲：原作「果」，據文意改。陸杲（四五九—五三二），字明霞，吴郡吴人。素信佛法，持戒甚精，著沙門傳三十卷。傳見梁書卷二六。
〔五〕尋：高麗藏再雕本作「潯」。
〔六〕正：嘉興藏本作「止」。
〔七〕間：高麗藏再雕本、金藏本作「日間」。
〔八〕去：高麗藏、金藏本無。
〔九〕至：高麗藏初雕本、金藏本無。
〔一〇〕云：高麗藏、金藏本作「曰」。
〔一一〕聖：嘉興藏本作「智」。
〔一二〕山東：高麗藏再雕本作「東山」。
〔一三〕爾：高麗藏、金藏本無。

## 梁京師招提寺釋慧集

釋慧集，本姓錢，吴興於潛人。年十八，於會稽樂林山出家，仍隨慧基法師受業。爲性慤實，言無華綺，而學勤昏曉，未嘗懈息。後出京，止招提寺，復遍歷衆師，融冶異説，三藏方等，並皆綜達。廣訪大毗婆沙及雜心、犍度〔一〕等，以相讎〔二〕校。故於毗曇一部，擅步當時，凡碩難堅疑，並爲披釋。海内學賓，無不必至，每一開講，負袠千人。沙門僧旻、法雲，並名高一代，亦執卷請益。今上深相賞接，每請開講〔三〕。以天監十四年，還至烏程，遘疾而卒，春秋六十。著毗曇大義疏十餘萬言，盛行於世。

**校勘記**

〔一〕犍度：高麗藏、金藏本作「揵度」。按，「犍度」「揵度」，又作「建陀」「乾度」「塞建陀」等，意譯「蘊」「聚」「分段」等，相當於「品」或「節」，係有關僧團儀式作法與日常生活的規定條文，經由分類整理而成者。

〔二〕讎：高麗藏初雕本、金藏本作「詶」，高麗藏再雕本作「辯」。

〔三〕每請開講：高麗藏初雕本、金藏本作「每講」，高麗藏再雕本無。

## 梁剡法華臺釋曇斐法藏　明慶

釋曇斐，本姓王，會稽剡人。少出家，受業於惠基法師。性聰敏，素著領牒之稱。其方等深經，皆所綜達；老莊儒墨，頗亦披覽。後東西稟訪，備窮經誥〔一〕之旨。居于鄉邑法華臺寺，講説相仍，學徒成列。

斐神情爽發，志用清玄，故於小品、淨名尤成獨步。加又談吐藴藉，辤辯高華，席上之風，見重當世〔二〕。梁衡陽孝王元簡及隱士廬江何胤，皆遠挹徽猷，招延講説。吴國張融、汝南周顒、顒子捨等，並結知音之狎焉。以天監十七年卒于寺，春秋七十有六。其製作文辭，亦頗見於世。初，斐有譽江東，被勅爲十城僧主，符旨適行，未拜便化，厥土僧尼，倍懷戀德。

斐同縣南巖寺有沙門法藏，亦以戒素見稱，喜放救生命，興立圖像。時餘姚縣有明慶比丘，與斐同時致譽。慶本姓鄭氏，戒行嚴潔，學業清美。本師事炎公，又弘實弟子。師資三業，並見重東南。

**校勘記**

〔一〕誥：高麗藏初雕本、金藏本作「語」，高麗藏再雕本作「論」。

〔二〕世：高麗藏、金藏本作「代」，嘉興藏本作「時」。

論曰：夫至理無言，玄致幽寂，幽寂故心行處斷，無言故言語路絶。言語路絶，則有言傷其旨；心行處斷，則作意失其真。所以淨名杜口於方丈，釋迦緘嘿於雙樹，將知理致淵寂，故爲〔一〕無言。但悠悠夢境，去理殊隔；蠢蠢之徒，非教孰啓？是以聖人資靈妙以應物，體冥寂以通神，借微言以津道，託形像以傳真。故曰：兵者不祥之器，不獲已而用之；言者不真之物，不獲已而陳之。故始自鹿苑，以四諦爲言初；終至鶴〔二〕林，以三點爲圓極。其間散説流文，數過八億。象馱負而弗窮，龍宮溢而未盡，將令乘蹄以得兔，藉指以知月。知月則廢指，得兔則忘蹄。經云「依義莫依語」，此之謂也。而滯教者謂至道極於篇章，存形者謂法身定於丈六。故須窮達幽旨，妙得言外，四辯莊嚴，爲人廣説，示教利喜，其在法師乎！

故士行尋經於于闐，誓志而滅火，終令般若盛於東川，忘相〔三〕傳乎季末。爰次竺潛、支遁、于蘭、法開等，並氣韻高華，風道清裕，傳化之美，功亦亞焉。中有釋道安者，資學於聖師竺佛圖澄，安又授業於弟子慧遠。惟此三葉〔四〕，世不乏賢，並戒節嚴明，智寶成就〔五〕。使夫慧日餘暉，重光千載之下；香吐〔六〕遺芬，再馥閻浮之地。涌泉猶注，寔賴伊人。遠公既限以虎溪，安師反〔七〕更同輦輿〔八〕。夫高尚之道，如有忒〔九〕焉。然而言〔一〇〕嘿動靜，所適唯時。四翁赴漢，用之則行也；三閭辭楚，舍之則藏也。經云：若欲建立正法，則聽親近國王及持杖者。安雖一時同輦，迺爲百民致諫，故能終感應真，開玄顯報。

其後荆陜著名，則以翼、遇爲言初；廬山清素，則以持、永爲上首。融、恒、影、肇，德重關中；生、叡、暢、遠，領宗建業。曇度、僧淵，獨擅江西之寶；超進、惠基，乃擿〔一一〕浙東之盛。雖復人世迭隆，而皆道術懸會，故使像運餘興，歲將五百，功効之美，良足羡〔一二〕焉。

贊曰：遺風眇漫，結〔一三〕浪邅迴〔一四〕。匪伊粹哲〔一五〕，孰振將頹？潛、安比曜〔一六〕，遠、叡聯〔一七〕環。鐇斧曲戾，彈沐斜埃。素絲既染，永〔一八〕變方來。

## 校勘記

〔一〕爲：高麗藏、金藏本作「聖爲」。

〔二〕鶴：高麗藏、金藏本作「鵠」。

〔三〕相：高麗藏、金藏本作「想」。

〔四〕葉：思溪藏、金藏本作「業」。

〔五〕成就：高麗藏再雕本、金藏本作「炳盛」。

〔六〕吐：思溪藏、高麗藏再雕本、金藏本作「土」。又，「智寶成就」至此，高麗藏初雕本無。

〔七〕反：高麗藏、金藏本作「乃」。

〔八〕輿：原作「與」，據思溪藏、高麗藏再雕本改，高麗藏初雕本、金藏本無。

〔九〕忒：高麗藏初雕本作「或」，高麗藏再雕本、金藏本作「惑」。

〔一〇〕言：高麗藏再雕本作「語」。

〔一一〕擿：高麗藏再雕本、金藏本作「揚」。

〔二〕羨：高麗藏再雕本作「美」。

〔三〕結：高麗藏再雕本、金藏本作「法」。

〔四〕遺風眇漫，結浪邅迴：高麗藏初雕本作「遺風綿眇，漫結邅迴」。

〔五〕粹哲：高麗藏初雕本作「料招」，高麗藏再雕本、金藏本作「釋哲」。

〔六〕曜：高麗藏、金藏、普寧藏、嘉興藏本作「玉」。

〔七〕聯：高麗藏初雕本、金藏本作「聰」。

〔八〕永：高麗藏、金藏本作「承」。

瑗：音院。　斐：芳尾反。　探：土含反。　協：胡怙反。　酬酢：下音昨。
失厝：下七故反，正作「措」〔一〕。　聘：疋併反。　曇讖：上徒含反，下楚〔二〕禁反。
迭：徒結反。　沛國：上音貝。　儁：「俊」字。　嘲謔：上竹交反，下許約反，
笑也。　鋒鏑：下音的，箭也。　憩踵：上丘例反，下之勇反。憩踵，止足也。
顒：魚恭反。　痾：音阿，疾也。　創：初狀反。　企：丘智反，望也。
猥：烏梅反。　瓌雅：上古回反。瓌雅，奇異清美之謂也。　術：音述。　隴
西：上力勇反。　芮：而歲反。或作「苪」，音丙。　倜儻：上他的反，善也，厚也；
下他朗反。倜儻，奇特非常也。　恧：女六反。　鑠：詩若反。　廬：力居反，

舍也。　隙：丘逆反，閑隙也。　蹕：音必。　劇談：上奇逆反，加也；下徒南反，談話也。　憚：徒〔三〕旦反，懼也。　剛梗：下加冷反，直也。　胡虜：音魯。　虐虜：上魚却反，酷也。　跨：傾化反，跨越也。　扼：於隔反，手握也。　該涉：上古哀反，博也。　皇儲：下音除，副貳也。　矯然：上居小反。　婉切：上紆阮反，美也。　覿矚：下音竹，視也。　岷嶺：上音閩，山在蜀。　傅琰：上音付，下以檢反。　稔：汝審反，年稔也。　疹：丑刃反，疾疹也。　逶迤：上烏爲反，下徒何反，一音移〔四〕，曲皃也。　亘：古鄧反，遍也，竟也。　壘：禮水反。　巒：郎官反，山巒也。　覆簣：上方伏反，倒也；下求位反，取土竹籠也。　築基址之謂〔五〕也。　昞：音丙，明也。　誕：音但，育也。　帝號：下音号。　岑：助參反，山小而高也。　締經：上音弟，結也。　侔：莫浮反，齊也。　蠲：居玄反。　蠲，除也。　驃騎：上皮妙反，下奇計反。　嶷：宜力反。　荆陝：上音京，下失染反。又作「峽」，侯夾反。　恙：余向反，憂也。　窆于：上彼驗反，埋也。　岱：音代，山名。　憫：音敏，傷也。　痛惋：下烏貫反，歎也。　邃栱：上司遂反。　厥繇：下音由。　逷：他的反，遠也。又作「逿」，徒浪反，過也。　緬邈：下眉角反。　緬邈，遠也。　賷寶：上詞俊反。　氓：音萌，民也。抗禮：上口浪反。濮陽：上補木反。遲見：上去聲。遲，待也。虬：渠幽反。埃：音哀。禿頭：上他谷反。傑：渠列反，智俊過人也。敞：昌兩反。岫：音袖。藜藿：上郎低反，下兄郭反，二草名，蒸之可以爲茹也。一云豆葉是。素紳：下音申。素紳，白帶也。亟挹：上去計反，數也；下音邑，酌也。又作「亟抱」。東莞：下音官。緦：胡怗反。山茨：下在咨反。玄賾：下助隔反。玄賾，幽深也。指麾：下許兮反。莅剡：上音利，臨莅也。覈：閑隔反。瓛：女〔六〕展反。胤：羊鎮反。旭：許玉反。恢：苦回反。轍：直列反，車跡也。旻：音閩。馮翊：下音亦，地名也。繪：玄對反。韜：土刀反。鑽研：上子官反，下宜干反。喜愠：下烏運反，怒也。綜：子宋反，揔也。⿰山聶山：續高僧傳作「攝山」。靳：居近反。巫：音无，祈祝者也。祠祀：詞士〔七〕二音，祭也。甌：烏侯反，盂也。禪崗：下音綱。填闉：下一結反。含酸：下須〔八〕官反。璿：士〔九〕宣反。球：音求。麓山：上音六〔一〇〕。訓勗：下許玉反，勸也。憚：徒旦反，畏也。冏：居永反。臨沂：下魚衣反。績：子力反，功績也。疵：習〔一一〕司反。疵，病也。緄：古本反。逃竄：下初〔一二〕筭反。　擒：巨今反。擒，捉也。　恭恪：下口各反，敬也。　咽：於見反，吞也。　洗漱：下音瘦。　昂：吾江反。　墓誌：下音至，記也。　胄族：上直右反，繼嗣也。下族字。　⿰扌玆〔一三〕：音玄，縣名，在東萊郡。　粲：七案反。　邯鄲：寒丹二音，縣名。　屏居：上音丙。屏，隱也，退也。　憩：丘例反，息也。　珉玉：上音閩，美石，次於玉也。　拯：蒸字上聲，拔也。　沉溺：下奴的反，没溺也。　悱憤：上方尾反。悱憤，口欲言也。下房粉反，怒〔一四〕氣也。　齯齒：上或作「倪」，吾兮反，老人齒再生曰齯。　孳孳：音兹。　記莂：下并列反。　都督：下音篤。　䂮：音略。　紆：委于反。　悆：音預，安也。　漫語：上莫半反。　載幘：下音責，巾幘也。　閹人：上邑鹽反，宫官也。　慤實：上口角反，謹也。　遘：古候反。遘，遇也。　狎：胡甲反，近也。　捄：音梂。　蠢蠢：尺尹反。蠢蠢，細虫類〔一五〕也。　鵠林：上胡篤反。鵠林，寺名，合用「鶴」。　菟：兔字。　于闐：下田、殿二音。　支遁：下徒困反。　馥：音伏，香也。　叡：羊歲反。　邅迴：上之連反，逆邅。　粹哲：上司遂反，純粹也。　鐇斧：上音凡，廣刃大斧也。

## 校勘記

〔一〕措：原作「糌」，據思溪藏本改。
〔二〕楚：原作「取」，據思溪藏本改。
〔三〕徒：原作「從」，據思溪藏本改。
〔四〕一音移：原作「下音爲」，據思溪藏本改。
〔五〕謂：原作「以」，據思溪藏本改。
〔六〕女：思溪藏本作「語」。
〔七〕士：思溪藏本作「似」。
〔八〕須：思溪藏本作「蘇」。
〔九〕士：思溪藏本作「似」。
〔一〇〕六：思溪藏本作「鹿」。
〔一一〕習：思溪藏本作「疾」。
〔一二〕初：思溪藏本作「奄」。
〔一三〕拡：思溪藏本作「惤」。
〔一四〕怒：原作「奴」，據思溪藏本改。
〔一五〕類：原作「也」，據思溪藏本改。

# 高僧傳卷第九

梁會稽嘉祥寺沙門慧皎撰

## 神異上



### 晉鄴中竺佛圖澄 道進

竺佛圖澄[一]者，西域人也，本姓帛氏。少出家，清真務學，誦經數百萬言，善解文義。雖未讀此土儒史，而與諸學士論辯疑滯，皆闇若符契，無能屈者。自云再到罽賓，受誨名師，西域咸稱得道。

以晉懷帝永嘉四年，來適洛陽。志弘大法，善誦神呪，能役使鬼物。以麻油雜燕脂[二]塗掌，千里外事皆徹見掌中，如對面焉，亦能令潔齋者見。又聽鈴音以言事，無不効驗。欲於洛陽立寺，值劉曜寇斥〔三〕洛臺〔四〕，帝京擾亂，澄立寺之志遂不果，迺潛澤草野，以觀世變。

時石勒屯兵〔五〕葛陂，專以殺戮爲務〔六〕，沙門遇害者甚衆。澄憫念蒼生，欲以道化勒，於是杖策到軍門。勒大將〔七〕郭黑略素奉法，澄即〔八〕投止略家。略從受五戒，崇弟子之禮。略後從勒征伐，輒預剋勝負。勒疑而問曰：「孤不覺卿有出衆智謀，而每知行軍吉凶，何也？」略曰：「將軍天挺神武，幽靈所助。有一沙門，術智非常，云將軍當略有區夏，已應爲師。臣前後所白，皆其言也。」勒喜曰：「天賜也！」召澄問曰：「佛道有何靈驗？」澄知勒不達深理，正可以道術爲徵，因而言曰：「至道雖遠，亦可以近事爲證。」即取應器盛水，燒香呪之。須臾，生青蓮花，光色曜目。勒由此信服。澄因而諫曰：「夫王者德化洽於宇内，則四靈表瑞；政弊道消，則彗孛見於上。恒象著見，休咎隨行，斯迺古今之常徵，天人之明誡。」勒甚悦之。凡應被誅餘殘蒙其益者，十有八九，於是中州胡晉略皆奉佛。時有痼疾世莫能治者，澄爲醫療，應時瘳損。陰施嘿益者，不可勝記。

勒自葛陂還河北，過枋〔九〕頭，枋頭人夜欲斫營，澄〔一〇〕語黑略曰：「須臾賊至，可令公知。」果如其言，有備故不敗。勒欲試澄，夜冠冑衣甲，執刃〔一一〕而坐，遣人告澄云：「夜來不知大將軍所在。」使人始至，未及有言，澄逆問曰：「平居無寇，何故夜嚴？」勒益敬之。

勒後因忿欲害諸道士，并欲苦澄。澄迺避至黑略舍，語〔一二〕弟子曰：「若將軍信至問吾所在者，報云不知所之。」信人尋至，覓澄不得。使還報勒，勒驚曰：「吾有惡意向聖人，聖人捨我去矣！」通夜不寢，思欲見澄。澄知勒意悔，明旦造勒。勒曰：「昨夜何行？」澄曰：「公有怒心，昨故權避。公今改意，是以敢來。」勒大笑曰：「道人謬耳。」

襄國城塹水源在城西北五里團〔一三〕丸祀〔一四〕下，其水暴竭。勒問澄：「何以致水？」澄曰：「今當勅龍。」勒字世龍，謂澄嘲己，荅曰：「正以龍不能致水，故相問耳。」澄曰：「此是〔一五〕誠言，非戲也。水泉之源，必有神龍居之，今往勅語，水必可得。」迺與弟子法首等數人至泉源上。其源故處久已乾燥，坼如車轍，從者心疑，恐水難得。澄坐繩床，燒安息香，呪願數百言。如此三日，水泫然微流。有一小龍，長五六寸許，隨水來出。諸道士〔一六〕競往視之，澄曰：「龍有毒，勿臨其上。」有頃，水大至，隍塹皆滿。

澄閑坐，歎曰：「後二日當有一小人驚動此下。」既而襄國人薛合有二子，既小且驕，輕弄鮮卑奴，奴忿，抽刃刺殺其弟，執兄于室，以刀擬心。若人入屋，便欲加手，謂合曰：「送我還國，我活汝兒。不然，則〔一七〕共死於此。」內外驚愕，莫不往觀。勒迺自往視之，謂薛合曰：「送奴以全卿子，誠爲善事。此法一開〔一八〕，方爲後害。卿且寬情，國有常憲。」命人取奴，奴遂殺兒而死。

鮮卑段波攻勒，其衆甚盛。勒懼問澄，澄曰：「昨寺鈴鳴云：『明旦食時，當擒段波。』」勒登城望彼〔一九〕軍，不見前後，失色曰：「軍行地傾，波豈可獲！是公安我辭耳。」更遣夔安問澄，澄曰：「已獲波矣。」時城北伏兵出，遇波執之。澄勸勒宥波，遣還本國，勒從之，卒獲其用。

時劉載已死，載從弟曜篡襲僞位，稱元光初。光初八年，曜遣從弟僞中山王岳將兵攻勒，勒遣石虎率步騎拒之，大戰洛西。岳敗保石梁塢，虎豎〔二〇〕柵守之。時〔二一〕澄與弟子自官寺至中寺，始入寺門，歎曰：「劉岳可憫。」弟子法祚問其故，澄曰：「昨日亥時，岳已被執。」果如所言。

至光初十一年，曜自率兵攻洛陽，勒欲自往拒曜，内外僚佐無不必諫。勒以訪澄，澄曰：「相輪鈴音云：『秀支替戾岡，僕谷劬秃當。』此羯語也：秀支，軍也；替戾岡，出也；僕谷，劉曜胡位也；劬秃當，捉也。此言軍出捉得曜也。」時徐光聞澄此旨，苦勸勒行，勒乃留長子石弘共澄以鎮襄國，自率中軍步騎，直詣〔二二〕洛城。兩陣纔交，曜軍大潰，曜馬没水中，石堪生擒之送勒。澄時以物塗掌，觀之，見有大衆，衆中縛一人，朱絲約其肘〔二三〕，因以告弘。當尔之時，正生擒曜也。曜平之後，勒廼僭稱趙天王，行皇帝事，改元建平。是歲晉〔二四〕成帝咸和五年也。

勒登位已後，事澄弥篤。時石葱將叛，其年澄〔二五〕誡勒曰：「今年葱中有蟲，食之必害人，可令百姓無食葱也。」勒班告境内，慎無食葱。到八月，石葱果走，勒益加尊重，有事必諮而後行，號「大和尚」〔二六〕。石虎有子名斌，後勒爲兒〔二七〕，勒愛之甚重，忽暴病而亡。已涉二日，勒曰：「朕聞號太子死，扁鵲能生。大和尚，國中〔二八〕之神人，可急往告，必能致福。」澄迺取楊枝呪之，須臾能起，有頃平復。由是勒諸稚子，多在佛寺中養之。每至四月八日，勒躬自詣寺灌佛，爲兒發願。

至建平四年四月，天静無風，而塔上一鈴獨鳴。澄謂衆曰：「鈴音云：『國有大喪，不出今年矣。』」是歲七月，勒死，子弘襲位。少時，石〔二九〕虎廢弘自立，遷都于鄴，稱元建武。虎傾心事澄，有重於勒。迺下書曰：「和尚國之大寶，榮爵不加，高禄不受，榮禄匪顧〔三〇〕，何以旌德？從此已往，宜衣以綾錦，乘以雕輦。朝會之日，和尚升殿，常侍以下悉助舉輿〔三一〕，太子諸公扶翼而上。主者唱『大和尚至〔三二〕』，衆坐皆起，以彰其尊。」又勑僞司空李農：「旦夕親問，太子諸公五日一朝，表朕敬焉。」

澄時止鄴城内中寺，遣弟子法常北至襄國，弟子法佐從襄國還，相遇，在梁基城下共宿。對車夜談，言及和尚，比旦各去。法佐至，始入覲澄，澄逆笑曰：「昨夜尔與法常交車共説汝師耶？先民有言：不曰敬乎？幽而不改。不曰慎乎？獨而不怠。幽獨者敬慎之本，尔不識乎？」佐愕然愧懺。於是國人每共相語：「莫起惡心，和尚知汝。」及澄之所在，無敢向其方面涕唾便利者。

時太子石邃有二子在襄國，澄語邃曰：「小阿弥比當得病〔三三〕，可往迎之。」邃即馳信往視，果已得病。大醫殷騰〔三四〕及外國道士自言能治，澄告弟子法牙〔三五〕曰：「正使聖人復出，不愈此病，況此等乎？」後三日果死。石邃荒酒，將圖爲逆，謂内竪曰：「和尚神通，儻發吾謀〔三六〕。明日來者，當先除之。」澄月望將入覲虎，謂弟子僧慧曰：「昨夜天神呼我，曰：『明日若入，還勿過人。』我儻有所過，汝當止我。」澄常入，必過邃，邃知澄入，要候甚苦。澄將上南臺，僧慧引衣，澄曰：「事不得止。」坐未安便起，邃固留不住，所謀遂差。還寺，歎曰：「太子作亂，其形將成。欲言難言，欲忍難忍。」迺因事從容箴虎，虎終不解。俄而事發，方悟澄言。

後郭黑略將兵征長安北〔三七〕羌，墮羌伏中。時澄在堂上坐，弟子法常在側，澄慘然改容曰：「郭公今厄。」唱云：「衆僧呪願。」澄又自呪願。須臾，更曰：「若東南出者活，餘向則困。」復更呪願。有頃，曰：「脱矣。」後月餘日，黑略還，自説墮羌圍中，東南走，馬乏，正遇〔三八〕帳下人，推馬與之曰：「公乘此馬，小人乘公馬，濟與不濟，任命也。」略得其馬故獲免。推檢日時，正是澄呪願時也。

石虎兒〔三九〕僞大司馬燕公石斌，虎以爲幽州牧，鎮薊〔四〇〕，群凶湊聚，因以肆暴。澄誡虎曰：「天神昨夜言：『疾收〔四一〕馬還，至秋齊，當癰爛。』」虎不解此語，即勑諸處收馬送還。其秋，有人譖斌於虎，虎召斌，鞭之三百，殺其所生母〔四二〕齊氏。虎彎弓捻矢，自視行斌罰，罰〔四三〕輕，虎乃手殺五百。澄諫曰：「心不可縱，死不可生。禮不親殺，以傷恩也。何有天子手行罰乎？」虎乃止。

後晉軍出淮泗，隴北、凡城皆被侵逼，三方告急，人情危擾。虎乃瞋曰：「吾之奉佛供僧，而更致外寇，佛無神矣。」澄明旦早入，虎以事問澄，澄因諫之〔四四〕曰：「王過去世經爲大商主，至罽賓寺，嘗供大會，中有六十羅漢，吾此微身，亦預斯會，時得道人謂吾曰：『此主人命盡，當受鷄身，後王晉地。』今王爲王，豈非福耶？壃埸軍寇，國之常耳，何爲怨謗三寶，夜興毒念乎？」虎迺信悟，跪而謝焉。

虎嘗〔四五〕問澄：「佛法不殺〔四六〕，朕爲天下之主，非刑殺無以肅清海内。既違戒殺生，雖復事佛，詎獲福耶？」澄曰：「帝王事〔四七〕佛，當在〔四八〕體恭心順，顯暢三寶，不爲暴虐，不害無辜。至於凶愚無賴，非化所遷，有罪不得不殺，有惡不得不刑，但當殺可殺，刑可刑耳。若暴虐恣意，殺害非罪，雖復傾財事法，無解殃禍。願陛下省欲興慈，廣及一切，則佛教永隆，福祚方遠。」虎雖不能盡從，而爲益不少。

虎尚書張良、張離等〔四九〕家富事佛，各起大塔。澄謂曰：「事佛在於清靖無欲，慈矜爲心。檀越雖儀奉大法，而貪恡未已，遊獵無度，積聚不窮，方受現世之罪，何福報之可希耶？」離等後並被戮滅。

時又久旱，自正月至六月，虎遣太子詣臨漳西釜口祈雨，久而不降。虎令澄自行，即有白龍二頭，降於祠所，其日大雨，方數千里，其年大收。戎貊之徒，先不識法，聞澄神驗，皆遥向禮拜，並不言而化焉。

澄嘗〔五〇〕遣弟子向西域市香，既行，澄告餘弟子曰：「掌中見買香弟子在某處被賊〔五一〕，垂死。」因燒香呪願，遥救護之。弟子後還，云某月某日於〔五二〕某處爲賊所劫，垂當見殺，忽聞香氣，賊無故自驚曰：「救兵已至。」棄之而走。

虎於臨漳修治舊塔，少承露盤，澄曰：「臨淄城内有古阿育王塔，地中有承露盤及佛像。其上林木茂盛，可掘取之。」即畫圖與使，依言掘取，果得盤〔五三〕、像。

虎每欲伐燕，澄諫曰：「燕國運未終，卒難可剋。」虎屢行〔五四〕敗績，方信澄誡。

澄道化既行，民多奉佛，皆營造寺廟，相競出家，真僞混淆，多生愆過。虎下書問中書曰：「佛号世尊，國家所奉。里閭小人無爵秩者，爲應得事佛與不？又沙門皆應高潔貞正，行能精進，然後可爲道士。今沙門甚衆，或有姦宄避役，多非其人，可料簡詳議。」

僞〔五五〕中書著作郎王度奏曰：「夫王者郊祀天地，祭奉百神，載在祀典，禮有嘗〔五六〕饗。佛出西域，外國之神，功不施民，非天子諸華所應祀〔五七〕奉。往漢明感夢，初傳其道，唯聽西域人得立寺都邑以奉其神，其漢人皆不得出家。魏承漢制，亦循〔五八〕前軌。今大趙受命，率由舊章，華戎制異，人神流別，外不同内，饗祭殊禮。荒〔五九〕夏服禮〔六〇〕，不宜雜錯。國家可斷趙人悉不聽詣寺燒香禮拜，以遵典禮〔六一〕。其百辟卿士，下逮衆隸，例皆禁之。其有犯者，與淫祀同罪。其趙人爲沙門者，還從四民之服。」僞中書令王波同度所奏。虎下書曰：「度議云佛是外國之神，非天子諸華所可宜奉。朕生自邊壤，忝當期運，君臨諸夏。至於饗祀，應兼從本俗。佛是戎神，正所應奉。夫制由上行，永世作則，苟事允〔六二〕無虧，何拘前代？其夷趙百蠻，有捨於〔六三〕淫祀、樂事佛者，悉聽爲道。」於是慢戒之徒因之以厲。黄河中舊不生黿，忽得一，以獻虎。澄見而歎曰：「桓温其入河不久。」温字元子，後果如言也。

時魏縣有一流民，莫識氏族，恒著麻襦布裳，在魏縣市中乞丐，時人謂之「麻襦」。言語卓越，狀如狂病。乞得米穀，不食，輒散置大路，云「飼〔六四〕天馬」。趙興太守籍拔收送詣虎。先是澄謂虎曰：「國東二百里，某月某日，當送一非常人，勿殺之也。」如期果至。虎與共語，了無異言，唯道〔六五〕「陛下當終一柱殿下」，虎不解此語，令送以詣澄。麻襦謂澄曰：「昔在光和中會，奄至今日。西戎〔六六〕受玄命，絶曆終有期。金離消于壤，邊荒不能遵。驅除靈期迹，莫已已之懿。裔苗葉繁，其來方積。休期於何期，永以歎〔六七〕之。」澄曰：「天迴運極，否將不支。九木水爲難，無可以術寧。玄哲雖存世，莫能基必頹。久遊閻浮利，擾擾多此患。行登淩〔六八〕雲宇，會於虛〔六九〕遊間。」澄與麻襦講語終日，人莫能解。有竊聽者，唯得此數言，推計似如論數百年事。虎遣驛馬送還本縣，既出城外，辝能步行，云：「我當有所過，未便得發。至合口橋，可留見待。」使如言馳去，未至合口，而麻襦已在橋上。考其行步，有若飛也。

澄有弟子道進，學通内外，爲虎所重。嘗言及隱士事，虎謂進曰：「有楊軻者，朕之民也。徵之十餘年，不恭王命，故往省視，傲然而卧。朕雖不德，君臨万邦，乘輿所向，天沸地涌。雖不能令木石屈膝，何匹夫而長傲耶？昔太公之齊，先誅華士。太公賢哲，豈其謬乎？」進對曰：「昔舜優蒲衣，禹造伯成，魏軾〔七〇〕干木，漢美周黨，管寧不應曹氏，皇甫不屈晉世。二聖四君，共加其節，將欲激厲貪競，以峻清風。願陛下遵舜禹之德，勿斅〔七一〕太公用刑。君舉必書，豈可令趙史遂無隱遁之傳乎？」虎悦其言，即遣軻還其所止，差十家供給之。進還，具以白澄。澄莞〔七二〕然笑曰：「汝言善也，但軻命有所懸矣。」後秦州兵亂，軻弟子以牛負軻西奔，戍〔七三〕軍追擒，并爲所害。

虎嘗晝寢，夢見群羊負魚從東北來。寤以訪澄，澄曰：「不祥也，鮮卑其有中原乎？」慕容氏後果都之。

澄常〔七四〕與虎共昇中臺〔七五〕，澄忽驚曰：「變！變！幽州當火災。」仍取酒灑之，久而笑曰：「救已得矣。」虎遣驗，幽州云：「尒日火從四門起，西南有黑雲來，驟雨滅之，雨亦頗有酒氣。」

至虎建武十四年七月，石宣、石韜將圖相殺。宣時到寺，與澄同坐，浮圖一鈴獨鳴。澄謂宣曰：「解鈴音乎？鈴云：『胡子洛〔七六〕度。』」宣變色曰：「是何言歟？」澄謬曰：「老胡爲道，不能山居無言。重茵美服，豈非洛度乎？」石韜後至，澄熟視良久。韜懼而問澄，澄曰：「怪公血臭，故相視耳。」至八月，澄使弟子十人齋于別室，澄時暫入東閤，虎與后杜氏問訊澄，澄曰：「脇下有賊，不出十日，自佛圖以西，此殿以東，當有流血，慎勿東行也。」杜后曰：「和尚耄耶？何處有賊？」澄即易語云：「六情所受，皆悉是賊，老自應耄，但使少者不惛。」遂便寓言，不復彰的。後二日，宣果遣人害韜於佛寺中。欲因虎臨喪，仍行大逆，虎以澄先誡故獲免。

及宣事發被收，澄諫虎曰：「既是陛下之子，何爲重禍耶？陛下若含恕〔七七〕加慈者，尚有六十餘歲。如必誅之，宣當爲彗星，下掃鄴宮也。」虎不從，以鐵鏁穿宣頷，牽上薪積而焚之。收其官屬三百餘人，皆轘裂肢〔七八〕解，投之漳河。澄迺勑弟子罷別室齋也。後月餘日，有一妖馬，髦尾皆有燒狀，入中陽門，出顯陽門。東首東宮，皆不得入，走向東北，俄尔不見。澄聞而歎曰：「災其及矣！」至十一月，虎大饗群臣於太武前殿，澄吟曰：「殿乎殿乎！棘子成林，將壞人衣。」虎令發殿石下視之，有棘生焉。澄還寺，視佛像曰：「悵恨不得莊嚴。」獨語曰：「得三年乎？」自荅：「不得不得。」又曰：「得二年、一年、百日、一月乎？」自荅：「不得。」迺無復言。還房，謂弟子法祚曰：「戊申歲禍亂漸萌，己酉歲〔七九〕石氏當滅，吾及其未亂，先從化矣。」即遣人與虎辭曰：「物理必遷，身命非保。貧道炎〔八〇〕幻之軀，化期已及。既荷恩殊重，故逆以仰聞。」虎愴然曰：「不聞和尚有疾，迺忽尔告終！」即自出宮，詣〔八一〕寺而慰喻焉。澄謂虎曰：「出生入死，道之常也，脩短分定，非所〔八二〕能延。夫〔八三〕道重行全，德貴無怠，苟業操無虧，雖亡若在，違而獲延，非其所願。今意未盡者，以國家心存佛理，奉法無吝，興起寺廟，崇顯壯麗，稱斯德也，宜享休祉。而布政猛烈，淫刑酷濫，顯違聖典，幽背法戒〔八四〕，不自懲革，終無福祐。若降心易慮，惠此下民，則國祚延長，道俗慶賴。畢命就盡，没無遺恨。」虎悲慟嗚咽，知其必逝，即爲鑿壙營墳。至十二月八日，卒於鄴宮寺。是歲晉穆帝永和四年也。士庶悲慟，哀號〔八五〕傾國，春秋一百一十七矣。仍窆於臨漳西紫陌，即虎所創塚也。

俄而梁犢作亂，明年虎死，冉閔簒戮〔八六〕，石種都盡。閔小字棘奴，澄先所謂「棘子成林」者也。

澄左乳傍先有一孔，圍四五寸，通徹腹内。有時腸從中出，或以絮塞孔。夜欲讀書，輒拔絮，則一室洞明。又，齋日輒至水邊，引腸洗之，還復内中。澄身長八尺，風姿詳雅。妙解深經，傍通世論。講説之日，止標宗致，使始末文言，昭然可了。加復慈洽蒼生，拯救危苦。當二石凶强，虐害非道，若不與澄同日，孰可言哉！但百姓蒙益日用而不知耳。

佛調、須菩提等數十名僧，皆出自天竺、康居，不遠數万之路，足涉流沙，詣澄受訓。樊沔釋道安、中山竺法雅，並跨越關河，聽澄講説。皆妙達精理，研測幽微。

澄自説生處去鄴九万餘里，棄家入道一百九年，酒不踰齒，過中不食，非戒不履，無欲無求。受業追隨者〔八七〕，常有數百，前後門徒，幾且一万。所歷州郡，興立佛寺八百九十三所。弘法之盛，莫與先矣。

初，虎殮澄，以生時錫杖及鉢内棺中。後冉閔簒位，開棺，唯得鉢杖，不復見屍。或言澄死之月，有人見在流沙，虎疑不死，開棺不見屍。後慕容儁都鄴，處石虎宫中，每夢見虎嚙其臂，意謂石虎爲祟，迺募覓虎屍，於東明館掘得之，屍殭不毀，儁蹹之，罵〔八八〕曰：「死胡敢怖生天子！汝作宮殿成，而爲汝兒所圖，況復他耶？」鞭撻毁辱，投之漳河。屍倚橋柱不移，秦將王猛迺收〔八九〕葬之，麻襦所謂「一柱殿」也。後苻堅征鄴，僞子暐爲堅大將郭神虎所執，實先夢虎〔九〇〕之驗也。

田融趙記云：「澄未亡數年，自營冢壙。」澄既知塚必開，又屍不在中，何容預作？恐融之謬矣。

澄或言佛圖磴，或言佛圖橙，或言佛圖蹬，皆取梵音之不同耳。

## 校勘記

〔一〕按，據名僧傳抄，名僧傳卷四有「竺佛圖澄」傳。

〔二〕燕脂：高麗藏初雕本作「菌支」，金藏、高麗藏再雕本作「胭脂」。

〔三〕斥：金藏本無。

〔四〕洛臺：原作「洛陽臺」，據高麗藏、金藏本改。

〔五〕兵：高麗藏初雕本、金藏本無。

〔六〕務：高麗藏再雕本作「威」。

〔七〕大將：高麗藏、金藏本及晉書卷九五藝術佛圖澄傳、釋氏六帖卷一一神通化物部「圖澄神異」條作「大將軍」。

〔八〕即：高麗藏初雕本作「則」。

〔九〕枋：思溪藏、高麗藏、金藏本作「坊」。後同。按，枋頭，又名枋堰。水經注卷九淇水注：「淇水又南歷枋堰，舊淇水口，東流逕黎陽縣界，南入河。（中略）漢建安九年，魏武王於水口下大枋木以成堰，遏淇水東入白溝以通漕運，故時人號其處爲枋頭。」

〔一〇〕澄：原無，據高麗藏、金藏本補。

〔一一〕刃：高麗藏再雕本作「刀」。

〔一二〕語：高麗藏再雕本作「告」。

〔一三〕團：原作「圍」，據思溪藏、高麗藏、金藏本改。

〔一四〕祀：嘉興藏本作「祠」。按，「團丸祀」，大正藏本法苑珠林卷六一呪術篇感應緣引作「汍瀾祀」。

〔一五〕是：高麗藏、金藏本無。

〔一六〕道士：高麗藏、金藏本作「道士見」。

〔一七〕則：高麗藏、金藏本無。

〔一八〕開：原作「聞」，據高麗藏、金藏本及太平廣記卷八八異僧二「佛圖澄」條引改。

〔一九〕彼：高麗藏、金藏本作「波」。按，晉書卷九五藝術佛圖澄傳、太平廣記卷八八異僧二「佛圖澄」條皆作「末波」，蓋晉書、太平廣記「段波」皆作「段末波」故。

〔二〇〕竪：高麗藏、金藏本及晉書卷九五藝術佛圖澄傳、太平廣記卷八八異僧二「佛圖澄」條引作

「堅」。按，慧琳一切經音義卷九〇高僧傳第九卷音義作「竪」：「竪栅，下楚革反。廣雅：栅，邐也。蒼頡篇：㩻也。字統云：竪木如牆曰栅。説文：從木册聲也。」

〔二一〕時：高麗藏、金藏本無。

〔二二〕詣：高麗藏再雕本及太平廣記卷八八異僧二「佛圖澄」條引作「指」。

〔二三〕其肘：高麗藏初雕本作「其時」，高麗藏再雕本、金藏本作「項其時」。

〔二四〕晉：高麗藏再雕本作「東晉」。

〔二五〕澄：原作「登」，據諸校本改。

〔二六〕和尚：高麗藏、金藏本作「和上」。後同。

〔二七〕勒爲兒：思溪藏、高麗藏、金藏本無，法苑珠林卷六一呪術篇感應緣引作「爲勒兒」，太平廣記卷八八異僧二「佛圖澄」條引作「勒以爲子」。

〔二八〕中：高麗藏、金藏本無。

〔二九〕石：高麗藏、金藏本無。

〔三〇〕顧：高麗藏、金藏本作「及」，法苑珠林卷六一呪術篇感應緣引作「傾」，太平廣記卷八八異僧二「佛圖澄」條引作「頒」。

〔三一〕與：原作「與」，據思溪藏本改。

〔三二〕至：原無，據高麗藏再雕本、金藏本及法苑珠林卷六一呪術篇感應緣引補。

〔三三〕病：高麗藏、金藏本作「疾」。

〔三四〕騰：思溪藏本作「勝」。

〔三五〕牙：高麗藏本作「雅」，太平廣記卷八八異僧二「佛圖澄」條引作「常」。

〔三六〕謀：高麗藏初雕本、金藏本作「語」。

〔三七〕北：高麗藏、金藏本及晉書卷九五藝術佛圖澄傳、太平廣記卷八八異僧二「佛圖澄」條引作「北山」。

〔三八〕遇：高麗藏初雕本、金藏本作「過」。

〔三九〕石虎兒：高麗藏、金藏本無。按，石斌爲石虎的第六子。

〔四〇〕薊：原無，據高麗藏、金藏本補。

〔四一〕收：高麗藏初雕本、金藏本及太平廣記卷八八異僧二「佛圖澄」條引作「牧」。後一「收」同。

〔四二〕母：高麗藏、金藏本無。

〔四三〕行斌罰罰：高麗藏初雕本、金藏本作「行斌罰」，高麗藏再雕本作「斌行罰」。

〔四四〕諫之：高麗藏初雕本作「讓虎」，高麗藏再雕本、金藏本作「諫虎」。

〔四五〕嘗：高麗藏、金藏本作「常」。

〔四六〕不殺：高麗藏再雕本作「云何澄曰佛法不殺」。

〔四七〕事：高麗藏再雕本作「之事」。

〔四八〕在：高麗藏再雕本作「在心」。
〔四九〕張良張離等：高麗藏、金藏本作「張離張良」。
〔五〇〕嘗：高麗藏再雕本作「常」。
〔五一〕被賊：高麗藏、金藏本作「初被劫」，晉書卷九五藝術佛圖澄傳、法苑珠林卷六一呪術篇感應緣、太平廣記卷八八異僧二「佛圖澄」條引作「被劫」。
〔五二〕於：高麗藏、金藏本無。
〔五三〕盤：原作「般」，據諸校本改。
〔五四〕行：高麗藏再雕本作「伐」。
〔五五〕僞：原作「真僞」，據高麗藏、金藏本改。
〔五六〕嘗：嘉興藏本及太平廣記卷八八異僧二「佛圖澄」條作「常」，廣弘明集卷六列代王臣滯惑解上「後趙中書太原王度」條中作「恒」。
〔五七〕祀：高麗藏、金藏本作「祠」。
〔五八〕循：高麗藏、金藏本作「修」。
〔五九〕荒：原作「華」，據高麗藏、金藏本改。
〔六〇〕禮：高麗藏、金藏本作「祀」。
〔六一〕禮：思溪藏本、高麗藏初雕本作「祀」。

〔六二〕事允：高麗藏初雕本、金藏本作「事元」，高麗藏再雕本作「事」，廣弘明集卷六列代王臣滯惑解上「後趙中書太原王度」條作「允事」，太平廣記卷八八異僧二「佛圖澄」條作「事克」。

〔六三〕於：高麗藏、金藏本及太平廣記卷八八異僧二「佛圖澄」條引作「其」。

〔六四〕飼：高麗藏、金藏本及可洪新集藏經音義隨函録卷二七高僧傳第九卷引作「飴」。

〔六五〕道：高麗藏、金藏本作「言」。

〔六六〕西戎：高麗藏初雕本、金藏本及晉書卷九五藝術佛圖澄傳作「西戎」，高麗藏再雕本作「西戍」，太平廣記卷八八異僧二「佛圖澄」條作「有戎」。

〔六七〕歎：原作「歡」，據高麗藏本及晉書卷九五藝術麻襦傳改。

〔六八〕淩：高麗藏、金藏本作「陵」。

〔六九〕虛：高麗藏再雕本作「靈」。

〔七〇〕軾：原作「飾」，據高麗藏再雕本及法苑珠林卷三一潛遁篇感應緣、可洪新集藏經音義隨函録卷二七高僧傳第九卷引改。

〔七一〕斅：高麗藏、金藏本作「效」。

〔七二〕莞：高麗藏初雕本、金藏本作「睨」，高麗藏再雕本作「睆」。按，慧琳一切經音義卷九〇高僧傳第九卷音義作「睆」：「睆然，還綰反。何晏注論語云：睆尔，小笑貌也。」可洪新集藏經音義隨函録卷二七高僧傳第九卷亦作「睆」。

〔七三〕戍：高麗藏、金藏本作「戌」。
〔七四〕常：高麗藏再雕本、金藏本作「又嘗」。
〔七五〕臺：高麗藏、金藏本及法苑珠林卷六一呪術篇感應緣、太平廣記卷八八異僧二「佛圖澄」條引作「堂」。
〔七六〕洛：高麗藏再雕本及法苑珠林卷六一呪術篇感應緣引作「落」。後同。
〔七七〕恕：高麗藏、金藏本及晉書卷九五藝術佛圖澄傳引作「怒」。
〔七八〕肢：高麗藏、金藏本作「支」。
〔七九〕歲：高麗藏、金藏本無。
〔八〇〕炎：高麗藏、金藏本作「焰」。
〔八一〕詣：原無，據高麗藏、金藏本及法苑珠林卷六一呪術篇感應緣引補。
〔八二〕所：高麗藏、金藏本作「人」。
〔八三〕夫：高麗藏、金藏本無。
〔八四〕戒：高麗藏、金藏本作「誡」。
〔八五〕悲慟哀號：原作「悲慟哀號赴」，據思溪藏本改。高麗藏、金藏本作「悲哀號赴」。
〔八六〕篡戮：高麗藏再雕本作「簒煞」。
〔八七〕隨者：高麗藏、金藏本作「遊」，法苑珠林卷六一呪術篇感應緣、太平廣記卷八八異僧二「佛圖澄」條引作「隨」。

〔八八〕踰之罵：思溪藏、普寧藏本作「乃踰之罵」，金藏本作「踰罵之」。

〔八九〕收：高麗藏、金藏本作「收而」。

〔九〇〕虎：高麗藏、金藏本無。

## 晉羅浮山單道開

單道開〔一〕，姓孟，燉煌人。少懷栖隱，誦經四十餘万言。絶穀，餌栢實。栢實難得，復服松脂。後服細石子，一吞數枚，數日一服。或時多少噉薑椒，如此七年。後不畏寒暑，冬袒夏温〔二〕，晝夜不卧。始〔三〕同學十人共契服食，十年之外，或死或退，唯開全志。

皁陵太守遣馬迎開，開辤能步行，三百里路，一日早至。山樹諸〔四〕神或現異形試之，初無懼色。以石虎建武十二年從西平來，一日行七百里。至南安，度一童子爲沙弥，年十四，禀受教法，行能及開。

時太史奏虎云：「有仙人星見，當有高士入境。」虎普勑州郡：「有異人，令啓聞。」其年冬十一月，秦州刺史上表送開。初止鄴城西法綝祠中，後徙臨漳照〔五〕德寺。於房内造重閣，高八九丈〔六〕許，於上編菅爲禪室，如十斛籮〔七〕大，常坐其中。虎資給甚厚，開皆以惠施。

時樂仙者多來諮問，開都不荅，迺爲説偈云：「我矜一切苦，出家爲利世。利世須學明，學明能斷惡。山遠粮粒難，作斯斷食計。非是求仙侣，幸勿相傳説。」

開能救眼疾。時秦公石韜就開治目，著藥小痛，韜甚憚之，而終得其効。

佛圖澄曰：「此道士觀國興衰，若去者當有大災。」至石虎太寧元年，開與弟子南度許昌，虎子姪相殺，鄴都大亂。至晉昇平三年，來之建業。俄而至南海，後入羅浮山，獨處茅茨，蕭然物外。春秋百餘歲，卒于山舍。勑弟子以屍置石穴中，弟子迺移之石室。

有康泓者，昔在北間，聞開〔八〕弟子叙開昔在山中，每有神仙去來，迺遥心敬挹〔九〕。及後從役南海，親與相見，側席鑽仰，稟聞備至，迺爲之傳讚。讚〔一〇〕曰：「蕭哉若人，飄然絶塵。外軌小乘，内暢空身。玄象暉曜，高步是臻。飡茹芝英，流浪巖津。」

晉興寧元年，陳郡袁宏爲南海太守，與弟穎叔及沙門支法防共登羅浮山，至石室口，見開形骸及香火瓦器猶存。宏曰：「法師業行殊群，正當如蟬蜕耳。」迺爲贊曰：「物儁招奇，德不孤立。遼遼幽人，望巖凱入。飄飄靈仙，兹焉遊集。遺屣在林，千載一襲。」

後沙門僧景、道漸，並欲登羅浮，竟不至頂。

校勘記

〔一〕按，據名僧傳抄，名僧傳卷二一有「晉南海羅浮山單道開」傳。
〔二〕冬袒夏温：高麗藏、金藏本作「冬温夏凉」。
〔三〕始：高麗藏、金藏本作「與」。
〔四〕諸：高麗藏、金藏本無。
〔五〕照：高麗藏再雕本、金藏本及晉書卷九五藝術單道開傳作「昭」。
〔六〕丈：高麗藏、金藏本及晉書卷九五藝術單道開傳作「尺」。
〔七〕籮：思溪藏本作「蘿」，金藏本作「羅」。
〔八〕開：原無，據高麗藏、金藏本補。
〔九〕挹：原作「悒」，據高麗藏再雕本改。
〔一〇〕讚：高麗藏、金藏本無。

## 晉常山竺佛調

竺佛調者〔一〕，未詳氏族，或云天竺人。事佛圖澄爲師，住常山寺積年。業尚純樸，不表飾言，時咸以此高之。常山有奉法者兄弟二人，居去寺百里，兄婦疾篤，載出〔二〕寺側，以近醫藥。兄既奉調爲師，朝晝常在寺中諮詢行道。異日，調忽往其家，弟具問嫂〔三〕所苦，并審兄安否。調曰：「病者粗可，卿兄如常。」調去後，弟亦策馬繼往，言及調旦來，兄驚曰：「和尚旦初不出寺，汝何容見？」兄弟争以問調，調笑而不荅，咸共異焉。

調或獨入深〔四〕山一年半歲，齎乾飯數斗〔五〕，還恒有餘。有人嘗隨調山行數十里，天暮大雪，調入石穴虎窟中宿，虎還，共卧窟前。調謂虎曰：「我奪汝處，有愧如何？」虎迺弭耳下山，從者駭懼。調後自剋亡日，遠近皆至，悉與語曰：「天地長久，尚有崩壞，豈況人物，而求永存！若能蕩除三垢，專心真淨，形數雖乖，而神會〔六〕必同契。」衆咸流涕固請，調曰：「死生命也，其可請乎！」調迺還房端坐，以衣蒙頭，奄然而卒。

後數年，調白衣弟子八人入西山伐木，忽見調在高巖上，衣服鮮明，姿儀暢悦，皆驚喜作禮：「和尚尚在耶？」調曰：「吾常在耳。」具問知舊可否，良久迺去。八人便捨事還家，向諸同法者説。衆無以驗之，共發冢開棺，不復見屍，唯衣履在焉。

有記云此竺佛調譯出法鏡經及十慧等，案釋道安經録云：漢靈帝光和中，有沙門嚴佛調共安玄都尉譯出法鏡經及十慧等，語在譯經傳。而此中佛調，迺東晉中代時人，見名字是同，便謂爲一，謬矣。

## 校勘記

〔一〕按，據名僧傳抄，名僧傳卷二一有「晉雒陽常山竺佛調」傳。

〔二〕出：高麗藏再雕本作「至」。
〔三〕娙：高麗藏初雕本作「婦」。
〔四〕深：高麗藏、金藏本無。
〔五〕斗：高麗藏再雕本、金藏本作「升」。
〔六〕而神會：思溪藏本作「人」，高麗藏、金藏本作「而」。

## 晉洛陽耆域

耆域〔一〕者，天竺人也。周流華戎，靡有常所，而倜儻神奇，任性忽俗，迹行亦〔二〕不恒，時人莫之能測。

自發天竺，至于扶南，經諸海濱，爰涉〔三〕交廣，並有靈異。既達襄陽，欲寄載過江，船人見梵沙門衣服弊陋，輕而不載，船達北岸，域亦已度。前行見兩虎，虎弭耳掉尾，域以手摩其頭，虎下道而去。兩岸見者，隨從成群。晉惠〔四〕之末，至于洛陽，諸道人悉爲作禮，域胡踞〔五〕晏然，不動容色。

時或告人以前身所更，謂支法淵從羊〔六〕中來，竺法興〔七〕從人中來。又譏諸衆僧，謂衣服華麗，不應素法。見洛陽宮城，云：「髣髴似忉利天宮，但自然之與人事〔八〕不同耳。」

域謂沙門耆闍蜜曰：「匠此宮者，從忉利天來，成便還天上矣。屋脊瓦下，應有千五百作器。」時咸云：「昔聞此匠實以作器著瓦下。」又云：「宮成之後，尋被害焉。」

時衡陽太守南陽滕永文在洛，寄住滿水寺，得病，經年不差。兩脚攣屈，不能起行。域往看之，曰：「君欲得病〔九〕差不？」因取浄水一杯，楊柳一枝，便以楊枝〔一〇〕拂水，舉手向永文而呪。如此者三。因以手搦永文膝〔一一〕，令起。即時〔一二〕起，行步如故。此寺中有思惟樹數十株，枯死，域問永文：「樹〔一三〕死來幾時？」永文曰：「積年矣。」域即向樹呪，如呪永文法。樹尋荑發，扶疎榮茂。

尚方署〔一四〕中，有一人病癥將死，域以應器著病者腹上，白布通覆之，呪願數千言，即有臭氣燻〔一五〕徹一屋。病者曰：「我活矣。」域令人舉布，應器中有若垽淤泥者數升，臭不可近，病者遂瘥〔一六〕。

洛陽兵亂，辭還天竺。洛中有〔一七〕沙門竺法行者，高足僧也，時人方之樂令，因請域曰：「上人既得道之僧，願留一言，以爲永誡。」域曰：「可普會衆人也。」衆既集，域昇高座，曰：「守口攝身意，慎莫犯衆惡。修行一切善，如是得度世。」言訖，便禪默。行重請曰：「願上人當授所未聞。如斯偈義，八歲童子亦已諳誦，非所望於得道人也。」域笑曰：「八歲雖誦，百歲不行，誦之何益？人皆知敬得道者，不知行之自得道，悲夫！吾言雖少，行者益多也。」於是辭去。數百人各請域中食，域皆許往。明旦，五百舍皆有一域，始謂獨過，末〔一八〕相讎問，方知分身降焉。既發，諸道人送至河南城，域徐行，追者不及。域迺以杖畫地，曰：「於斯別矣。」其日有從長安來者，見域在彼寺中。又賈客胡濕登者，即於是日將暮，逢域於流沙，計已〔一九〕九千餘里。既還西域，不知所終。

## 校勘記

〔一〕域：原作「城」，據諸校本改。按，據名僧傳抄，名僧傳卷二一有「晉雒陽滿水寺耆域」傳。

〔二〕亦：高麗藏、金藏本無。

〔三〕涉：高麗藏、金藏本作「及」。

〔四〕晉惠：高麗藏、金藏本作「以晉惠」。

〔五〕踞：高麗藏、金藏本作「跪」。按，或當從高麗藏、金藏本作「跪」是。慧琳一切經音義卷三六金剛頂瑜伽修習毘盧遮那三摩地法：「胡跪，逵葦反，右膝著地，豎左膝危坐。或云『互跪』也。」

〔六〕羊：高麗藏再雕本作「牛」。按，集神州三寶感通録卷下：「（耆域）見支法淵，曰：『好菩薩，羊中來。』見竺法興，曰：『好菩薩，天中來。』」云云。

〔七〕興：原作「與」，據諸校本改。

〔八〕事：原作「專」，據諸校本改。

〔九〕病：高麗藏、金藏本作「病疾」。
〔一〇〕便以楊枝：高麗藏初雕本、金藏本無，高麗藏再雕本作「便以楊柳」。
〔一一〕膝：高麗藏再雕本作「兩膝」。
〔一二〕時：高麗藏、金藏本無。
〔一三〕樹：高麗藏再雕本作「此樹」。
〔一四〕署：原作「暑」，據法苑珠林卷六一呪術篇感應緣引改。
〔一五〕燻：高麗藏、金藏本作「薰」。
〔一六〕瘥：高麗藏、金藏本作「活」。
〔一七〕有：高麗藏、金藏本無。
〔一八〕末：高麗藏再雕本作「後」。
〔一九〕已：高麗藏再雕本作「已行」。

罽賓：上居例反，國名。　茵：音因，草也。　寇斥：上苦候反，賊寇也；下音尺，毁斥也。　葛陂：下音碑。陂，澤。　憫念：上音敏。　彗孛：上旬歲反，下蒲没反，妖星也。彗，帚也，謂此星光如帚，故因此爲名。　痼疾：上音固。　瘳損：上音抽，病安也。　冠胄：上音貫，下直右反。胄，頭鎧，亦云兜鍪也。　襄國：上息羊反。　城壍：下七燄反，坑壍。　嘲：竹交反。嘲，謔也。　乾燥：下先老反。　車轍：下直列反，車迹也。　泫然：上玄犬[一]反。　驚愕：下吾各反。　宥：音右，赦罪也。　篡襲：上初患反，奪也；下音習，承位也。　塢：一古反，村塢也。　柵：叉陌反，木牆也。　劬秃：上音衢，下他谷反。　潰：玄對反，散也。　僭：子念反。　號：音号。　虢太子：上俱獲反，國名。　扁鵲：上蒲典反，盧醫也。　鄴：音業，地名。　箴：音針，誡也，誨也。　慘然：上七感反，傷切也。　薊：音計。　湊聚：上七奏反，集也。　譖：側禁反。譖，佞也。　彎弓：上烏還反，引也。　捻矢：上泥怗反，指捻也；下式旨反，箭也。　壃場：薑亦二音，界畔也。　恪：良刃反。　戎貊：上而弓反，下音陌。戎貊，東北夷名。　臨淄：下側思反。　敗績：下子曆反，功績也。　混淆：上胡本反，下户交反。混淆，雜亂也。　料簡：上音寮。　荑發：上音題，秀也。　邊壤：下汝兩反，土也。　何拘：下音俱。　黿：音元。　麻襦：下而朱反，短襖也。　乞丐：下音蓋。　飼：音寺，餧飼也。　裔：羊世反，苗裔也。　頽：徒回反，墜也。　軻：可何反。　傲然：上吾告反。　匹夫：上疋字。　斆：胡教反，學斆也。　隱遁：下徒困反。　莞然：上户板反，莞乃傲笑而無聲也。　戍軍：上詩注反。

韜：土刀反。　脅下：上虛業反。脅，肋也。　耄：莫報反，老耄也。　頷：胡感反，頣頷也。　薪積：下子智反。薪積，柴聚也。　轘裂：上音患，車裂罪人也。一音還。　髦尾：上音毛。　棘子：上紀力反，刺也。　愴然：上楚狀反。操：七到反，志操也。　攣〔二〕屈：上力員反。攣，縮。　休祉：下音恥，福也。酷濫：上苦篤反，毒也；下郎淡反。　懲革：上音澄，誡也，止也；革，改也。　嗚咽：下於結反。嗚咽，憂悲不止也。　鑿壙：上音昨，下苦況反，墓穴也。　哀號：下音毫。　窆：彼驗反，埋〔三〕窆也。　創：楚狀反，造也。　絮：息慮反，綿絮也。　掉尾：上徒弔反。　手搦：下尼角反。　樊沔：煩緬二音，地名。　跨越：上傾化反。　幾且：上其矣反，近也。　殮：力焰反，屍入棺也。　齧：魚結反，齩齧也。　祟：私遂反，禍祟也。　殭：音薑，死而不朽也。　蹹：徒塔反。　鞭撻：上必綿反，下他達反，笞也。　暐：羽鬼反，明也。　磴：直庚反。　蹬：音鄧。　燉煌：屯皇二音。　餌：而志反，食也。　枚：音梅，个也。　薑椒：下子消反。　袒：音但，露膊也。　綝祠：上丑林反，下音詞。祠，寺也。　菅：音姧，茅草也。　斛蘿：上胡谷反。　憚：徒旦反。　茅茨：下在咨反。茅茨，草舍也。　石穴：下乎決反。　泓：紆萌反。　鑽仰：上子官反,俗謂其道玄遠,鑽仰所不及也。　臻:側巾反,至也。　飡茹:下而庶反。芝英:上音之。芝英,瑞草也。　宏:惠萌反。　蟬蜕:下音税。　凱:口改反。　屣:所綺反,鞋屣也。　純樸:下朴字,問質素也。　諮詢:下息旬反,問也。　粗:才古反,粗略也。　弭耳:上免尔反,低也。　駭懼:上胡買反,驚駭也。　盪:音蕩,洗也。　倜儻:上他的反,下他朗反。倜儻,奇特非常也。　病癥:下知陵反,腹中結病也。　埿淤:上魚近反,下於去反。埿淤,濁泥也。

**校勘記**

〔一〕犬:原作「大」,據思溪藏本改。

〔二〕攣:原作「戀」,據思溪藏本改。

〔三〕埋:原作「里」,據意改。

# 高僧傳卷第十

梁會稽嘉祥沙門慧皎撰

## 神異下



### 校勘記

〔一〕晉槃鵄山：高麗藏、金藏本無。

〔二〕犍：高麗藏、金藏本作「揵」。

## 晉洛陽槃鵄山犍陀勒

犍〔一〕陀勒〔二〕者，本西域人，來至洛陽積年，衆雖敬其風操，而終莫能測。後謂衆僧曰：「洛東南有槃鵄山，山有古寺廟處，基墌〔三〕猶存，可共修立。」衆未之信，試逐檢視。入山到一處，四面平坦，勒示云：「此即寺基也。」即掘之，果得寺下石基。後示講堂、僧房處，如言皆驗。衆咸驚歎，因共修立，以勒爲寺主。去〔四〕洛城一百餘里，朝朝至洛陽諸寺赴中，暮輒乞油一鉢，還寺燃〔五〕燈。以此爲常，未曾違失。有人健行，欲隨勒觀其遲疾，奔馳流汗，恒苦不及。勒令執袈裟角，唯聞厲風之響，不復覺倦，須臾至寺。勒後不知所終。

### 校勘記

〔一〕犍：高麗藏、金藏本作「揵」。

〔二〕按，據名僧傳抄，名僧傳卷二一有「晉雒陽般鵄山楗陀勒」傳。

〔三〕墌：慧琳一切經音義卷九〇高僧傳第十卷音義作「蹠」：「基蹠，上紀其反。爾疋：基，始也，本也，下跖也，從土其聲；下征亦反。王注楚辭云：蹠，踐也。許叔重云：行也，蹈也。廣疋：履也。傳文從土作『墌』，墌亦基也。或作『跖』，並通。」

〔四〕去：高麗藏再雕本作「寺去」。

〔五〕燃：高麗藏、金藏本作「然」。

## 晉洛陽婁至山訶羅竭

訶羅竭者〔一〕，本樊〔二〕陽人。少出家，誦經二百萬言。性虚玄，守戒節，善舉措〔三〕，美容色。多行頭陀，獨宿山野。晉武帝太康九年，暫至洛陽，時疫疾甚流，死者相繼，竭爲呪治，十差八九。至晉惠帝元康元年，乃西入，止婁至山石室中坐禪。此室去水既遠，時人欲爲開澗，竭曰：「不假相勞。」乃自起，以左脚蹋室西石壁，壁陷没指，既拔足，水從中出，清香濡〔四〕美，四時不絶。來飲者皆止飢渴，除疾病。至元康八年，端坐從化，弟子依西〔五〕國法闍維之。焚燎累日，而屍猶坐火中，永不灰燼，乃移還石室内。後西域人竺定，字安世，晉咸和中往其國，親自觀視，見〔六〕屍儼然平坐，已三十餘年。定後至京，傳之道俗。

**校勘記**

〔一〕按，據名僧傳抄，名僧傳卷二一有「晉樊陽樓至山訶羅竭」傳（樊，原作「楚」，據意改）。

〔二〕樊：原作「梺」，據高麗藏再雕本改，高麗藏初雕本、金藏本作「麩」。按，慧琳一切經音義卷九〇高僧傳第十卷音義作「樊」：「樊陽，伐袁反。考聲云：山邊也。地志云：古之小國名，周地邑号也。」可洪新集藏經音義隨函録卷二七高僧傳第十卷音義作「梺」：「今宜作『樊』，音煩，邑名，樊陽也。」又，法苑珠林卷九七送終篇感應緣引高僧傳，云訶羅竭爲襄陽人。釋氏六帖卷一一神通化物部「訶羅竭戒」條，云訶羅竭爲西域人。從其名和後文來看，當爲西域人。

〔三〕措：高麗藏、金藏本作「厝」。

〔四〕濡：高麗藏、金藏本作「軟」。

〔五〕西：原無，據高麗藏再雕本補。

〔六〕見：高麗藏、金藏本無。

## 晉襄陽竺法慧 范材

竺法慧〔一〕，本關中人，方直有戒行。入嵩高山，事浮圖蜜爲師。晉康帝建元元年至襄陽，止羊叔子寺，不受别請。每乞食，輒賫繩牀自隨，於閑曠之路，則施之而坐。時或遇雨，以油帔自覆，雨止，唯見繩牀，不知慧所在，訊問未息，慧已在牀。

每語弟子法昭〔二〕曰：「汝過去時，折一鷄脚，其殃尋至。」俄而昭爲人所擲，脚遂永疾。後語弟子云：「新野有一老公，當命過，吾欲度之。」仍行於畦畔之間，果見一公將牛耕田，慧從公乞牛，公不與。慧前自捉牛鼻，公懼其異，遂以施之。慧牽牛呪願，七步而反，以牛還公，公少日而亡。

後征西庾稚恭鎮襄陽，既素不奉法，聞慧有非常之迹，甚嫉之。慧預告弟子曰：「吾宿對尋至。」誡勸眷屬，令懃修福善。爾後一日，果收而刑之，春秋五十八矣。臨死，語衆人云：「吾死後三日，天當暴雨。」至期，果洪注城門，水深一丈，居民淹〔三〕没，多有死者。

時有范材者，巴西閬中人。初爲沙門，賣卜于河東市。徒跣弊衣，冬夏一服，言事亦頗時有驗。後遂退道，染〔四〕習張陵之教云〔五〕。

## 校勘記

〔一〕按，據名僧傳抄，名僧傳卷二一有「晉襄陽羊叔子寺竺法惠」傳（叔，原作「舛」，據意改）。

〔二〕昭：高麗藏、金藏本作「照」。後同。

〔三〕淹：高麗藏再雕本作「漂」。

〔四〕染：高麗藏再雕本作「染俗」。

〔五〕按，「時有范材者」至此，原無，據高麗藏、金藏本補。

## 晉洛陽大市寺安慧則慧持

安慧則，未詳氏族。少無恒性，卓越異人，而工正書，善談吐。晉永嘉中，天下疫病，則晝夜祈誠，願天神降藥，以愈萬民。一日出寺門，見兩石，形如甕，則疑是異物，取看之，果有神水在内。病者飲服，莫不皆愈。

後止洛陽大市寺，手自細書黄縑，寫大品〔一〕一部，合爲一卷。字如小豆，而分明可識，凡十餘本。以一本與汝南周仲智妻胡母氏供養，胡母過江，賫經自隨。後爲災火所延，倉卒不暇取經，悲泣懊惱。火息後，仍〔二〕於灰中得之，首軸顔色，一無虧損。于時同見聞者，莫不迴邪改信。此經今在京師簡靖寺首尼〔三〕處。

時洛陽又有康慧持者，亦神異通靈云。

### 校勘記

〔一〕大品：高麗藏、金藏本作「大品經」。
〔二〕仍：高麗藏再雕本及法苑珠林卷九五病苦篇感應緣「晉安慧則」條引作「乃」。
〔三〕「首尼」，原作「靖首尼」，據高麗藏、金藏本改。

# 晉長安涉公

涉公者，西域人也。虚靖服氣，不食五穀，日能行五百里。言未然之事，驗若指掌。以苻堅建元十一〔一〕年至長安，能以秘呪呪下神龍。每旱，堅常請之呪龍，俄而龍下鉢中，天輒大雨。堅及群臣親就鉢中觀之，咸歎其異。堅奉爲國神，士庶皆投身接足，自是無復炎旱之憂。

至十六年十二月，無疾而化，堅哭之甚慟。卒後七日，堅以其神異，試開棺視之，不見尸骸所在，唯有殮被存焉。

至十七年，自正月不雨，至于六月。堅減饍撤懸以迎和氣，至七月降雨。堅謂中書朱彤〔二〕曰：「涉公若在，朕豈燋心於雲漢若是哉？此公其大聖乎！」彤曰：「斯術幽遠，實亦曠古之奇也。」

## 校勘記

〔一〕一：高麗藏、金藏本作「二」。按，建元十一年，公元三七五年。

〔二〕彤：思溪藏本作「肜」，後同。按，慧琳一切經音義卷九〇高僧傳第十卷音義作「彤」：「朱彤，下音同，前秦中書令，人名也。彤，赤色也。」可洪新集藏經音義隨函録卷二七高僧傳第十卷音義亦作「彤」：「朱彤，徒冬反。」但後「彤曰」中作「彤」：「彤曰，与『彤』字同也。又音融，誤。」諸書如晉書、資治通鑑等中或作「彤」，或作「彤」，胡三省認爲「彤」當作「彤」。

## 晉西平釋曇霍

釋曇霍者，未詳何許人。蔬食苦行，常居冢間樹下，專以神力化物。時河西鮮卑偷髮利鹿孤僭據西平，自稱爲王，号年建和。建和二年十一月，霍從河南來，至自西平，持一錫杖，令人跪之云：「此是波若眼，奉之可以得道。」人遺其衣物，受而輒投諸地，或放之河中。有頃，衣自還本主，一無所污。行疾如風，力者追之，恒困不及。言人死生貴賤，毫釐無爽。人或藏其錫杖，霍閉目少時，立知其處。並奇其神異，終莫能測，然因之事佛者甚衆。

鹿孤有弟傉〔一〕檀，假署車騎，權傾僞國。性猜忌，多所賊害。霍每謂檀曰：「當修善行道，爲後世橋梁。」檀曰：「僕先世已來，恭事天地名山大川，今一旦奉佛，恐違先人之旨。公若能七日不食，顏色如常，是爲佛道神明，僕當奉之。」乃使人幽守七日，而霍無飢渴之色。檀遣沙門智行密持餅遺霍，霍曰：「吾嘗誰欺？而欺〔二〕國王耶？」檀深奇之，厚加敬仰，因此改信，節殺興慈。國人既蒙其祐，咸稱曰「大師」。出入街巷，百姓並迎爲之禮。

檀有女，病甚篤，請霍救命。霍曰：「死生有命，聖不能轉。吾豈能延壽？正可知早晚耳。」檀固請之，時宮後門閉，霍曰：「急開後門，及開則生，不及則死。」檀命開之，不及而卒。

至晉義熙三年，傉檀爲勃勃所破。涼土兵亂，不知所之。

校勘記

〔一〕傉：高麗藏、金藏本作「耨」。慧琳一切經音義卷九〇高僧傳第十卷音義作「傉」：「傉檀，農篤反，下憚闌反，蕃語也。是南涼僭号也，第三主也。」

〔二〕而欺：高麗藏初雕本、金藏本無，高麗藏再雕本作「欺」。

## 晉上虞龍山史宗

史宗者，不知何許人。常著麻衣，或重之爲納，故世号「麻衣道士」〔一〕。身多瘡疥，性調不恒。常在廣陵白土埭，凭埭〔二〕謳唱引綍〔三〕，以自欣暢，得直，隨以布〔四〕施人。栖憩無定所，或隱或顯。時高平檀祇爲江都令，聞而召來，應對機捷，無所拘滯，博達稽古，辯說玄儒。乃賦詩一首曰：「有欲苦不足，無欲亦無憂。未若清虚者，帶索披〔五〕玄裘。浮遊一世間，汎若不繫舟。方當畢塵累，栖志且山丘。」檀祇知非常人，遣還所在，遺布二〔六〕十匹，悉以乞人。

後有一道人，不知姓名，常賫一杖一箱自隨，嘗逼暮來，詣海鹽令云：「欲數日行，暫倩〔七〕一人，可見給不？」令曰：「隨意取之。」乃選取守鵝鴨小兒形服最醜者將去。倏忽之間，至一山上。山上有屋，屋中有三道人，相見欣然共語，小兒不解。至中許〔八〕，道人爲小兒就主人索食，得一小甌〔九〕食，狀如熟艾，食之飢止。向暝〔一〇〕，道人辭欲還〔一一〕，聞屋中人問云：「君知史宗所在不〔一二〕？其謫何當竟？」道人云：「在徐州江北廣陵白土埭上，計其謫亦竟也。」屋中人便作書曰：「因君與之。」道人以書付小兒。比曉，便至縣，與令相見云：「欲少日停此。」令曰：「大善。」問：「箱中有何等？」荅云：「書疏耳。」道人常〔一三〕在聽〔一四〕事止〔一五〕眠，以箱杖著牀頭，令使持時人夜偷取欲看之，道人已知，暮輒高懸箱杖，當下而卧，永不可得。後與令辭曰：「吾欲小停，而君恒欲偷人，正尔便去耳。」令呼先小兒，問近所經，小兒云道人令其捉杖，飄然而去，或聞足下波浪耳。并説山中人寄書，猶在小兒衣帶，令開看，都不解，乃寫取，封其本書，令人送此小兒至白土埭，送與史宗。宗開書大驚，云：「汝那得蓬萊道人書耶？」宗後南遊吳會，嘗過漁梁，見漁人大捕，宗乃上流洗浴，群魚皆散，其潛拯物類如此。

後憩上虞龍山大寺。善談莊老，究明論索〔一六〕，而韜光隱迹，世莫之知。會稽謝邵、魏邁之、放之等，並篤論淵博，皆師〔一七〕焉。後同止沙門夜聞宗共語者，頗説蓬萊上事，曉便不知宗所之。陶淵明記白土埭遇三異法師，此其一也。

或云：有商人海行，於孤洲上見一沙門，求寄書與史宗。置書於船中，同侶欲看書，書著船不脱。及至白土埭，書飛起就宗，宗接而將去。

## 校勘記

〔一〕按，據名僧傳抄，名僧傳卷二一有「晉永興龍山大寺納衣」傳。名僧傳抄中抄録納衣傳，云其「本姓史，名宗，不知何許人也。多服納衣，或時麻衣，而寒暑不易，故世以服爲之號，故曰『納衣』，或曰『麻衣』」。

〔二〕凭埭：高麗藏初雕本無。

〔三〕䋏：慧琳一切經音義卷九〇高僧傳第十卷音義作「筰」：「引筰，音昨。蒼頡篇云：筰，竹索也。案，筰者，蜀川西山有深絶澗，不可越，施竹索也於兩岸，人乘其上，機關自繫，往來如橋梁，名曰筰。從竹作聲。傳文從糸作『䋏』，非也。」

〔四〕布：高麗藏再雕本無。

〔五〕披：高麗藏、金藏本作「被」。

〔六〕二：高麗藏、金藏本作「三」。

〔七〕倩：思溪藏本作「請」。

〔八〕許：高麗藏再雕本作「困」。

〔九〕甌：高麗藏、金藏本作「塸」。按，慧琳一切經音義卷九〇高僧傳第十卷音義作「甌」：「小甌，歐侯反。方言云：盆之小者謂之甌。甌，瓦垸也。傳文從土作『塸』，非也。」

〔一〇〕瞑：高麗藏、金藏本作「冥」。

〔一一〕還：高麗藏再雕本、金藏本作「還去」。

〔一二〕按，「人辤欲還」至「君知史宗所在不」一段，高麗藏初雕本無。

〔一三〕常：嘉興藏本作「嘗」。

〔一四〕聽：高麗藏再雕本作「廳」。

〔一五〕止：高麗藏、金藏本作「上」。

〔一六〕索：高麗藏、金藏本作「孝」。

〔一七〕師：高麗藏、金藏作「師受」。

## 宋京師杯度

杯度〔一〕者，不知姓名，常乘木杯度水，因而爲目。初見在冀州，不修細行，神力卓越，世莫測其由來。嘗於北方寄宿一家，家有一金像，度竊而將去。家主覺而追之，見度徐行，走馬逐而不及。至孟津河，浮木杯於水，憑之度河，無假風棹，輕疾如飛。俄而度岸，達于京師。見時可年四十許，帶索繿縷，殆不蔽身。言語出没，喜怒不均。或嚴冰扣凍而洗〔二〕浴，或著屐上山〔三〕，或徒行入市。唯荷一蘆圌子，更無餘物。乍往延賢寺法意道人處，意以别房待之。後欲往瓜步江〔四〕，於江側就航人告度，不肯載之。復累足杯中，顧眄吟詠，杯自然流，直度北岸。

向〔五〕廣陵，遇村舍，有李家八關齋，先不相識，乃直入齋堂而坐，置蘆圌於中庭。衆以其形陋，無恭敬心。李見蘆圌當道，欲移置牆邊，數人舉，不能動。度食竟，提之而去，笑曰：「四天王福於〔六〕李家。」于時有一竪子，窺其圌中，見四小兒，並長數寸，面目端正，衣裳鮮潔，於是追覓，不知所在。後三日，乃見在西界蒙蘢樹下坐。李家〔七〕拜請還家，日〔八〕日供養。度不甚持齋，飲酒噉肉，至於辛鱠〔九〕，與俗不殊。百姓奉上，或受、不受。

沛國劉興伯爲兖州刺史，遣使邀〔一〇〕之，負圌而來。興伯使人舉視，十餘人不勝。伯自看，唯見一敗納及一木杯。後還李家，復得三十餘日，清旦忽云：「欲得一袈裟。」中時令辦，李即經營，至中未成。度云暫出，至暝〔一一〕不反。合境聞有異香，疑之爲怪。處處覓度，乃見在北巖下鋪敗袈裟於地，卧之而死。頭前脚後，皆生蓮華，華極鮮香，一夕而萎，邑人共殯葬之。

後數日，有人從北來，云見度負蘆圌，行向彭城。乃共開棺，唯見鞾履。既至彭城，遇有白衣黄欣，深信佛法，見度禮拜，請還家。其家至貧，但有麥飯而已，度甘之怡然。止得半年，忽語欣云：「可覓蘆圌三十六枚，吾須用之。」答云：「此間正可有十枚，貧無以買，恐不盡辦。」度曰：「汝但檢覓，宅中應有。」欣即窮檢，果得三十六枚，列之庭中。雖有其數，亦多破敗，比欣次第熟視，皆已新完。度密封之，因語欣令開，乃見錢帛皆滿，可堪百許萬。識者謂是杯度分身他土所得䞋施，迴以施欣。欣受之，皆爲功德。經一年許，度辭去，欣爲辦粮食。明晨，見粮食具存，不知度所在。

經一月許，復至京師。時潮〔一二〕溝有朱文殊者，少奉法，度多來其家。文殊謂度云：「弟子脱捨身没苦，願見救度〔一三〕；脱在好處，願爲法侶。」度不答，文殊喜曰：「佛法默然，已爲許矣！」

後東遊，入吴郡，路見釣魚師，因就乞魚。漁〔一四〕師施一殪〔一五〕者，度手弄反覆，還投水中，游活〔一六〕而去。又見〔一七〕網師，更從乞魚，網師瞋駡不與，度乃拾〔一八〕取兩石子擲水中，俄而有兩水牛鬬其網中，網既碎敗，不復見牛，度亦已隱。行至松江，乃仰蓋於水中，乘而度岸。經涉會稽剡縣，登天台〔一九〕，數月而反京師。

時有外國道人，名僧佉吒，寄都下長干寺住。有客僧僧悟者，與吒同房。冥〔二〇〕，於窻隙中見吒取寺刹，捧之入雲，然後將下。悟不敢言，但深加敬仰。時有一人，姓張名奴，不知何許人，不甚見食而常自肥悦，冬夏常著單布衣。佉吒在路行，見張奴欣然而笑，佉吒曰：「吾東見蔡犯，南訊馬生，北遇王年，今欲就杯度，乃與子相見耶？」張奴乃題槐樹而爲〔二一〕歌曰：「濛濛大象内，照曜實顯彰。何事迷昏子，縱惑自招殃？樂所少人往，苦道若翻囊。不有松柏志〔二二〕，何用擬風霜？閑預紫烟表，長歌出昊蒼。澄虚〔二三〕無色外，應見有緣鄉。歲曜毗漢后，辰麗傅〔二四〕殷王。伊余非二仙，晦迹之〔二五〕九方。亦見流俗子，觸眼致酸傷。略謡觀有念，寧曰盡衿〔二六〕章。」

佉吒曰：「前見先生禪思幽岫，一坐百齡。大悲熏心，靖念枯骨。」亦題頌曰：「悠悠世事，惑〔二七〕滋損益。使欲塵神，横生悦懌。惟此哲人，淵覺先見。思形浮沫，矚影遄電。累蹟聲華，蔑醜章弁。視色悟空，覩物傷變。捨紛絶有，斷習除戀。青條曲蔭，白茅以薦。依畦啜麻，鄰崖飲瀨。慧定計昭，妙真日眷。慈悲有增，深想無倦。」

言竟各去。尔後月日，不復見此二人。傳者云：將僧悟共之南岳不反。張奴與杯度相見，甚有所叙，人所不解。

度猶停都少時，遊止無定，請召或往、不往。時南州有陳家，頗有衣食，度往其家，甚見料理。聞都下復有一杯度，陳〔二八〕父子五人咸不信，故下都看之，果如其家杯度，形相一種。陳爲設一合蜜薑及刀子、熏陸香、手巾等，度即食蜜薑都盡，餘物宛在膝前。其父子五人恐是其家杯度，即留二弟停都守視，餘三人還家，家中杯度如舊，膝前亦有香、刀子等，但不噉蜜薑爲異。乃語陳云：「刀子鈍，可爲磨之。」二弟都還，云彼杯〔二九〕度已移靈鷲寺。其家杯度〔三〇〕忽求黄紙兩幅作書，書不成字，合同其背。陳問：「上人作何券書？」度不答，竟莫測其然。

時吴郡民朱靈期使高驪，還值風，舶飄經九日，至一洲邊。洲上有山，山甚高大。入山採薪，見有人路。靈期乃將數人隨路告乞，行十餘里，聞磬聲香烟，於是共稱佛禮拜。須臾，見一寺，甚光麗，多是七寶莊嚴。見有十餘僧，皆是石人，不動不摇，乃共禮拜還反〔三一〕。行步少許，聞唱導聲，還往更看，猶是石人。靈期等相謂：「此是聖僧，吾等罪人不能得見。」因共竭誠懺悔，更往，乃見真人，爲期等設食，食味是菜而香美不同世。期等〔三二〕食竟，共叩頭禮拜，乞速還至鄉。有一僧云：「此間去都乃二十餘萬里，但令至心，不憂不速也。」因問期云：「識杯度道人不？」答言：「甚識。」因指北壁，有一囊掛錫杖及鉢，云：「此是杯度許，今因君以鉢與之。」并作書著函中。别有一青竹杖，語言：「但擲此杖置舫前水中，閉船静坐，不假勞力，必令速至。」於是辤别，令一沙弥送至門上，語言：「此道去行七里便至舫，不須從先路也。」如言西轉，行七里許至舫，即具如所示。唯聞舫從山頂樹木上過，都不見水。經三日，至石頭淮而住，亦不復見竹杖所在。舫入淮，至朱雀〔三三〕，乃見杯度騎大航蘭〔三四〕，以箠〔三五〕捶之，曰：「馬，馬！何不行？」觀者甚多。靈期等在舫遥禮之，度乃自下舫，取書并鉢，開書視之，字無人識者。度大笑曰：「使我還耶〔三六〕？」取鉢擲雲中，還接之云：「我不見此鉢四千年矣！」度多在延賢寺法意處，時世以此鉢異物，競往觀之。

一説云，靈期舫漂至一窮山，遇見一僧來云：「是度上弟子。昔持師鉢而死冶城寺，今因君以鉢還師，但令一人擎鉢舫前，一人正柂，自安隱至也。」期如所教，果獲全濟。

時南州杯度當其騎蘭〔三七〕之日，尔日早出，至晚不還。陳氏明旦見門扇上有青書六字云：「福德門，靈人降。」字劣可識，其家杯度遂絶迹矣。

都下杯度，猶去來山邑，多行神呪。時庾常婢偷物而叛，四追不擒，乃問度，度云：「已死，在金城江邊空冢中。」往看，果如所言。

孔甯子時爲黄門侍郎，在廨患痢，遣信請度。度呪竟云：「難差。見有四鬼，皆被傷截。」甯子泣曰：「昔孫恩作亂，家爲軍人所破，二親及叔皆被痛酷。」甯子果死。

又有齊諧妻胡母氏病，衆治不愈。後請僧設齋，齋坐有僧聰道人，勸迎杯度。度既至，一呪，病者即愈。齊諧伏事爲師，因爲作傳，記其從來神異，大略與上同也。至元嘉三年九月，辭諧入東〔三八〕，留一万錢物寄諧，倩爲營齋，於是别去。行至赤山湖，患痢而死。諧即爲營齋，并迎〔三九〕尸還，葬建業之覆舟山。

至四年，有吴興邵信者，甚奉法，遇傷寒病，無人敢看，乃悲泣念觀音。忽見一僧來，云是杯度弟子，語云：「莫憂！家師尋來相看。」答云：「度師以死，何容得來？」道人云：「來復何難？」便衣帶頭出一合許散，與服之，病即差。

又有杜僧哀者，住在南崗下，昔經伏事杯度，兒病甚篤，乃思念恨不得度練神呪。明日，忽見度來，言語如常，即爲呪，病者便愈。

至五年三月八日，度復來齊諧家。吕道慧、聞人坦〔四〇〕之、杜天期、水丘熙等並共見，皆大驚，即起禮拜度。度〔四一〕語衆人言：「年當大凶，可勤修福業。法意道人甚有德，可往就其修立故寺，以禳災禍也。」須臾間〔四二〕，上有一僧唤度，度便辭去云：「貧道當向交廣之間，不復來也。」齊諧等拜送慇懃，於是絶迹。頃世亦言時有見者，既未的其事，故無可傳也。

## 校勘記

〔一〕按，據名僧傳抄，名僧傳卷二一有「宋延賢寺杯渡」傳。

〔二〕洗：高麗藏、金藏本作「洒」。

〔三〕山：高麗藏、金藏本作「牀」。

〔四〕瓜步江：高麗藏再雕本、金藏本作「延步江」。按，瓜步爲地名，在長江北岸，今屬南京。北山録卷三至化慧寶注：「瓜步，江淮地名，昔孫鍾種瓜於此也，揚子江上也。」太平廣記卷七五引述異記：「瓜步在吴中，吴人賣瓜於江畔，因以名也。」又，「江」，太平廣記卷九〇異僧四「杯渡」條據明鈔本校改爲「至」。

〔五〕向：高麗藏再雕本作「行向」。

〔六〕福於：高麗藏、金藏本無。

〔七〕家：高麗藏、金藏本作「跪」，法苑珠林卷六一呪術篇感應緣、太平廣記卷九〇異僧四「杯渡」條引作「禮」。

〔八〕日：高麗藏、金藏本作「月」。

〔九〕鱠：慧琳一切經音義卷九〇高僧傳第十卷音義作「膾」：「辛膾，瑰外。説文：細切肉也。從肉會聲。傳文從魚作『鱠』，非也。辛，葷辛也。」

〔一〇〕邀：高麗藏、金藏本作「要」。

〔一一〕暝：高麗藏、金藏本作「冥」。

〔一二〕潮：原作「湖」，據高麗藏、金藏本改。按，據建康實録卷二，吴赤烏四年（二四一）十一月，「詔鑿東渠，名青溪，通城北壍潮溝」。注曰：「潮溝亦帝所開，以引江潮，其舊跡在天寶寺後，長壽寺前。（中略）今俗爲運瀆，其實古城西南行者是運瀆。自歸善寺門前東出至青溪者，名曰潮溝。其溝東頭，今已湮塞，纔有處所，西頭則見通運瀆。」

〔一三〕度：高麗藏、金藏本作「濟」。

〔一四〕漁：高麗藏、金藏本作「魚」。

〔一五〕殪：思溪藏、高麗藏、金藏本及太平廣記卷九〇異僧四「杯渡」條引作「餧」，法苑珠林卷六一呪術篇感應緣引作「萎」。「萎」，同「餧」。慧琳一切經音義卷九〇高僧傳第十卷音義亦作「餧」：「餧者，奴磊反，或從魚作『鮾』，魚敗臭也。論語曰：魚餧而肉敗。孔注云：魚敗曰餧。亦從肉作『脮』，並臭壞之魚。」

〔一六〕活：高麗藏、金藏本作「泳」。

〔一七〕見：高麗藏再雕本作「見魚」。

〔一八〕拾：高麗藏、金藏本作「捡」。

〔一九〕天台：高麗藏、金藏本、法苑珠林卷六一呪術篇感應緣及太平廣記卷九〇異僧四「杯渡」條引作「天台山」。

〔二〇〕冥：高麗藏再雕本、金藏本作「宿」。

〔二一〕爲：思溪藏本作「下」，高麗藏、金藏本無。

〔二二〕志：高麗藏再雕本、金藏本作「操」。

〔二三〕虛：高麗藏、金藏本及法苑珠林卷六一呪術篇感應緣引作「靈」。

〔二四〕傳：高麗藏再雕本、金藏本作「輔」。按，大正藏本法苑珠林卷六一呪術篇感應緣引作「輔」，據其校勘記，餘諸本皆作「傳」。

〔二五〕之：高麗藏、金藏本作「於」。

〔二六〕衿：嘉興藏、大正藏本作「矜」，北山録卷三至化引作「襟」。

〔二七〕惑：高麗藏、金藏本作「或」。

〔二八〕陳：高麗藏、金藏本作「陳家」。

〔二九〕杯：高麗藏、金藏本無。

〔三〇〕杯度：思溪藏本、高麗藏初雕本無，高麗藏再雕本、金藏本作「度」。

〔三一〕還反：原作「速」，據高麗藏、金藏本改。

〔三二〕期等：思溪藏、高麗藏、金藏本無。

〔三三〕朱雀：高麗藏、金藏本作「朱雀門」。

〔三四〕航蘭：高麗藏初雕本作「航」，高麗藏再雕本、金藏本作「船欄」。慧琳一切經音義卷九〇高僧傳第十卷音義作「航欄」：「大航欄，上何岡反。方言云：自關而東，謂舟爲航，大船也。形聲字。」可洪新集藏經音義隨函録卷二六東夏三寶感通録下卷音義：「桁欄，上胡唐反，船也，正作『航』也。高僧傳作『航蘭』也。」

〔三五〕箠：高麗藏、金藏本作「杖」，太平廣記卷九〇異僧四「杯渡」條引作「捶」。

〔三六〕耶：原作「那」，據太平廣記卷九〇異僧四「杯渡」條引改。
〔三七〕蘭：高麗藏再雕本作「欄」。
〔三八〕東：高麗藏再雕本、金藏本作「京」。
〔三九〕迎：高麗藏、金藏本及太平廣記卷九〇異僧四「杯渡」條引作「接」。
〔四〇〕坦：思溪藏、高麗藏、金藏本作「怛」。
〔四一〕度：高麗藏、金藏本無。
〔四二〕間：高麗藏、金藏本作「聞」，法苑珠林卷六一咒術篇感應緣、太平廣記卷九〇異僧四「杯渡」條引作「門」。

## 宋僞魏長安釋曇始

釋曇始〔一〕，關中人。自出家以後，多有異迹。晉孝武太元之末，賫經律數十部，往遼東宣化，顯授三乘，立以歸戒，蓋高句驪聞道之始也。義熙初，復還關中，開導三輔。始足白於面，雖跣涉泥水，未嘗沾濕〔二〕，天下咸稱「白足和尚」〔三〕。時長安人王胡，其叔死數年，忽見形，還將胡遍遊地獄，示諸果報。胡辭還，叔謂胡曰：「既已知因果，但當奉事白足阿練。」胡遍訪衆僧，唯見始足白於面，因而事之。

晉末，朔方凶奴赫連勃勃破獲關中，斬戮無數。時始亦遇害，而刃〔四〕不能傷。勃勃嗟之，普赦沙門，悉皆不殺。始於是潛遁山澤，修頭陀之行。後託〔五〕跋燾復克長安，擅威關洛。時有博陵崔皓，少習左道，猜嫉釋教，既位居僞輔，燾所伏〔六〕信，乃與天師寇氏説燾，以佛化〔七〕無益，有傷民利，勸令廢之。燾既惑其言，以僞太平七年，遂毁滅佛法，分遣軍兵，燒掠寺舍，統内僧尼，悉令罷道。其有竄逸者，皆遣人追捕，得必梟斬。一境之内，無復沙門。始唯閉絶幽深，軍兵所不能至。

至太平之末，始知燾化時將及，以元會之日，忽杖錫到宫門。有司奏云：「有一道人，足白於面，從門而入。」燾令依軍法，屢斬不傷，遽以白燾。燾大怒，自以所佩劒斫之，體無餘異，唯劒所著處，有痕如布綫焉。時北園養虎于檻，燾令以始餧之，虎皆潛伏，終不敢近。試以天師近檻，虎輒鳴吼。燾始知佛化尊高，黄老所不能及，即延始上殿，頂禮足下，悔其僁失。始爲説法，明辯因果。燾大生愧懼，遂感癘疾。崔、寇二人，次發惡病。燾以過由於彼，於是誅翦二家門族都盡，宣下國中，興復正教。俄而燾卒，孫濬襲位，方大弘佛法，盛迄于今。始後不知所終〔八〕。

**校勘記**

〔一〕按，據名僧傳抄，名僧傳卷二一有「宋雒陽釋曇始」傳，名僧傳説處第二十一有「晉雒陽釋曇始稱爲『白足和上』事」。又，魏書卷一一四釋老志中作「惠始」，並云：「世祖初平赫連昌，得沙門惠始，姓張。家本清河，聞羅什出新經，遂詣長安見之，觀習經典。」

〔二〕濕：高麗藏再雕本作「涅」，法苑珠林卷三一潛遁篇感應緣引作「泥」。按，慧琳一切經音義卷九〇高僧傳第十卷音義作「濕」：「霑濕，上張廉反。廣雅：霑，漬也。韓詩：溺也。古今正字從雨沾聲；下深入反。説文：幽濕也。」

〔三〕尚：高麗藏、金藏本作「上」。

〔四〕刃：高麗藏、金藏本作「刀」。

〔五〕託：高麗藏、金藏本作「拓」。

〔六〕伏：高麗藏再雕本、嘉興藏本作「仗」。

〔七〕化：高麗藏再雕本作「教」。按，大正藏本集古今佛道論衡卷甲元魏君臨釋李雙信致有廢興故述其由事作「法」，據其校勘記，餘諸大藏經中無。

〔八〕按，曇始於太延（四三五—四四〇）中卒於八角寺。魏書卷一一四釋老志：「太延中，臨終，於八角寺齋潔端坐，僧徒滿側，凝泊而絶。停屍十餘日，坐既不改，容色如一，舉世神異之，遂瘞寺内。至真君六年，制城内不得留瘞，乃葬於南郊之外。始死十年矣，開殯儼然，初不傾壞。」

## 宋高昌釋法朗 智整

釋法朗〔一〕，高昌人。幼而執行精苦，多諸徵瑞，韜光藴德，人莫測其所階。朗師釋法進，亦高行沙門。進嘗閉户獨坐，忽見朗在前，問：「從何處來？」答云：「從户鑰中入。」云：「與遠僧俱至，日既將中，願爲設食。」進即爲設食，唯聞匕鉢之聲，竟不見人。昔廬山慧遠嘗以一袈裟遺進，進即以爲䞋。朗云：「衆僧已去，別日當取之。」後見執爨者就進取衣，進即與之。訪常執爨者，皆云不取，方知是先聖人權迹取也。

至魏虜毀滅佛法，朗西適龜兹。龜兹王與彼國大禪師結約：「若有得道者至，當爲我說，我當供養。」及朗至，乃以白王，王待以聖禮。

後終於龜兹，焚尸之日，兩肩〔二〕湧泉，直上于天。衆歎希有，收骨起塔。後西域人來此〔三〕土，具傳此事。

時涼州復有沙門智整〔四〕，亦貞苦有異行，爲氐〔五〕主楊難當所事，後入寒峽山石穴中不反〔六〕。

### 校勘記

〔一〕按，據名僧傳抄，名僧傳卷二一有「宋高昌釋法朗」傳。

〔二〕肩：高麗藏初雕本作「處」，高麗藏再雕本、金藏本作「眉」。

〔三〕此：高麗藏、金藏本作「北」。按，大正藏本法苑珠林卷三一潛遁篇感應緣引作「此」，據其校勘記，餘諸大藏經中作「北」。

〔四〕按，據名僧傳抄，名僧傳卷二一有「宋梁洲釋智整」傳。「梁洲」，或爲「涼州」之誤。
〔五〕氏：原作「立」，據高麗藏再雕本、金藏本改，思溪藏本無。
〔六〕反：高麗藏、金藏本作「返」。

## 宋岷山通雲寺邵碩

邵碩者，本姓邵，名碩，始康人。居無常所，恍惚〔一〕如狂。爲人大口，眉目醜拙，小兒好追而弄之。或入酒肆，同人酣飲。而性好佛法，每見形像，無不禮拜讚歎，悲感流淚。碩本有三男二女，大男惠生者亦出家。碩以宋初亦出家入道，自稱「碩公」。

出入行往，不擇晝夜。遊歷益部諸縣及往蠻中，皆因事言謔，協以勸善。至人家眠地者，家〔二〕必有死，就人乞細席，必有小兒亡。時〔三〕咸以此爲讖。至四月八日，成都行像，碩於衆中匍匐，作師子形。尒日，郫〔四〕縣亦言見碩作師子形，乃悟其分身也。刺史蕭慧開及劉孟明等，並挹事之。

孟明以男子衣衣二妾，試碩云：「以此二人給公爲左右，可乎？」碩爲人好韻語，乃謂明曰：「寧自乞酒以清醮〔五〕，不能與阿夫竟殘年。」後一朝，忽著布帽詣孟明。少時，明卒。先是，孟明長史沈仲玉改鞭杖之格，嚴重常科，碩謂玉曰：「天地嗷嗷從此起，若除鞭格得刺史。」玉信而除之。及孟明卒，仲玉果行州事。

以宋元徽元年九月一日卒岷山通雲寺。臨亡，語道人法進云：「可露吾骸，急繫履著脚。」既而依之，出屍置寺後。經二日，不見所在。俄而有人從郫縣來，遇〔六〕進云：「昨見碩公在市中，一脚著履，漫語云：『小子無宜適，失我履一隻。』」進驚而檢問沙弥，沙弥荅云：「近送尸時〔七〕怖懼，右脚一履不得好繫，遂失之。」其迹詭異，莫可測也。後竟不知所終。

### 校勘記

〔一〕惚：高麗藏、金藏本作「忽」。

〔二〕家：高麗藏再雕本作「人家」。按，「家必有死」，法苑珠林卷三一潛遁篇感應緣引作「人家有死」。

〔三〕時：高麗藏再雕本及法苑珠林卷三一潛遁篇感應緣引作「時人」。

〔四〕郫：高麗藏、金藏本及法苑珠林卷三一潛遁篇感應緣引作「郡」。按，慧琳一切經音義卷九〇高僧傳第十卷音義作「郫」：「郫，被悲反，漢書蜀郡有郫縣。又音毘。」可洪新集藏經音義隨函録卷二七高僧傳第十卷音義亦作「郫」：「郫縣，上音皮，在蜀。」

〔五〕醼：高麗藏、金藏本作「嚥」。按，慧琳一切經音義卷九〇高僧傳第十卷音義作「嚥」：「清嚥，煙見反，或從言作『讌』，亦通，今作『宴』。毛詩：安也。宴會飲酒，樂也。」

〔六〕遇：高麗藏、金藏本作「過」。按，大正藏本法苑珠林卷三一潛遁篇感應緣引作「過」，據其校勘記，餘諸大藏經中作「遇」。

〔七〕時：高麗藏再雕本作「出時」。

## 宋江陵琵琶寺釋慧安 僧覽 法衛

釋慧安，未詳何〔一〕人。少經被虜，屬荆州人爲奴，執役勤緊，主甚愛之。年十八，聽出家，止江陵琵琶寺。風貌庸率，頗共輕之。時爲沙弥，衆僧列坐，輒使行水。安恒執空瓶從上至下，水常不竭，時咸以異焉。

及受具戒，稍顯靈迹。嘗月晦夕，共同學慧濟上堂布薩。堂户未開，安乃縮濟指，從壁隙而入。出亦如之。濟甚駭懼，不敢發言。後乃與濟共至〔二〕塔下，便語濟云：「吾當遠行，今與君別。」頃之，便見天人、伎樂、香花布滿空中，濟唯驚懼，竟不得語。安又謂曰：「吾前後事迹，慎無〔三〕妄説，説必有咎。唯西南有一白衣，是新發意菩薩，可具爲説之。」於是辭去，便附商人入湘川。中路患痢，極篤，謂船主曰：「貧道命必應盡，但出置岸邊，不須器木。氣絶之後，即施虫鳥。」商人依其言，出卧岸側，夜見火炎從身而出。商人怪懼，就往觀之，已氣絶矣。商人行至湘東，見安亦已先至，俄又不知所之。

濟後至陟岊寺，詣隱士南陽劉虬，具言其事。虬即起遥禮之，謂濟曰：「此得道之人，入火光三昧也。」

時蜀中又有僧覽、法衛〔四〕，並有異迹，時人亦疑得聖果。

**校勘記**

〔一〕何：高麗藏、金藏本及法苑珠林卷三一潛遁篇感應緣引作「何許」。

〔二〕至：高麗藏再雕本作「坐」。

〔三〕無：高麗藏再雕本及法苑珠林卷三一潛遁篇感應緣引作「勿」。

〔四〕按，據名僧傳抄，名僧傳卷二五有「齊欣平龍華寺法衛」傳。

## 齊京師枳園寺沙弥釋法匱法楷

釋法匱，本姓阮，吴興於潛人。少出家，爲京師枳園寺法楷弟子。楷素有學功，特精經史，瑯琊王奂、王肅並共師焉。匱爲性恭默，少語言，樸然自守，不涉人事，誦法華經一部。寺有上座勝〔一〕法師老病，匱從爲依止，營護甚多〔二〕。及勝亡，殯〔三〕葬如法。每齋會得直，聚以造栴檀像，像成，自設大會。

其本家僑居京師大市，是日還家，又至定林，復還枳園。後三處考覆，皆見匱來中食，實是一時而三處赴焉。尔日晚，還房卧，奄然而卒。尸甚香軟，手屈二指，衆咸悟其得果〔四〕。時猶爲沙弥，而靈迹殊異，遂聞於武帝。帝親臨幸，爲會僧設供。文惠、文宣並到房頂禮，爲營理殮葬〔五〕。百姓雲赴，嚫施重疊。仍以所得利養，起枳園寺塔。是歲齊永明七年也。

**校勘記**

〔一〕勝：高麗藏、金藏本作「塵勝」。

〔二〕多：高麗藏、金藏本作「至」，釋氏六帖卷一一神通化物部「法匱養病」條作「恭」。

〔三〕殯：原作「擯」，據高麗藏、金藏本改。

〔四〕果：高麗藏再雕本作「二果」。

〔五〕殮葬：高麗藏、金藏本作「葬殮」。

## 齊荊州釋僧惠 慧遠

釋僧惠〔一〕，姓劉，不知何許人。在荊州數十年，南陽劉虬立陟屺寺，請以居之。時人見之，已五六十年，終亦不老。舉止趍〔二〕尔，無甚威儀。往至病人家，若瞋者必死，喜者必差，時咸以此爲讖。凡未相識者，並悉其親表存亡。惠嘗至江邊，告津吏求度，吏迫以舟小，未及過之。須臾，已見惠在彼。兩岸諸人，咸歎神異。中山甄恬、南平車曇同日請惠，惠皆赴之。後兩家檢覆，方知分身。

齊永明中，文惠要下京，行遇〔三〕保誌，誌撫背曰：「赤龍子。」他無所言。惠後還荆，遇見鎮西長史劉景蕤，忽泣慟而捉〔四〕之。數日，蕤果爲刺史所害。後至湘州城南，忽云地中有碑，衆人試掘，果得二枚。惠後不知所終。或云：永元中，卒於江陵。

時江陵長沙寺又有釋慧遠〔五〕者，本沙門慧印〔六〕之倉〔七〕頭也。印見其有信，因爲出家，仍行般舟之業，數歲勤苦，遂有神異，能分身赴請及預記興亡等。

## 校勘記

〔一〕按，據名僧傳抄，名僧傳卷二一有「齊江陵陟屺寺釋僧惠」傳。

〔二〕趍：大正藏本法苑珠林卷三一潛遁篇感應緣引作「趣」，據其校勘記，餘諸大藏經中作「趨」。

〔三〕遇：高麗藏再雕本及法苑珠林卷三一潛遁篇感應緣引作「過」。

〔四〕捉：高麗藏、金藏本作「投」。按，大正藏本法苑珠林卷三一潛遁篇感應緣引作「投」，據其校勘記，餘諸大藏經中作「捉」。

〔五〕按，據名僧傳抄，名僧傳卷二一有「齊江陵長沙寺釋惠遠」傳，名僧傳説處第二十一有「齊江陵長沙寺釋惠遠二月二十三日諸天相迎事」。

〔六〕按，據名僧傳抄，名僧傳卷二〇有「宋靈根寺惠印」傳，名僧傳説處第二十有「惠印洞鑒法華，深明十誦事」，或即此慧印。

〔七〕倉：高麗藏、金藏本作「蒼」。

## 齊壽春釋慧通

釋慧通〔一〕，不知何許人。宋元嘉中，見在壽春〔二〕，衣服趨尒〔三〕，寢宿無定，遊歷村里，飲讌食噉，不異恒人。常自稱「鄭散騎」，言未然之事，頗時有驗。

江陵有邊〔四〕僧歸者，遊賈壽春，將應反鄉，路值慧通，稱欲寄物。僧歸時自負重擔，固以致辭，遂强置擔上，而了不覺重。行數里，便別去，謂僧歸曰：「我有姊，在江陵作尼，名慧緒，住三層寺，君可爲我相聞，道尋欲往。」言訖，忽然不見。顧視擔上，所寄物亦失。僧歸既至，尋得慧緒，具説其意。緒既無此弟，亦不知何以而然，乃自往〔五〕壽春尋之，竟不相見。通後自往江陵，而慧緒已死。入其房中，訊問委悉，因留江陵少時。路由人家墳墓，無不悉其氏族、死亡年月，傳以相問，並如其言。或時懸指偷劫，道其罪狀，於是群盜遥見通者，輒間行避走。

又於江津路值一人，忽以杖打之，語云：「可駛歸去，看汝家若爲。」此人至家，果〔六〕延火所及，舍物蕩盡。

齊永元初，忽就相識人任漾求酒，甚急，云：「今應遠行，不復相見。爲謝諸知識，並宜精勤修善爲先。」飲酒畢，至牆邊卧地，就看已死。後數十日，復有人於市中見之，追及共語，久之乃失。

**校勘記**

〔一〕按，據名僧傳抄，名僧傳卷二一有「宋尋陽釋惠通」傳。名僧傳抄中抄録有釋惠通傳，其中有云：「不知所從來，多見在尋陽，常自稱『鄭散騎』。」

〔二〕壽春：名僧傳抄作「尋陽」。參前記。

〔三〕衣服趨尒：釋氏六帖卷一一神通化物部「慧通散騎」條作「著俗人衣」。

〔四〕有邊：大正藏本作「邊有」。

〔五〕往：高麗藏再雕本作「往來」。

〔六〕果：高麗藏再雕本作「果爲」。

## 梁京師釋保誌道香　僧朗

釋保誌，本姓朱，金城人。少出家，止京師道林寺。師事沙門僧儉爲和尚〔一〕，修習禪業。至宋太始初，忽如僻異，居止無定，飲食無時，髮長數寸，常跣行街巷。執一錫杖，杖頭掛剪刀及鏡，或掛一兩匹帛。

齊建元中，稍見異迹。數日不食，亦無飢容。與人言〔二〕，始若難曉，後皆効驗。時或賦詩，言如讖記。京土士庶，皆敬〔三〕事之。齊武帝謂其惑衆，收駐建康。明旦，人見其入市。還檢獄中，誌猶在焉。誌語獄吏：「門外有兩轝食來，金鉢盛飯，汝可取之。」既而齊文惠太子、竟陵王子良並送食餉誌，果如其言。

建康令吕文顯以事聞武帝，帝既延〔四〕入，居之後堂。一時屏除内宴，誌亦隨衆出。既而景陽山上猶有一誌，與七僧俱，帝怒，遣推檢，失所在〔五〕。閤〔六〕吏啓云：「誌久出在省，方以墨塗其身。」時僧正法獻欲以一衣遺誌，遣使於龍光、罽賓二寺求之，並云：「昨宿旦去。」又至其常所造厲侯伯家尋之，伯云：「誌昨在此行道，旦眠未覺。」使還以告獻，方知其分身三處宿焉。

誌嘗〔七〕盛冬袒行，沙門寶亮欲以納〔八〕衣遺之，未及發言，誌忽來引納而去。又時就人求生魚鱠，人爲辦覓，致飽乃去。還視盆中，魚游活如故。誌後假武帝神力，見高帝於地下，常受錐刀之苦，帝自是永廢錐刀。

齊衛尉胡諧病，請誌，誌注〔九〕疏云：「明屈。」明日，竟不往。是日諧亡，載屍還宅。誌云「明屈」者，明日屍出也。

齊太尉司馬殷齊之隨陳顯達鎮江州，辭誌，誌畫紙作一樹，樹上有烏，語云：「急時可登此。」後顯達逆節，留齊之鎮州。及敗，齊之叛入廬山。追騎將及，齊之見林中有一樹，樹上有烏，如誌所畫，悟而登之，烏竟不飛。追者見烏，謂無人而反〔一〇〕，卒以見免。齊屯騎桑偃將欲謀反，往詣誌。誌遥見而走，大呼云：「圍臺城，欲反逆，斫頭破腹。」後未旬事發，偃叛往朱方，爲人所得，果斫頭破腹。

梁鄱陽忠烈王恢〔一一〕嘗屈誌來第會，忽令覓荆子，甚急，既得，安之門上，莫測所以。少時，王便〔一二〕出爲荆州刺史。其預鑒之明，此類非一。

誌多去來興皇、淨名兩寺。及今上龍興，甚見崇禮。先是，齊時多禁誌出入，今上即位，下詔曰：「誌公迹拘塵垢，神遊冥寂。水火不能燋濡，蛇虎不能侵懼。語其佛理，則聲聞以上；談其隱淪〔一三〕，則遁仙高者。豈得以俗士常情空相拘制？何其鄙狹，一至於此！自今行來〔一四〕，隨意出入，勿得復禁。」誌自是多出入禁内。

天監五年冬，旱，雩祭備至而未降雨。誌忽上啓云：「誌病不差，就官乞活〔一五〕，若不啓白，官應得鞭杖，願於華光殿講勝鬘請雨。」上即使沙門法雲講勝鬘。講竟，夜便大雪。誌又云：「須一盆水，加刀其上。」俄而雨大降，高下皆足。

上嘗問誌云：「弟子煩惑未除，何以治之？」誌〔一六〕答云：「十二。」識者以爲十二因緣治惑藥也。又問十二之旨，答云：「旨在書字時節刻漏中。」識者以爲書之在十二時中。

又問：「弟子何時得静心修習？」答云：「安樂禁。」識者以爲禁者止也，至安樂時乃止耳。後法雲於華林殿〔一七〕講法華，至「假使黑風」，誌忽問風之有無，答云：「世諦故有，第一義則無也。」誌往復三四番，便笑云：「若體是假有，許〔一八〕亦不可解，難可解。」其辭旨隱没，類皆如此。

有陳征〔一九〕虜者，舉家事誌甚篤。誌嘗爲其現真形，光相如菩薩像焉。誌知名顯奇四十餘載，士女恭事者數不可稱。至天監十三年冬，於臺後堂謂人曰：「菩薩將去。」未及旬日，無疾而終。尸骸香軟，形貌熙悦。臨亡，自〔二〇〕然一燭以付後閤舍人吴慶。慶即啓聞，上歎曰：「大師不復留矣！燭者，將以後事囑〔二一〕我乎？」因厚加殯〔二二〕送，葬于鍾山獨龍之阜，仍於墓所立開善精舍，勑陸倕製銘辭於塚内，王筠勒碑文於寺門。傳其遺像，處處存焉。

初，誌顯迹之始，年可五六十許，而終亦不老，人咸莫測其年。有徐捷道者，居于京師九日臺北，自言是誌外舅弟，小誌四年，計誌亡時，應年九十七。

時梁初，蜀中又有道香、僧朗，亦並有神力云。

**校勘記**

〔一〕尚：高麗藏、金藏本作「上」。

〔二〕言：高麗藏再雕本及法苑珠林卷三一潛遁篇感應緣引作「言語」。

〔三〕敬：高麗藏、金藏本及法苑珠林卷三一潛遁篇感應緣、太平廣記卷九〇異僧四「釋寶誌」條引作「共」。

〔四〕既延：高麗藏再雕本及法苑珠林卷三一潛遁篇感應緣、太平廣記卷九〇異僧四「釋寶誌」條引作「即迎」。

〔五〕在：原無，據高麗藏、金藏本補。

〔六〕閤：高麗藏、金藏本作「問」。

〔七〕嘗：高麗藏、金藏本作「常」。

〔八〕納：大正藏本作「衲」。

〔九〕注：思溪藏、高麗藏、金藏本作「往」。

〔一〇〕反：嘉興藏本作「返」。

〔一一〕恢：高麗藏、金藏本無。按，蕭恢（四七六—五二六），字宏達，梁武帝蕭衍異母弟，曾封鄱陽郡王，卒後謚號忠烈。

〔一二〕便：原作「使」，據高麗藏、金藏本及法苑珠林卷三一潛遁篇感應緣引改。

〔一三〕淪：思溪藏、高麗藏、金藏本作「倫」。

〔一四〕行來：高麗藏再雕本作「行道來往」。

〔一五〕活：高麗藏再雕本及法苑珠林卷三一潛遁篇感應緣引作「治」。
〔一六〕誌：高麗藏、金藏本無。
〔一七〕殿：高麗藏初雕本、金藏本無，高麗藏再雕本作「寺」。
〔一八〕許：思溪藏、高麗藏、金藏本及法苑珠林卷三一潛遁篇感應緣、太平廣記卷九〇異僧四「釋寶誌」條引作「此」。
〔一九〕征：高麗藏、金藏本作「御」。
〔二〇〕自：高麗藏、金藏本無。
〔二一〕囑：高麗藏、金藏本及法苑珠林卷三一潛遁篇感應緣、太平廣記卷九〇異僧四「釋寶誌」條引作「屬」。
〔二二〕殯：原作「擯」，據高麗藏、金藏本改。

論曰：神道之爲化也，蓋以抑誇〔一〕强，摧侮慢，挫兇鋭，解塵紛。至若飛輪御寶，則善信歸降；竦石參煙，則力士潛伏。當知至治無心，剛柔在化。自晉惠失政，懷愍播遷，中州寇蕩，竇〔二〕羯亂交，淵曜篡虐於前，勒虎僭〔三〕兇於後，郡國分崩，民遭屠炭。澄公憫鋒鏑之方始，痛刑害之未央，遂彰神化於葛陂，騁懸記於襄鄴。藉秘呪而濟將盡，擬香氣而拔臨危。瞻鈴映掌，坐定凶吉〔四〕。終令二石稽首，荒裔子來，澤潤蒼生〔五〕，固無以校也。其後佛調、耆域、涉公、杯度等，或韜光晦影，俯同迷俗；或顯現神奇，遥記方兆；或死而更生；或窆後空槨〔六〕。靈迹怪詭，莫測其然。但典章不同，袪取亦異。至如劉安、李脱，書史則以爲謀僭妖蕩，仙録則以爲羽化雲翔。夫理之所貴者，合道也；事之所貴者，濟物也。故權者反常而合道，利用以成務。然前傳所紀，其詳莫究。或由法身應感，或是遁仙高逸。但使一分〔七〕兼人，便足高〔八〕矣。至如慧則之感香甕，能致痼疾消瘳〔九〕；史宗之過漁梁，迺令潛鱗得命。白足臨刃不傷，遺法爲之更始；保誌分身員〔一〇〕户，帝王以之加信。光雖和而弗污其體，塵雖同而弗渝其真。故先代文紀，並見宗録。若其誇衒方伎，左道亂時，因神藥而高飛，藉芳芝而壽考，與夫鷄鳴雲中，狗吠天上，蛇鵠不死，龜靈千年，曾是爲異乎？

讚曰：土資水澤，金由火煎。强梁扈化，假見威權。澄照襄土，開導淄〔一一〕川。惠兹兩葉，綏彼四邊。如不繄賴，民命何全！

## 校勘記

〔一〕 誇：高麗藏、金藏本作「夸」。後同。

〔二〕 竇：高麗藏初雕本作「竇」，高麗藏再雕本、金藏本作「群」。

〔三〕 僭：高麗藏再雕本作「潛」。

〔四〕凶吉：高麗藏、金藏本作「吉凶」。
〔五〕生：高麗藏、金藏本作「萌」。
〔六〕槨：高麗藏、金藏本作「墎」。
〔七〕分：高麗藏、金藏本作「介」。
〔八〕高：高麗藏本無。
〔九〕瘳：高麗藏、金藏本作「療」。
〔一〇〕員：高麗藏再雕本作「圓」。
〔一一〕淄：高麗藏、金藏本作「蓄」。

霍：兄郭反。　邵：市照反。　匱：求位反。　槃鵄：上音盤，下昌夷反。
基墌：下音隻。　梵陽：上力閑反，地名也。　婁至：上音樓。　蹍：女展反，
踐也。　焚燎：下力照反，燒也。　灰燼：下徐刃反。　畦畔：上音區，携田
也。　淹没：上邑壚反。　閬：音浪，蜀州名。　徒跣：下先典反，赤足行也。
甕：於貢反。　黄縑：下音兼，絹也。　朱彤：下徒冬反。　傉檀：上奴毒反，
下達丹反。　掠：音畧，劫。　土埭：下音代，以〔一〕土禦水也。　凭埭：上音
憑，倚也，或作「賃埭」，傳寫誤矣。　謳唱：上烏侯反，謌也。　引䋏：下音昨，大索

也。栖憩：上音西，止也；下丘例反，息也。　機捷：下才葉反。　稽古：上音鷄。　倏忽：上音叔。　甌：烏侯反，盞也。　艾：吾蓋反，蒿草也。　謫：音摘，責也，罰也。　會稽：上俱外反，下音鷄。　風棹：下直孝反，舡棹。　鑑縷：上郎甘反，下吕主反。鑑縷，衣破也。　扣：苦候反，一音口，擊也。　屐：奇逆反，履屐也。　圌子：上市專反，竹織圓倉也。　航：户剛反，方舟也。　顧眄：下音麵，視也。　兖州：上緣淺反。　竪：音樹，童子也。　窺：傾彌反，視也。　沛國：上音貝。　萎：烏爲反，蔫萎。　鞾履：上兄和反，與「靴」同。　怡然：上余之反，和悦皃。　䞋施：上初近反。　殪：於計反。　剡縣：上時染反。　佉吒：上丘迦反，下竹加反。　窸隙：下丘逆反。　蔡犺：上且大反，下徒昆反。　昊蒼：上胡道反。昊蒼，天也。　衿：音今。　岫：音袖。　悦懌：下音亦，和也。　矚：音燭，視也。　遄：市緣反。遄，速也。　躓：音致，礙也。　蔑：莫結反。　啜：時劣反，嘗啜也。又昌悦反。　瀳：在見反，水至也。　鈍：徒困反，不利也。　券書：上區願反。　高驪：下音離，東夷國。　舶：音白，大舡。　叩頭：上音口。　舫：音放，雙舟曰舫。　箠捶：二字並之委反。箠，策也。　柂：徒可反，正舡木也。　甯子：上奴定反。　廨：隔賣反，公署也。　杜：徒户反。　崗：音剛，山脊也。　託跋燾：上二字，複姓也；下音盜，名也，元魏帝。　猜嫉：上七才反，猜疑也。　掠：音略，劫也。　竄：麁筭反，逃竄也。　梟所：上古堯反，斬首倒懸曰梟，正作是。　遽：其預反，速也。　佩劒：上蒲妹反。　檻：胡減反，閉獸之檻也。　餧之：上紆瑞反，飼也。　愆失：上去乾反，愆亦失也。　癘疾：上音例，疫癘也。　濬：私閏反。　迄于：上許訖反，至也。　户鑰：下音藥，關鑰。　匕鉢：上音妣，匙也。　爨：麁筭反，炊爨也。　魏虜：下音魯。　寒峽：下侯夾反。　恍惚：上兄往反。　酣：何甘反，樂酒也。　蠻中：上莫班反，蠻夷。　言謔：下許約反，調謔。　協：胡業反，和也。　讖：楚禁反，未萌之書也。　匍匐：上音蒲，下皮北〔二〕反。匍匐，伏〔三〕地而行也。　挹事：上於入反，設也。　衣衣：下去聲。　清醼：下一見反。　嗷嗷：吾高反。　元徽：下音暉，年〔四〕号也。　岷山：上音閩，蜀地山名也。　郫縣：上音皮。　詭異：上過委反。　綰：紆板反，結也。　陟屺：下音起。　虬：渠幽反。　枳園：上音只。　楷：口買反。　僑居：上巨嬌反，寄也。　甄恬：上音真，下徒添反。甄恬，姓名也。　誌：音志。　蕤：而誰反。　遊賈：下音古，客。　駃歸：上踈仕反，馬行疾也。

漾：余向反。　僻異：上亦疋反。　餉：詩尚反，送食也。　屏除：上併、餠二音。　亮：力向反。　錐刀：上質追反，針錐也。　鄱陽：上〔五〕音婆，郡名。

燋濡：上子消反，下而朱反。燋濡，乾濕也。　鄙狹：下侯夾反，鄙陋上狹窄也。

雩祭：上音于，祈雨祭赤帝也。　抑：音憶。　夸强：上作「誇」。　侮慢：上音武，輕也。　挫：則卧反，抑也。　鋭：羊歲反，勇也，利也。　竦石：上息勇反。　竇：音豆。　鋒鏑：下音的。鋒，利也；鏑，箭頭也。　騁：丑領反。

窆：彼驗反。　渝：音俞，變也。　誇衒：上苦花反，下音縣。誇衒，自媒也。

鴟：胡篤反。　扈：音户。　淄川：上側思反，水出大山。　綏：音雖，安也。

校勘記

〔一〕以：原作「必」，據思溪藏本改。

〔二〕皮北：原作「北反」，據思溪藏本改。

〔三〕伏：原作「大」，據思溪藏本改。

〔四〕年：原作「羊」，據思溪藏本改。

〔五〕上：原作「也」，據意改。

# 高僧傳卷第十一

習禪二十一人　明律十三人

梁會稽嘉祥寺沙門慧皎撰

## 習禪第四



### 校勘記

〔一〕釋：高麗藏初雕本、金藏本無。下同，不一一出校。

〔二〕釋僧審：思溪藏本作「釋法悟」，高麗藏初雕本、金藏本作「法晤」。

〔三〕釋法悟：思溪藏本作「釋僧審」，高麗藏初雕本、金藏本作「僧審」。

## 晉江左竺僧顯

竺僧顯〔一〕，本姓傅氏，北地人。貞苦，善戒節。蔬食誦經，業禪爲務。常獨處山林，頭陀人外。或時數日入禪，亦無飢色。時劉曜寇蕩西京，朝野崩亂，顯以晉太興之末，南逗〔二〕江左。復歷名山，修己恒業。後遇疾綿篤，乃屬想西方，心甚苦至。見無量壽佛降以真容，光照其身，所苦都愈。是夕，更〔三〕起澡浴，爲同住及侍疾者說己所見，并陳誡因果，辭甚精析〔四〕。至明清晨，平坐而化。室内有殊香，旬餘乃歇。

### 校勘記

〔一〕按，據名僧傳抄，名僧傳卷二三有「晉江左釋僧顯」傳，名僧傳說處第二十三有「僧顯無量壽佛爲萬劫大師事」。

〔二〕逗：嘉興藏本作「遊」。

〔三〕更：高麗藏再雕本作「便」。

〔四〕析：嘉興藏本作「研」。

# 晉剡隱岳山帛僧光

帛僧光〔一〕，或云曇光，未詳何許人，少習禪業。晉永和初，遊于江東，投剡之石城山。山民咸云：「此中舊有猛獸之災及山神縱暴，人蹤久絶。」光了無懼色，雇人開剪，負杖而前。行入數里，忽大風雨，群虎號鳴。光於山南見一石室，仍止其中，安禪合掌，以爲栖神之處。至明旦雨息，乃入村乞食，夕復還中。經三日，乃夢見山神，或作虎形，或作蛇身，競來怖光，光一皆不恐。經三日，又夢見山神，自言移往章安縣韓石山〔二〕住，推室以相奉。尔後薪採通流，道俗宗事。樂禪來學者，起茅茨於室側，漸成寺舍，因名隱岳。

光每入定，輒七日不起。處山五十三載，春秋一百一十歲。晉太元之末，以衣蒙頭，安坐而卒。衆僧咸謂依常入定，過七日後，怪其不起，乃共看之，顔色如常，唯鼻中無氣。神遷雖久，而形骸不析〔三〕。至宋孝建二年，郭鴻任剡，入山禮拜，試以如意撥胷，飒然風起，衣服消〔四〕散，唯白骨在焉。鴻大愧懼，收之于室，以塼疊其外而泥之。畫其形像，于今尚存。

**校勘記**

〔一〕按，據名僧傳抄，名僧傳卷二〇有「晉剡石城山帛僧光」傳，名僧傳説處第二十有「僧光不下山五十三載事」。

〔二〕韓石山：高麗藏初雕本、金藏本作「幹山」，高麗藏再雕本作「寒石山」。

〔三〕析：高麗藏再雕本作「朽」。

〔四〕消：高麗藏、金藏本作「銷」。

## 晉始豐赤城山竺曇猷 慧開 慧真

竺曇猷〔一〕，或云法猷，燉煌人。少苦行，習禪定。後遊江左，止剡之石城山，乞食坐禪。嘗行到一蠱〔二〕家乞食，猷呪願竟，忽見〔三〕蜈蚣從食中跳出，猷快食無他。後移始豐赤城山石室坐禪。有猛虎數十，蹲在猷前，猷誦經如故。一虎獨睡，猷以如意扣虎頭，問：「何不聽經？」俄而群虎皆去。有頃，壯蛇競出，大十餘圍，循環往復，舉頭向猷，經半日復去。後一日，神現形詣猷曰：「法師威德既重，來止此山，弟子輒推室以相奉。」猷曰：「貧道尋山，願得相值，何不共住？」神曰：「弟子無爲不尒，但部屬未洽法化，卒難制語。遠人來往，或相侵觸。人神道異，是以去耳。」猷曰：「本是何神？居之久近？欲移何處去耶？」神曰：「弟子夏帝之子，居于〔四〕此山二千餘年。寒石山是家舅所治，當往彼住。」尋還山陰廟。臨別執手，贈猷香三奩。於是鳴鞞〔五〕吹角，陵雲而去。

赤城山山有孤巖獨立，秀出千雲，猷摶石作梯，昇巖宴坐，接竹傳水，以供常用。禪學造者，十有餘人。王羲之聞而故往，仰峯高挹，致敬而反。赤城巖與天台、瀑布、靈溪、四明並相連屬，而天台懸崖峻峙，峯嶺切天，古老相傳云：上有佳精舍，得道者居之。雖有石橋跨澗，而横石斷人，且莓苔青滑，自終古已來，無得至者。猷行至橋所，聞空中聲曰：「知君誠篤，今未得度。却後十年，自當來也。」猷心悵然，夕留中宿，聞行道唱布薩〔六〕聲。旦復欲前，見一人鬚〔七〕眉皓白，問猷所之，猷具荅意。公曰：「君生死身，何可得去？吾是山神，故相告耳。」猷乃退還。道經一石室，過中憩息。俄而雲霧晦合，室中盡鳴，猷神色無擾。明旦，見人著單衣幘〔八〕來，曰：「此乃僕之所居，昨行，不在家中，遂致搔動，大深愧怍。」猷曰：「若是君家〔九〕，請以相還。」神曰：「僕家室已移，請留。」令住，猷停少時。猷每恨不得度石橋，後潔齋累日，復欲更往，見横石洞開。度橋少許，覩精舍神僧，果如前説〔一〇〕。因共燒香中食，食畢，神僧謂猷曰：「却後十年，自當來此，今未得住。」於是而反〔一一〕。顧看横石，還合如初。

晉太元中，有妖星現〔一二〕，帝普下諸國有德沙門，精勤佛事〔一三〕，令齋懺〔一四〕禳災。猷乃祈誠冥感，至六日旦，見青衣小兒來悔過云：「横勞法師。」是夕星退。别説云：「禳星是帛僧光。」未詳。

猷以太元之末，卒於山室。屍猶平坐，而舉體綠色。晉義熙末，隱士神世標入山登巖，故見猷屍不朽。其後欲往觀者，輒雲霧所惑，無得窺也。

時又有慧開、慧真等，亦善禪業。入餘姚靈秘山，各造方丈禪龕，于今尚在。

## 校勘記

〔一〕按，據名僧傳抄，名僧傳卷二〇有「晉始豐赤城山竺曇猷」傳。

〔二〕蠱：高麗藏、金藏本及法苑珠林卷八三六度篇感應緣引作「行蠱」。按，慧琳一切經音義卷九〇高僧傳第十一卷音義亦作「行蠱」：「行蠱，音古，即蠱毒也，以虫毒作法病害人也，厭魅之類也。會意字也。」

〔三〕見：高麗藏、金藏本作「有」。

〔四〕于：高麗藏、金藏本無。

〔五〕鞞：慧琳一切經音義卷九〇高僧傳第十一卷音義作「鼙」：「鳴鼙，下陛迷反。説文云：鼙，騎鼓也。軍行戰鼓也。傳文從革作『鞞』，古字亦通也。」

〔六〕唱布薩：思溪藏本作「唱菩薩」，高麗藏、金藏本作「唱薩之」。按，可洪新集藏經音義隨函録卷二七高僧傳第十一卷音義：「唱薩，此云『善哉』。」其所據本，當即同金藏、高麗藏本作「唱薩之」。又，慧琳一切經音義卷六五善見律第三卷：「唱薩，此言訛也，正言『娑度』，此譯云『善哉』。」善見律第二卷：「布薩，此訛略也，應云『鉢羅帝提舍邪寐』，此云『我對説』，謂相向説罪也。舊云『浄住』者，義翻也。」

〔七〕鬢：高麗藏、金藏本及法苑珠林卷八三六度篇感應緣引作「䰅」。

〔八〕幘：高麗藏本作「祫」。按，大正藏本法苑珠林卷八三六度篇感應緣引作「恰」，據其校勘記，元、明本法苑珠林引作「祫」。可洪新集藏經音義隨函録卷二七高僧傳第十一卷音義作「恰」：「衣恰，上於既反，下苦洽反。衣，著也；恰，士服也，狀如弁。」今疑「恰」爲「帢」之誤。帢，即帢帽，是一種絲織的便帽。三國志卷一魏書武帝紀裴松之注引傅子：「漢末王公，多委王服，以幅巾爲雅，是以袁紹、崔鈞之徒，雖爲將帥，皆著縑巾。魏太祖以天下凶荒，資財乏匱，擬古皮弁，裁縑帛以爲帢，合於簡易隨時之義，以色別其貴賤，于今施行，可謂軍容，非國容也。」又，或當從高麗藏、大正藏本作「祫」。祫即夾衣。慧琳一切經音義卷八九高僧傳第六卷音義：「衣祫，下監峽反。蒼頡篇云：祫，合也。廣雅云：重也。説文云：衣無絮也，從衣合聲。」

〔九〕家：高麗藏、金藏本及法苑珠林卷八三六度篇感應緣引作「室」。

〔一〇〕前説：高麗藏、金藏本作「前所説」，法苑珠林卷八三六度篇感應緣引作「所説」。

〔一一〕反：高麗藏、金藏本作「返」。

〔一二〕現：高麗藏、金藏本無。

〔一三〕精勤佛事：高麗藏、金藏本無。

〔四〕懺：高麗藏、金藏本及法苑珠林卷八三六度篇感應緣引作「懺悔」。

## 晉長安釋慧嵬

釋慧嵬〔一〕，不知何許人，止長安大寺。戒行澄潔，多栖處山谷，修禪定之業。有一無頭鬼來，嵬神色無變，乃謂鬼曰：「汝既無頭，便無頭痛之患，一何快哉！」鬼便隱形，復作無腹鬼來，但有手足，嵬又曰：「汝既無腹，便無五藏之憂，一何樂哉！」須臾，復作異形，嵬皆隨言遣之。

後冬〔二〕時，天甚寒，雪，有一女子來求寄宿，形貌端正，衣服鮮明，姿媚柔雅，自稱「天女」：「以上人有德，天遣我來，以相慰喻。」談説欲言，勸動其意。嵬厥志〔三〕貞確，一心無擾，乃謂女曰：「吾心若死灰，無以革囊見試。」女遂淩〔四〕雲而逝，顧歎〔五〕曰：「海水可竭，須弥可傾，彼上人者，秉志堅貞。」

後以晉隆安三年，與法顯俱遊西域，不知所終。

### 校勘記

〔一〕按，據名僧傳抄，名僧傳卷二三有「晉長安釋惠嵬」傳（嵬，原作「蒐」，據意改）。慧琳一切經音義卷九〇高僧傳第十一卷音義：「慧嵬，五磊反，俗字，正從人從貴，作『僓』。僓，長大皃。高僧名也。」

〔二〕冬：高麗藏、金藏本作「又」，法苑珠林卷五六道篇諸天部感應緣引作「久」。

〔三〕厥志：高麗藏初雕本、金藏本作「執心」，高麗藏再雕本及法苑珠林卷五六道篇諸天部感應緣引作「執志」。

〔四〕淩：高麗藏、金藏本作「陵」。

〔五〕歎：高麗藏、金藏本作「而歎」，法苑珠林卷五六道篇諸天部感應緣引作「謂歎」。

## 晉廣漢閻興寺釋賢護

釋賢護，姓孫，涼州人。來止廣漢閻興寺，常習禪定爲業。又善於律行，纖毫無犯。以晉隆安五年卒。臨亡，口出五色光明，照滿寺内。遺言使燒身，弟子行之。既而肢〔一〕節都盡，唯手〔二〕一指不燃，因而埋之塔下。

### 校勘記

〔一〕肢：高麗藏、金藏本作「支」。

〔二〕手：高麗藏、金藏本無。

## 晉始豐赤城山支曇蘭

支曇蘭〔一〕，青州人。少〔二〕蔬食樂禪，誦經三十万言。晉太元中遊剡，後憩始豐赤城山，見一處林泉清曠而居之。經于數日，忽見一人而形長數丈〔三〕，呼〔四〕蘭令去。又見諸異形禽獸，來〔五〕以恐蘭。見蘭恬然自得，乃屈膝禮拜云：「珠欺王是家舅。今往韋鄉〔六〕山就之，推此處以相奉。」

尔後三年，忽聞車騎隱隱，從者弥峯。俄而有人，著幘，稱「珠欺王」，通。既前，從其妻子男女等二十三人，並形貌端整，有逾於世。既至蘭所，暄涼訖，蘭問：「住在何處？」荅云：「樂安縣韋鄉山。久服風聞〔七〕，今與家累仰投，乞受歸戒。」蘭即授之。受法竟，嚫錢一万，蜜二器，辤別而去，便聞鳴笳動吹，響震〔八〕山谷。蘭禪衆十餘，共所聞見。晉元熙中卒於山，春秋八十有三矣。

### 校勘記

〔一〕按，據名僧傳抄，名僧傳卷二〇有「晉始豐赤城山支曇蘭」傳。

〔二〕少：高麗藏、金藏本無。

〔三〕形長數丈：高麗藏、金藏本作「長大」。

〔四〕呼：高麗藏、金藏本作「數呵」。

〔五〕來：高麗藏初雕本無，高麗藏再雕本作「數」。

〔六〕鄉：高麗藏、金藏本作「卿」。下同。

〔七〕聞：高麗藏、金藏本作「問」。

〔八〕震：高麗藏、金藏本作「振」。

## 晉蜀石室山釋法緒

釋法緒，姓混，高昌人。德行清謹，蔬食修禪。後入蜀，於劉師冢間頭陀山谷，虎兕不傷。誦法華、維摩、金光明，常處石室中，且禪且誦。盛夏，於室中捨命，七日不臭。屍左側有香，經旬乃歇。每夕放光，照徹數里。村人即於屍上爲起冢塔焉。

## 宋僞魏平城釋玄高 慧崇

釋玄高〔一〕，姓魏，本名靈育，馮翊萬年人也。母寇氏，本信外道，始適魏氏，首孕一女，即高之長姊。生便信佛，乃爲母祈願，願門無異見，得奉大法。母以僞秦弘始三年，夢見梵僧散華滿室，覺便懷胎。至四年二月八日，生男，家内忽有異香及光明照壁，迄旦乃息。母以兒生瑞兆，因名靈育。時人重之，復稱世高。

年十二，辭親入山，久之未許。異日，有一書生寓高家宿，云欲入中常山隱，父母即以高憑之。是夕，咸見村人共相祖送。明旦，村人盡來候高，父母云：「昨已相送，今復覓耶？」村人云：「都不知行，豈容已送？」父母方悟昨之迎送乃神人也。

高初到山，便欲出家，山僧未許，云父母不聽，法不得度。高於是暫還家，啓求入道，經涉兩旬，方卒先志。既背俗乖世，改名玄高。聰敏生知，學不加思。至年十五，已爲山僧説法。受戒已後，專精禪律。聞關右〔二〕有浮馱跋陀禪師在石羊寺弘法，高往師之。旬日之中，妙通禪法。跋陀歎曰：「善哉，佛子，乃能深悟如此！」於是卑顔推遜，不受師禮。

高乃杖策西秦，隱居麥積山。山學百餘人，崇其義訓，禀其禪道。時有長安沙門釋曇弘〔三〕，秦地高僧，隱在此山，與高相會，以同業友善。時乞佛熾槃跨有隴西，西接涼土，有外國禪師曇無毗來入其國，領徒立衆，訓以禪道。然三昧正受既深且妙，隴右之僧，禀承蓋寡。高乃欲以己率衆，即從毗受法，旬日之中，毗乃反啓其志。時河南有二僧，雖形爲沙門，而權侔僞相，恣情乖律，頗忌學僧。曇無毗既西反舍夷，二僧乃向河南王世子曼讒構玄高，云蓄聚徒衆，將爲國災。曼信讒，便欲加害，其父不許，乃擯高往河北林陽堂山。山古老相傳，云是群仙所宅。

高徒衆三百，往居山舍，神情自若，禪慧弥新，忠誠冥感，多有靈異。磬既不擊而鳴，香亦自然有氣。應真仙士，往往來遊，猛獸馴伏，蝗毒除害。

高學徒之中遊刃六門者，百有餘人。有玄紹者，秦州隴西人，學究諸禪，神力自在。手指出水，供高洗漱，其水香浄，倍異於常。每得非世華香，以獻三寶。靈異如紹者，又十一人。紹後入堂術山，蟬蜕而逝。

昔長安曇弘法師遷流岷蜀，道洽成都。河南王藉其高名，遣使迎接。弘既聞高被擯，誓欲申其清白，乃不顧棧道之艱[四]，冒險從命。既達河南，賓主儀畢，便謂王曰：「王[五]既深鑒遠識，何以信讒棄賢？貧道所以不遠數千里，正欲獻此一言耳[六]。」王及太子赧然愧悔，即遣使詣高，卑辭遜謝，請高還邑。高既曠[七]濟爲懷，忘忿赴命。始欲出山，風雷忽起[八]，樹[九]木摧折，崩石塞道[一〇]。高[一一]呪願曰：「吾誓志弘道，豈得滯方？」乃風息路開，漸還到國。王及臣民近道候迎，内外敬奉，崇爲國師。

河南化畢，進遊涼土。沮渠蒙遜深相敬事，集會英賓，發高勝解。時西海有樊僧印[一二]，亦[一三]從高受學。志狹量褊，得少爲足，便謂已得羅漢，頓盡禪門。高乃密以神力，令印於定中備見十方無極世界諸佛所説法門不同。印於一夏尋其所見，永不能盡，方知定水無底，大生愧懼。

時魏虜託〔一四〕跋燾僭據平城，軍侵涼境，燾舅陽平王杜超〔一五〕請高同還僞都。既達平城，大流法〔一六〕化。僞太子託跋晃事高爲師，晃一時被讒，爲父所疑，乃告高曰：「空羅〔一七〕枉苦，何由得脱？」高令作金光明齋，七日懇懺。燾乃夢見其祖及父皆執劒烈威，問：「汝何故信讒言，枉疑太子？」燾驚覺，大集群臣，告以所夢。諸臣咸言：「太子無過，實如皇靈降誥。」燾於太子無復疑焉，蓋高誠感之力也。燾因下書曰：「朕承祖宗重光之緒，思闡洪基，恢隆万代。武功雖照〔一八〕而文教未暢，非所以崇太平之治也。今者域内安逸，百姓富昌，宜定制度，爲萬世之法。夫陰陽有往復，四時有代序，授子任賢，安全相付，所以休息疲勞，式固長久，古今不易之令典也。朕諸功臣，懃勞日久，當致仕歸第，雍容高爵，頤神養壽，論道陳謨而已，不須復親有司苦劇之職。其令皇太子副理万機，揔統百揆，更舉良賢，以備列職，擇人受〔一九〕任，而黜陟之。故孔子曰：『後生可畏，焉知來者之不如今？』」於是朝士庶民皆稱臣於太子，上書如表，以白紙爲别。

時崔皓、寇天師並〔二〇〕先得寵於燾，恐晃簒承之日奪其威柄，乃譖云：「太子前事，實有謀心，但結高公道術，故令先帝降夢。如此〔二一〕物論，事迹稍形，若不誅除，必爲巨〔二二〕害。」燾遂納之，勃然大怒，即勑收高。高先時嘗密語弟子云：「佛法應衰，吾與崇公首當其禍乎！」于時聞者莫不慨然。時有涼州沙門釋慧崇，是僞魏尚書韓萬德之門師，德既〔二三〕次於高，亦被疑阻。至僞太平五年九月，高與崇公俱被幽縶。其月十五日就禍，卒於平城之東隅，春秋四十有三。是歲宋元嘉二十一年也。當尔之時〔二四〕，門人莫知。是夜三更，忽見光繞高先所住處塔三匝，還入禪窟中。因聞光中有聲云：「吾已逝矣。」諸弟子方知已化，哀號痛絶。既而迎屍於城南曠野，沐浴遷殯，兼營理崇公，別在異處。一都道俗，無不嗟駭。

弟子玄暢時在雲中，去魏都六百里，旦忽見一人告之〔二五〕以變，仍給六百里馬，於是揚鞭而反〔二六〕。晚間至都，見師已亡，悲慟斷絶。因與同學共泣曰：「法今既滅，頗復興不？如脱更興，請和尚〔二七〕起坐。和尚德匪常人，必當照之矣。」言畢，高兩眼稍開，光色還悦，體通汗出，其汗香甚。須臾起坐，謂弟子曰：「大法應化，隨緣盛衰，盛衰在迹，理恒湛然。但念汝等不久復應如我耳，唯有玄暢當得南度。汝等死後，法當更興，善自修心，無令中悔。」言已，便卧而絶也。明旦〔二八〕遷柩，欲闍維之，國制不許，於是營墳即窆。道俗悲哀，號泣望斷。

有沙門法達，爲僞國僧正，欽高日久，未獲受業。忽聞怛〔二九〕化，因而哭曰：「聖人去世，當復何依？」累日不食，常呼：「高上聖人自在，何能不一現？」應聲見高飛空而至。達頂禮求哀，願見救護，高曰：「君業重難救，當可如何？自今已後，依方等懺悔，當得輕受。」達曰：「脱得苦報，願見矜救。」高曰：「不忘一切，寧獨在君？」達又曰：「法師與崇公並生何處？」高曰：「吾願生惡世，救護衆生，即已還生閻浮提〔三〇〕。崇公常祈安養，已果心矣。」達又問：「不審法師已階何地？」高曰：「我諸弟子自有知者。」言訖，奄然不見。達密訪高諸弟子，咸云是得忍菩薩。至僞太平七年，託跋燾果毁滅佛法，悉如高言。

時河西國沮渠牧犍〔三一〕，時有沙門曇曜〔三二〕，亦以禪業見稱，僞太傅張潭伏膺師禮。

## 校勘記

〔一〕按，據名僧傳抄，名僧傳卷六有「僞魏釋玄高」傳。

〔二〕右：高麗藏再雕本作「中」。

〔三〕按，據名僧傳抄，名僧傳卷七有「僞魏曇弘」傳。

〔四〕艱：高麗藏、金藏本作「難」。

〔五〕王：高麗藏、金藏本無。

〔六〕言耳：高麗藏、金藏本作「白」。

〔七〕曠：高麗藏再雕本、金藏本作「廣」。

〔八〕風雷忽起：高麗藏、金藏本作「山中」。

〔九〕樹：高麗藏、金藏本作「草」。

〔一〇〕道：高麗藏再雕本作「路」。

〔一一〕高：原無，據高麗藏、金藏本補。

〔一二〕樊僧印：原作「樊會僧印」，據高麗藏再雕本、金藏本改，高麗藏初雕本作「樊便印」。按，樊僧印，即僧印，俗姓樊。據名僧傳抄，名僧傳卷二〇有「僞魏長安大寺僧印」傳，名僧傳説處第二十有「僧印決云定向兜率事」。又，名僧傳抄中抄録有僧印傳，其中有云：「僧印，姓樊氏，金城榆中人，釋玄高弟子。性腹清純，意懷篤至。與之久處者，未當見慢忤之色。（中略）爲禪學之宗。（中略）後還長安大寺，年六十餘卒」。

〔一三〕亦：原作「六」，據高麗藏、金藏本改。

〔一四〕託：高麗藏再雕本作「拓」。下二「託」同。

〔一五〕杜超：高麗藏、金藏本作「社」。按，杜超，字祖仁，魏郡鄴人，明元帝拓跋嗣（三九二—四二三）妃密皇后之兄，拓跋燾之舅。傳見魏書卷八三上外戚傳。

〔一六〕法：高麗藏、金藏本作「禪」。

〔一七〕羅：思溪藏本作「牢」。

〔一八〕照：高麗藏再雕本作「昭」。

〔一九〕受：高麗藏、金藏本作「授」。

〔二〇〕並：高麗藏再雕本、金藏本無。

〔二一〕此：原作「比」，據思溪藏、高麗藏、金藏本改。

〔二二〕巨：思溪藏本作「臣」。

〔二三〕德既：高麗藏、金藏本及法苑珠林卷八四六度篇禪定部感應緣引作「既德」。

〔二四〕時：高麗藏、金藏本及法苑珠林卷八四六度篇禪定部感應緣引作「夕」。

〔二五〕之：高麗藏再雕本作「云」。

〔二六〕反：高麗藏、金藏本作「返」。

〔二七〕尚：高麗藏、金藏本作「上」。後同。

〔二八〕旦：高麗藏、金藏本作「日」。

〔二九〕怛：思溪藏本作「殂」。

〔三〇〕提：高麗藏、金藏本無。

〔三一〕牧犍：高麗藏、金藏本作「茂虔」。按，沮渠牧犍，字茂虔。

〔三二〕按，此或即北魏和平（四六〇—四六五）年間任昭玄統的曇曜。傳見續高僧傳卷一元魏北臺恒安石窟通樂寺沙門釋曇曜傳。

## 宋長安寒山釋僧周　僧亮

釋僧周〔一〕，不知何許〔二〕人。性高烈，有奇志操，而韜光晦迹，人莫能知。常在嵩〔三〕山頭陀坐禪。魏虜將滅佛法，周謂門人曰：「大難將至！」乃與眷屬數十人共入寒山。山在長安西南四百里，嵠谷險阻，非軍兵所至，遂卜居焉。

俄而魏虜肆暴，停者悉斃。其後尋悔，誅滅崔氏，更興佛法。僞永昌王鎮長安，奉旨將更修立，訪求沙門。時有説寒山有僧，德業非凡，王即遣使徵請。周辞以老疾，令弟子僧亮應命出山。周後將殂，告弟子曰：「吾將去矣。」其夕，見火從繩牀後出，燒身，經二〔四〕日方盡。烟炎張〔五〕天，而房不燼。弟子收遺灰，架以塼塔。

弟子僧亮，姓李，長安人，受業於僧周。初永昌王請僧，無敢應者，咸以言佛法初興，疑有不測之慮，亮曰：「像運寄人，正在今日。若被誅剪，自身當之。如其獲全，則道有更振之期。」又僧周加勸，於是隨使至長安。未至之頃，王及民人掃灑街巷，比室候迎。王親自枉道，接足致敬。亮爲陳誡禍福，訓示因果，言約理詣，和而且切，聽者悲喜，各不自勝。於是修復故寺，延請沙門。關中大法更興，亮之力也。

**校勘記**

〔一〕按，據名僧傳抄，名僧傳卷二四有「宋長安寒山僧周」傳。

〔二〕許：高麗藏、金藏本無。

〔三〕嵩：高麗藏、金藏本作「嵩高」。

〔四〕二：高麗藏再雕本作「三」。

〔五〕炎張：高麗藏初雕本、金藏本作「焰張」，高麗藏再雕本作「焰漲」。

## 宋長安太后寺釋慧通

釋慧通〔一〕，關中人。少止長安太后寺，蔬食持呪，誦增一阿含經。初從涼州禪師慧紹〔二〕諮受禪業，法門觀行，多所遊刃。常祈心安養，而欲栖神彼國。微疾，乃於禪中見一人來，形甚端嚴，語通言：「良時至矣。」須臾，見無量壽佛光明〔三〕暉然，通因覺禪，具告同學所見，言訖便化。異香在房，三日乃歇，春秋五十九矣。

### 校勘記

〔一〕慧通：疑即名僧傳抄中之「智通」。據名僧傳抄，名僧傳卷二〇有「晉長安太后寺智通」傳。名僧傳説處第二十有「智通結誠安養事」，與本傳中慧通「常祈心安養，而欲栖神彼國」同。

〔二〕紹：高麗藏、金藏本作「詔」。按，據名僧傳抄，名僧傳卷二〇有「晉涼洲惠紹」傳，名僧傳説處第二十有「晉涼洲釋惠紹事」。

〔三〕明：高麗藏、金藏本作「相」。

## 宋餘杭釋净度

釋净度，吴興餘杭人。少好〔一〕遊獵，嘗射孕鹿墮胎，鹿母銜痛，猶就地舐子，度乃心悟，因摧弓折矢，出家蔬食，誦經三十餘萬言。常獨處山澤，坐禪習誦。若邑中有齋集，輒身然九燈，端然達曙，以爲供養，如此者累年。後忽告弟子云，令辦香湯洗浴，説法數千章，誡以生死因果。言訖，奄然而化。簫鼓香烟，自空而至。同時眷屬數十人，皆所聞見。

**校勘記**

〔一〕好：高麗藏、金藏本及釋氏六帖卷一一靜慮調心部「淨度射鹿」條引作「愛」。

## 宋始豐瀑布山釋僧從

釋僧從〔一〕，未詳何許〔二〕人，禀性虚靜。隱居始豐瀑布山，學兼内外，精修五門。不服五穀，唯餌棗栗。年垂百歲，而氣力休强，禮誦無輟。與隱士褚伯玉爲林下之交，每論道説義，輒留連信宿。後終於山中。

**校勘記**

〔一〕按，據名僧傳抄，名僧傳卷二五有「宋始豐瀑布山僧從」傳（瀑，原作「曝」，據意改）。

〔二〕許：高麗藏、金藏本無。

## 宋廣漢釋法成

釋法成[一]，涼州人。十六出家，學通經律。不餌五穀，唯食松栢[二]脂。孤[三]居巖穴，習禪爲務。元嘉中，東海王懷素出守巴西，聞風遣迎，會於涪城。夏坐講律，事竟辭反。因停廣漢，復弘禪法。後小疾，便告衆云亡[四]。成常誦寶積經，於是自力誦之，始得半卷，氣劣不堪，乃令人讀之，一遍纔竟，合掌而卒。侍疾十餘人，咸見空中有[五]紺馬背負金棺，升空而逝。

**校勘記**

〔一〕按，據名僧傳抄，名僧傳卷二〇有「宋涼洲法成」傳，名僧傳説處第二十有「法成吾死相已見故悦事」。

〔二〕栢：高麗藏、金藏本無。

〔三〕孤：高麗藏、金藏本作「隱」。

〔四〕亡：高麗藏、金藏本無。

〔五〕有：高麗藏、金藏本無。

## 宋京師中興寺釋慧覽

釋慧覽〔一〕，姓成，酒泉人。少與玄高俱以寂觀見稱。覽曾遊西域，頂戴佛鉢，仍於罽賓從達摩比丘諮受禪要。達摩曾入定往兜率天，從弥勒受菩薩戒，後以戒法授覽。覽〔二〕還至于填，復以戒法授彼方諸僧，後乃歸。路由河南，河南吐谷渾慕延世子瓊等敬覽德聞〔三〕，遣使并資財，令於蜀立左軍寺，覽即居之。後移羅〔四〕天宫寺。宋文請下都，止〔五〕鍾山定林寺。孝武起中興寺，復勑令移住。京邑禪僧，皆隨踵受業。吴興沈演、平昌孟顗並欽慕道德，爲造禪室於寺。宋〔六〕大明中卒，春秋六十餘矣。

### 校勘記

〔一〕慧覽：名僧傳抄中作「惠欖」。按，據名僧傳抄，名僧傳卷二〇有「宋中興寺惠欖」傳，名僧傳説處第二十有「惠欖入定見彌勒事」。又，名僧傳抄中抄録有惠欖傳。

〔二〕覽：原無，據高麗藏、金藏本補。

〔三〕聞：高麗藏、金藏本作「問」。

〔四〕羅：原作「羅浮」，據高麗藏、金藏本改。按，羅天宫寺，在成都。續高僧傳卷六梁益州羅天宫寺釋寶淵傳，云「釋寶淵，姓陳，巴西閬中人也。年二十三，於成都出家，居羅天宫寺」。參見吉川忠夫、船山徹譯注高僧伝（第四册，八二頁）。又，「羅」或當作「蜀」，釋氏六帖卷一一静慮調心部「慧覽戒法」條，即云「後之蜀天宮寺」。

〔五〕止：原作「上」，據思溪藏、高麗藏、金藏本改。

〔六〕宋：高麗藏、金藏本作「東」。

## 宋荊州長沙寺釋法期道果

釋法期〔一〕，姓向，蜀郡〔二〕郫人。早喪二親，事兄如父。十四出家，從智猛諮受禪業，與靈期寺法林共習禪觀〔三〕。猛所諳知，皆已證得。後遇玄暢，復從進業。及暢下江陵，期亦隨從。十住觀門，所得已九，有師子奮迅三昧，唯此未盡。暢歎曰：「吾自西涉〔四〕流沙，北履幽漠，東探禹穴，南盡衡羅，唯見此一子特有禪分。」後卒於長沙寺，春秋六十有二。神光映屍，體更香潔。

時蜀龍花寺又有釋道果〔五〕者，亦以禪業顯焉。

### 校勘記

〔一〕按，據名僧傳抄，名僧傳卷二〇有「宋江陵長沙寺法期」傳。

〔二〕郡：高麗藏、金藏本作「都」。

〔三〕共習禪觀：高麗藏、金藏本作「同共習觀」。

〔四〕涉：高麗藏、金藏本作「至」。

〔五〕按，據名僧傳抄，名僧傳卷二〇有「齊安固新興寺道果」傳。

## 宋成都釋道法

釋道法〔一〕，姓曹，燉煌人。棄〔二〕家入道，專精禪業，亦時行神呪。後遊成都〔三〕，王休之、費鏗之請爲興樂、香積二寺主，訓衆有法。常行分衛，不受別請及僧食。乞食所得，常減其分以施蟲鳥。每夕輒脱衣露坐，以飼〔四〕蚊𧕬，如此者累年。後入定，見弥勒放齊〔五〕中光，照三途果報，於是深加篤勵，常坐不卧。元徽二年，於定中滅度，平坐繩牀，貌如〔六〕恒日。

**校勘記**

〔一〕按，據名僧傳抄，名僧傳卷二四有「宋城都香積寺釋道法」傳。又，名僧傳抄中抄録有道法傳。

〔二〕棄：高麗藏、金藏本作「起」。

〔三〕成都：高麗藏再雕本作「成都至」。

〔四〕飼：高麗藏初雕本、金藏本作「食」，高麗藏再雕本作「飴」。

〔五〕齊：高麗藏、金藏本作「齊」。

〔六〕如：高麗藏、金藏本作「悦」。

## 宋蜀安樂寺釋普恒

釋普恒〔一〕，姓郭，蜀郡成都人也。爲兒童時，嘗〔二〕於日光中見聖僧在空中說法，向家人叙之，並未之信。後苦求出家，止治下安樂寺。獨處一房，不立眷屬，習靖業禪，善入出住。與蜀韜律師爲同意。自説入火光三昧，光從眉直下至金剛際，於光中見諸色像。先身業報，頗亦明了。宋昇明三年卒，春秋七十有八。

未亡一〔三〕月日，忽與親知告别，竟無慼顔，時人謂是戲言。將終之日，微有病相，唯俗家一奴看之。明旦，平坐而卒。奴不解，强取卧之，尸竟不伸。衆僧來見，更〔四〕令坐之。手屈三指，其餘皆伸。衆僧試取捋之，亦隨手即伸，伸已復更屈。生時體浄〔五〕，死更潔白。於是依得道法闍維之，薪積始然，便有五色烟起，殊香芬馥。州將王玄載乃爲之讚曰：「大覺眇無像，懸應貴忘靖。一念會道場，空過万劫永。信心虚東想，遇聖藻西影。妙趣澄三界，傳神四禪境。俗物故參差，真性理恒炳。韜光寄浮世，遺德方化迥。」

校勘記

〔一〕按，據名僧傳抄，名僧傳卷二〇有「宋城都安樂寺普恒」傳。

〔二〕嘗：高麗藏、金藏本作「常」。

〔三〕一：高麗藏、金藏本無。

〔四〕更：高麗藏、金藏本作「便」。

〔五〕浄：高麗藏、金藏本及法苑珠林卷八四六度篇禪定部感應緣引作「黑」。

## 齊京師靈鷲寺釋僧審〔一〕僧謙　超志　法達　慧勝

釋僧審〔二〕，姓王，太原祁人。晉驃騎沈之後也，祖世寓居譙郡。審少出家，止壽春石澗寺，誦法華、首楞嚴。常謂非禪不智，於是專志禪那。聞曇摩蜜多道王京邑，乃拂衣過江，止于靈曜寺。精勤諮受，曲盡深奥。時群劫入山，審端坐不動，乃〔三〕脱衣以施之。又説法訓勗，劫賊慙愧流汗，作禮而去。靈鷲寺慧高〔四〕從〔五〕受禪業，乃請審還寺，别立禪房。清河張振後又請居栖玄寺。文惠、文宣並加敬事，傅琰、蕭赤斧皆諮戒訓。王敬則入房覓審，正見入禪，因彈指而出，謂〔六〕「聖道人」，即奉米千斛，請受三歸。永明八年卒，春秋七十有五。

時有僧謙〔七〕、超志、法達、慧勝，並業禪，亦各有異迹。

### 校勘記

〔一〕按，此僧審傳，高麗藏、金藏本在下文法悟傳之後。

〔二〕按，據名僧傳抄，名僧傳卷二〇有「齊栖静寺僧審」傳。
〔三〕乃：高麗藏、金藏本作「賊乃」。
〔四〕按，據名僧傳抄，名僧傳卷一六有「宋何園寺惠高」，或即此慧高。
〔五〕從：高麗藏、金藏本作「從之」。
〔六〕謂：高麗藏、金藏本作「曰」。
〔七〕按，據名僧傳抄，名僧傳卷二〇有「宋莊嚴寺僧謙」傳。

## 齊武昌樊山釋法悟〔一〕道濟

釋法悟〔二〕，齊人。家以田桑爲業，有男六人，並〔三〕皆成長。悟年五十，喪妻，舉家鬱然慕道，父子七人，悉共出家。南至武昌，履行山水，見樊山之陽可爲幽栖之處，本隱士郭長翔所止，於是有意終焉。時武昌太守陳留阮晦聞而奇之，因爲剪徑開山，造立房室。悟不食粳米，常資麥飯，日一食而已。誦大小品、法華，常六時行道，頭陀山澤，不避虎兕。有時在樹下坐禪，或經日不起。以齊永明七年，卒於山中，春秋七十有九。後有沙門道濟，踵其高業。今武昌謂其所住爲頭陀寺焉。

### 校勘記

〔一〕按，此法悟傳，高麗藏、金藏本在上文僧審傳之前。

〔二〕悟：高麗藏、金藏本作「晤」。後同。按，據名僧傳抄，名僧傳卷二〇有「齊武昌頭陀寺法悟」傳。

〔三〕並：高麗藏、金藏本作「普」。

## 齊錢唐靈隱山釋曇超

釋曇超〔一〕，姓張，清河人。形長八尺，容止可觀。蔬食布衣，一中而已。初，止都〔二〕龍華寺。元嘉末，南遊始興，遍觀山水，獨宿樹下，虎兕不傷。大明中還都。至齊太祖即位，被勑往遼東弘讚禪道，停彼二年，大行法化。建元末還京，俄又適錢唐之靈隱〔三〕山。每一入禪，累日不起。

後時忽聞風雷之聲，俄見一人秉笏而進，稱嚴鎮陳通〔四〕。須臾，有一人至，形甚端正，羽衛連翩，下席禮敬，自稱：「弟子居在七里，住〔五〕周此地，承法師至，故來展奉〔六〕。富陽縣人故冬鑿麓山下爲塼，侵壞龍室，群龍共忿，作三百日不雨。今已一百餘日，井池枯涸，田種永罷，法師既道德通神，欲仰屈前行，必能感致，潤澤蒼生，功有歸也。」超曰：「興雲降雨，本是檀越之力，貧道何所能乎？」神曰：「弟子部曲，止能興雲，不能降雨，是故相請耳。」遂許之，神倏然〔七〕而去。超乃南行，經五日，至赤亭山，遥爲龍呪願説法。至夜，群龍悉化作人，來詣超所〔八〕禮拜。超更説法，因乞三歸，自稱是龍。超請其降雨，乃相看無言。其夜，又與超夢云：「本因忿立誓，法師既導之以善，輒不敢違命，明日晡時當降雨。」超明旦即往臨泉寺，遣人告縣令，辦船於江中，轉海龍王經。縣令即請僧浮船石首，轉經纔〔九〕竟，遂即〔一〇〕降大雨，高下皆足，歲以獲收。超以永明十年卒，春秋七十有四。

**校勘記**

〔一〕按，據名僧傳抄，名僧傳卷二〇有「齊龍華寺曇超」傳。
〔二〕都：高麗藏再雕本作「上都」。
〔三〕隱：高麗藏、金藏本及法苑珠林卷六三祈雨篇感應緣引作「苑」。
〔四〕稱嚴鎮陳通：高麗藏初雕本無，高麗藏再雕本、金藏本作「稱嚴鎮東通」。按，大正藏本法苑珠林卷六三祈雨篇感應緣引作「稱嚴鎮東通」，據其校勘記，明本作「稱嚴鎮陳通」。
〔五〕任：高麗藏、金藏本及法苑珠林卷六三祈雨篇感應緣引作「任」。
〔六〕奉：高麗藏再雕本作「禮」。
〔七〕然：高麗藏、金藏本作「忽」。
〔八〕所：高麗藏、金藏本無。
〔九〕纔：高麗藏、金藏本作「裁」。

〔一〇〕即：高麗藏、金藏本無。

## 齊始豐赤城山釋慧明

釋慧明，姓康〔一〕，康居人，祖世避地于東吴。明少出家，止章安東寺。齊建元中，與沙門共登赤城山石室，見猷公尸骸不朽，而禪室荒蕪，高蹤不繼，乃雇人開剪，更立堂室，造卧佛并猷公像。於是栖心禪誦，畢命枯槁。後於定中，見一女神，自稱吕姥，云常加護衛。或時有白猨、白鹿、白蛇、白虎遊戲堦前，馴伏宛轉，不令人畏。齊竟陵文宣王聞風祗挹，頻遣三使，慇懃敦請，乃暫出京師到第，文宣敬以師禮。少時，辭還山，苦留不止，於是資給發遣。以建武之末，卒於山中，春秋七十。

**校勘記**

〔一〕康：思溪藏本作「虔」。

論曰：禪也者，妙萬物而爲言。故能無法不緣，無境不察。然後〔一〕緣法察境，唯寂乃明。其猶淵池息浪，則徹見魚石；心水既澄，則凝照無隱。老子云：「重爲輕根，静爲躁君〔二〕。」故輕必以重爲本，躁必以静爲基。大智論云：譬如服藥將身，權息家務，氣力平健，則還修家業。如是，以禪定力，服智慧藥，得其力已，還化衆生。是以四等六通，由禪而起；八除十入，藉定方成。故知禪之〔三〕爲用大矣哉！

自遺教東移，禪道亦授。先是世高、法護譯出禪經，僧光〔四〕、曇猷等並依教修心，終成勝業。故能内踰喜樂，外折妖祥，擯鬼魅於重巖，覩神僧於絶石。及沙門智嚴躬履西域，請罽賓禪師佛馱跋陀更傳業東土，玄高、玄紹等亦並親受儀則，出入盡於數隨，往反〔五〕窮乎還浄。其後僧周、浄度、法期、慧明等亦鴈行其次。然禪用爲顯，屬在神通。故使三千宅乎毛孔，四海結爲凝酥。過石壁而無壅，擎大衆而弗遺。及夫悠悠世道，碌碌仙術，尚能停波止雨，呪火燒國。正復玄高逝〔六〕而更起，道法坐而從化，焉足異哉？若如鬱頭藍弗竟爲禽獸所惱，獨角仙人終爲扇陀所亂，皆由心道雖攝而與愛見相應，比夫螢爝之於日月，曾是爲匹乎？

讚曰：禪那杳寂，正受淵深。凝〔七〕夫輟慮，方備幽尋。五門棄惡，九次叢林。枯鑠山海，聚散昇沉。兹德裕矣，如不厲心。

校勘記

〔一〕後：高麗藏本無。

〔二〕君：原作「根君」，據高麗藏、金藏本改。

〔三〕之：高麗藏、金藏本作「定」。

〔四〕光：高麗藏、金藏本作「先」。

〔五〕反：高麗藏、金藏本作「返」。

〔六〕逝：原作「逝矣」，據高麗藏、金藏本改。

〔七〕凝：高麗藏、金藏本作「假」。

## 明律第五



### 校勘記

〔一〕榮：原作「營」，據傳文改。參後傳文校勘記。

## 宋江陵釋慧猷

釋慧猷〔一〕，江左人。少出家，止江陵辛寺。幼而蔬食履操，至性方直。及具戒已後，專精律禁。時有西國律師卑摩羅叉來適江陵，大弘律藏，猷從之受業。沉思積時，乃大明十誦，講説相續。陝西律師，莫不宗之。後卒於江陵，著十誦義疏八卷。

### 校勘記

〔一〕按，據名僧傳抄，名僧傳卷一八有「宋江陵辛寺惠猷」傳，名僧傳説處第十八有「惠猷著十誦義記八卷事」。

## 宋吳閑居寺釋僧業慧光

釋僧業〔一〕，姓王，河内人。幼而聰悟，博涉衆典。後遊長安，從什公受業。見新出十誦，遂專功此部。僞發天然，洞盡深奥。什歎曰：「後世之優波離也！」值關中多難，避地京師。吳國張邵挹其貞素，乃請還姑蘇，爲造閑居寺。地勢清曠，環帶長川。業居宗秉化，訓誘無輟，三吳學士，輻湊肩聯。又以講道〔二〕餘隙，屬意禪門。每一端坐，輒有異香充塞房中〔三〕。近業坐者，咸所共聞，莫不嘆〔四〕其神異。

昔什公在關，未出十誦，乃先譯戒本。及流支入秦，方傳大部。故戒心之與大本，其意正同，在言或異。業乃改正，一依大本。今之傳誦，二本雙〔五〕行。

業以元嘉十八年，卒於吴中，春秋七十有五。

業弟子慧光〔六〕，襲業風軌，亦數當講説。

**校勘記**

〔一〕按，據名僧傳抄，名僧傳卷一八有「宋吴閑居寺僧業」傳。

〔二〕道：高麗藏、金藏本作「導」。

〔三〕中：高麗藏、金藏本作「内」。

〔四〕嘆：高麗藏、金藏本作「嗟」。

〔五〕雙：高麗藏、金藏本作「並」。

〔六〕光：原作「先」，據思溪藏、高麗藏、金藏本改。按，據名僧傳抄，名僧傳卷一八有「宋吴閑居寺惠光」傳。

## 宋京師長樂寺釋慧詢

釋慧詢〔一〕，姓趙，趙郡人。少而蔬食苦行，經遊長安，受學什公。研精經論，尤善十誦、僧祇，乃更製條章，義貫終古。宋永初中，還止廣陵，大開律席。元嘉中，至京師〔二〕，止道場寺。寺僧慧觀亦精於十誦，以詢德爲物範，乃令更振他寺，於是移止長樂寺。大明二年，卒於所住，春秋八十有四矣。

**校勘記**

〔一〕按，據名僧傳抄，名僧傳卷一八有「宋廣陵長樂寺惠詢」傳。

〔二〕師：高麗藏、金藏本無。

## 宋京師莊嚴寺釋僧璩 道遠

釋僧璩〔一〕，姓朱〔二〕，吴國人。出家爲僧業弟子，揔銳衆經，尤明十誦，兼善史籍，頗製文藻。始住吴虎丘山，宋孝武欽其風聞，勑出京師爲僧正，悦衆，止于中興寺。

時有沙門僧定，自稱得不還果，璩集僧詳斷，令現神足，定云：「恐犯戒，故不現耳〔三〕。」璩案律文，有四因緣得現神足：一斷疑網，二破邪見，三除憍慢，四成功德。定既虛誑事暴，即日明擯。璩仍著誡衆論以示來葉〔四〕。

璩既學兼内外，又律行無疵，道俗歸依，車軌相接。少帝准從受五戒，豫章王子尚崇爲法友，袁粲、張敷並一遇傾蓋。後移止莊嚴，卒於所住，春秋五十有八。述勝鬘文旨，并撰僧尼要事兩卷，今行於世。

時又有道遠〔五〕律師，率直〔六〕有高行，宋明帝勑晉熙王燮從請戒焉。

校勘記

〔一〕按，據名僧傳抄，名僧傳卷一四有「宋莊嚴寺釋僧璩」傳。

〔二〕朱：高麗藏、金藏本作「來」。

〔三〕恐犯戒故不現耳：高麗藏初雕本作「犯戒故不現」，金藏本作「犯怨戒故不現」。

〔四〕葉：高麗藏、金藏本作「業」。

〔五〕遠：原作「表」，據本書卷十四目録改。按，大正藏校勘記，宫本高僧傳亦作「遠」。又據名僧傳抄，名僧傳卷一八有「宋北法輪寺道遠」傳。

〔六〕直：思溪藏、高麗藏、金藏本作「真」。

## 宋彭城郡釋道儼 慧曜

釋道儼〔一〕，雍丘小黄人。少有戒行，善於毗尼，精研四部，融會衆家。又以律部東傳，梵漢異音，文頗左右，恐後人諮訪無所，乃會其旨歸，名曰決正四部毗尼論。後遊於彭城，弘通律藏，遂卒於彼，春秋七十有五。

時栖玄寺又有釋慧曜〔二〕者，亦善十誦。

校勘記

〔一〕按，據名僧傳抄，名僧傳卷一八有「宋汴泗道儼」傳。汴泗即彭城（今江蘇徐州），其地「汴泗交流」故。

〔二〕按，據名僧傳抄，名僧傳卷一四有「宋棲玄寺釋惠耀」傳。

## 宋江陵釋僧隱成具

釋僧隱〔一〕，姓李，秦州隴西人，家世正信。隱年八歲出家，便能長齋。至十二，年〔二〕蔬食，及受具戒，執操弥堅。常遊心律苑，妙通十誦，誦法華、維摩。聞西涼州有玄高法師禪慧兼舉，乃負笈從之，於是學盡禪門，深解律要。高公化後，復西遊巴蜀，專任弘通。頃之東下，止江陵琵琶寺，又〔三〕諮業於慧徹〔四〕。徹名重當時，道扇方外。隱研訪少時，備窮經律，禪慧之風，被於荆楚，州將山陽王劉休祐及長史張岱並諮禀戒法。後刺史巴陵王休若及建平王景素皆稅駕禪房，屈膝恭禮。後卧疾少時，問侍者：「日中未？」荅云：「已中。」乃索水漱口，顔貌怡然，忽尔從化，春秋八十矣。

時江陵上明寺復有成具律師〔五〕，亦善十誦及雜心、毗曇等。

校勘記

〔一〕按，據名僧傳抄，名僧傳卷一八有「宋江陵枇杷寺僧隱」傳。

〔二〕年：高麗藏、金藏本無。

〔三〕又：高麗藏本無。

〔四〕按，此即本書卷七之宋江陵琵琶寺釋僧徹。

〔五〕按，據名僧傳抄，名僧傳卷一八有「宋江陵上明寺成具」傳，名僧傳説處第十八有「成具遂臻淵奧毗曇、雜心事」。

## 宋廣漢釋道房

釋道房，姓張，廣漢五城人。道行清貞〔一〕，少善律學，止廣漢長樂寺。每禮佛燒香，香烟直入佛頂。又勤誨門人，改惡行善，其不改者，乃爲之流泣。後卒〔二〕所住，春秋一百二十歲矣。

### 校勘記

〔一〕貞：思溪藏本作「真」。

〔二〕卒：高麗藏、金藏本作「卒于」。

## 宋京師閑心寺釋道榮 慧祐

釋道榮〔一〕，未詳何許〔二〕人。始住靈曜寺習禪，晚依觀、詢二律師諮受毗尼，偏善僧祇一部，誦法華、金光明，蔬素守節。莊嚴道慧、冶城智秀皆師其戒範。張永請還吴郡，蔡興宗復要住上虞。永後於京師婁湖〔三〕苑立閑心寺，復請還居，講席頻仍，學徒甚盛。昇明二年卒，春秋八十有三矣。

時有釋慧祐者，本丹徒人。年三十出家，厲身苦節，精尋律教。齊初，入東山〔四〕講摩訶僧祇部。齊竟陵王子良遣迎出都，仍止閑心寺焉。

**校勘記**

〔一〕榮：原作「營」，據本書卷十四目録、興聖寺、七寺本改。按，據名僧傳抄，名僧傳卷一八有「宋閑心寺道榮」傳。又，釋氏六帖卷一二持犯開遮部有「道榮守節」條，亦可爲證。

〔二〕許：高麗藏、金藏本無。

〔三〕湖：高麗藏本作「胡」。按，景定建康志卷一八山川志二江湖：「婁湖在城東南一十五里，周迴一十里，灌田二十頃，水流入艦澳。輿地志云：婁湖苑，吴時張昭所創，有湖以溉田，宋時築爲苑。張昭封婁侯，故謂之婁湖。」

〔四〕山：原無，據高麗藏再雕本、金藏本補。

## 齊鍾山靈曜寺釋志道超度

釋志道〔一〕，姓任，河内人。性温謹。十七出家，止靈曜寺。蔬素少欲，六物之外，略無兼畜。學通三藏，尤長律品。何尚之欽德致禮，請居所造法輪寺。

先時，魏虜滅佛法，後世嗣興，而戒授多闕。道既誓志弘通，不憚艱苦，乃攜同契十有餘人，往至虎牢，集洛、秦、雍、淮、豫五州道士，會於引水寺，講律明戒，更伸〔二〕受法。僞國僧禁獲全，道之力也。後還京邑。王奂出鎮湘州，攜與同遊。以永明二年卒於湘土，春秋七十有三。

時京師瓦官寺又有超度〔三〕者，亦善十誦及四分，著律例七卷云。

**校勘記**

〔一〕按，據名僧傳抄，名僧傳卷二五有「齊靈曜寺志道」傳。

〔二〕伸：高麗藏、金藏本作「申」。

〔三〕按，據名僧傳抄，名僧傳卷一八有「齊瓦官禪房超度」傳。又，歷代三寶紀卷一一著録律例七卷，「武帝世永明七年，沙門釋超度依律撰出」。

## 齊京師多寶寺釋法穎 慧文

釋法穎〔一〕，姓索，燉煌人。十三出家，爲法香〔二〕弟子，住涼州公府寺，與同學法力〔三〕俱以律藏知名。穎伏膺已後，學無再請，記在一聞，研精律部，博涉經論。元嘉末下都，止新亭寺。孝武〔四〕南下，改治此寺，以潁學業兼明，勑爲都邑僧正。後辤任還多寶寺，常習定閑房，亦時開律席。及齊高即位，復勑爲僧主，資給事事，有倍常科。潁以從來信施造經像及藥藏，鎮於長干。齊建元四年卒，春秋六十有七，撰十誦戒本并羯磨等。

時天保〔五〕寺又有慧文律師〔六〕，亦善諸部毗尼，爲瑯瑘王奂所事云。

## 校勘記

〔一〕按，據名僧傳抄，名僧傳卷一八有「齊長干寺法潁」傳。

〔二〕按，據名僧傳抄，名僧傳卷一八有「宋涼洲公府寺法香」傳。

〔三〕按，據名僧傳抄，名僧傳卷一八有「宋涼洲法力」傳。

〔四〕孝武：原作「武」，據高麗藏再雕本、金藏本改。按，孝武即宋世祖劉駿（四三〇—四六四）。

〔五〕保：高麗藏、金藏本作「寶」。按，名僧傳抄中亦作「保」。參後。又，南朝佛寺志卷上：「天保寺，宋泰始中，京師民爲孝武帝立寺，疑其名，巢尚之曰：『宜名天保。詩云「天保」，下報上也。』於是寺名乃定。齊時居是寺者，爲道盛、法瑗、慧文、超勝等。沈文季嘗於寺設會，高帝及竟陵王子良、王奂於諸僧皆加敬禮焉。」「天寶寺，晉時所置，不能碻指其歲月，在古潮溝前，蓋玄武湖之南也。宋廢帝子業毁之，明帝定亂，下令興復。梁太清三年，邵陵王綸與侯景戰於玄武湖側，敗入此寺，景縱火焚之而寺再毁。唐開元中，改爲天保寺。宋開寶八年終毁。」陳作霖案云：「此與宋孝武天保寺同名，既非一寺，又不同時並立。」

〔六〕按，據名僧傳抄，名僧傳卷一八有「齊天保寺惠文」傳。

## 齊蜀靈建寺釋法琳

釋法琳〔一〕，姓樂，晉原臨邛〔二〕人。少出家，止蜀郡裴寺，專好戒品，研心十誦。常恨〔三〕蜀中無好師宗，俄而隱公至蜀，琳乃剋己握錐，以日兼夜。及隱還陝西，復隨從數載，諸部毗尼，洞盡心曲。後還蜀，止靈建寺，益部僧尼，無不宗奉。常祈心安養，每誦無量壽及觀音〔四〕經，輒見一沙門形甚姝大，常在琳前。

至齊建武二年，寢疾不悆，注念西方，禮懺不息。見諸賢聖皆集目前，乃向弟子述其所見，令死後焚身。言訖，合掌而卒。即於新繁路口積木燔尸，烟炎〔五〕衝天，三日乃盡。收斂遺骨，即於其處而起塔焉。

### 校勘記

〔一〕按，據名僧傳抄，名僧傳卷一八有「宋蜀郡靈建寺法琳」傳，名僧傳説處第十八有「法琳誦無量壽經及無量壽觀，西方諸聖皆集，令同學禮懺事」。

〔二〕邛：原作「印」，據諸校本改。按，臨邛，秦置，治所在今四川邛崍，時屬晉原郡。慧琳一切經音義卷九〇高僧傳第十一卷音義：「臨邛，共顒反，顒音愚恭反。蜀川邛縣名也。」

〔三〕恨：原作「根」，據諸校本改。
〔四〕音：高麗藏、金藏本無。
〔五〕炎：高麗藏、金藏本作「焰」。

# 齊京師安樂寺釋智稱聰　超

釋智稱〔一〕，姓裴，本河東聞喜人，魏冀州刺史徽之後也。祖世避難，寓居京口。稱幼而慷慨，頗好弓馬。年十七，隨王玄謨、申坦北討獫狁。每至交兵血刃，未嘗不心懷惻怛，痛深諸己，却乃歎曰：「害人自濟，非仁人之志也。」事寧解甲，遇讀瑞應經，乃深生感悟，知百年不期，國城非重，乃投南澗禪房宗公，請受五戒。宋孝武時，迎益州印〔二〕禪師下都供養，稱便束〔三〕意歸依，印亦厚相將接。及印反汶江，因扈遊而上，於蜀裴寺出家，印爲之師，時年三十有六。乃專精律部，大明十誦，又誦小品一部。

後東下江陵，從隱、具二師更受禪律。值義嘉遘亂，乃移卜〔四〕京師，遇穎公於興皇講律，稱諮決隱遠，發言中詣，一時之席，莫不驚嗟。定林法獻於講席相值，聞其往復清玄，仍攜止山寺。於是温誦小品，研構毗尼。後餘杭寶安寺釋僧志請稱還鄉，開講十誦。雲栖寺復屈爲寺主，稱乃受任。少時，舉其綱〔五〕目，示以憲章。頃之反都，文宣請於普弘講律。僧衆數百，皆執卷承旨。

稱辭家入道，務遣繁累，常絶慶弔，杜塞〔六〕人事。每有凶故，秉戒節哀，唯行道加懃，以終期功之制。朱方〔七〕沙門慧始請稱還鄉講説，親里知舊皆來問訊，悉慇懃訓勗，示以孝慈。臨別涕泣，固留不止。還京，憩安樂寺。法輪常轉，講大本四〔八〕十餘遍。齊永元三〔九〕年卒，春秋七十有二。著十誦義記八卷，盛行於世。弟子僧辯等〔一〇〕樹碑于安樂寺。

稱弟子聰、超〔一一〕二人，最善毗尼，爲門徒所挹。

## 校勘記

〔一〕按，據名僧傳抄、名僧傳卷一八有「齊安樂寺智稱」傳。

〔二〕印：高麗藏、金藏本作「仰」。後同。按，據廣弘明集卷二三南齊安樂寺律師智稱法師行狀，作「印」是：「宋大明中，益部有印禪師者，苦節洞觀，鬱爲帝師，上人聞風自託，一面盡禮。印公言歸庸蜀，乃携手同舟，以宋泰始元年出家於玉壘。」

〔三〕束：高麗藏、金藏本作「來」。

〔四〕卜：高麗藏、金藏本作「卜居」。

〔五〕綱：原作「網」，據高麗藏、金藏、大正藏本改。

〔六〕塞：高麗藏、金藏本無。

〔七〕朱方：高麗藏、金藏本作「末方」。按，朱方，吴地名，鎮江之古稱。
〔八〕四：高麗藏、金藏本作「三」。按，廣弘明集卷二三南齊安樂寺律師智稱法師行狀：「法師之於十誦也，始自吴興，迄于建業，四十有餘講。」
〔九〕三：高麗藏、金藏本作「二」。按，廣弘明集卷二三南齊安樂寺律師智稱法師行狀：「春秋七十有二，齊永元三年，遷神于建康縣之安樂寺。」又，永元，爲南齊東昏侯蕭寶卷年號，永元三年，即公元五〇一年。此年三月，改元中興。
〔一〇〕按，據名僧傳抄，名僧傳卷三〇有「齊安樂寺僧弁」傳。
〔一一〕按，續高僧傳卷二三梁揚都天竺寺釋法超傳：「釋法超，姓孟氏，晉陵無錫人也。（中略）晚從安樂寺智稱專攻十誦，致召命家語，其折衷者數過二百。自稱公殁後，獨步京邑。（中略）（普通）七年冬，卒於天竺住寺，春秋七十有一。」

## 齊京師建初寺釋僧祐

釋僧祐〔一〕，本姓俞氏。其先彭城下邳人，父世居于建業。祐年數歲，入建初寺禮拜，因踊躍樂道，不肯還家。父母怜其志，且許入道，師事僧範道人。年十四，家人密爲訪婚，祐知而避至定林，投法達法師。達亦戒德精嚴，爲法門梁棟，祐師奉竭誠。及年滿具戒，執操堅明。初受業於沙門法穎，穎既一時名匠，爲律學所宗，祐乃竭思鑽求，無懈昏曉，遂大精律部，有邁〔二〕先哲。齊竟陵文宣王每請講律，聽衆常七八百人。永明中，勑入吴，試簡五衆，并宣講十誦，更伸受戒之法。凡獲信施，悉以治定林、建初及修繕諸寺，并建無遮大集、捨身齋〔三〕等，及造立經藏，搜校卷軸。使夫寺廟廣開〔四〕，法言無墜，咸其力也。

祐爲性巧思，能自〔五〕准心計，及匠人依標，尺寸無爽。故光宅、嵊山大像、剡縣石佛等，並請祐經始，准畫儀則。今上深相禮遇，凡僧事碩疑，皆勑就審決。年衰脚疾，勑聽乘輿入内殿，爲六宫受戒，其見重如此。開善智藏、法音慧廓皆崇其德素，請事師禮。梁臨川王宏、南平王偉、儀同陳郡袁昂、永康定公主、貴嬪丁氏並崇其戒範，盡師資之敬，凡白黑門徒一万一千餘人。以天監十七年五月二十六日卒于建初寺，春秋七十有四。因窆于開善路西，定林之舊墓也。弟子正度立碑頌德，東莞劉勰製文。

初，祐集經藏既成，使人抄撰要事，爲三藏記、法苑記、世界記、釋迦譜及弘明集等，皆行於世。

### 校勘記

〔一〕按，據名僧傳抄，名僧傳卷一八有「齊閑心寺僧祐」傳，名僧傳説處第十八有「僧祐辭妻子出家爲道事」。然此閑心寺僧祐，今疑或即前道榮傳附之慧祐，非本傳之僧祐。

〔二〕邁：高麗藏、金藏本作「勵」。

〔三〕齋：高麗藏、金藏本作「齊」。

〔四〕寺廟廣開：高麗藏初雕本作「寺廣」，高麗藏再雕本、金藏本作「寺廟開廣」。

〔五〕自：高麗藏、金藏本作「目」。

論曰：禮者出乎忠信之薄，律亦起自防非。是故隨有犯緣，乃製篇目；迄乎雙樹，在迹爲周。自金河滅影，迦葉嗣興，因命持律尊者憂波離比丘使出律藏。波離乃手執象牙之扇，口誦調御之言，滿八十反，其文乃訖。於是題之樹葉，號曰八十誦律。是後迦葉、阿難、末田地、舍那波斯、憂波毱多，此五羅漢次第任〔一〕持。至掘多之世，有阿育王者，王在波吒梨弗多城，以因〔二〕往昔見佛，遂爲鐵輪御世。而猜忌不忍，在政苛虐，焚蕩經書，害諸得道。其後易心歸信，追悔前失，遠會應真，更集三藏。於是互執見聞，各引師説，依據不同，遂成五部。而所制輕重，時或不同，開遮廢立，不無小異。皆由如來往昔善應物機，或隨人、隨根、隨時、隨國，或此處應開、餘方則制，或此人應制、餘者則開。五師雖同取佛律，而各據一邊，故篇聚或時輕重，綱〔三〕目不無優降。依之修學，並能得道。故如來在世，有夢氎〔四〕因緣，已懸記經律應爲五部。

大集經云：我滅度後，遺法分爲五部。顛倒解義，隱覆法藏，名曇無毱多，即曇無德也；讀誦外書，受有三世，善能問難，説一切性〔五〕皆得受戒，名薩婆〔六〕，即薩婆多也；説無有我，輕〔七〕諸煩惱，名迦葉毗；説有我不説空，名婆蹉富羅；以廣博遍覽五部，名摩訶僧祇。善男子，如是五部，雖各〔八〕别異，而皆不妨諸佛法界及大涅槃。

又文殊師利問經云：我涅槃後百年，當有二部起，一摩訶僧祇〔九〕，老少同會，共〔一〇〕出律也。從此部流散，更生七部。二者體毗履部，純老宿共會出律也。從此部流散，更生十一部。故彼經偈云：「十八及二本，悉從大乘出。無是亦無非，我説未來起。」

又，執見不同，傳中亦有十八部而名字小異，故以五部爲根本。從薩婆多部生四部，弥沙塞生一部，迦葉毗生二部，並是佛泥洹〔一一〕後二百年内；僧祇生六部，流傳至四百年中；曇無德無所生也〔一二〕。經中或時止道五師者，舉其領袖而言；或時十八、二十，則通列異論也。

自大教東傳，五部皆度。始弗若多羅誦出十誦梵本，羅什譯爲晉文，未竟，多羅化焉。後曇摩流支又誦出所餘，什譯都竟。曇無德部，佛陀耶舍所翻，即四分律也。摩訶僧祇部及弥沙塞部，並法顯得梵本，佛馱跋陀羅譯出僧祇律，佛馱什譯出弥沙塞部，即五分律也。迦葉毗部，或言梵本已度，未被翻譯。其善見、摩得勒伽、戒因緣等，亦律之枝屬也。

雖復諸部皆傳，而十誦一本最盛東國。以昔卑摩羅叉律師本西土元匠，來入關中，及往荆陝，皆宣通十誦，盛見宗〔一三〕録。曇猷親承音旨，僧業繼踵弘化，其間璩、儼、隱、榮等，並祖述猷業，列奇宋代。而皆依文作解，未甚鑽研〔一四〕。其後智稱律師竭有深思，凡所披釋，並開拓門户，更立科目。齊、梁之間，號稱命世，學徒傳記，于今尚焉。

夫慧資於定，定資於戒，故「戒、定、慧品，義次第故」。當知入道即以戒律爲本，居俗則以禮義爲先。禮記云：「道德仁義，非禮不成。教訓正俗，非禮不備。」經云：戒爲平地，衆善由生。三世佛道，藉戒方住。故神〔一五〕解五法，制使先知；斬草三相〔一六〕，不可不識。然後定、慧法門，以次修學。而謬執之徒，互生異論：偏於律者，則言戒律爲指事，數論爲〔一七〕虚誕。薄知篇聚名目，便言解及波離，止能漉水翻囊，已謂行齊羅漢。唯我曰僧，餘皆木〔一八〕想。此則自讚毁他，功不贖過，我慢矜高，蓋斯謂也。偏於數論者，則言律部爲偏分，數論爲通方。於是扈背毗尼，專重陰入，得意便行，曾莫拘硋〔一九〕。謂言地獄不燒智人，鑊湯不煑般若。此皆操之失柄，還以自傷。相鼠、羺〔二〇〕羊，豈非斯謂？

贊曰：盤盂〔二一〕設誡〔二二〕，几杖施銘。人如不勗，奚用剋乘〔二三〕？衲衣既補，篇聚由生。

緘持口意，枯槁心形。怡慼兩鏡，欣憂一瓶。

## 校勘記

〔一〕任：高麗藏再雕本作「住」。

〔二〕以因：高麗藏、金藏本作「因以」。

〔三〕綱：高麗藏、金藏本作「罪」。

〔四〕氎：高麗藏、金藏本作「疊」。按，慧琳一切經音義卷一四大寶積經第八十九卷：「白氎，音牒。考聲云：毛布也，草花布也，從毛疊聲也。經文單作『疊』，非本字，器物也。」又，「夢氎」云者，出三藏記集卷三新集律分爲五部記録：「又有因緣經説：佛在世時，有一長者夢見一張白氎忽然自爲五段，驚詣佛所，請問其故。佛言：『此乃我滅度後，律藏當分爲五部。』」

〔五〕性：高麗藏、金藏本作「姓」。

〔六〕薩婆：高麗藏再雕本、金藏本作「薩婆若帝婆」。按，「薩婆」爲「薩婆若帝婆」（Sarvāsti-vādin）之略，即「説一切有部」之音譯。翻梵語卷一法名：「薩婆若帝婆，應云『薩婆若提婆』，譯曰『薩婆若』者，一切智；『提婆』者，天。」

〔七〕輕：高麗藏再雕本、金藏本作「轉」。按，大正藏本大集經作「轉」，然據其校勘記，亦有本作「輕」。

〔八〕各：原作「名」，據高麗藏、金藏本及大集經改。

〔九〕摩訶僧祇：原作「摩訶僧祇二大衆」，據意改。按，「大衆」即「摩訶僧祇」的意譯，非别一部。文殊師利問經卷下分部品：「佛告文殊師利：初二部者，一摩訶僧祇，二體毘履。」「摩訶僧祇」後子注曰：「此言『大衆』，老少同會，共集律部也。」「體毘履」後子注曰：「此言『老宿』，淳老宿人同會，共出律部也。」

〔一〇〕共：原作「共菩薩會」，據高麗藏本改。

〔一一〕洹：高麗藏、金藏本作「曰」。按，僧肇涅槃無名論：「泥曰、泥洹、涅槃，此三名前後異出，蓋是楚夏不同耳。云『涅槃』，音正也。」

〔一二〕無所生也：原作「生五部」，據石山寺本、七寺本改（見吉川忠夫、船山徹譯注高僧伝第四册，一六一頁）。高麗藏、金藏本作「所生也」。按，天台三大部補注卷一四：「古來三藏流傳云：迦葉遺分五部初分二百年後，何者是耶？謂薩婆多中分出四部，即婆差、法上、賢胄、六成也；迦葉遺分出二部，一僧迦提、二淺摩提也；彌沙塞中分出一，即中間見也；四百年後，僧祇部中分出六部，一遺迹、二沙彌、三施設、四毗陀、五施羅、六上施羅也；唯曇無德部不分。」

〔一三〕宗：高麗藏再雕本作「宋」。按，宗録，尊崇、看重之意。又，或即曇宗所著之經目名。本書卷七釋曇斌傳：「時莊嚴復有曇濟、曇宗，並以學業才力見重一時。濟述七宗論，宗著經目及數林。」曇宗，或即諸經目中之「王宗」，「王」爲其俗姓故。而之所以稱爲王宗者，或爲與靈味寺釋曇宗（俗姓虢，傳見本書卷一三）相區别故。出三藏記集卷四新集續撰失譯雜經録第一著録佛從兜率降中陰經四卷，子注曰：「出王宗經目。」歷代三寶紀卷一一、大唐内典録卷四、開元釋教卷一〇等著録有蕭齊武帝世釋王宗撰衆經目録二卷。

〔一四〕研：原作「堀」，據高麗藏、金藏本改。

〔一五〕神：高麗藏、金藏本作「律」。按，作「神」是。神解五法，謂明解五法。灌頂大般涅槃經疏卷八：「神解五法者，一是調伏衆生，二知輕，三知重，四是律應證，五非律不證。云何調伏？調衆生時，不得選擇時節、處所，又不得一向漫調。」

〔一六〕相：原作「根」，據高麗藏本改。按，三相者，指掘地、斷草和用水灌溉。十誦律卷四九：「不修身、戒、心、智已，與净人、沙彌相近住，不知三相——掘地、斷草、用水溉灌，是法中過、毘尼中過，毘尼中過、是法中過。」

〔一七〕爲：原無，據興聖寺本補。

〔一八〕木：高麗藏、金藏本作「目」。

〔一九〕硋：高麗藏本作「礙」。按，慧琳一切經音義卷九〇高僧傳第十一卷音義：「拘閡，上音俱，下俄蓋反。傳文從石作『硋』，非。」

〔二〇〕羺：高麗藏、金藏本作「看」。按，羺羊，即羺羊僧。十誦律卷三〇：「羺羊僧者，若比丘凡夫鈍根無智慧，如諸羺羊聚在一處無所知，是諸比丘不知布薩、不知布薩羯磨、不知説戒、不知法會，是名羺羊僧。」又，作「看」，「看羊」與「相鼠」相對，似於意更勝。「相鼠」者，「相」亦「看」，

「鼠」指「鳥鼠」（蝙蝠），喻指破戒比丘。佛藏經卷上淨戒品：「譬如蝙蝠，欲捕鳥時，則入穴爲鼠；欲捕鼠時，則飛空爲鳥，而實無有鼠鳥之用。其身臭穢，但樂闇冥。舍利弗，破戒比丘亦復如是：既不入於布薩自恣，亦復不入王者使役，不名白衣，不名出家，如燒屍殘木，不復中用。」

〔一〕盂：高麗藏再雕本作「杅」。

〔二〕誡：高麗藏再雕本、金藏本作「戒」。

〔三〕乘：思溪藏、高麗藏、金藏本作「成」。

嵬：吾回反。

逗：音豆，留也。

颯然：上蘇雜反。　蠱家：上音古，以毒害人也。　蜈蚣：上吴下公二音。　奩：音廉，平底匣也。　鳴鼙：下步迷反，馬上鼓也。　搏石：上音博，持也，擊也。　瀑布：上蒲木反，山間懸注水也。　峻峙：上私閏反，下丈里反。峻峙，高立也。　莓苔：梅臺二音。　幘：音責，冠幘。　搔動：上蘇刀反。　愧怍：音昨。　禪龕：下苦含反。　貞確：下口角反，堅也，實也。　笳：音加，卷蘆葉以吹之。　虎兕：下詞姊反，野牛也。　馮翊：下音翼，郡名。　隴西：上吕勇反。　侔：音牟，齊也，等也。　讒構：上助銜反。讒構，言譖也。　馴伏：上音旬，順也，善也。　蝗毒：上音黄，災五穀之蟲也。

汶蜀：上文、問二音。　棧道：上助揀反，以板木架險爲道也。　赧然：上女板反，赧而面赤也。　沮渠：上子徐反，複姓也。　匾：必典反。匾，狹也。　晃：胡廣反。　恢隆：上苦回反。恢，大也；隆，盛也。　頤神：上余之反，養也。　苦劇：下奇逆反。　百揆：下求癸反。　黜陟：上丑律反。黜，退也；陟，升也。慨然：上苦愛反，歎也。　幽縶：下知立反。幽縶，深繫也。　柩：音舅，棺也。怛〔一〕化：上自姑反，死也。　嵠谷：上嵠音溪。　斃：毗祭反，死也。　舐：神尔反，舌取物也。　紺馬：上古暗反，青紅色也。　輟：知劣反，止也。　褚：丑吕反，姓也。　涪城：上音浮，巴西也。　瓊：具營反。　踵：之勇反，足跟也。顗：語豈反。　奮迅：上方問反，下私閏反。　探：土含反。　衡羅：上户庚反。　費鏗：上房未反，下苦耕反。　飴：正作「飼」，音寺，餧飴也。　蚊蝱：上音文，下莫庚反，正作「蝱」〔二〕。　芬馥：下音伏，香氣也。　驃騎：上毗妙反，下去聲。　譙都：上自摇反。　訓勗：下許玉反，勸也。　傅琰：下以檢反，人名。長翔：下音祥。　秉笏：丙忽二音。　鑿：音昨。　麓山：上音鹿。　枯涸：下音鶴，水竭也。　壅：紆恭反。壅，塞也。　鑠：詩若反。　璩：音渠。陝西：上失染反。　輻輳：上音福，下千候反。輻輳，謂如車輻聚於輪轂也。

曝：蒲報反。　疵：疾斯反，瑕疵也。　爕：先〔三〕怗反。　奂：呼貫反。
臨邛：下具恭反，縣在西〔四〕蜀。　姝大：上尺朱反，美也。　悆：音預，安也。
燔：音煩，燒也。　玁狁：險尹二音，北狄之名。　憲：音獻，法也。　朞：居其反，年也。　邳：弼悲反，縣名。　囁：音攝。　嬪：音頻，宮妃也。　莞：音官，亦作「莧」，郡名。　緦：胡怙反。　毱多：上渠玉反。　開拓：下音託。
拘硋：下吾蓋反，與「礙」同。　操之：上七刀反。操，執也。

**校勘記**

〔一〕怛：思溪藏本作「殂」。殂，自姑反。若作「怛」，則此注音有誤。

〔二〕按，詞條作「蚊蝱」，此又云「正作『蝱』」，顯誤。思溪藏本詞條作「蚊蛸」，後云「正作『蝱』」。

〔三〕先：原作「光」，據思溪藏本改。

〔四〕西：原作「丙」，據思溪藏本改。

# 高僧傳卷第十二 忘〔一〕身 誦經

梁會稽嘉祥寺沙門慧皎撰

## 忘身第六



**校勘記**

〔一〕忘：高麗藏、金藏本作「亡」。下同。

〔二〕晉：思溪藏、高麗藏、金藏本無。後皆同此例。

# 晉霍山釋僧群

釋僧群〔一〕，未詳何許人。清貧守節，蔬食誦經。後還居羅江縣之霍山，構立茅室。山孤在海中，上有石盂，逕數丈許，水深六七尺，常有清流。古老相傳，云是群僊所宅。群〔二〕飲水不飢，因絶粒。後晉安太守陶夔聞而索之，群以水遺夔，出山輒臭，如此三四。夔躬自越海，天甚清〔三〕霽，及至山，風雨晦暝。停數日，竟不得至，迺歎曰：「俗内凡夫，遂爲賢聖所隔！」慨恨而反〔四〕。

群菴舍與盂隔一小澗，常以一木爲梁，由之汲水。後時忽有一折翅鴨，舒翼當梁，頭就唼群。群欲擧錫〔五〕撥之，恐畏傷損，因此迴還，絶水不飮，數日而終，春秋一百四十矣。臨終，向人説年少時經折一鴨翅，驗此以爲現報。

## 校勘記

〔一〕按，據名僧傳抄，名僧傳卷二四有「晉羅江霍山僧群」傳。

〔二〕群：原作「群僊」，據高麗藏、金藏、興聖寺本改。

〔三〕清：高麗藏、金藏本作「晴」。

〔四〕反：高麗藏、金藏本作「返」。

〔五〕錫：高麗藏再雕本作「錫杖」。

## 宋彭城駕山釋曇稱

釋曇稱，河北人。少而仁愛，惠及蜫蟲。晉末至彭城，見有老人，年八十，夫妻窮悴，迺捨戒爲奴，累年執役。而内修道德，未嘗有廢，鄉鄰嗟之。及二老卒，傭賃獲直，悉爲二老福用。擬以自贖，事畢，欲還道〔一〕，法物未備。

宋初，彭城駕山下虎災，村人遇害，日有一兩，稱乃謂村人曰：「虎若食我，災必當消。」村人苦諫不從，即於是夜獨坐草中，呪願曰：「以我此身，充汝飢渴，令汝從今息怨害意，未來當得無上法食。」村人知其意正，各泣拜而還。至四更中，聞〔二〕虎取稱，村人逐至南山，噉身都盡，唯有頭存〔三〕，因葬而起塔，爾後虎災遂息。

### 校勘記

〔一〕道：高麗藏再雕本作「入道」。
〔二〕聞：高麗藏初雕本、金藏本作「間」。
〔三〕存：高麗藏、金藏本作「在」。

# 宋高昌釋法進 僧遵

釋法進，或曰道進，或曰法迎〔一〕，姓唐，涼州張掖人。幼而精苦習誦，有超邁之德，爲沮渠蒙遜所重。遜卒，子景環爲胡寇所破，問進曰：「今欲轉略高昌，爲可剋不？」進曰：「必捷，但憂災餓耳。」迴軍即定。

後三年，景環卒，弟安周續立。是歲飢荒，死者無限。周既事進，進屢從求乞以賑貧餓，國蓄稍竭，進不復求。迺淨洗浴，取刀鹽，至深窮窟餓人所聚之處，次第授以三歸，便掛衣鉢著樹，投身餓者前云：「施汝共食。」衆雖飢困，猶義不忍受。進即自割肉，扗〔二〕鹽以啖之。兩股肉盡，心悶不能自割，因語餓人云：「汝取我皮肉，猶足數日。若王使來，必當將去，但取藏之。」餓者悲悼，無能取者。須臾，弟子來至，王人復至〔三〕，舉國奔赴，號叫相屬。因轝之還宮，周勑以三百斛麥以施飢〔四〕者，別發倉廩以賑貧民。至明晨乃絶，出城北闍維之。烟焰〔五〕衝天，七日乃歇。屍骸都盡，唯舌〔六〕不爛。即於其處起塔三層，樹碑于右。

進弟子僧遵〔七〕，姓趙，高昌人。善十誦律，蔬食節行。誦法華、勝鬘、金剛波若，又篤厲門人，常懺悔爲業。

校勘記

〔一〕按，法迎與法進或非一人。據名僧傳抄，名僧傳卷二四有「宋高昌法迎」傳，卷二五有「宋西涼洲法進」傳。法苑珠林卷六五救厄篇感應緣引，云「宋高昌有釋法進，或曰道進」，無「或曰法迎」。又，本書卷二曇無讖傳中作「道進」。

〔二〕拄：高麗藏再雕本作「和」。

〔三〕至：高麗藏、金藏本作「看」，法苑珠林卷六五救厄篇感應緣引作「到」。

〔四〕飢：高麗藏、金藏本作「餓」。

〔五〕焰：高麗藏、金藏本作「炎」。

〔六〕舌：原作「舌之」，據高麗藏、金藏本及法苑珠林卷六五救厄篇感應緣改。

〔七〕按，據名僧傳抄，名僧傳卷二五有「齊高昌僧遵」傳。

## 宋魏郡廷尉寺釋僧富

釋僧富〔一〕，姓山，高陽人。父霸，爲藍田令。富少孤居貧，而篤學無猒，採薪爲燭，以照讀書。及至冠年，備盡經史。美姿容，善談論。後遇僞秦衛將軍楊邕，資其衣粮。習鑿齒攜共志學。及聽安公講放光經，遂有心樂道，於是剃髮，依安受業。安亡後，還魏郡廷尉寺，下帷潛思，絶事人間。

時村人〔二〕有劫，劫得一小兒，欲取心肝以解神。富逍遥路口，遇見劫，具問其意，因脱衣以易小兒，群劫不許。富曰：「大人五藏亦可用不？」劫謂富不能忘身，因〔三〕妄言：「亦好。」富乃念曰：「我幻啖〔四〕之軀，會有一死，今以〔五〕濟人，雖死猶生。」即自取劫刀，晝〔六〕胷至臍。群劫更相咎責，四散奔走，即送小兒還其〔七〕家。路口時行路一人，見富如此，因問其故，富雖復頓悶，口猶能言，迺具答以此〔八〕事。此人悲悼傷心，還家取針，縫其腹皮，塗以驗藥，轝還寺將息，少時而差。後不知所終。

## 校勘記

〔一〕按，據名僧傳抄，名僧傳卷二四有「宋鄴廷尉寺僧富」傳。

〔二〕人：高麗藏、金藏本作「中」。

〔三〕忘身因：高麗藏初雕本作「用」，高麗藏再雕本作「亡身」，金藏本作「因亡身」。

〔四〕啖：高麗藏、金藏本作「炎」。

〔五〕今以：高麗藏、金藏本作「以死」。

〔六〕晝：高麗藏再雕本作「劃」。

〔七〕其：高麗藏再雕本無。

〔八〕此：高麗藏、金藏本無。

# 宋僞秦蒲坂釋法羽慧始

釋法羽〔一〕，冀州人。十五出家，爲慧始〔二〕弟子。始立行精苦，脩頭陀之業。羽操心勇猛，深達其道。常欲仰軌藥王，燒身供養。時僞秦〔三〕晉王姚緒鎮蒲坂，羽以事白緒，緒曰：「入道多方，何必燒身？不敢固違，幸願三思。」羽誓志既重，即服香油〔四〕，以布纏體，誦捨身品竟，以火自燎。道俗觀視，莫不悲慕焉。時年四十有五。

**校勘記**

〔一〕按，據名僧傳抄，名僧傳卷二四有「僞秦法羽」傳。

〔二〕按，據名僧傳抄，名僧傳卷二〇有「宋南林寺惠始」傳，不知是否即此慧始。

〔三〕秦：高麗藏、金藏本無。

〔四〕油：高麗藏、金藏本作「屑」。

# 宋臨川招提寺釋慧紹僧要

釋慧紹〔一〕，不知氏族。小兒時，母哺魚肉輒吐，啗菜不疑，於是便蔬食。至八歲出家，爲僧要弟子。精懃懔厲〔二〕，苦行標節。

後隨要止臨川招提寺，迺密有燒身之意。常雇人斫薪，積於東山石室，高數丈，中央開一龕，足容己身。迺還寺辭要，要〔三〕苦諫不從。即於焚身之日，於東山設大衆八關，并告別知識。其日，闔境奔波，車馬人衆及賫金寶者，不可稱數。至初夜行道，紹自行香。行香既竟，執燭然薪，入中而坐，誦藥王本事品。衆既不見紹，悟其已去。禮拜未畢，悉至積〔四〕所，積已洞〔五〕燃，誦聲未息。火至額，聞唱「一心」，言已奄絶。大衆咸見有一星，其大如斗，直下烟中，俄而上天。時見者咸謂天宮迎紹。經三日，薪聚乃盡。紹臨終謂同學曰：「吾燒身處，當生梧桐，慎莫伐之。」其後三日果生焉。紹焚身是元嘉二十八年，年二十八。

紹師僧要亦清謹有懿德，年一百六十終於寺。

**校勘記**

〔一〕按，據名僧傳抄，名僧傳卷二四有「宋臨川招提寺惠紹」傳，名僧傳説處第二十四有「宋臨川招提寺釋惠紹事」「惠紹燒身處三日後生梧桐事」。

〔二〕厲：高麗藏再雕本、金藏本作「勵」。

〔三〕要：原無，據高麗藏、金藏本補。

〔四〕積：高麗藏、金藏本作「薪」。

〔五〕洞：高麗藏再雕本作「烔」。

## 宋廬山招隱寺釋僧瑜

釋僧瑜〔一〕，姓周，吴興餘杭人。弱冠出家，業素純粹。元嘉十五年，與同學曇温、慧光等於廬山南嶺共建精舍，名曰招隱。瑜常以爲結累三塗，情形故也，情將盡矣，形亦宜捐〔二〕，藥王之轍，獨何云遠？於是屢發言誓，始契燒身。

以宋孝建二年六月三日，集薪爲龕，并請僧設齋，告衆辭別。是日雲霧晦合，密雨交零，瑜迺誓曰：「若我所志克明，天當清朗，如其無感，便當滂注，使此四輩知神應之無昧也。」言已，雲景明霽。至初夜竟，便入薪龕中，合掌平坐，誦藥王品。火焰交至，猶合掌不散。道俗知者，奔赴弥山，並稽首作禮，願結因緣。咸見紫氣騰空，久之迺歇。時年四十四。

其卒〔三〕後旬有四日，瑜房中〔四〕生雙桐〔五〕，根枝豐茂，巨細相似〔六〕，貫壤直聳，遂成連奇〔七〕樹。理識者以爲娑羅寶樹，剋炳泥洹，瑜之庶幾，故見〔八〕斯證，因号爲「雙桐沙門」。吴郡張辯爲平南長史，親覩其事，具爲傳讚。讚曰：

悠悠玄機，茫茫至道。出生入死，孰爲妙寶？其一

自昔藥王，殊化絶倫。往聞其説，今覩斯人。其二

英英沙門，慧定心固。凝神紫氣，表迹雙樹。其三

其德可樂，其操可貴。文之作矣，式颺〔九〕髣髴。其四

校勘記

〔一〕按，據名僧傳抄，名僧傳卷二四有「宋尋陽廬山僧瑜」傳。

〔二〕捐：高麗藏、金藏本作「損」。

〔三〕卒：高麗藏、金藏本無。

〔四〕中：高麗藏初雕本、金藏本無。

〔五〕桐：高麗藏再雕本作「梧桐」。

〔六〕似：高麗藏、金藏本及法苑珠林卷九六捨身篇感應緣引作「如」。

〔七〕連奇：思溪藏、高麗藏、金藏本及法苑珠林卷九六捨身篇感應緣引作「奇」，大正藏本作「連」。

〔八〕見：高麗藏再雕本、金藏本作「現」。

〔九〕颺：高麗藏、金藏本作「飈」。

## 宋京師竹林寺釋慧益

釋慧益〔一〕，廣陵人。少出家，隨師止壽春。宋孝建中出都，憩竹林寺。精勤苦行，誓

欲燒身，衆人聞者，或毀或讚。至大明四年，始就却粒，唯餌麻麥。到六年，又絶麥等，但食酥〔二〕油。有頃，又斷酥油，唯服香丸。雖四大綿微，而神情警正。

孝武〔三〕深加敬異，致問慇懃。遣太宰江夏王義恭詣寺諫益，益誓志無改。至大明七年四月八日，將就焚燒，迺於鍾山之南置鑊辦油。其日朝乘牛車，而以人牽，自寺之山。以帝王是兆民所憑，又三寶所寄，乃自力入臺。至雲龍門，不能步下，令人啓聞：「慧益道人今捨身，詣門奉辭，深以佛法仰累。」帝聞改容，即躬出雲龍門。益既見帝，重以佛法憑囑，於是辭去。帝亦續至，諸王妃后、道俗士庶，填滿山谷，投衣棄寶，不可勝計。益迺入鑊，據一小床，以吉貝〔四〕自纏，上加一長帽，以油灌之，將就著火。帝令太宰至鑊所請喻曰：「道行多方，何必殞命？幸願三思，更就異途。」益雅志確然，曾無悔念，迺荅曰：「微軀賤命，何足上〔五〕留！天心聖慈罔已者，願度二十人出家。」降勑即許。益迺手自執燭以燃帽，帽燃已〔六〕，迺棄燭，合掌誦藥王品。火至眉，誦聲猶分明，及眼乃昧。貴賤哀嗟，響震〔七〕幽谷，莫不彈指稱佛，惆悵抆淚〔八〕。火至明旦迺盡。帝於于〔九〕時，聞空中笳管，異香芬苾。帝盡日方還宮，夜夢見益振錫而至，更囑以佛法。明日，帝爲設會度人，令齋主唱白，具序徵祥。燒身之處，起〔一〇〕藥王寺，以擬本事也。

## 校勘記

〔一〕按，據名僧傳抄，名僧傳卷二四有「宋北竹林寺惠益」傳（益，原作「盖」，據意改）。

〔二〕酥：高麗藏、金藏本作「蘇」。後同。

〔三〕孝武：原作「者武」，據高麗藏、金藏本改。按，「孝武」即宋孝武帝劉駿（四三〇—四六四）。

〔四〕吉貝：高麗藏初雕本、金藏本作「劫貝」，高麗藏再雕本作「衣具」。按，「吉貝」，又作「劫貝」「劫波育」等，意譯木棉、棉布。四分律名義標釋卷四：「劫貝，或作『吉貝』，或云『劫波育』，即木綿也。或言『劫波婆』，正言『迦波羅』，此譯云『樹花』，可以爲布。高昌名氎，氎是布名。罽賓以南，大者成樹。今此形小，狀如土葵，有殼，剖以出華，如柳絮，用之爲衣也。」

〔五〕上：原作「止」，據高麗藏、金藏本及法苑珠林卷九六捨身篇感應緣、法華經傳記卷一〇等引改。

〔六〕已：高麗藏、金藏本無。

〔七〕震：高麗藏、金藏本作「振」。

〔八〕抆淚：高麗藏、金藏本及法華經傳記卷一〇作「淚下」。

〔九〕于：高麗藏、金藏本無。

〔一〇〕起：高麗藏、金藏本作「謂」。按，大正藏本法苑珠林卷九六捨身篇感應緣引作「造」，據其校勘記，餘諸校本中作「謂」。

## 宋蜀武擔寺釋僧慶

釋僧慶〔一〕，姓陳，巴西安漢人。家世事五斗米道，慶生而獨悟，十三出家，止義興寺。淨修梵行，願求見佛。先捨三指，末誓燒身。漸絶粮粒，唯服香油。到大明三年二月八日，於蜀〔二〕武擔寺西，對其所造淨名像前焚身供養。刺史張悦躬出臨視，道俗僑舊，觀者傾邑。行雲爲結，苦雨悲零，俄而晴景開明，天色澄淨，見一物如龍，從積升天。時年二十三。天水太守裴方明爲收灰起塔。

### 校勘記

〔一〕按，據名僧傳抄，名僧傳卷二四有「宋城都義興寺僧慶」傳。

〔二〕蜀：高麗藏、金藏本作「蜀城」。

## 齊隴西釋法光 法存

釋法光〔一〕，秦州隴西人。少而有信。至二十九，方出家，苦行頭陀，不服綿纊。絶五穀，唯餌松葉。後誓志燒身，迺服松膏及飲油，經于半年。至齊永明五年十月二十日，於隴西記城寺内集薪焚身，以滿先志。火來至目，誦聲猶了〔二〕，至鼻迺昧，奄然而絶，春秋四十有一。

時永明末，始豐縣有比丘法存，亦燒身供養，郡守蕭緬遣沙門慧深爲起灰塔。

**校勘記**

〔一〕按，據名僧傳抄，名僧傳卷二四有「齊襲西記城寺法光」傳，名僧傳説處第二十四有「法光年三十頓絶五穀，但餌杉葉事」。

〔二〕了：高麗藏、金藏本作「記」。

## 齊交阯仙山釋曇弘

釋曇弘〔一〕，黄龍人。少修戒行，專精律部。宋永初中，南遊番禺，止臺寺。晚又適交阯〔二〕之仙山寺，誦無量壽及觀音〔三〕經，誓心安養。以孝建二年，於山上聚薪，密往積中，以火自焚〔四〕。弟子追及，抱持將還，半身已爛，經月少差。後近村設會，舉寺皆赴，弘於是日復入谷燒身。村人追救〔五〕，命已終〔六〕矣。於是益薪進火，明旦〔七〕乃盡。尔日，村居民咸見弘身黄金色，乘一金鹿，西行甚急，不暇暄涼。道俗方悟其神異，共收灰骨，以起塔焉。

**校勘記**

〔一〕按，據名僧傳抄，名僧傳卷二四有「齊交洲仙山寺曇弘」傳。

〔二〕阯：高麗藏再雕本作「趾」。
〔三〕音：高麗藏、金藏本無。
〔四〕焚：高麗藏、金藏本作「燒」。
〔五〕救：高麗藏本作「求」。
〔六〕終：高麗藏再雕本作「絶」。
〔七〕旦：高麗藏、金藏本作「日」。

論曰：夫有形之所貴者，身也；情識之所貴〔一〕者，命也。是故飡脂飲血，乘肥衣輕，欲其怡懌也；餌朮含丹，防生養性，欲其壽考也。至如析一毛以利天下，則吝而弗爲；撤〔二〕一飡以續餘命，則惜而不與。此其弊過矣。自有宏知達見，遺己贍〔三〕人，體三界爲長夜之宅，悟四生爲夢幻之境，精神逸乎蜚羽，形骸滯於瓶㲉〔四〕。是故摩頂至足，曾不介心；國城、妻子，捨若遺〔五〕芥。今之所論，蓋其人也。

僧群止〔六〕爲一鴨而絶水以亡身，僧富止救一童而晝〔七〕腹以全命。法進割肉以啖人，曇稱自餧於災虎。斯皆尚乎兼濟之道，忘我利物者也。昔王子投身，功踰九劫；刳肌貿鳥，駭震三千。惟夫若人，固亦超邁高絶矣。爰次法羽，至于曇弘，皆灰燼形骸，棄捨珍愛，或以情祈安養，或以願生知足，故雙桐〔八〕表於房裏，一館顯自空中，符瑞彪炳，與時間出。

然聖教不同，開遮亦異。若是大權爲物，適時而動，利現万端，非教所制。故經云：能燃手足一指，迺勝國城布施。若是出家凡僧，本以威儀攝物，而今殘毁形體〔九〕，壞福田相，考而爲談，有得有失：得在忘身，失在違戒。故龍樹云：新行菩薩，不能一時備行諸度。或滿檀而乖孝，如王子投虎；或滿慧而乖慈，如檢他斷食等。皆由行未全美，不無盈缺。

又佛説身有八万户蟲，與人同氣，人命既盡，蟲亦俱逝。是故羅漢死後，佛許燒身。而今未死便燒，或損〔一〇〕於蟲命，有失〔一一〕説者。或言羅漢尚入火光，夫復何怪？有言入火光者，先已捨命，用神智力，後迺自燒。然性地菩薩，亦未免報軀。或時投形火聚，或時裂體分人。當知殺蟲之論，其究莫〔一二〕詳焉。

夫三毒四倒，乃生死之根栽；七覺八道，實涅槃之要路。豈必燔炙形體然後離苦？若其位鄰得忍，俯迹同凡，或時爲物捨身，此非言論所及。至如凡夫之徒，鑒察無廣，竟不〔一三〕知盡壽行道，何如棄捨身命！或欲激〔一四〕譽一時，或欲流名萬代，及臨火就薪，悔怖交切，彰言既廣，恥奪其操，於是僶俛從事，空嬰萬苦。若然，非所謂也。

讚曰：若人挺志，金石非英。鑠兹所重，祈彼實城。芬梧蓊蔚，紫館浮輕。騰烟曜彩，吐瑞含禎。千秋尚美，萬代傳馨。

## 校勘記

〔一〕貴：高麗藏、金藏本作「珍」。
〔二〕撤：高麗藏、金藏本作「徹」。
〔三〕瞻：高麗藏再雕本作「瞻」。
〔四〕縠：高麗藏、金藏本作「穀」。
〔五〕遺：高麗藏、金藏本作「草」。
〔六〕止：高麗藏、金藏本作「心」。
〔七〕晝：高麗藏再雕本作「劃」。
〔八〕桐：高麗藏、金藏本作「梧」。
〔九〕體：高麗藏、金藏本作「骸」。後同。
〔一〇〕損：高麗藏再雕本無。
〔一一〕失：高麗藏初雕本、金藏本無。
〔一二〕莫：高麗藏、金藏本作「竟」。
〔一三〕不：原無，據高麗藏再雕本、金藏本補。
〔一四〕激：高麗藏再雕本作「邀」。

# 誦經第七



## 晉河陰白馬寺釋曇邃

釋曇邃〔一〕，未詳何許人。少出家，止河陰白馬寺，蔬食布衣。誦正法華經，常一日一遍。又精達經旨，亦爲人解説。常〔二〕於夜中忽聞扣户云：「欲請法師九旬説法。」邃不許。固請，乃赴之，而猶是眠中。比覺，已身在白馬塢神祠中，并一弟子。自尔日日密往，餘無知者。

後寺僧經祠前過，見有兩高座，邃在北，弟子在南，如有講説聲。又聞有奇香之氣，於是道俗共傳，咸云神異。至夏竟，神施以白馬一匹，白羊五頭，絹九十匹。呪願畢，於是各絶。邃後不知所終。

### 校勘記

〔一〕按，據名僧傳抄，名僧傳卷二三有「晉河陰白馬寺釋曇邃」傳。

〔二〕常：高麗藏、金藏本作「嘗」。

## 晉越城寺釋法相 曇蓋 僧法

釋法相〔一〕，姓梁，不測何人。常山居精苦，誦經十餘萬言。鳥獸集其左右，皆馴若家禽。太山祠有大石函，貯財寶。相時山行，宿于廟側，忽見一人玄衣武冠，令相開函，言絶不見。其函石蓋重過千鈞，相試提之，飄然而起。於是取其財，以施貧民。後度江南，止越城寺。忽遊縱放蕩，優俳滑稽，或時裸袒，干冒朝貴。晉鎮北將軍司馬恬惡其不節，招而鴆之，頻傾三鍾，神氣清夷，淡然無擾，恬大異之。至晉元興末卒，春秋八十。

時有竺曇蓋、竺僧法〔二〕，並苦行通感。蓋〔三〕能神呪請雨，爲楊州刺史司馬元顯所敬。法亦善神呪，晉丞相會稽王司馬道子爲起治城寺焉。

校勘記

〔一〕按，據名僧傳抄，名僧傳卷二〇有「晉彭城鍾寺法相」傳，不知是否即此越城寺之法相。

〔二〕按，法苑珠林卷六三祈雨篇感應緣有「漢沙門竺曇蓋祈雨有徵」條。又，據名僧傳抄，名僧傳卷二五有「晉治城寺僧法」傳。

〔三〕蓋：原作「善」，據高麗藏再雕本改。

## 晉山陰顯義寺竺法純

竺法純〔一〕，未詳何許人。少出家，止山陰顯義寺，苦行有德，善誦古維摩經。晉元興中，爲寺上蘭渚買故屋，暮還，於湖中遇風而船小，純唯一心憑觀世音，口誦不輟。俄見一大流船，乘之獲免。至岸，訪船無主，須臾不見，道俗咸〔二〕歎神感。後不知所終。

校勘記

〔一〕按，據名僧傳抄，名僧傳卷二三有「晉山陰顯義寺竺法純」傳，名僧傳説處第二十三有「法純念觀世音，空船來迎事」。又，名僧傳抄中抄録有竺法純傳。

〔二〕咸：原作「感」，據高麗藏、金藏本及法苑珠林卷一七敬法篇觀音驗「晉沙門竺法純」條改。

## 晉蜀三賢寺釋僧生

釋僧生〔一〕，姓袁，蜀郡郫人。少出家，以苦行致稱。成都宋豐等請爲三賢〔二〕寺主。誦法華，習禪定。嘗〔三〕於山中誦經，有虎來蹲其前，誦竟迺去。後每至諷詠，輒見左右四人爲侍衛。年雖衰老，而翹懃彌厲。後微疾，便語侍者云：「吾將去矣，於〔四〕後可爲燒身。」弟子謹〔五〕依遺命。

**校勘記**

〔一〕按，據名僧傳抄，名僧傳卷二四有「宋城都三寶寺僧生」傳。
〔二〕賢：名僧傳抄中作「寶」。
〔三〕嘗：高麗藏、金藏本作「常」。
〔四〕於：高麗藏、金藏本作「死」。
〔五〕謹：高麗藏、金藏本無。

## 宋剡法華臺釋法宗

釋法宗〔一〕，臨海人。少好遊獵，嘗於剡遇射孕鹿〔二〕墮胎，鹿母銜箭，猶就地舐子。

宗迺悔悟，知貪生愛子是有識所同，於是摧弓折矢，出家業道。常分衛自資，受一食法，蔬苦六時，以悔先罪。誦法華、維摩。常升臺諷詠，響聞四遠。士庶稟其歸戒者，三千餘人。遂開拓所住，以爲精舍，因誦爲目，号曰法華臺也。宗後不測所終。

**校勘記**

〔一〕按，據名僧傳抄，名僧傳卷二五有「宋剡法華臺法宗」傳。

〔二〕鹿：高麗藏、金藏本作「鹿母」。

## 宋京師南澗寺釋道冏

釋道冏〔一〕，姓馬，扶風人。初出家，爲道懿弟子。懿病，嘗遣冏等四人至河南霍山採鍾乳。入穴數里，跨木渡水，三人溺死，炬火又亡，冏判無濟理。冏素誦法華，唯憑誠此業，又存念觀音。有頃〔二〕，見一光如螢火，追之不及，遂得出穴。於是進修禪業，節行弥新。頻作數過普賢齋，並有瑞應。或見梵僧入坐，或見騎馬人至，並以〔三〕未及暄涼，倏忽不見。

後與同學四人南遊上京，觀矚風化。夜乘冰度河，中道冰破，三人没死，冏又歸誠觀音，乃覺脚下如有一物自敁〔四〕，復見赤光在前，乘光至岸。達都，止南澗寺，常以般舟爲業。嘗中夜入禪，忽見四人御車至房，呼令上乘。冏欻不自覺，已見身在郡後沈橋間〔五〕。見一人在路，坐胡床，侍者數百人，見冏驚起，冏〔六〕曰：「坐禪人耳。」彼人因謂左右曰：「向止令知處而已，何忽勞屈法師？」於是禮拜執別，令人送冏還寺。扣門良久，方開。入寺，見房猶閉，衆咸莫測其然。

宋元嘉二十年，臨川康王義慶攜往廣陵，終於彼也。

## 校勘記

〔一〕冏：名僧傳抄中作「固」。據名僧傳抄，名僧傳卷二三有「宋南磵寺釋道固」傳，名僧傳説處第二十三有「道固喚觀世音願見出道事」。

〔二〕頃：原作「須」，據諸校本改。

〔三〕以：高麗藏初雕本、金藏本作「來」，高麗藏再雕本無。

〔四〕攱：高麗藏、金藏本作「攰」。按，可洪新集藏經音義隨函録卷二七高僧傳第十二卷音義作「攰」：「自攰，居僞反，載也，正作『攱』『攰』二形也。又音羈，筯挾物也。又去宜反，非也。」又，「自攱」，大正藏本法苑珠林卷三五然燈篇感應緣「宋沙門釋道冏」條引作「𨈵𡰫」，據其校勘記，餘諸校本作「自攰」。

〔五〕間：高麗藏本無。

〔六〕冏：高麗藏再雕本無。

## 宋廬山釋慧慶

釋慧慶〔一〕，廣陵人，出家止廬山寺。學通經律，清潔有戒行。誦法華、十地、思益、維摩。每夜吟諷，常聞闇中有彈指讚歎〔二〕之聲。嘗於小雷遇風波，船將覆没，慶唯誦經不輟，覺船在浪中，如有人牽之，倏忽至岸，於是篤厲弥勤。宋元嘉末卒，春秋六十有二。

### 校勘記

〔一〕按，據名僧傳抄，名僧傳卷二三有「宋尋陽廬山竺惠慶」傳，名僧傳説處第二十三有「惠慶誦念觀世音，望見其船事」。又，名僧傳抄中抄録有惠慶傳。

〔二〕歎：原作「歡」，據諸校本改。

## 宋臨渭釋普明

釋普明〔一〕，姓張，臨渭〔二〕人。少出家，禀性清純，蔬食布衣，以懺誦爲業。誦法華、維摩二經。及諷〔三〕誦之時，有別衣別座，未嘗穢雜。每至〔四〕勸發品，輒見普賢乘〔五〕象，立在其前。誦維摩經，亦聞空中倡〔六〕樂。又善神呪，所救皆愈。有鄉人王道真妻病，請明來呪。明入門，婦便悶絶。俄見一物如狸，長數尺許，從狗竇出，因此而愈。明嘗行水旁祠，巫覡自云：「神見之，皆奔走。」以宋孝建中〔七〕卒，春秋八十有五。

## 校勘記

〔一〕按，據名僧傳抄，名僧傳卷二二有「宋寧蜀江陽寺普明」傳，名僧傳説處第二十二有「普明誦法華，見普賢乘象事」。此事與本傳中云普明每誦「至勸發品，輒見普賢乘象，立在其前」同，故「寧蜀江陽寺普明」當即本傳之「臨渭釋普明」。

〔二〕渭：原作「淄」，據本書卷十四目録及法苑珠林卷一七敬法篇普賢驗「齊沙門釋普明」條、釋氏六帖卷一二持誦貫花部「普明別座」條引改，高麗藏初雕本、金藏本作「滑」。

〔三〕諷：高麗藏、金藏本無。

〔四〕至：高麗藏、金藏本作「誦至」。

〔五〕乘：原作「棄」，據思溪藏、高麗藏、金藏本改。

〔六〕倡：高麗藏初雕本無，高麗藏再雕本、金藏本及法苑珠林卷一七敬法篇普賢驗「齊沙門釋普明」條引作「唱」。

〔七〕中：原作「初中」，據高麗藏、金藏本及法苑珠林卷一七敬法篇普賢驗「齊沙門釋普明」條引改。孝建（四五四—四五六）爲宋孝武帝劉駿的第一個年號。

## 宋京師道場寺釋法莊

釋法莊〔一〕，姓申，淮南人。十歲出家，爲廬山慧遠弟子。少以苦節標名，晚遊關中，從叡公稟學。元嘉初〔二〕出都，止道場寺。性率素，止一中而已。誦大涅槃、法華、淨名。每後夜諷誦，比房常聞莊房〔三〕前有如兵仗羽衛之響，實天神來聽也。宋大明初卒於寺，春秋七十有六。

**校勘記**

〔一〕按，據名僧傳抄，名僧傳卷二二有「宋道場寺法莊」傳。

〔二〕初：原作「祠」，據諸校本改。

〔三〕房：高麗藏、金藏本作「户」。

## 宋京師瓦官寺釋慧果

釋慧果〔一〕，豫州人，少以蔬食〔二〕自業。宋初〔三〕遊京師，止瓦官寺。誦法華、十地。嘗於圊厠見一鬼，致敬於果云：「昔爲衆僧作維那，小不如法，墮在噉糞鬼中。法師德素高明，又慈悲爲意，願助以拔濟之方也。」又云：「昔有錢三千，埋在柿樹根〔四〕下，願取以爲福。」果即告衆掘取，果得三千，爲造法華一部，并設會。後夢見此鬼云：「已得改生，大勝昔日。」果以宋太始六年卒，春秋七十有六。

校勘記

〔一〕按，據名僧傳抄，名僧傳卷二三有「宋瓦官寺釋慧果」傳。又，名僧傳抄中抄録有慧果傳。

〔二〕食：高麗藏、金藏本作「苦」。

〔三〕按，名僧傳抄云其元嘉四年（四二七）「南遊至京師，住瓦官禪房」。

〔四〕根：高麗藏、金藏本無。

## 宋京師東安寺釋法恭僧恭

釋法恭〔一〕，姓關，雍州人。初出家，止江陵安養寺。後出京師，住東安寺。少而苦行殊倫，服布衣，餌菽〔二〕麥，誦經三十餘萬言。每夜諷詠，輒有殊香異氣入恭房者，咸共聞之。又以弊納聚蚤蝨，常披以飼〔三〕之。宋武、文、明三帝及衡陽文王義季等並崇其德業〔四〕，所獲信施，常分給貧病，未嘗私蓄。宋太始中還西，卒於彼，春秋八十。

時烏衣復有僧恭者，德業高明，綱摠寺任，亦不食粳粮，唯餌豆麥。

校勘記

〔一〕按，據名僧傳抄，名僧傳卷二五有「宋東安寺法恭」傳。

〔二〕菽：原作「菰」，據高麗藏、金藏本改。按，後文云僧恭「亦不食粳粮，唯餌豆麥」，故作「菽」是。

〔三〕飼：高麗藏、金藏本作「飴」。

〔四〕業：高麗藏、金藏本作「素」。

## 宋京師彭城寺釋僧覆

釋僧覆〔一〕，未詳何許〔二〕人。少孤，爲下人所養。七歲出家，爲曇亮弟子。學通諸經，蔬食持呪。誦大品、法華。宋明帝深加器重，勑爲彭城寺主，率衆有功。宋太始末卒，春秋六十有六。

校勘記

〔一〕按，據名僧傳抄，名僧傳卷二五有「宋彭城寺僧覆」傳。

〔二〕許：高麗藏、金藏本無。

## 齊京師高座寺釋慧進僧念

釋慧進〔一〕，姓姚，吴興人。少而雄勇，任性遊俠。年四十，忽悟心自啓，遂尔離俗，止京師高座寺。蔬食素衣，誓誦法華，用心勞苦，執卷輒病。迺發願，願造法華百部，以悔前〔二〕障。始聚得錢一千六百，時有劫來問進：「有物不？」答云：「唯有造經錢在佛處。」群劫聞之，赧然而去。於是聚集信施，得以成經，滿足百部。經成之後，病亦小差。誦法華一部得過，情願既滿，厲操逾〔三〕堅。常迴諸福業，願生安養。未亡少時，忽聞空中聲曰：「汝所願已足，必得生西方也。」至齊永明三年，無病而卒，春秋八十有五。

時京師龍華寺後〔四〕有釋僧念〔五〕，誦法華、金光明，蔬食避世。

**校勘記**

〔一〕按，據名僧傳抄，名僧傳卷二五有「齊高座寺惠進」傳，名僧傳説處第二十五有「惠進願捨此身令生浄國事」。

〔二〕前：高麗藏、金藏本作「先」。

〔三〕逾：高麗藏、金藏本作「愈」。

〔四〕後：高麗藏、金藏本作「復」。

〔五〕按，據名僧傳抄，名僧傳卷二五有「齊龍華寺僧念」傳。

## 齊永興栢林寺釋弘明

釋弘明，本姓嬴〔一〕，會稽山陰人。少出家，貞苦有戒節，止山陰雲門寺。誦法華，習禪定，精懃禮懺，六時不輟。每旦，則水瓶自滿，實諸天童子以爲給使也。明嘗於雲門坐禪，虎來入明室内，伏于床前，見明端然不動，久久乃去。又時見一小兒來聽明誦經，明曰：「汝是何人？」答云：「昔是此寺沙彌，盜帳下食，今墮圊中。聞上人道業，故來聽誦經。願助方便，使免斯累也。」明即説法勸化，領解方隱。後於永興石姥巖入定，又有山精來惱明，明捉得，以腰繩繫之，鬼遜謝求脱云：「後不敢復來。」乃〔二〕解放，於是絶迹。

元嘉中，郡守平昌孟顗重其真素，要出，安止道樹精舍。後濟陽江摠〔三〕於永興邑立昭〔四〕玄寺，復請明往住。大明末，陶里董氏又爲明於村立栢林寺，要明還止。訓勗禪戒，門人成列。以齊永明四年卒於栢林寺，春秋八十有四。

## 校勘記

〔一〕 羸：高麗藏初雕本、金藏本作「瀛」，高麗藏再雕本及法苑珠林卷二八神異篇感應緣「齊沙門釋弘明」條、釋氏六帖卷一二持誦貫花部「弘明水瓶」條引作「羸」。

〔二〕 乃：高麗藏、金藏本作「及」。

〔三〕 摠：高麗藏本無，金藏本作「濟之」。按，弘贊法華傳卷六誦持「齊栢林寺釋弘明」條作「齊之」。江總（五一九—五九四），字總持，陳濟陽考城人。傳見陳書卷二七。從時間來看，顯非。既云出濟陽，當無別一江摠，或作「齊之」是。據南史卷六〇江革傳：「江革，字休映，濟陽考城人也。祖齊之，宋都水使者，尚書金部郎。」

〔四〕 昭：原作「紹」，據高麗藏再雕本及弘贊法華傳卷六改。或謂此寺即「齊建元二年江淹子昭玄捨宅建」之蕭山（永興）覺苑寺（嘉泰會稽志卷八）。又，江淹爲江革族叔。

## 齊京師靈根寺釋慧豫法音

釋慧豫〔一〕，黄龍人。來遊京師，止靈根寺。少而務學，遍訪衆師。善談論，美風則。每聞藏否人物，輒塞耳不聽，或時以異言間止。瓶衣率素，日以一中自畢。精勤標節，以救苦爲先。誦大涅槃、法華、十地，又習禪業，精於五門。嘗寢見有三人來扣户，並衣冠鮮潔，執持華蓋，豫問覓誰，答云：「法師應死，故來奉迎。」豫曰：「小事未了，可申一年不？」答云：「可尔。」至明年，滿一周而卒。是歲齊永明七年，春秋五十有七。

豫同寺有沙門法音〔二〕，亦素行誦經。

### 校勘記

〔一〕按，據名僧傳抄，名僧傳卷二三有「齊靈根寺惠豫」傳，名僧傳説處第二十二有「惠豫死時，三人着朱衣武冠故來相迎事」。

〔二〕音：高麗藏、金藏本作「普」。

## 齊上定林寺釋道嵩

釋道嵩〔一〕，姓夏，高密人。年十歲出家，少而沉隱有志用。及具戒之後，專好律學，誦經三十萬言。交接上下，未嘗有喜愠之色。性好檀捨，隨獲利養，皆以施人。瓶衣之外，略無兼物。宋元徽中來京師，止鍾山定林寺〔二〕。守靖閑房，懺誦無輟。人有造者，輒爲〔三〕説法訓奬，以代餼焉，從之請戒者甚衆。後卒於山中，春秋四十有九。

**校勘記**

〔一〕按，據名僧傳抄，名僧傳卷一八有「齊定林下寺道嵩」傳。

〔二〕定林寺：名僧傳抄中云「定林下寺」。劉世珩南朝寺考：「定林寺在鍾山下，其地名蔣陵里。宋元嘉元年，爲僧慧覽造。越十二年，曇摩蜜多别建上定林寺於山西。」

〔三〕爲：高麗藏、金藏本作「爲其」。

## 齊上定林寺釋超辯法明　僧志　法定

釋超辯〔一〕，姓張，燉煌人。幼而神悟孤發，履操深沉。誦法華、金剛般若。聞京師盛於佛法，乃越自西河，路由巴楚，達于建業。頃之，東適吴越，觀矚山水，停山陰城傍寺少時，後還都，止定林上寺。閑居養素，畢命山門。誦法華，日限一遍，心敏口從，恒有餘力。禮千佛，凡一百五十餘萬拜，足不出門三十餘載。以齊永明十年終於山寺，春秋七十有三，葬于寺南。沙門僧祐爲造碑墓所，東莞劉勰製文。

時有靈根釋法明〔二〕、祇洹釋僧志〔三〕、益州釋法定〔四〕，並誦經十餘萬言，蔬食苦行〔五〕，有至德焉。

**校勘記**

〔一〕辯：名僧傳抄作「弁」、名僧傳説處作「辨」。按，據名僧傳抄，名僧傳卷二五有「齊定林上寺超弁」傳，名僧傳説處第二十五有「超辨加勤禮懺法華、彌陀事」。

〔二〕按，據名僧傳抄，名僧傳卷二五有「齊靈基寺法明」傳，則法明爲靈基寺僧，「靈根」云者，或誤。劉世珩南朝寺考：「靈根寺在鍾山側，宋泰始中釋僧瑾所造也。」「靈基寺亦釋僧瑾所造也。」參見本書卷七僧瑾傳。又，名僧傳説處第二十五有「法明誦法華、無量壽事」。

〔三〕按，據名僧傳抄，名僧傳卷二五有「齊祇洹寺僧志」傳。

〔四〕按，據名僧傳抄，名僧傳卷二五有「齊欣平寺法定」傳，名僧傳説處第二十五有「法定誦法華藥王觀、普賢觀事」。

〔五〕食苦行：高麗藏、金藏本作「苦」。

## 齊山陰天柱山釋法慧 曇遊

釋法慧〔一〕，本姓夏侯氏。少而秉志精苦，律行冰嚴。以宋大明之末，東遊禹穴，隱于天柱山寺，誦法華一部。蔬食布衣，志耽人外，居閣不下三十餘年。王侯税駕，止拜房而反。唯汝南周顒以信解兼深，特與相接。時有慕德希禮，或因顒介〔二〕意，時一見者。以齊建武二年，卒于山寺，春秋八十有五。

時若耶懸溜山有釋曇遊者，亦蔬食誦經，苦節爲業。

校勘記

〔一〕按，據名僧傳抄，名僧傳卷二五有「齊山陰天柱寺法惠」傳。

〔二〕介：高麗藏初雕本、金藏本作「分」。

## 齊京師後崗釋僧侯 慧溫

釋僧侯〔一〕，姓龔，西涼州人。年十八，便蔬食禮懺。及具戒之後，遊方觀化。宋孝建初，來至京師。誦法華、維摩、金光明，常二日〔二〕一遍，如此六十餘年。蕭惠開入蜀，請法〔三〕同遊。後惠開協同義嘉負罪歸闕，侯乃還都，於後崗創立石室〔四〕，以爲安禪之所。自息慈以來，至于捨命，魚肉葷辛，未嘗近齒，脚影小蹉〔五〕，輒空〔六〕齋而過。齊永元〔七〕二年，微覺不悆，至中不能食，乃索水漱口，合掌而卒，春秋八十有九。

時普弘有釋慧溫〔八〕，亦誦法華〔九〕、維摩、首楞嚴，蔬苦有〔一〇〕高節。

## 校勘記

〔一〕按，據名僧傳抄，名僧傳卷二二有「齊西安寺僧侯」傳。「西安寺」云者，疑當爲「石室寺」之誤。

〔二〕二日：高麗藏初雕本、金藏本作「二十」，高麗藏再雕本作「一日」。

〔三〕法：高麗藏、金藏本作「共」。

〔四〕按，劉世珩南朝寺考云：「石室寺，在鍾山之後岡，釋僧侯安禪之所也。時江左象教愈盛，齊文惠、文宣皆深敬信，而僧侯獨空山宴坐，不趣邸第焉。」

〔五〕蹉：高麗藏初雕本、金藏本作「移」。按，慧琳一切經音義卷九〇高僧傳第十二卷音義亦作「移」：「小移，以之反。依時非時經，以足量影，小似差時，過即不食虛齋，恐犯非時食。」

〔六〕空：高麗藏、金藏本作「虛」。

〔七〕元：高麗藏再雕本作「明」。按，永元（四九九—五〇一）爲東昏侯蕭寶卷（四八三—五〇一）的年號，永明（四八三—四九三）爲齊武帝蕭賾（四四〇—四九三）年號。

〔八〕按，據名僧傳抄，名僧傳卷二二有「齊普弘寺惠温」傳。

〔九〕法華：高麗藏、金藏本作「法華經」。

〔一〇〕有：高麗藏、金藏本作「並有」。

## 梁上定林寺釋慧弥 法仙

釋慧弥，姓楊氏，弘農華陰人，漢太尉震之後裔也。年十六出家。及具戒之後，志修遠離，乃入長安終南山。巖谷險絶，軌迹莫至，弥負錫獨前，虎兕〔一〕無擾。少誦大品，又精修三昧。於是剪茅結宇，以爲栖神之宅。時至則持鉢入村，食竟則還室禪誦，如此者八年。後聞江東有法之盛，乃觀化京師，止于鍾山定林寺，習業如先。

爲人温恭仁〔二〕讓，喜愠無色，戒範精明，獎化忘勧，諮賢求善，恒若未足。凡黑白造山禮拜者，皆爲説法提誘，以代餚饌。爰自出家，至于衰老，葷醪鮮豢，一皆永絶，足不出山〔三〕，三十餘年。曉夜習定，常誦般若，六時禮懺，必爲衆先。以梁天監十七年閏八月十五日終於山舍，春秋七十有九，葬于寺南，立碑頌德。

時定林又有沙門法仙，亦誦經，有素行，後還吴爲僧正，卒於彼。

校勘記

〔一〕虎兕：高麗藏初雕本、金藏本作「猛虎嘯兕」，高麗藏再雕本作「猛虎肅兕」。

〔二〕仁：高麗藏、金藏本作「沖」。

〔三〕山：高麗藏、金藏本作「户」。

## 梁富陽齊熙寺釋道琳

釋道琳，本會稽山陰人。少出家，有戒行。善涅槃、法華，誦浄名經，吴國張緒禮事之。後居富陽縣泉林寺，寺常有鬼怪，自琳居之則消。琳弟子慧韶爲屋所壓〔一〕，頭陷入胷〔二〕。琳爲祈請，韶夜見兩胡道人拔出其頭，旦起，遂平復。琳於是設聖僧齋，鋪新帛於牀上，齋畢，見帛上有人迹，皆長三尺餘。衆咸服其徵感，富陽人始家家立聖僧坐以飯之。至梁初，琳出居齊熙寺〔三〕，天監十八年卒，春秋七十有三。

**校勘記**

〔一〕壓：高麗藏、金藏本作「押」。

〔二〕胷：高麗藏、金藏本作「肩」。

〔三〕齊熙寺：本書卷十四目録作「齊堅寺」。法苑珠林卷四二愛請篇感應緣「梁沙門釋道琳」條引，前云「梁富陽齊堅寺有釋道琳」，後云「至梁初，琳出居齊熙寺」。此外，未見有云「齊堅寺」者。齊熙寺或在揚都（建康）。續高僧傳卷二六隋蔣州大歸善寺釋慧偘傳：「（慧偘）時往揚都偲法師所。偲素知道行，異禮接之，將還山寺，請現神力，偘云：『許復何難！』即從窗中出臂，長數十丈，解齊熙寺佛殿上額，將還房中，語偲云：『世人無遠識，見多驚異，故吾所不爲耳。』」今疑「齊堅寺」當爲「齊熙寺」，法苑珠林所謂「齊堅寺」云者，或亦受高僧傳卷十四目録影響之故。劉世珩南朝寺考：「齊熙寺，有頌本朝之義，必齊時之所建也。至梁初，名僧釋道琳居之。」

論曰：諷誦之利大矣，而成其功者希焉。良由揔持難得，惛忘易生。如經所説，止復一句一偈，亦是聖所稱美。是以曇籧通神於石塢，僧生感衛於空山〔一〕，道冏臨危而獲濟，慧慶將没而蒙全。斯皆實德内充，故使徵應外啓。經云：六牙降室，四王衛座。豈虚哉！若乃凝寒靖夜，朗月長宵，獨處閑房，吟諷經典，音吐遒〔二〕亮，文字分明，足使幽顯〔三〕忻踊，精神暢悦，所謂「歌詠〔四〕誦法言，以此爲音樂」者也。

贊曰：法身既遠，所寄者辭。沉吟反復，惠利難思。無怠三業，有競六時。化人乃衛，變衆來兹〔五〕。此焉實德，誰與較之？

## 校勘記

〔一〕山：高麗藏再雕本作「中」。

〔二〕遒：原作「道」，據高麗藏、金藏本及可洪新集藏經音義隨函録卷二七高僧傳第十二卷音義改。新集藏經音義隨函録卷二五一切經音義第六卷：「遒亮，上疾由、子由二反，盡也。又，宜作『逌』，音由，遠也。」

〔三〕顯：高麗藏、金藏本作「靈」。

〔四〕詠：原無，據高麗藏、金藏本補。

〔五〕兹：高麗藏、金藏本作「比」。

瑜：音逾。　僊：音仙。　夔：具帷反。　汲：音急，引水也。　折翅：上音舌，下施智反。　唼：子雜反。唼，噉也。　蜫蟲：上音昆。蜫蟲，細虫能動者也。　賑貧：上振、軫二音，以財濟乏也。　啖：音淡，食啖。　股：音古，髀内也。　悲悼：下音盜，傷悼也。　邕：紆恭反。　針縫：下音逢。　操心：上七到反。　蒲坂：下音板。　燎：力照反，焚燎。　咽菜：上於見反，吞也。　懍厲：上吕錦反。懍厲，嚴整皃。　純粹：下私遂反。　捐：音緣，弃也。　轍：直列反。　滂注：上普忙反。　明霽：下子計反，晴也。　貫壤：下汝兩反，土也。　直聳：下息勇反。　颺：音羊。　殞命：上羽敏反，殞亡也。　確然：上口角反。　笳管：上音加，卷蘆葉吹之。　芬苾：下步結反，香氣也。　綿纊：下苦況反，細綿也。　番禺：潘愚二音，南海縣名。　交阯：下音止，南海郡名。　怡懌：上余之反，下音亦。怡懌，和悦皃。　餌术：上而志反，餌，服食也；下直律反，藥草也。　撤：直列反，發也，通也。　蜚羽：上古「飛」字。　刳肌：上音枯，割也；下音飢。　貿：莫候反，貿，换也。　彪炳：上必休反，下音丙。彪炳，文彩明也。　僶俛：上米忍反，下音免。僶俛，强爲也。　挺：他頂反，出也。　鑠：詩若反。　蓊蔚：翁鬱二音，枝葉盛皃。　邃：私遂反。　冏：俱永反。　千鈞：下俱匀反。一鈞重三十斤。　鴆：直禁反，食蚍鳥，最毒也。以羽畫酒，飲而殺人。上非下正。
郫：音皮，縣名。　蹲：音存。　開拓：下音託。　豉：居僞反，載也。
欻：許勿反，卒起兒。　狸：力之反，野猫也。　巫覡：上音無，下胡的反，祝神巫師也。女曰巫，男曰覡。　圊厠：上正作「清」，下初使反。　柿樹：上音仕，果子名。　菰麦：上音姑，菰，蔣，水草名，其瓤可〔一〕食；下正「麥」，音陵，菱角也。　蚤：上音早，下俗作「虱」。　遊俠：俠，胡怗反。　赧然：上女板反，慙也。
較：角、教二音，比也。　石姥：下莫補反，山名。　惚：忽字。　顗：語豈反。
臧否〔二〕：上則郎反，下方久反。臧否，善惡也。　嵩：息弓反。　喜慍：下紆運反，怒也。　饌：床戀反，食也。　緦：胡怗反。　顒：愚恭反。　懸溜：下力救反。　龔：音恭，姓也。　愶：胡怗反。　蹉：七何反。　虎兕：下詞姊反，野牛也。　勌：倦字。　餚饌：上户交反，食也。　葷醪：上兄云反，辛菜也；下音勞，酒之別呼。　鮮鮝：上音仙，魚之揔名；下音患，犬豕之畜。　粵：音越。

## 校勘記

〔一〕可：原作「音」，據思溪藏本改。
〔二〕臧否：正文實作「藏否」。

# 高僧傳卷第十三 興福 經師 唱導

梁會稽嘉祥寺沙門慧皎撰

## 興福第八 十四人

晉〔一〕竺〔二〕慧達一　晉釋慧元二竺慧直〔三〕　晉釋慧力三
宋釋慧受四　宋釋僧慧五　宋釋曇〔四〕翼六
宋釋僧洪七　宋釋僧亮八　宋釋法意九
齊釋慧敬十　齊釋法獻十一　齊釋法獻十二玄暢〔五〕
梁釋僧護十三　梁釋法悅十四

### 校勘記

〔一〕晉：思溪藏、高麗藏、金藏本無。後皆同此例。

〔二〕竺：高麗藏再雕本作「釋」。

〔三〕竺慧直：思溪藏、高麗藏、金藏本無。

〔四〕曇：傳文及本書卷十四目録作「僧」。
〔五〕玄暢：高麗藏、金藏本無。

## 晉并州竺慧達

竺〔一〕慧達，姓劉，本名薩阿〔二〕，并州西河離石人。少好畋獵，年三十一，忽如暫死，經日還穌，備見地獄苦報。見一道人，云是其前世師，爲其説法訓誨，令出家往丹陽、會稽、吴郡覓阿育王塔像，禮拜悔過，以懺先罪。既醒，即出家學道，改名慧達，精勤福業，唯以禮懺爲先。

晉寧康中，至京師。先是，簡文皇帝於長干寺造三層塔，塔成之後，每夕放光。達上越城顧望，見此刹杪獨有異色，便往拜敬，晨夕懇到。夜見刹下時有光出，乃告人共掘，掘入丈許，得三石碑。中央碑覆中有一鐵函，函中又有銀函，銀函裏金函，金函裏有三舍利。又有一爪甲及一髮，髮伸長數尺，卷則成螺，光色炫燿。乃周宣〔三〕王時阿育王起八萬四千塔，此其〔四〕一也。既道俗歎異，乃於舊塔之西更竪一刹，施安舍利。晉太元十六年，孝武更加爲三層。

又昔咸和〔五〕中，丹陽尹高悝於張侯橋浦裏掘得一金像，無有光趺，而製作甚工，前有梵書，云是育王第四女所造。悝載像還至長干巷口，牛不復行，非人力所御，乃任牛所之，徑趣長干寺。尔後一〔六〕年許，有臨海漁人張係世於海口得銅蓮華趺，浮在水上，即收〔七〕送縣。縣表上〔八〕，臺勑使安像足下，契然相應。

後有西域五僧詣悝，云昔於天竺得阿育王像，至鄴遭亂，藏置河邊。王路既通，尋覓失所。近得夢，云像已出江東，爲高悝所得，故遠涉山海，欲一見禮拜耳。悝即引至長干。五人見像，歔欷涕泣，像即放光，照于堂内。五人云：「本有圓光，今在遠處，亦尋當至。」晉咸安元年，交州合浦縣採珠人董宗之於海底得一佛光，刺史表上，晉簡文帝勑施此像。孔穴懸同，光色一種。凡四十餘年，東西祥感，光趺方具。

達以刹像靈異，倍加翹勵。後東遊吴縣，禮拜石像，此像以〔九〕西晉將末建興元年癸酉之歲，浮在吴松江滬瀆口。漁人疑爲海神，延巫祝以迎之。於是風濤俱盛，駭懼而還。時有奉黄老者，謂是天師之神，復共往接，飄浪如初。後有奉佛居士吴縣民朱應，聞而歎曰：「將非大覺之垂應乎？」乃潔齋共東靈〔一〇〕寺帛尼及信者數人到滬瀆口，稽首盡虔，歌唄至德，即風潮調静。遥見二人浮江而至，乃是石像。背有銘誌，一名惟衛，二名迦葉。即接還，安置通玄寺。吴中士庶嗟其靈異，歸心者衆矣。

達停止通玄寺，首尾三年，晝夜虔禮，未嘗暫廢。頃之，進適會稽，禮拜鄮縣〔一一〕塔。

此塔亦是育王所造，歲久荒蕪，示存基墌〔二〕。達翹心東想，乃見神光焰發，因是修立龕砌，群鳥無敢棲集。凡近寺側畋漁者，必無所復〔三〕獲。道俗傳感，莫不移信。後郡守孟顗復加開拓。

達東西覲禮，屢表徵驗，精誠〔四〕篤勵，終年無改。後不知所之。

## 校勘記

〔一〕竺：高麗藏再雕本作「釋」。又，據名僧傳抄，名僧傳卷二八有「晉長干寺惠達傳」；續高僧傳卷二六有魏文成沙門釋慧達傳。

〔二〕阿：高麗藏再雕本作「河」。按，大正藏本法苑珠林卷八六懺悔篇感應緣「晉沙門慧達」條（出冥祥記）作「荷」（據其校勘記，元本作「阿」）。慧達之本名，諸書中不完全相同，如律相感通傳、敦煌本劉薩訶因緣記等作「薩訶」，梁書卷五四、南史卷七八作「薩何」，續高僧傳卷二六中作「窣和」，蓋以其爲音譯故。

〔三〕宣：高麗藏、金藏本作「敬」。按，無論周宣王（？—前七八二）還是周敬王（？—前四七六，或云前四七八），都遠早於阿育王（前三〇三—前二三二），故此説只是附會的傳説而已。

〔四〕此其：原作「即此」，據高麗藏再雕本改。

〔五〕咸和：高麗藏再雕本作「晉咸和」。按，咸和（三二六—三三四），東晉成帝司馬衍（三二一—三四二）的第一個年號。

〔六〕一：高麗藏、金藏本無。
〔七〕收：高麗藏再雕本作「取」。
〔八〕上：高麗藏、金藏本作「上上」。
〔九〕此像以：高麗藏初雕本作「以」。
〔一〇〕靈：高麗藏再雕本作「雲」。
〔一一〕縣：高麗藏、金藏本無。
〔一二〕墌：思溪藏、高麗藏、金藏本作「蹠」。按，可洪新集藏經音義隨函録卷二七高僧傳第十三卷音義中作「蹠」：「基蹠，音隻。」
〔一三〕復：高麗藏、金藏本無。
〔一四〕誠：高麗藏、金藏本作「勤」。

## 晉武陵平山釋慧元 竺慧直

釋慧元〔一〕，河北人。爲人性善，喜愠無色。常習禪誦經，勸化福事以爲恒業。晉太元初，於武陵平山立寺，有二十餘僧，飱蔬幽遁，永絶〔二〕人途。以太元十四年卒。卒後，有人入武當山下見之，神色甚暢，寄語寺僧，勿使寺業有廢。自是寺内常聞空中應時有磬聲，依而集衆，未嘗差失。

沙門竺慧直居之。直精苦有戒節，後絶粒，唯餌松栢，因登山蟬蜕焉。

**校勘記**

〔一〕慧元：名僧傳抄中作「惠原」。按，據名僧傳抄，名僧傳卷二八有「晉武陵平山惠原」傳。

〔二〕絶：高麗藏初雕本、金藏本作「離」。

## 晉京師瓦官寺釋慧力

釋慧力〔一〕，未知何許〔二〕人。晉永和中，來遊京師。常乞蔬食〔三〕，苦行〔四〕頭陀，修福。至晉興〔五〕寧中，啓乞陶處以爲瓦官寺。初標塔基，是今塔之西。每夕標，塔基輒東〔六〕移十餘步，旦取還已，復隨徙。潛共伺之，見一人著朱衣武冠，拔標置東方，仍於其處起塔，今之塔處也〔七〕。

記者云：立寺〔八〕後三十年，當爲天火所燒。至晉孝武太元二十一年七月夜，自然火起。寺僧數十人〔九〕，都無知者。明旦，見塔已成灰聚。帝曰：「此國不祥之相也。」即勑楊法尚、李緒等速令修復。至九月，帝崩。

有戴安道所製五像及戴顒所治〔一〇〕丈六金像。昔鑄像初成，而面首殊瘦，諸工無如之何，乃迎顒看之。顒曰：「非面瘦也，乃臂胛肥耳。」既鑢減臂胛，而面相自滿，諸工無不歎息。又有師子國四尺二寸玉像，並皆在焉。昔師子國王聞晉孝武精於奉法，故遣沙門曇摩抑遠獻此佛。在道十餘年，至義熙中，乃達晉。司徒王謐嘗入臺，見東掖門外〔一一〕有寺人擲撙〔一二〕，所著處輒有光出，怪，令掘之，得一金像，含〔一三〕光趺長七尺二寸。謐即啓聞宋高祖迎入臺供養。宋景平末送出瓦官寺，今移龍光寺。

## 校勘記

〔一〕按，據名僧傳抄，名僧傳卷二八有「晉瓦官寺惠力」傳。

〔二〕許：高麗藏、金藏本無。

〔三〕蔬食：高麗藏再雕本作「食蔬」。

〔四〕行：高麗藏、金藏本無。

〔五〕興：原作「與」，據諸校本改。

〔六〕標塔基輒東：思溪藏本作「標塔基東」，高麗藏初雕本作「標塔基」，高麗藏再雕本、金藏本作「標輒東」。

〔七〕也：高麗藏再雕本作「是也」。

〔八〕立寺：高麗藏、金藏本作「寺立」。

〔九〕人：高麗藏、金藏本無。

〔一〇〕治：思溪藏、普寧藏、嘉興藏本作「冶」。

〔一〕外：高麗藏、金藏本作「口」。

〔二〕摴：高麗藏再雕本作「摴戲摴」。又，慧琳一切經音義卷九〇高僧傳第十三卷音義：「擲碢，徒禾反，圓薄而小，形似輾碢，手擲以爲戲。亦曰『抛碢』，云『擲摴』者是也。乃江鄉吴越之文言，非經史之通語也。此字本無，諸儒各隨意作之，故無定體。今並書出，未知孰真。集訓從土作『墒』，考聲從石作『磚』，韻詮從木作『槃』，文字集略及韻英從石作『碢』，今且爲正。」

〔三〕含：高麗藏再雕本作「合」。

## 晉京師安樂寺釋慧受

釋慧受〔一〕，安樂人。晉興寧中，來遊京師，蔬食苦行，常修福業。嘗行過王坦之園，夜輒夢於園中立寺，如此數過。受欲就王乞立一間屋處，未敢發言，且向守園客私〔二〕期說之，期〔三〕云：「王家之園，恐非所圖也。」受曰：「若令誠感，何憂不得？」即詣王陳之，王大喜，即以許焉。初立一小屋，每夕復夢見一青龍從南方來，化爲刹柱。受將沙弥試至新亭江尋覓，乃見一長木隨流來下。受曰：「必是吾所夢〔四〕見者也。」於是雇人牽上，竪立爲刹，架以一層。道俗競集，咸歎神異。坦之即捨園爲寺，以受本鄉爲名，號曰安樂寺。東有丹陽尹王雅宅，西有東燕太守劉鬭宅，南有豫章太守范甯宅，並施以成寺。後有沙門道靖〔五〕、道敬等，更加修飾，于今崇麗焉。

校勘記

〔一〕慧：名僧傳抄中作「僧」。按，據名僧傳抄，名僧傳卷二八有「晉安樂寺僧受」傳，名僧傳説處第二十八有「僧受立彌勒精舍事」。

〔二〕私：高麗藏、金藏本作「松」。

〔三〕之期：高麗藏初雕本、金藏本無。

〔四〕夢：高麗藏、金藏本無。

〔五〕按，據名僧傳抄，名僧傳卷二七有「宋安樂寺道静」傳，當即此「道靖」。

## 宋京師崇明寺釋僧慧

釋僧慧，未知何許〔一〕人，自〔二〕少來好修福業。晉義熙中，共長安人行長生立寺於京師破塢村中。始遷域其處，起草屋數間，便集僧設齋。至中夜，堂内兩燈忽自然行，進前數十步，油簒如故，無所傾覆。大衆驚嗟，訪諸耆老，咸言燈所移處，是昔時外國道人起塔之基，於是就共修立。以燈移表瑞，因號崇明寺焉。

校勘記

〔一〕許：高麗藏、金藏本無。

〔二〕自：高麗藏、金藏本無。

## 宋山陰法華山釋僧翼道敬

釋僧〔一〕翼，本吳興餘杭人。少而信悟，早有絶塵之操。初出家，止廬山寺，依慧遠修學。蔬素苦節，見重門人。晚適關中，復師羅什，經律數論，並皆參涉，又誦法華一部。以晉義熙十三年，與同志曇學沙門俱遊會稽，履訪山水。至秦望西北，見五岫駢峰有耆闍之狀，乃結草成菴，稱曰法華精舍。太守孟顗、富〔二〕人陳載並傾心挹德，贊助成功。翼蔬食澗飲三十餘年，以宋元嘉二十七年卒，春秋七十。立碑山寺，旌〔三〕其遺德。會稽孔逭製文。翼同遊曇學沙門後移卜秦望之北，號曰樂林精舍。有韶相、灌蒨，並東岳望僧，咸共憩焉。

時有釋道敬〔四〕者，本瑯琊胄族，晉右將軍王羲之曾孫，避世出家，情愛丘壑，棲于若耶山，立懸溜精舍。敬後爲供養衆僧，乃捨具足，專精十戒云。

### 校勘記

〔一〕僧：卷首目録、嘉興藏本作「曇」。

〔二〕富：原作「富春」，據高麗藏、金藏本改。按，法華經傳記卷四宋山陰法華山釋僧翼亦作「富」。「富人陳載」，亦見宋書卷九四戴法興傳：「戴法興，會稽山陰人也。家貧，父碩子，販紵爲業。

法興二兒延壽、延興並修立，延壽善書，法興好學。山陰有陳載者，家富，有錢三千萬，鄉人咸云：『戴碩子三兒，敵陳載三千萬錢。』」

〔三〕旌：思溪藏本、高麗藏初雕本作「矜」。

〔四〕按，據名僧傳抄，名僧傳卷一〇有「宋會稽若邪山懸溜寺道敬」傳（「溜」，原作「雷」，據意改）。

## 宋豫州釋僧洪

釋僧洪〔一〕，豫州人，止于京師瓦官寺。少而修身整潔。後率化有緣，造丈六金像，鎔鑄始畢，未及開模，時晉末〔二〕銅禁甚嚴，犯者必死，宋武帝〔三〕時爲相國，洪坐罪繫于相府，唯誦觀世音經，一心歸命佛像。夜夢所鑄像來，手摩洪頭，問：「怖不？」洪言：「自念必死。」像曰：「無憂。」見像胷方尺許，銅色燋沸。會當行刑，府參軍監殺，而牛奔車壞，因更剋日。續有令從彭城來，云：「未殺僧洪者可原。」遂獲免。還開模，見像胷前果有燋沸。洪後以苦行卒。

### 校勘記

〔一〕洪：名僧傳作「供」。按，據名僧傳抄，名僧傳卷二七有「宋瓦官寺僧供」傳，名僧傳説處第二十七有「僧供造丈六金像事」「僧供一心念觀世音事」。名僧傳抄中抄録有僧供傳。又，出三藏記集卷一二法苑雜緣原始集目録序著録瓦官寺釋僧洪造丈六金像記，「僧洪」亦或作「僧供」。

〔二〕按，名僧傳抄云「義熙十二年」。

〔三〕帝：高麗藏、金藏本作「于」。

## 宋京師釋僧亮

釋僧亮〔一〕，未知何許〔二〕人。少以戒行著名。欲造丈六金像，用銅不少，非細乞能辦。聞湘州界銅溪伍子胥廟多有銅器，而廟甚威嚴，無人敢近，亮聞而造焉。告刺史張邵〔三〕，借健人百頭，大船十艘。邵曰：「廟既靈驗，犯者〔四〕必斃，且有蠻人守護，詎可得耶？」亮曰：「若果福德與檀越共，如其有咎，躬自當之。」邵即給人、船。三日三夕〔五〕，行至廟所。亮與手力一時俱進，去〔六〕廟屋二十許步，有兩銅鑊，容百餘斛，中有巨蛇，長十餘丈，出遮行路。亮乃正儀執錫，呪願數十言，蛇忽然而隱。俄見一人，秉竹笏而出，云：「聞法師道業非凡，營福事重，今特相隨喜。」於是令人輦取。廟銅既多，十未〔七〕取一而舫已滿。唯神床頭有一唾壺，中有一蝘蜓，長二尺許，乍出乍入。議者咸云：「神最愛此物。」亮遂不取，於是而去，遇風水甚利。比群蠻相報追逐，不復能及。還都，鑄像既成，唯焰光未備。宋文帝爲造金薄圓光，安置彭城寺。至宋太始中，明帝移像湘宮寺，今猶在焉。

## 校勘記

〔一〕按，據名僧傳抄，名僧傳卷二七有「宋江陵鹿山寺僧亮」傳，名僧傳説處第二十七有「僧亮造丈六金像事」。法苑珠林卷一五敬佛篇三彌陀部感應緣「宋沙門僧亮」條引，云「宋江陵長沙寺沙門釋僧亮」。又法苑珠林引雖云「出梁高僧傳」，然與此傳文差異較大。又，出三藏記集卷一二法苑雜緣原始集目録序著録有荆州沙門釋僧亮造無量壽丈六金像記。

〔二〕許：高麗藏、金藏本無。

〔三〕邵：原作「劭」，據高麗藏、金藏本改。後同。按，張邵，字茂宗，宋文帝時曾爲湘州刺史。傳見宋書卷四六。

〔四〕者：原作「有」，據思溪藏、高麗藏、金藏本改。

〔五〕夕：高麗藏、金藏本作「夜」。

〔六〕去：高麗藏再雕本、金藏本作「未至」。

〔七〕未：高麗藏初雕本、金藏本作「分」，高麗藏再雕本作「不」。

# 宋京師延賢寺釋法意

釋法意〔一〕，江左人。好營福業，起五十三寺。晉義熙中，鍾山祭酒朱應子，先是孫恩建義之黨，竄居此山，分其外地少許，與意爲寺，號曰延賢寺。後杯度去來此寺，云：「此處尋有諸變，後時當好。地對天堂，易爲福業。」俄爲野火所燒。後齊諧及張寅等藉杯度之旨，語在度傳。乃與意共行山地，更欲修立，而無水不可住。意惟杯度之言，乃竭誠禮懺，乞西方池水。經于三日，懇惻弥至。忽聞空中有聲，𢶍然著地。意恐是金帛，試令人掘。入二尺許，泫然清流，遂成澗不絶，於是立寺。意後不知所終。

**校勘記**

〔一〕按，據名僧傳抄，名僧傳卷二八有「宋延賢寺法意」傳，名僧傳説處第二十八有「法意向西方作禮事」「法意見觀世音事」。

## 齊南海雲峯寺釋慧敬

釋慧敬〔一〕，南海人。少遊學荆楚，亦博通經論，而常以福業爲務，故義學不得全功。凡所之造，皆興立塔像，助成衆業。後還鄉，復修理雲峯〔二〕、永安諸寺。敬既精於戒節，而志操嚴明，故嶺外僧尼，咸附諮禀。後被勑爲僧主，訓領有功。敬有一奴子及沙弥，忽爲鬼所打，後山精見形詣敬，具謝愆失，云：「部屬不解，横撓法師眷屬。」有頃，悉皆平復。凡興〔三〕福業，皆迴向西方。臨終之日，室有奇香，經久乃歇。

校勘記

〔一〕據名僧傳抄，名僧傳卷二八有「宋祇洹寺惠敬」傳，名僧傳説處第二十八有「惠敬造丈六無量壽像事」。

〔二〕峯：原作「岑」，據思溪藏、高麗藏、金藏本改。

〔三〕興：高麗藏再雕本作「興造」。

## 齊南海藏微山釋法獻

釋法獻〔一〕，廣州人。始居北寺，寺歲久彫衰，獻率化有緣，更加治葺，改曰延祥。後入藏微〔二〕山創寺。寺成後，有兩童子攜手來歌云：「藏微有道德，懽樂方未央。」言終，忽然不見，舉寺驚嗟〔三〕，咸歎神異。獻後入禪，忽見一人來云：「罄繩欲斷，何不治？」獻驚起往視，垂將委地，由某〔四〕手接，得無折損。獻出家以來，常勸化福事，而棲心禪戒，未嘗虧節。後不知所終。

校勘記

〔一〕按，據名僧傳抄，名僧傳卷二八有「宋番禺祇洹寺法獻」傳，當即此釋法獻。

〔二〕微：高麗藏再雕本及法苑珠林卷二八神異篇感應緣「齊沙門釋法獻」條引作「薇」。

〔三〕嗟：原作「差」，據諸校本改。

〔四〕由某：高麗藏、金藏本作「由其」，法苑珠林卷二八神異篇感應緣「齊沙門釋法獻」條引作「申其」。

## 齊上定林寺釋法獻玄暢

釋法獻〔一〕，姓徐，西海延水人。先隨舅至梁州，仍〔二〕出家。至元嘉十六年，方下京師，止定林上寺。博通經律，志業强悍〔三〕，善能匡拯衆計，修葺寺宇。先聞猛公西遊，備矚〔四〕靈異，乃誓欲忘身，往觀聖迹。以宋元徽三年，發踵金陵，西遊巴蜀，路出河南，道經芮芮，既到于闐，欲度葱嶺，值棧道斷絶，遂於于闐而反。獲佛牙一枚，舍利十五粒〔五〕，并觀世音滅罪呪及調達品，又得龜兹國金鎚鍱像，於是而還。其經途危阻，見其别記。佛牙本〔六〕在烏纏國，自烏纏來芮芮，自芮芮〔七〕來梁土。獻賫牙還京師〔八〕，十有五載，密自禮事，餘無知者。至文宣感夢，方傳道俗。

獻律行精純，德爲物範。瑯琊王肅、王融，吴國張融、張綣，沙門慧令、智藏等，並投身接足，崇其誡訓。獻以永明之中，被勑與長干玄暢〔九〕同爲僧主，分任南北兩岸。暢本秦州人，亦律禁清白，文惠太子奉爲戒師。獻後被勑三吴，使沙〔一〇〕簡二衆。暢亦東行，重伸受戒之法。時暢與獻二僧，皆少習律檢，不競當世，與武帝共語，每稱名而不坐。

後中興僧鍾於乾和〔一一〕殿見帝，帝問鍾所〔一二〕宜，鍾荅：「貧道比苦氣。」帝嫌之，乃問尚書王儉：「先輩沙門與帝王共語何所稱？預〔一三〕正殿坐不？」儉荅：「漢魏佛法未興，不〔一四〕見〔一五〕記傳。自僞國稍盛，皆稱『貧道』，亦預坐。及晉初亦然。中代有庾冰、桓玄等，皆欲使沙門盡敬，朝議紛紜，事皆休寢。宋之中朝，亦頗令致禮，而尋竟不行。自尔迄今，多預坐而稱『貧道』。」帝曰：「暢、獻二僧道業如此，尚自稱名，況復餘者！挹拜則太甚，稱名亦無嫌。」自尔沙門皆稱名於帝主〔一六〕，自暢、獻始也。暢以建武初亡，春秋七十有五。獻以建武末卒，年〔一七〕與暢同，窆于鍾山之陽。獻弟子僧祐爲造碑墓側，丹陽尹吴興沈約製文。

獻於西域所得佛牙及像，皆在上定林寺。牙以普通三年正月，忽有數人並執仗，初夜扣門，稱臨川殿下奴叛，有人告云在佛牙閣上，請開閣檢視，寺司即隨語開閣。主帥至佛牙座前，開函取牙，作禮三拜，以錦手巾盛牙，繞山東而去，至今竟不測所在。

**校勘記**

〔一〕按，據名僧傳抄，名僧傳卷二六有「齊定林上寺法獻」傳。

〔二〕仍：高麗藏再雕本作「乃」。

〔三〕悍：思溪藏、高麗藏、金藏本作「捍」。

〔四〕矚：思溪藏、高麗藏初雕本、金藏本作「屬」。
〔五〕粒：高麗藏本作「身」，金藏本作「尊」。
〔六〕本：原無，據高麗藏再雕本補。
〔七〕芮芮：原無，據高麗藏再雕本補。
〔八〕師：高麗藏、金藏本作「五」。
〔九〕按，據名僧傳抄，名僧傳卷二二有「齊長干寺玄暢」傳。
〔一〇〕沙：高麗藏、金藏本作「妙」。
〔一一〕和：原作「弘」，據高麗藏、金藏本改。按，彦悰集沙門不應拜俗等事卷二齊武帝論沙門抗禮事云「後中興僧鍾於乾和殿見帝」。
〔一二〕所：高麗藏、金藏本作「如」。
〔一三〕預：高麗藏、金藏本無。
〔一四〕不：原無，據高麗藏再雕本、金藏本補。
〔一五〕見：高麗藏再雕本作「見其」。
〔一六〕主：高麗藏再雕本作「王」。
〔一七〕卒年：高麗藏、金藏本作「年卒」。

## 梁剡石城山釋僧護

釋僧護〔一〕，本會稽剡人也。少出家，便剋意苦〔二〕節，戒行嚴淨。後居石城山隱岳寺。寺北有青壁，直上數十餘丈，當中央有如佛燄光之形，上有叢樹，曲幹垂陰。護每經行至壁所，輒見光〔三〕焕炳，聞絃管歌讚之聲。於是擎爐發誓，願博山鐫造十丈石佛，以敬擬弥勒千尺之容，使凡厥有緣，同覩三會。以齊建武中，招結道俗，初就彫剪，竦〔四〕鑿移年，僅成面樸。頃之，護遘疾而亡，臨終誓曰：「吾之所造，本不期一生成辦。第二身中，其願剋果。」後有沙門僧淑纂襲遺功，而資力莫由，未獲成遂。

至梁天監六年，有始豐令吴郡陸咸罷邑還國，夜宿剡溪，值風雨晦冥，咸危懼假寐，忽夢見三道人來告云：「君識信堅正，自然安隱。有建安殿下感患未瘳，若能治剡縣僧護所造石像得成就者，必獲平豫。冥理非虚，宜相開發也。」咸還都經年，稍忘前夢，後出門，乃見一僧，云聽講寄宿，因言：「去歲剡溪所屬〔五〕建安王事，猶憶此不？」咸當時矍〔六〕然，荅云「不憶」。道人笑曰：「宜更思之。」仍即辭去。咸悟其非凡，乃倒屣諮訪，追及百步，忽然不見。咸豁尔意解，具憶前夢，乃剡溪所見第三僧也。咸即馳啓建安王，王即以上聞，勑遣僧祐律師專任像事。王乃深信益加，喜踊充遍，抽捨金貝，誓取成畢。

初，僧祐未至一日，寺僧慧逞夢見黑衣大神，翼從甚壯，立于龕所，商略分數，至明旦而祐律師至，其神應若此。

初，僧護所創鑿龕過淺，乃鏟入五丈，更施頂髻。及身相克成，鎣〔七〕磨將畢，夜中忽當萬字處色赤而隆起，今像胷萬字處，猶不施金薄〔八〕而赤色在焉。像以天監十二年春就功，至十五年春竟。坐軀高五丈，立形十丈，龕前架三層臺，又造門閣殿堂，并立衆基業，以充供養。其四遠士庶，並提挾香華，萬里來集，供施往還，軌迹填委。自〔九〕像成之後，建安王所苦稍瘳，今年〔一〇〕已康復。王後改封，今之南平王是也。

## 校勘記

〔一〕按，據名僧傳抄，名僧傳卷二二有「齊奉城寺僧護」傳，不知是否即此僧護。

〔二〕苦：高麗藏、金藏本作「常苦」。

〔三〕光：高麗藏、金藏本作「光明」。

〔四〕竦：高麗藏再雕本作「疏」。

〔五〕屬：高麗藏再雕本作「囑」。

〔六〕矍：高麗藏、金藏本作「懼」。

〔七〕鎣：高麗藏再雕本作「瑩」。

〔八〕薄：高麗藏再雕本作「鏄」。

〔九〕自：原作「目」，據高麗藏、金藏本改。

〔一〇〕今年：高麗藏再雕本作「本卒」。

## 梁京師正覺寺釋法悅

釋法悅者，戒素沙門也。齊末，勑爲僧主，止京師正覺寺。敦修福業，四部所歸。悅嘗聞彭城宋王寺有丈八金像，乃宋〔一〕車騎、徐州刺史王仲德所造。光相之奇〔二〕，江右〔三〕稱最。州境或應有災祟〔四〕，及僧尼横延釁戾，像則流汗。汗之多少，則禍患之濃淡也。宋泰始初，彭城北屬，群虜共欲遷像，遂〔五〕至萬夫，竟不能致。齊初，兖州數郡欲起義南附，亦驅逼衆僧，助守營壍。時虜帥蘭陵公攻陷此營，獲諸沙門。於是盡執二州道人，幽縶囹〔六〕裏，遣表僞臺，誣以助亂，像時流汗，舉殿皆濕。時僞梁王諒鎮在彭城，亦多少〔七〕信向，親往像所，使人拭之，隨拭〔八〕隨出，終莫能止。王乃燒香禮拜，至心誓曰：「衆僧無罪，弟子自當營護，不使罹禍。若幽誠有感，願拭汗即止。」於是自手拭之，隨拭即燥。王具表其事，諸僧皆見原免。悅既欣覩靈異，誓願瞻禮，而關禁阻隔，莫由克遂。

又昔宋明皇帝經造丈八金像，四鑄不成，於是改爲丈四。悦乃與白馬寺沙門智靖，率合同緣，欲造〔九〕丈八無量壽像，以伸厥志。始鳩集金銅，屬齊末，世道淩〔一〇〕遲，復致推斥。至梁〔一一〕，方以事啓聞，降勅聽許，并助造光趺。材官工巧，隨用資給。以梁天監八年五月三日於小莊嚴寺營鑄。匠本量佛身四萬斤銅，融瀉〔一二〕已竭，尚未至胷。百姓送銅，不可稱計，投諸爐冶隨鑄，而模内不滿，猶自如先。又馳啓聞，勅給功德銅三千斤，臺内始就量送，而像處已見羊車傳詔，載銅鑪側。於是飛鞴消融，一鑄便滿。甫尔之間，人車俱失。比臺内銅出，方知向之所送，信實靈感。工匠喜踊，道俗稱讚。及至開模量度，乃踊成丈九，而光相不差。又有大錢二枚，猶見在衣條〔一三〕，竟不銷鑠，並莫測其然。尋昔量銅四万，准用有餘，後益三千，計闕未滿。而祥瑞冥密，出自心圖，故知神理幽通，殆非人事。初，像素既成，比丘道招〔一四〕常夜中禮懺，忽見素所晃然洞明，詳視久之，乃知神光之異。鑄後三日，未及開模，有禪師道度，梁高〔一五〕僧也，捨其七條袈裟，助費開頂。俄而遥見二僧跪開像髻，逼就觀之，倏然不見。

時悦、靖二僧相次遷化，勅以像事委定林僧祐〔一六〕。其年九月二十六日，移像光宅寺。是月不雨，頗有埃塵。及明將遷像，夜有輕雲徧上，微雨沾澤。僧祐經行像所，係念天氣，遥見像邊有光燄上下，如燈如燭，并聞揵椎〔一七〕禮拜之聲，入户詳視，搮然俱滅。防寺蔣孝孫亦所同見。是夜，淮中賈客並聞大航舶下，催督治橋，有如數百人聲。將知靈器之重，豈人致焉！

其後更鑄光趺，並有華〔一八〕香之瑞。自葱河以左，金像之最，唯此一耳。

## 校勘記

〔一〕宋：原作「宋王」，據高麗藏再雕本及法苑珠林卷一五敬佛篇三彌陀部感應緣「梁沙門法悦」條引改。

〔二〕奇：高麗藏、金藏本及法苑珠林卷一五敬佛篇三彌陀部感應緣「梁沙門法悦」條引作「工」。

〔三〕右：高麗藏、金藏本作「左」。

〔四〕祟：原作「崇」，據思溪藏、高麗藏、金藏本改。

〔五〕遂：高麗藏、金藏本及法苑珠林卷一五敬佛篇三彌陀部感應緣「梁沙門法悦」條引作「引」。

〔六〕圍：思溪藏、高麗藏、金藏本作「圍」。

〔七〕少：高麗藏、金藏本作「小」。

〔八〕隨拭：高麗藏、金藏本無。

〔九〕造：高麗藏再雕本作「改造」。

〔一〇〕淩：高麗藏、金藏本作「陵」。

〔一一〕梁：高麗藏、金藏本作「梁初」。

〔一二〕瀉：思溪藏、高麗藏初雕本、金藏本作「寫」。

〔一三〕條：高麗藏、金藏本作「絛」。

〔一四〕招：高麗藏再雕本及法苑珠林卷一五敬佛篇三彌陀部感應緣「梁沙門法悦」條引作「昭」。

〔一五〕梁高：高麗藏、金藏本及法苑珠林卷一五敬佛篇三彌陀部感應緣「梁沙門法悦」條引作「高潔」。按，釋道度，見弘贊法花傳卷五遺身梁若耶山釋道度。天監元年（五〇二）始至梁，憩鐘山定林寺行禪。普通七年（五二六）至若耶山何令寺燒身，年六十六。據梁京寺記，小莊嚴寺爲道度天監六年造。法苑珠林卷九六捨身篇感應緣「梁沙門釋道度」條即稱其爲「小莊嚴寺道度禪師」，又云該驗「出梁高僧傳」，然不見今高僧傳，出處或誤。

〔一六〕祐：原作「於」，據高麗藏、金藏本改。

〔一七〕楗椎：思溪藏本作「楗搥」，高麗藏、金藏本作「楗㦰」。按，慧琳一切經音義卷六五五百問事經：「楗椎，上音乾，下直追反，二字並從木，形聲字也。楗椎者，警衆打静木椎也。經從追作槌，俗字也。」

〔一八〕華：高麗藏、金藏本及法苑珠林卷一五敬佛篇三彌陀部感應緣「梁沙門法悦」條引作「風」。

論曰：昔優填初刻栴檀，波斯始鑄金質，皆現寫真容，工圖妙相，故能流光動瑞，避席施虔。爰至髮、爪兩塔，衣、影二臺，皆是如來在世已見成軌。自收迹河邊、闍維林外，八王請分、還國起塔及瓶灰二所，於是十剎興焉。其生處、得道、説法、涅槃、肉〔一〕髻、頂骨、四牙、雙跡、鉢杖、唾壺、泥洹僧等，皆樹塔勒〔二〕銘，標揭神異。

尔後百有餘年，阿育王遣使浮海，壞撤諸塔，分取舍利，還值風潮，頗有遺落，故今〔三〕海族之中，時或遇者。是後八萬四千，因之而起。育王諸女，亦次發淨心，並鐫石鎔金，圖寫神狀，至能浮江汎海，影化東川。雖復靈迹潛通，而未彰視聽。及蔡愔、秦景自西域還至，始傳畫氎釋迦，於是涼臺、壽陵，並圖其相。自茲厥後，形像、塔廟，與時競列。洎于大梁，遺光粵盛。

夫法身無像，因感故形〔四〕，感見有參差，故形應有殊別。若乃心路蒼茫，則真儀隔化；情志慊切，則木石開心。故劉殷至孝誠感，釜庾爲之生銘；丁蘭温清竭誠，木母以之變色；魯陽迴戈而日轉，杞婦下淚而城崩：斯皆隱惻入其性情，故使徵祥照乎耳目。至如慧達招光於剎杪，慧力感瑞於塔基，慧受申誠於浮木，僧慧顯證於移燈，洪、亮並忘形於鑄像，意、獻皆盡命於伽藍。法獻專志於牙骨，竟陵爲之通感；僧護蓄抱於石城，南平以之獲應。近有光宅丈九，顯曜京畿，宋帝四鑠而不成，梁皇一冶〔五〕而形備，妙相踊而無虧，瑞銅少而更足。故知道藉人弘，神由物感，豈曰虛哉！

是以祭神如神在，則神道交矣；敬像如敬佛〔六〕，則法身應矣。故入道必以智慧爲本，智慧必以福德爲基。譬猶鳥備二翼，一舉万〔七〕尋；車足兩輪，一馳千里。豈不勤哉！豈不勗哉！

讚曰：眞儀揜曜，金石傳暉。爰有塔像，懷戀者依。現奇表極，顯瑞旍威。巖藏地踊，水汎空飛。篤矣心路，必契無違。

## 校勘記

〔一〕肉：法苑珠林卷三三興福篇述意部作「髮」。

〔二〕勤：原作「勤」，據諸校本改。

〔三〕今：原作「令」，據高麗藏、金藏本及法苑珠林卷三三興福篇述意部引改。

〔四〕感故形：原無，據高麗藏再雕本及法苑珠林卷三三興福篇述意部引補。

〔五〕治：原作「治」，據思溪藏、普寧藏、金藏本改。

〔六〕敬像如敬佛：金藏本作「敬像如佛身」，高麗藏本作「敬佛像如佛身」。

〔七〕一舉万：高麗藏初雕本、金藏本作「儻舉千」，高麗藏再雕本作「倏舉千」，法苑珠林卷三三興福篇述意部引作「倏舉萬」。

# 經師第九



**校勘記**

〔一〕晉：思溪藏、高麗藏、金藏本無。後皆同此例。

## 晉中山帛法橋僧扶

帛法橋〔二〕，中山人。少樂轉讀而乏〔三〕聲，每以不暢爲慨。於是絶粒懺悔，七日七夕，稽首觀音，以祈現報。同學苦諫，誓而不改。至第七日，覺喉内豁然，即索水洗漱，云：「吾有應矣！」於是作三契經，聲徹里〔三〕許。遠近驚嗟，悉來〔四〕觀聽。尔後誦經數十〔五〕万言，晝夜諷詠，哀婉通神。至年九十，聲猶不變。以晉穆帝永和中卒於河北，即石虎末也。有弟子僧扶，亦戒行清高。

校勘記

〔一〕據名僧傳抄，名僧傳卷二三有「晉河北帛法橋」傳。
〔二〕乏：法苑珠林卷三六唄讚篇音樂部感應緣「晉沙門帛法橋」條引作「稍乏」。
〔三〕里：法苑珠林卷三六唄讚篇音樂部感應緣「晉沙門帛法橋」條引作「三里」。
〔四〕悉來：法苑珠林卷三六唄讚篇音樂部感應緣「晉沙門帛法橋」條引作「人畜悉來」。
〔五〕十：法苑珠林卷三六唄讚篇音樂部感應緣「晉沙門帛法橋」條引作「五十」。

## 晉京師建初寺支曇籥

支曇籥〔一〕，本月支人，寓居建業。少出家，清〔二〕苦蔬食，憩吴虎丘山。晉孝武初，勑請出都，止建初寺。孝武從受五戒，敬以師禮。籥特禀妙聲，善於轉讀。嘗夢天神授其聲法，覺，因裁製新聲，梵響〔三〕清靡，四飛却轉，反折還弄〔四〕。雖復東阿先變，康會後造，始終循環，未有如籥之妙。後進傳寫，莫匪其法。所製六言梵唄，傳響于今。後終於所住，年八十一。

校勘記

〔一〕籥：名僧傳抄中作「藥」。按，據名僧傳抄，名僧傳卷三〇有「晉建初寺曇藥」傳。

〔二〕清：法苑珠林卷三六唄讚篇音樂部感應緣「晉沙門支曇籥」條引作「精」。

〔三〕響：高麗藏、金藏本作「嚮」。

〔四〕弄：高麗藏再雕本作「喉疊弄」，金藏本作「喉哢弄」，普寧藏本作「哢」。

## 宋京師祇洹寺釋法平 法等

釋法平〔一〕，姓康，康居人，寓居建業。與弟法等〔二〕俱出家，止白馬寺，爲曇籥弟子，共傳師業。響韻清雅，運轉無方。後兄弟同移祇洹。弟貌小醜，而聲踰於兄。宋大將軍於東府設齋，一往，以貌輕之，及聞披卷三契，便扼腕神服，乃歎曰：「以貌取人，失之子羽，信矣！」後東安嚴公發講，等作三契經竟，嚴徐動麈尾，曰：「如此讀經，亦不減發講。」遂散席。明更開題，議者以爲相成之道也。兄弟並以元嘉末卒。

校勘記

〔一〕按，據名僧傳抄，名僧傳卷三〇有「晉祇洹寺法平」傳。

〔二〕按，據名僧傳抄，名僧傳卷三〇有「晉祇洹寺法等」傳。

## 宋京師白馬寺釋僧饒 道綜 超明 明慧

釋僧饒〔一〕，建康人。出家，止白馬寺。善尺牘及雜技，偏〔二〕以音聲著稱，擅名於宋武〔三〕之世。響調優游，和雅哀亮，與道綜齊肩〔四〕。綜善三本起及須大拏〔五〕，每清梵一舉，輒道俗傾心。寺有般若臺，饒常臺外〔六〕梵轉，以擬供養。行路聞者，莫不息駕踟躕，彈指稱佛。宋大明二年卒，春秋〔七〕八十六。

時同寺復有超明、明慧〔八〕，少俱爲梵唄，長齋時轉讀，亦有名當世。

### 校勘記

〔一〕按，據名僧傳抄，名僧傳卷三〇有「宋白馬寺僧饒」傳。

〔二〕偏：高麗藏再雕本、釋氏六帖卷一二抑揚半滿部「僧饒臺供」條作「而偏」。

〔三〕武：高麗藏再雕本作「武文」。

〔四〕齊肩：釋氏六帖卷一二抑揚半滿部「僧饒臺供」條作「聲齊」。又，據名僧傳抄，名僧傳卷三〇有「宋新安寺道綜」傳。

〔五〕須大拏：原作「須夫拏」，據普寧藏本改。思溪藏、高麗藏、金藏本作「大拏」。按，須大拏，即太子須大拏經，聖堅譯。又，釋氏六帖卷一二抑揚半滿部「僧饒臺供」條作「大智論」。

〔六〕臺外：高麗藏再雕本作「遶臺」。

〔七〕春秋：高麗藏、金藏本作「年」。
〔八〕按，據名僧傳抄，名僧傳卷三〇有「宋白馬寺超明」「宋白馬寺明惠」傳。

## 宋安樂寺釋道慧

釋道慧〔一〕，姓張，潯〔二〕陽柴桑人。年二十四出家，止廬山寺。志〔三〕行清貞，博涉經典，特禀自然之聲，故偏好轉讀。發響合〔四〕奇，製無定准，條章析句，綺麗分明。後出都，止安樂寺。轉讀之名，大盛京邑。晚移朱方竹林寺，誦經數萬言。每夕諷詠，輒〔五〕聞闇中有彈指唱薩之聲。宋大明二年卒，春秋〔六〕五十有〔七〕一。

### 校勘記

〔一〕按，據名僧傳抄，名僧傳卷三〇有「宋安樂寺道惠」傳。
〔二〕潯：高麗藏、金藏本作「尋」。
〔三〕志：高麗藏、金藏本及釋氏六帖卷一二抑揚半滿部「道慧自然」條作「素」。
〔四〕合：高麗藏、金藏本及釋氏六帖卷一二抑揚半滿部「道慧自然」條作「含」。
〔五〕輒：原作「轉」，據思溪藏、高麗藏、金藏本改。
〔六〕春秋：高麗藏、金藏本作「年」。
〔七〕有：高麗藏、金藏本無。

## 宋謝寺釋智宗慧寶　道詮

釋智宗〔一〕，姓周，建康人，出家止謝寺。博學多聞，尤長轉讀，聲至清而爽快。若乃八關長夕，中宵之後，四衆低昂，睡蛇交至，宗則昇座一轉，梵響干雲，莫不開神暢體，豁然醒悟。大明三年卒，年三十一。

時有慧寶、道詮，雖非同時，作法相似，甚豐聲而高調，製用無取焉。宋明忽賞道詮，譏〔二〕者謂逢時也。

校勘記

〔一〕宗：名僧傳抄中作「宋」。按，據名僧傳抄，名僧傳卷三〇有「宋謝寺智宋」傳。

〔二〕譏：高麗藏再雕本作「議」。

## 齊烏衣寺釋曇遷法暢　道琰

釋曇遷〔一〕，姓支，本月支人，寓居建康。篤好玄儒，遊心佛義，善談莊老，并注十地。又工正書，常布施題經。巧於轉讀，有無窮聲韻。梵製新奇，特拔終古。彭城王義康、范曄、王曇首，並皆遊狎。遷初止祇洹寺，後移烏衣寺。及范曄被誅，門有十二喪，無敢近者。遷抽貨衣物，悉營葬送。孝武聞而歎賞，謂徐爰曰：「卿著宋書，勿遺此士。」王僧虔爲湘州及三吴，並擕共同遊。齊建元四年卒，年九十九。

時有道場寺釋法暢、瓦官寺釋道琰〔二〕，並富聲哀婉，雖不競遷等，抑亦次之。

**校勘記**

〔一〕按，據名僧傳抄，名僧傳卷三〇有「宋烏衣寺曇遷」傳，名僧傳説處第三十有「曇遷注十地經事」。

〔二〕按，據名僧傳抄，名僧傳卷三〇有「宋道場寺法暢」「宋瓦官寺道琰」傳。

## 齊東安寺釋曇智道朗　法忍　智欣　慧光

釋曇智〔一〕，姓王，建康人。出家，止東安寺。性風流，善舉止，能談莊老，經論書史，多所綜涉。既有高亮之聲，雅好轉讀，雖依擬前宗，而獨拔新異。高調清徹，寫送有餘。宋孝武、蕭思話、王僧虔等，並深加識重。僧虔臨湘州，擕與同行。蕭守吴，復招同入。齊永明五年，卒於吴國，年七十九。

時有道朗、法忍、智欣、慧光，並無餘解，薄能轉讀。道朗捉調小緩，法忍好存擊切，智欣善能側調，慧光喜騁飛聲〔二〕。

校勘記

〔一〕按，據名僧傳抄，名僧傳卷三〇有「齊東安寺曇智」傳。

〔二〕按，「時有道朗」至此，原無，據思溪藏、高麗藏、金藏本補。

## 齊安樂寺釋僧辯 僧恭

釋僧辯〔一〕，姓吴，建康人。出家，止安樂寺。少好讀經，受業於遷、暢二師。初雖祖述其風，晚更措意斟酌，哀婉折衷，獨步齊初。嘗在新亭劉紹宅齋，辯初夜讀經，始得一契，忽有群鶴下集階前，及辯度卷，一時飛去。由是聲震〔二〕天下，遠近知名。後來學者，莫不宗事。

永明七年二月十九日，司徒竟陵文宣王夢於佛前詠維摩一契，因〔三〕聲發而覺，即起，至佛堂中，還如夢中法，更詠古維摩一契，便覺韻聲流好，有〔四〕工恒日。明旦，即集京師善聲沙門龍光普知〔五〕、新安道興、多寶慧忍〔六〕、天保超勝，及僧辯等，集〔七〕第作聲。辯傳古維摩一契、瑞應七言偈一契，最是命家之作。後人時有傳者，並訛漏失其大體。辯以齊永明十一年卒。

時中興有釋僧恭，當時與辯齊名，後遂退道〔八〕。

### 校勘記

〔一〕辯：名僧傳抄中作「弁」。按，據名僧傳抄，名僧傳卷三〇有「齊安樂寺僧弁」傳，名僧傳説處第三十有「僧弁千變萬化音聲妙異事」。
〔二〕震：高麗藏、金藏本作「振」。
〔三〕因：原作「同」，據嘉興藏本及法苑珠林卷三六唄讚篇感應緣引改。
〔四〕有：高麗藏、金藏本作「著」。
〔五〕普知：高麗藏初雕本作「明」，高麗藏再雕本、金藏本作「普智」。
〔六〕按，慧忍傳見後。又，據名僧傳抄，名僧傳卷三〇有「齊北多寶寺惠忍」傳。
〔七〕集：法苑珠林卷三六唄讚篇感應緣引作「次」。
〔八〕按，「時中興有釋僧恭」至此，原無，據思溪藏、高麗藏、金藏本補。

## 齊白馬寺釋曇憑道光

釋曇憑〔一〕，姓楊，犍爲南安人。少遊京師，學轉讀，止白馬寺，音調甚工而過且自任，時人未之推也。於是專精規矩，更加研習，晚遂出群，翕然改觀。誦三本起經，尤善其聲。後還蜀，止龍淵寺。巴漢學〔二〕者，皆崇其聲範。每梵音一吐，輒象〔三〕馬悲鳴，行途住足。因製造銅鍾，願於未來當〔四〕有八音四辯。庸蜀有銅鍾，始於此也。後終於所住。

時蜀中有僧〔五〕道光，亦微善轉讀。

校勘記

〔一〕憑：名僧傳抄中作「馮」。按，據名僧傳抄，名僧傳卷三〇有「齊寧蜀龍淵寺曇馮」傳，名僧傳說處第三十有「曇馮『我未來常有八弁爲衆説法』事」。

〔二〕學：高麗藏初雕本、金藏本作「音」，高麗藏再雕本及法苑珠林卷三六唄讚篇感應緣引作「懷音」。

〔三〕象：高麗藏再雕本作「鳥」。

〔四〕當：高麗藏、金藏本及法苑珠林卷三六唄讚篇感應緣引作「常」。

〔五〕僧：高麗藏再雕本作「僧令」。

## 齊北多寶寺釋慧忍

法鄰　曇辯　慧念　曇幹　曇進　慧超　道首　曇調

釋慧忍〔一〕，姓蕢，建康人。少出家，住北多寶寺，無餘行解，止是愛好音聲。初受業於安樂辯公，備得其法，而哀婉細妙，特欲過之。齊文宣感夢之後，集諸經師，乃共忍斟酌舊聲，詮品新異，製瑞應四十二契，忍所得最長妙。於是令慧微〔二〕、僧業、僧尚、超明〔三〕、僧期、超猷、慧旭、法曇、慧滿〔四〕、僧胤、慧彖、法慈等四十餘人，皆就忍受學，遂傳法于今。忍以隆昌元年卒，時〔五〕年四十餘。

釋法鄰，平調牒句，殊有宮商。
釋曇辯，一往無奇，弥久弥勝。
釋慧念，少於〔六〕氣調，殊有細美。
釋曇幹，爽快砰〔七〕磕，傳寫有法。
釋曇進，亦入能流，偏善還品〔八〕。
釋慧超，善於三契，後不能稱。
釋道首，怯於一往，長道可觀。
釋曇調，寫送清雅，恨功夫未足。

凡此諸人，並齊代知名。其浙左、江西、荆陝、庸蜀，亦頗有轉讀，然止是當時詠歌，乃無高譽，故不足而傳也。已上八人無傳〔九〕。

## 校勘記

〔一〕按，據名僧傳抄，名僧傳卷三〇有「齊北多寶寺惠忍」傳。

〔二〕微：思溪藏、高麗藏初雕本、金藏本作「徵」，高麗藏再雕本作「滿」。

〔三〕明：思溪藏、高麗藏、金藏本作「朗」。按，據名僧傳抄，名僧傳卷三〇有「宋白馬寺超明」，或即此僧。

〔四〕法曇慧滿：高麗藏初雕本、金藏本作「法曇慧」，高麗藏再雕本作「法律曇慧」。
〔五〕時：高麗藏、金藏本無。
〔六〕於：高麗藏、金藏本無。
〔七〕砰：高麗藏本作「碎」。
〔八〕還品：思溪藏、高麗藏、金藏本作「還國品」。
〔九〕已上八人無傳：高麗藏、金藏本無。

論曰：夫篇章之作，蓋欲伸暢懷抱，褒述情志；詠歌之作，欲使言味流靡，辭韻相屬。故詩序云：「情動於中而形於言，言之不足，故詠歌之也。」然東國之歌也，則結韻以成詠；西方之讚也，則作偈以和聲。雖復歌讚爲殊，而並以協諧鍾律，符靡宮商，方乃奥妙。故奏歌於金石，則謂之以爲樂；讚法〔一〕於管絃，則稱之以爲唄。夫聖人制樂，其德四焉：感天地，通神明，安万民，成性類。如聽唄，亦其利有五：身體不疲，不忘所憶，心不懈倦，音聲不壞，諸天歡喜。是以般遮絃歌於石室，請開甘露之初門；淨居舞頌於雙林，奉報一化之恩德。其間隨時讚詠，亦在處成音。至如億耳細聲於宵夜，提婆飀響於梵宫，或令無相之旨奏於篪笛之上，或使本行之音宣於竽〔二〕瑟之下，並皆抑揚通感，佛所稱讚。故咸池韶武無以匹其工，激楚梁塵無以較其妙。

自大教東流，乃譯文者衆而傳聲蓋寡。良由梵音重複，漢語單奇，若用梵音以詠漢語，則聲繁而偈迫；若用漢曲以詠梵文，則韻短而辭長。是故金言有譯，梵響無授。始有魏陳思王曹植，深愛聲律，屬意經音，既通般遮之瑞響，又感漁〔三〕山之神製，於是删治瑞應本起，以爲學者之宗，傳聲則三千有餘，在契則四十有二。其後帛橋、支籥，亦云祖述陳思，而愛好通靈，别感神製，裁變古〔四〕聲，所存止一千〔五〕而已。至石勒建平中，有天神降于安邑廳事，諷詠經音，七日乃絶。時有傳者，並皆訛廢。逮宋齊之間，有曇遷、僧辯、太傅、文宣等，並殷勤嗟詠，曲意音律，撰集異同，斟酌科例，存於〔六〕舊法，正可三百餘聲。自兹厥後，聲多散落，人人致意，補綴不同。所以師師異法，家家各製，皆由昧乎聲旨，莫以裁正。

夫音樂感動，自古而然。是以玄師梵唱，赤鷹〔七〕愛而不移；比丘流響，青鳥悦而忘翥。曇憑動韻，猶令象〔八〕馬踡跼；僧辯折調，尚使鴻鶴停飛。量人雖復深淺，籌感抑亦次焉。故〔九〕擊石拊石，則百獸率舞；簫韶九成，則鳳凰來儀。鳥獸且猶致感，況乃人神者哉！

但轉讀之爲懿，貴在聲文兩得。若唯聲而不文，則道心無以得生；若唯文而不聲，則俗情無以得入。故經言「以微妙音歌歎佛德」，斯之謂也。而頃世學者，裁得首尾餘聲，便言擅名當世。經文起盡，曾不措懷。或破句以全〔一〇〕聲，或分文以足韻。豈唯聲之不足，亦乃文不成詮！聽者唯增怳惚〔一一〕，聞之但益睡眠。使夫八真明珠，未掙而藏曜；百味淳乳，不澆而自薄。哀哉！

若能精達經旨，洞曉音律，三位七聲，次而無亂，五言四句，契而莫爽。其間起擲盪舉，平折放殺，游飛却轉，反疊嬌哢〔一二〕，動韻則揄〔一三〕靡弗窮，張喉則變態無盡，故能炳發八音，光揚七善。壯而不猛，凝而不滯，弱而不野，剛而不鋭，清而不擾，濁而不蔽。諒足以超〔一四〕暢微言，怡養神性。故聽聲可以娱耳，聆語可以開襟。若然，可謂梵音深妙，令人樂聞者也。

然天竺方俗，凡是歌詠法言，皆稱爲唄。至於此土，詠經則稱爲轉讀，歌讚則號爲梵音〔一五〕。昔諸天讚唄，皆以韻入絃管。五衆既與俗違，故宜以聲曲爲妙。

原夫梵唄之起，亦肇〔一六〕自陳思。始著太子頌及睒頌等，因爲之製聲。吐納抑揚，並法神授。今之皇皇、顧惟，蓋其風烈也。其後居士支謙，亦傳梵唄三契，皆湮没不〔一七〕存。世有共議一章，恐或謙之餘則也。唯康僧會所造泥洹梵唄，于今尚傳，即敬謁一契，文出雙卷泥洹，故曰泥洹唄也。爰至晉世，有高座法師〔一八〕初傳覓歷，今之行地印文即其法也。籥公所造六言，即大慈哀愍一契，于今時有作者。近有西涼州唄，源出關右而流于晉陽，今之面如滿月是也。凡此諸曲，並製出名師。後人繼作，多所訛漏。或時沙弥小兒互相傳校〔一九〕，疇昔成規，殆無遺一，惜哉！此既同是聲例，故備之論末。

## 校勘記

〔一〕讚法：高麗藏、金藏本作「設贊」。
〔二〕於竽：高麗藏再雕本作「乎琴」，金藏本作「乎竽」。
〔三〕漁：高麗藏再雕本作「魚」。
〔四〕古：原作「有」，據高麗藏、金藏本改。
〔五〕千：思溪藏、高麗藏、金藏本作「十」。
〔六〕於：高麗藏、金藏本作「仿」。
〔七〕鷹：高麗藏再雕本作「雁」。
〔八〕象：高麗藏再雕本作「鳥」。
〔九〕故：高麗藏再雕本作「故夔」。
〔一〇〕全：高麗藏再雕本作「合」。
〔一一〕惚：高麗藏、金藏本作「忽」。
〔一二〕哢：思溪藏、高麗藏、金藏本作「弄」。
〔一三〕揄：思溪藏、高麗藏、金藏本作「流」。

〔一四〕超：高麗藏再雕本作「起」。

〔一五〕音：高麗藏、金藏本作「唄」。

〔一六〕肇：高麗藏、金藏本作「兆」。

〔一七〕不：高麗藏再雕本作「而不」。

〔一八〕高座法師：原作「生法師」，據高麗藏再雕本改。詳見本書卷一帛尸梨蜜傳。

〔一九〕校：高麗藏再雕本作「授」。

## 唱導第十

宋〔一〕釋道照一　宋釋曇穎二　宋釋慧璩三

宋釋曇宗四　宋釋曇光五　齊釋慧芬六

齊釋道儒七　齊釋慧重八　齊釋法願九

齊釋法鏡十

### 校勘記

〔一〕宋：思溪藏、高麗藏、金藏本無。後皆同此例。

## 宋京師祇洹寺釋道照慧明

釋道照[一]，姓麴，西平[二]人。少善尺牘，兼博經史。十八出家，止京師祇洹寺。披覽群典，以宣唱爲業。音吐嘹[三]亮，洗悟塵心，指事適時，言不孤發，獨步於宋代之初。宋武帝嘗於内殿齋，照初夜略叙百年迅速，遷滅俄頃，苦樂參差，必由因果[四]，如來慈應六道，陛下撫矜一切。帝言善久之。齋竟，别嚫三萬。臨川王道規從受五戒，奉爲門師。宋元嘉三十[五]年卒，年六十六。

照弟子慧明[六]，姓焦，魏郡人。神情俊邁，祖習師風，亦有名當世。

### 校勘記

〔一〕按，據名僧傳抄，名僧傳卷二九有「宋祇洹寺道照」傳。

〔二〕西平：思溪藏、高麗藏、金藏本及釋氏六帖卷一二化導人天部唱導「道照開化」條作「平西」。

〔三〕嘹：高麗藏、金藏本作「寥」。

〔四〕果：高麗藏、金藏本作「召」。

〔五〕三十：原作「十」，據高麗藏、金藏本及釋氏六帖卷一二化導人天部唱導「道照開化」條改。

〔六〕按，據名僧傳抄，名僧傳卷二九有「宋祇洹寺惠明」傳。

## 宋長干寺釋曇穎

釋曇穎〔一〕，會稽人。少出家，謹於戒行，誦經十餘萬言，止長干寺。性恭儉，唯以善誘爲先。故屬意宣唱，天然獨絶。凡要請者，皆貴賤均赴，貧富一揆。張暢聞而歎曰：「辯吐流便，足騰遠理。」穎嘗患瘡癬〔二〕，積治不除。房内恒供養一觀世音像，晨夕禮拜，求差此疾。異時，忽見一蛇從像後緣壁上屋，須臾，有一鼠子從屋脱地，涎涶沐身，狀如已死。穎候之，猶似可活，即取竹刮除涎唾〔三〕，以傅癬上。所傅既遍，鼠亦還活。信宿之間，瘡痍頓盡。方悟蛇之與鼠，皆是祈請所致。於是精勤化導，勵節弥堅。宋太宰江夏王義恭最所知重。後卒於所住，年八十一。

### 校勘記

〔一〕按，據名僧傳抄，名僧傳卷二九有「宋長干寺曇穎」傳。

〔二〕瘡癬：高麗藏、金藏本作「癬瘡」。

〔三〕按，高麗藏本及法苑珠林卷九五病苦篇感應緣「宋釋曇穎」條此後有「又聞蛇所吞鼠能療瘡疾，即刮取涎涶」一段。

## 宋瓦官寺釋慧璩

釋慧璩〔一〕，丹陽人。出家，止瓦官寺。該〔二〕覽經論，涉獵書史。衆伎多閑，而尤善唱導，出語成章，動辤製作，臨時採博，罄無不妙〔三〕。宋太祖文皇帝、車騎臧質，並提攜友善，雅相崇愛。譙王鎮荆，要與同行，後逆節還朝，於梁山設會。頃之，譙王敗，璩還京。後宋孝武設齋，璩唱導。帝問璩曰：「今日之集，何如梁山？」璩曰：「天道助順，況復爲逆？」帝悦之。明旦，别賜一萬。後勑爲京邑都維那。大明末，終於寺，年七十二。

### 校勘記

〔一〕按，據名僧傳抄，名僧傳卷二九有「宋瓦官寺惠璩」傳，名僧傳説處第二十九有「惠璩飲酒一鉢事」。

〔二〕該：思溪藏、高麗藏、金藏本作「讀」。

〔三〕妙：思溪藏、高麗藏、金藏本作「妙詣」。

## 宋靈味寺釋曇宗僧意

釋曇宗〔一〕，姓虢，秣陵人。出家，止靈味寺。少而好學，博通衆典。唱説之功，獨步當世，辯口適時，應變無盡。嘗爲孝武唱導，行菩薩五法禮竟，帝乃笑謂宗曰：「朕有何罪，而爲懺悔？」宗曰：「昔虞舜至聖，猶云『予違尒弼』。湯武亦云『萬姓有罪，在予一人』。聖王引咎，蓋以軌世。陛下德邁往代，齊聖虞殷，履道思沖，寧得獨異？」帝大悅。後殷淑儀薨，三七設會，悉請宗。宗始歎世道浮僞，恩愛必離，嗟殷氏淑德，榮幸未暢，而滅實當年，收芳今日。發言悽至。帝泫愴良久，賞異弥深。後終於所住，著京師塔寺記二卷。

時靈味寺復有釋僧意〔二〕者，亦善唱説，製睒〔三〕經新聲，哀亮有序。

校勘記

〔一〕按，據名僧傳抄，名僧傳卷二九有「宋靈味寺曇宗」傳。

〔二〕按，據名僧傳抄，名僧傳卷二九有「宋靈味寺僧意」傳。

〔三〕睒：原作「談」，據高麗藏、金藏本改。睒經，即菩薩睒子經，爲西晉失譯經。

## 宋中寺釋曇光

釋曇光〔一〕，會稽人。隨師止江陵長沙寺。性喜事〔二〕五經、詩賦，及筭數、卜筮，無不貫解。年將三十，喟然歎曰：「吾從來所習，皆是俗事。佛法深理，未染一毫，豈剪落所宜耶？」乃屏舊業，聽諸經論。識悟過人，一聞便達。宋衡陽文王義季鎮荆州，求覓意理沙門共談佛法，罄境推光，以當鴻任。光固辭，王自詣房敦請，遂從命。給〔三〕車服人力，月供一萬。每設齋會，無有導師，王謂光曰：「獎導群生，唯德之大〔四〕，上人何得爲辭？願必自力。」光乃迴心習唱，製造懺文。每執爐處衆，輒道俗傾仰。

後還都，止靈味寺。義陽王昶〔五〕出鎮北徐，攜光同行。及景和失德，義陽起事，以光預見，乃賷七曜以決光。光杜口無言，故事寧獲免。

宋明帝於湘宮設會，聞光唱導，帝稱善，即勑賜三衣瓶鉢。後卒於寺中，年六十五。

## 校勘記

〔一〕按，據名僧傳抄，名僧傳卷二九有「宋中寺曇光」傳，名僧傳説處第二十九有「曇光閉眠便見形像事」。

〔二〕喜事：高麗藏初雕本作「意事」，高麗藏再雕本、金藏本作「意嗜」。

〔三〕給：高麗藏初雕本、金藏本「焉」，高麗藏再雕本作「焉給」。

〔四〕大：高麗藏再雕本作「本」。

〔五〕昶：原作「旭」，據慧琳一切經音義卷九〇高僧傳第十三卷音義改。義陽王劉昶（四三六—四九七），字休道，爲宋文帝劉義隆第九子。十歲時，封爲義陽王。後逃亡北魏。

## 齊興福寺釋慧芬

釋慧芬〔一〕，姓李，豫州人。幼有殊操，十二出家，住穀熟縣常山寺。學業優深，苦行精峻。每赴齋會，常爲大衆説法。梁楚之間，悉奉其化。

及魏虜毁滅佛法，乃南歸京師。至烏江，追騎將及，而渚次無航，芬一心念佛，俄見流船忽至，乘之獲免。至都，止白馬寺。時御史中丞袁愍孫常謂道人偏執，未足與議，乃命左右令候覓沙門，試欲詰〔二〕之。會得芬至，袁先問三乘四諦之理，却辯老莊儒墨之要。芬既素善經書，又音吐流便，自旦之夕，袁不能窮。於是敬以爲師，令子弟悉從受戒。

芬又善神呪，所治必驗。後病篤，服丸藥〔三〕，人勸令〔四〕之以酒，芬曰：「積時持戒，寧以將死，終難〔五〕虧節！」乃語弟子云：「吾其去矣。」以齊永明三年，卒于興福寺〔六〕，年七十九。臨終，有訓誡遺文云云。

### 校勘記

〔一〕按，據名僧傳抄，名僧傳卷二九有「宋興福寺惠芬」傳。

〔二〕詰：高麗藏、金藏本作「語」。

〔三〕藥：高麗藏、金藏本無。

〔四〕令：高麗藏、金藏本無。

〔五〕終難：高麗藏、金藏本無。

〔六〕按，劉世珩南朝寺考云：「興福寺，不知所在。」今疑興福寺即齊福寺之本名，後改爲齊福寺。下文「齊福寺釋道儒」，本書卷十四目録即稱爲「興福寺釋道儒」。改「興福」爲「齊福」，或有「福曰『齊福』，蓋蕭氏將興之兆云」（南朝寺考）的用意。

## 齊齊福寺釋道儒 僧喜

釋道儒〔一〕，姓石，渤海人，寓居廣陵。少懷清信，慕樂出家。遇宋臨川王義慶鎮南兖，儒以事聞之，王贊成厥志，爲啓度出家。出家之後，蔬食讀誦。凡所之造，皆勸人改惡修善。遠近宗奉，遂成導師。言無預撰，發響〔二〕成製。

元嘉末出都，止建初寺。長沙王請爲戒師，盧丞相、伯仲孫等共買張敬兒故宅〔三〕，爲儒立寺，今齊福寺是也。儒以齊永明八年卒，年八十一。

時閑心寺有釋僧喜，亦善唱說，振譽於宋末齊初〔四〕。

### 校勘記

〔一〕按，據名僧傳抄，名僧傳卷二九有「齊齊福寺道儒」傳，名僧傳說處第二十九有「道儒唯以讀誦法華、首楞嚴、勝鬘、浄名爲業事」。

〔二〕響：高麗藏、金藏本作「嚮」。

〔三〕宅：高麗藏、金藏本作「廟」。

〔四〕按，「時閑心寺有釋僧喜」至此，原無，據思溪藏、高麗藏、金藏本補。又，據名僧傳抄，名僧傳卷二九有「齊閑心寺僧憙」傳，名僧傳説處第二十九有「僧憙『願我此生弘菩薩道』事」。

## 齊瓦官寺釋慧重 法覺

釋慧重〔一〕，姓閔，魯國人，僑居金陵。早懷信悟，有志從道，願言未遂，以〔二〕長齋菜食。每率衆齋會，常自爲唱導。如此累時，乃上聞於宋孝武。大明六年，敕爲新安寺出家，於是專當唱説。禀性清敏，識悟深沉，言不經營〔三〕，應時若瀉。凡預聞者，皆留連信宿，增其懇詣。後移止瓦官禪房，永明五年卒，年七十三。

時瓦官復有釋法覺〔四〕，又敦慧重之業，亦擅名齊代。

### 校勘記

〔一〕按，據名僧傳抄，名僧傳卷二九有「齊瓦官寺惠重」傳。

〔二〕以：高麗藏、金藏本作「已」。

〔三〕營：思溪藏本、高麗藏初雕本作「勞」。

〔四〕按，據名僧傳抄，名僧傳卷二九有「齊瓦官寺法覺」傳。

## 齊正勝寺釋法願

釋法願〔一〕，本姓鍾，名武厲。先潁川長社人，祖世避難，移居吳興長城。願常爲梅根冶〔二〕監，有施愼〔三〕民代〔四〕之。先時文書未校，愼民遂偏當其負，願乃訴求分罪。有旨免愼民死，除願爲新道令。家本事神，身習鼓舞，世間雜伎及蓍爻占相，皆備盡其妙。嘗以鏡照面云：「我不久當見天子。」於是出都，住沈橋，以傭〔五〕相自業。宗殼、沈慶之〔六〕微時，經請願相。願曰：「宗君應爲三州刺史，沈君當位極三公。」如是歷相衆人，記其近事，所驗非一，遂有聞於宋太祖。太祖見之，取東冶〔七〕囚及一奴美顔色者，飾以衣冠，令願相之。願指囚曰：「君多危難，下階便應著鉗〔八〕鑠。」謂奴曰：「君是下賤人，乃暫得免耶？」帝異之，即勑住後堂，知陰陽秘術。

後少時，啓求出家，三啓方遂，爲上定林遠公弟子。及孝武龍飛，宗殼出鎮廣州，攜願同往，奉爲五戒之師。會譙王搆逆，羽檄嶺南，殼以諮願，願曰：「隨君來，誤殺人。今太白犯南斗，法應殺大臣，宜速改計，必得大勳。」果如願言。殼還豫州刺史，復攜同行。及竟陵王誕舉事，願陳諫亦然。

願後與刺史共欲滅衆僧床脚，令依八指之制。時沙門僧導獨步江西，謂願濫匡其士，頗有不平之色，遂致聞於〔九〕孝武，即勑願還都。帝問願：「何致故〔一〇〕詐菜食？」願荅：「菜食已來十餘年。」帝勑直閤沈攸之强逼以肉〔一一〕，遂折前兩齒，不迴其操。帝大怒，勑罷道，作廣武將軍，直華林佛殿。願雖形同俗人，而栖心禪戒，未嘗虧節。有頃帝崩，昭太后令聽還道。

太始六年，佼〔一二〕長生捨宅爲寺，名曰正勝，請願居之。齊高帝〔一三〕親事幼主，恒有不測之憂。每以諮願，願曰：「後七月當定。」果如其言。及高帝即位，事以師禮。武帝嗣興，亦盡師敬。永明二年，願遭兄喪，啓乞還鄉。至鄉少時，勑旨重疊。願後出，憩在湘宮，鑾駕自幸，降寺省慰。願云：「脚疾未消，不堪相見。」帝乃轉蹕而去。

文惠太子嘗往寺問訊，願既不命令坐，文惠作禮而立，乃謂願曰：「葆吹清鐃以爲供養，其福云何？」願曰：「昔菩薩八万妓樂供養佛，尚不如至心。今吹竹管子、打死牛皮，此何足道！」其秉德邁時，皆此之類。其王侯妃主及四遠士庶，並從受戒，悉遵師禮。願往必直前，無有通白。感〔一四〕致隨喜，日盈万計。願隨以修福，未嘗蓄聚。或雇人禮佛，或借人持齋；或收〔一五〕羅米穀，散飼魚鳥；或貿易飲食，賑給囚徒。興功立德，數不可紀。

願又善唱導及依經説法，率自心抱，無事宮商。言語訛雜，唯以適機爲要。可謂其智可及，其愚不可及也。

後入定，三日不食，忽語弟子云：「汝等失飯籮矣。」俄而寢疾。時寺側遭燒，寺在下風，煙燄將〔二六〕及，弟子欲輿願出寺，願曰：「佛若被燒，我何用活？」即苦心歸命，於是三面皆焚，唯寺不燼。齊永元二年，年八十七卒。

## 校勘記

〔一〕按，據名僧傳抄，名僧傳卷二五有「齊正勝寺法願」傳。

〔二〕冶：原作「治」，據高麗藏再雕本改。梅根冶，在今安徽池州。此地臨梅根河，爲煉銅鑄錢之所，故稱。

〔三〕慎：原作「順」，據下文及高麗藏、金藏本改。

〔四〕代：高麗藏本作「來代」。

〔五〕傭：高麗藏、金藏本作「庸」。

〔六〕之：高麗藏、金藏本無。按，沈慶之（三八六—四六五），字弘先，吴興武康人。傳見宋書卷七七。

〔七〕冶：原作「治」，據高麗藏再雕本改。按，東冶爲當時的冶鐵場所。資治通鑑卷一四八武帝天監十四年「夏四月」條：「夏，四月，浮山堰成而復潰，或言蛟龍能乘風雨破堰，其性惡鐵，乃運東、西冶鐵器數千萬斤沈之。」胡三省注：「建康有東、西二冶，各置冶令以掌之。」

〔八〕鉗：高麗藏、金藏本無。

〔九〕於：高麗藏、金藏本無。
〔一〇〕致故：高麗藏、金藏本無。
〔一一〕肉：原作「内」，據諸校本改。
〔一二〕佼：原作「校」，據高麗藏再雕本改。按，佼長生，廣平人，傳見宋書卷八三宗越傳附。
〔一三〕帝：高麗藏、金藏本無。
〔一四〕感：原作「咸」，據高麗藏再雕本改。
〔一五〕收：原無，據高麗藏再雕本補。
〔一六〕將：高麗藏、金藏本作「必」。

## 齊齊隆寺釋法鏡道親　寶與　道登

釋法鏡〔一〕，姓張，吴興烏程人。幼而樂道，事未獲從，值慧益燒身，啓帝度二十人，鏡即預其一也。事法願爲師。既得入道，履操冰霜，仁施爲懷，曠拔成務。於是研習唱導，有邁終古。齊竟陵文宣王厚相禮待。

鏡誓心弘道，不拘貴賤，有請必行，無避寒暑。財不蓄私，常興福業。建武初，以其信施立齊隆寺以居之。鏡爲性敦美，以〔二〕賞接爲務，故道俗交知，莫不愛悦。雖義學功淺，而領悟自然，造次嘲難，必有酬酢。齊永元二年卒，年六十四。

其後瓦官道親、彭城寶與〔三〕、耆闍道登並皆祖述宣唱，高韻華言，非忝前例。傾衆動物，論者從之。今上爲長沙宣武王治鏡所住寺，因寺〔四〕改曰宣武也。

**校勘記**

〔一〕按，據名僧傳抄，名僧傳卷二九有「齊齊隆寺法鏡」傳。

〔二〕以：高麗藏、金藏本無。

〔三〕與：高麗藏再雕本作「興」。

〔四〕寺：高麗藏再雕本無。

論曰：唱導者，蓋以宣唱法理開導衆心也。昔佛法初傳，于時齊集，止宣唱佛名，依文致禮。至中宵疲極，事資啓悟，乃別請宿德昇座説法，或雜序因緣，或傍引譬喻。其後廬山釋慧遠，道業貞華，風才秀發，每至齋集，輒自昇高座，躬爲導首。先〔一〕明三世因果，却辯一齋大意，後代傳受，遂成永則。故道照、曇穎等十有餘人，並駢次相師，各擅名當世。

夫唱導所貴，其事四焉，謂聲、辯、才、博。非聲則無以警衆，非辯則無以適時，非才則言無可採，非博則語無依據。至若響韻鍾鼓，則四衆驚心，聲之爲用也；辯吐俊〔二〕發，適會無差，辯之爲用也；綺製彫華，文藻横逸，才之爲用也；商搉經論，採撮書史，博之爲用也。若能善兹四事，而適以人時，如爲出家五衆，則須切語無常，苦陳懺悔；若爲君王長者，則須兼引俗典，綺綜成辭；若爲悠悠凡庶，則須指事造形，直談聞見；若爲山民野處，則須近局言辭，陳斥罪目。凡此變態，與事而興，可謂知時衆〔三〕。又能善説。雖然，故以懇切感人，傾誠動物，此其上也。

昔草創高僧，本以八科成傳。却尋經、導二伎，雖於道爲末，而悟俗可崇，故加此二條，足成十數。何者？至如八關，初夕旋繞周行〔四〕，烟盖停氛，燈帷靖燿，四衆專心，叉指緘嘿。尔時導師則擎爐慷慨，含吐抑揚，辯出不窮，言應無盡。談無常，則令心形戰慄；語地獄，則使怖淚交零；徵昔因，則如見往業；覈當果，則已示來報；談怡樂，則情抱暢悦；叙哀慼，則灑泣〔五〕含酸。於是闔衆傾心，舉堂惻愴，五體輪席，碎首陳哀，各各彈指，人人唱佛。爰及中宵、後夜，鍾漏將罷，則言星河易轉，勝集難留，又使遑〔六〕迫懷抱，載盈戀慕。當尔之時，導師之爲用也。其間經師轉讀，事見前章，皆以賞悟適時，拔邪立信。有〔七〕一分可稱，故編高僧之末。

若夫綜習未廣，諳究不長，既無臨時捷辯，必應遵用舊本。然才非己出，製自他成，吐納宫商，動見紕謬。其中傳寫訛誤，亦皆依而宣唱〔八〕，致使魚魯淆亂，鼠璞相疑。或時禮拜中間，懺疏忽至，既無宿蓄，恥欲出〔九〕頭，臨時抽造，謇棘難辯，意慮荒忙，心口乖越。前言既久，後語未就，抽衣謦咳，示延時節。列席寒心，觀途啓齒。施主失應時之福，衆僧乖古佛之教。既絶生善之萌，秖增戲論之惑，始獲濫吹之譏，終致代〔一〇〕匠之咎。若然，豈高僧〔一一〕之謂耶？

**校勘記**

〔一〕先：原作「光」，據思溪藏、高麗藏、金藏本改。嘉興藏本作「廣」。
〔二〕俊：高麗藏、金藏本作「後」。
〔三〕衆：高麗藏再雕本作「知衆」。
〔四〕周行：高麗藏再雕本作「行周」。
〔五〕泣：高麗藏再雕本作「淚」。
〔六〕遑：高麗藏、金藏本作「人」。
〔七〕有：高麗藏再雕本作「其有」。
〔八〕宣唱：思溪藏、高麗藏、金藏本作「唱習」。
〔九〕欲出：高麗藏初雕本作「歌屈」，高麗藏再雕本、金藏本作「欲屈」。
〔一〇〕代：原作「伐」，據高麗藏、金藏本改。
〔一一〕僧：原作「僧傳」，據高麗藏再雕本改。

杪：美小反。杪，末也。　爪甲：上之巧反。　炫燿：縣耀二音。　光趺：下音夫，蓮座也。　歔欷：上音虚，下許既反。歔欷，泣之餘聲。　滬瀆：户讀二音，出靈龜之水名。　歌唄：下音敗。　鄮：莫候反，縣名也。　基墌：下音隻。　臂胛：下音甲。胛，膊也。　鑢：音慮，錯也。　謐：音蜜。　擲摴：下丑居反。摴蒲，擲彩爲戲也。　甯：奴定反。　遷域：上音迁，移定也。　骿峯：上步田反。　逭：音换。　蒨：千見反。　丘壑：下呼各反，溪壑也。　懸溜：下力救反，水下也。　子胥：下息徐反。　艘：蘇刀反，船之揔名。　獘：毗祭反，死也。　蝘蜓：上一典反，下徒典反，一名蜥蜴是。　撲然：上蒲角反。　泫然：上玄犬反。　愆：去乾反，與僁同。　治葺：上音持，理也；下七入反，修也。　强悍：下胡旦反。　芮：而歲反。　于闐：下田、殿二音，國名。　鎚鍱：上直追反，下音葉。　綣：丘遠反。　曲榦：下古旦反，枝榦。　焕炳：唤丙二音，明也。　鐫造：上子全反，彫鐫。　僅：渠鎮反，纔也。　面樸：下疋角反。樸，素質也。　淑篡：上音孰，下子管反。　瘳：音抽，愈也。　倒屣：上音到，下所綺反，鞋屣也。所謂敬前人乃忽遽，故倒屣而迎也。　豁尔：上呼活反。　逞：丑領反。　鏟：初産反，削治也。　鎣磨：上紆定反，光飾也。　提挾：下胡怗反。　災祟：下私遂反，禍也。　釁戾：上許近反，下零帝反。釁戾，罪惡也。
兖州：上緣滚反。　虜帥：上音魯，下所類反，兵虜將帥也。　誣：音無，誑也。
罹禍：上音離，遭也。　燥：蘇老反，乾燥也。　爐冶：下音野。　韛：蒲拜反，
韋囊，吹火也，今鐵家用之。　衣絛：下土高反，絛，繩。　銷鑠：下書若反。
晃然：上胡廣反，明也。　揜然：上正作「奄」，邑檢反。　催督：下音篤。　唾
壺：下音胡，器也。　標揭：上必苗反，下蹇列反。　蔡愔：下於今反。　慊
切：上苦點反，恨也。　釜庾：父愈二音，並器也。釜受六斗四升，庾受一石六斗
也。　温清：下七浄反，涼也。　杞婦：上音起。　隱惻：下昌力反。　京
畿：下渠衣反。京畿，王者内地也。　籥：音藥。　慨：苦愛反。慨，歎也。
哀婉：下紆阮反，美也。　扼腕：上音厄，下於貫反。扼腕，以手捉臂也。作「惋」，
誤。　雜技：下渠倚反，技藝。　綜：子宋反。　大拏：下尼加反。　踟蹰：
上音馳，下直朱反。踟蹰，進退不定皃也。　狎：胡甲反，近也。　曄：于輒反。
攜：攜字。　琰：以檢反。　騁：丑整反。　折衷：下音中。　訛：愚和反，
謬也。　規矩：上俱弥反，下俱羽反。　砰磕：上普耕反，下苦塔反。　褒：博
毛反。　篪笛：上音馳，樂管也，亦笛之屬。　竽瑟：上音于，大笙也；下音虱，琴

之從也。　重複：下芳伏反。　删：所間反，删削也。　補綴：下知衛反。
翥：之庶反，飛翥也。　踡跼：上巨員反，下渠玉反。踡跼，不舒伸皃。　澆：古堯
反，澆，沃也。　盪：音蕩。　睒：式染反。　湮没：上音因，沉也。　疇昔：
上直流反。　撫矜：下居陵反。矜，恤也。　一揆：下求癸反。　涎唾：上似連
反，下土卧反。　刮：俱八反，刮削也。　臧：則郎反。　譙王：上自摇反。
虢〔一〕：俱濩反。　秣陵：上音末。　薨：兄弘反，亡也。　泫愴：上玄犬反，灑
泣也；下楚狀反，傷切也。　卜筮：下音逝，龜曰卜，易曰筮。　喟然：上丘謂反，
太息也。　渤海：上蒲没反。　僑居：上音橋，寄〔二〕也。　訴：音素，告訴也。
爻占：上户交反，卦卜也。　殼：苦角反。　羽檄：下胡的反，告急之牘也。長二
尺三寸，急則插羽而導之。　鑾駕：上郎端反。鑾駕，天子之車也。同前。　葆
吹：上音保，下去聲。羽葆，鼓吹去飾也，今之旗纛是。　清鐃：下尼交反。鐃，
鈸。　糴：徒的反。　賑給：上音振，同前。　嘲難：上竹交反，下去聲。
酬酢：下音昨。　商攉：下音角。　氛：芳文反，香氣也。　慷慨：上苦朗反，
下苦愛反。同前。　覈：閑鬲反，考覈也。　紕繆：上疋悲反，下苗幼反。　淆
亂：上户交反，雜也。　鼠璞：下疋角反。　謇棘：上居展反，下紀力反。謇棘，言

訥也。　謦欬：上苦頂反，下苦愛反〔三〕。謦欬，出聲也。　秖：音只。

## 校勘記

〔一〕號：原作「號」，據思溪藏本改。
〔二〕寄：原無，據思溪藏本補。
〔三〕反：原無，據文意補。

# 高僧傳序録卷第十四

梁會稽嘉祥寺沙門慧皎撰

原夫至道沖漠，假蹄筌而後彰；玄致幽凝，藉師保以成用。是由聖迹迭興，賢能異託。辯忠烈孝慈，以定君父〔一〕之道；明詩書禮樂，以成風俗之訓。或忘功遺事，尚彼虚沖；或體任榮枯，重茲達命。而皆教但域中，功存近益。斯蓋漸染之方，未奥盡其神性。至若能仁之爲訓也，考業果幽微，則循復三世；言至理高妙，則貫絶百靈。若夫启十地以辯慧宗，顯二諦以詮智府；窮神盡性之旨，管一樞極之致；餘教方之，猶群流之歸巨壑，衆星之拱北辰，懋〔二〕哉邈矣！信難得以言尚。至迺教滿三千，形遍六道，皆所以接引幽昏，爲大利益。而以浄穢異聞，昇墜殊見，故秋方先形聲〔三〕之奉〔四〕，東國後見聞之益。雲龍表於夜明，風虎彰乎宵夢。洪〔五〕風既扇，大化斯融。

自尔西域名僧往往而至，或傳度經法，或教授禪道，或以異迹化人，或以神力救物。自漢之梁，紀曆彌遠，世涉六代，年將五百。此土桑門，含章秀起，群英間出，迭有其人。

衆家記録，叙載各異。沙門法濟，偏叙高逸一迹；沙門法安，但列志節一行；沙門僧寶，止命遊方一科；沙門法進，迺通撰論傳〔六〕，而辝事闕略：並皆互有繁簡，出没成異，考之行事，未見其歸。宋臨川康王義慶宣驗記及幽明録、太原王琰冥祥記、彭城劉悛〔七〕益部寺記、沙門曇宗京師寺記、太原王延秀感應傳、朱君台徵應傳、陶淵明搜神録，並傍出諸僧，叙其風素，而皆是附見，亟多疎闕。齊竟陵文宣王三寶記傳，或稱佛史，或號僧録，既三寶共叙，辝旨相關，混濫難求，更爲蕪昧。瑯瑘王巾所撰僧史，意似該綜，而文體未足。沙門僧祐撰三藏記，止有三十餘僧，所無甚衆。中書〔八〕郄景興東山僧傳、治中張孝秀廬山僧傳、中書陸明霞沙門傳，各競舉一方，不通今古，務存一善，不及餘行。逮于〔九〕即時，亦繼有作者，然或褒讚之下，過相揄揚；或叙事之中，空列辝費。求之實理，無的可稱。或復嫌以繁廣，删減其事，而抗迹之奇，多所遺削。謂出家之士，處國賓王，不應勵然自遠，高蹈獨絶。尋辝榮棄愛，本以異俗爲賢，若此而不論，竟何所紀？

嘗以暇日，遇覽群作，輒搜檢雜録數十餘家，及晉、宋、齊、梁春秋書史，秦、趙、燕、涼荒朝僞曆，地理雜篇，孤文片記，并博諮故〔一〇〕老，廣訪先達，校其有無，取其同異。始于漢明帝永平十年，終至梁天監十八年，凡四百五十三載，二百五十七人，又傍出附見者二百餘人。開其德業，大爲十例：一曰譯經，二曰義解，三曰神異，四曰習禪，五曰明律，六曰遺身，七曰誦經，八曰興福，九曰經師，十曰唱導。

然法流東土，蓋由傳譯之勳，或踰越沙險，或汎漾洪波，皆忘形徇道，委命弘法。震旦開明，一焉是賴。玆德可崇，故列之篇首。至若慧解開神，則道兼萬億；通感適化，則彊暴以綏；靖念安禪，則功德森茂；弘讚毗尼，則禁行清潔；忘形遺體，則矜吝革心；歌誦法言，則幽顯含慶；樹興福善，則遺像可傳。凡此八科，並以軌迹不同，化洽殊異，而皆德効四依，功在三業，故爲群經之所稱美，衆聖之所褒述。及夫討覈源流，商攉取捨，皆列諸讚論，備之後文。而論所著辭，微〔一一〕異恒體，始標大意，類猶前序，未辯時人，事同後議。若間施前後，如謂煩雜，故揔布一科〔一二〕之末，通稱爲「論」。其轉讀宣唱，雖源出非遠，然而應機悟俗，實有偏功，故齊宋雜記，咸列〔一三〕秀者。今之所取，必其製用超絶，及有一介〔一四〕通感，迺編之傳末。如或異者，非所存焉。

凡十科所叙，皆散在衆記，今止删聚一處，故述而無作。俾夫披覽於一本之内，可兼諸要。其有繁辭虚讚，或德不及稱者，一皆省略。故述六代賢異，止爲十三卷，并序録合十四軸，號曰「高僧傳」。自前代所撰，多曰「名僧」。然名者，本實之賓也。若實行潛光，則高而不名；寡德適時，則名而不高。名而不高，本非所紀；高而不名，則備今録。故省

「名」音，代以「高」字。其間草創，或有遺逸。今此十四卷備讚論者，意以爲定，如未隱括，覽者詳焉。

## 校勘記

〔一〕父：高麗藏再雕本、金藏本作「敬」。
〔二〕懋：高麗藏再雕本、金藏本作「悠」。
〔三〕形聲：高麗藏再雕本作「音形」，金藏本作「音形聲」。
〔四〕奉：思溪藏本、高麗藏再雕本作「本」。
〔五〕洪：高麗藏再雕本、金藏本作「鴻」。
〔六〕論傳：高麗藏再雕本、金藏本作「傳論」。
〔七〕悛：高麗藏再雕本、金藏本作「俊」。按，慧琳一切經音義卷九〇高僧傳第十四卷音義亦作「悛」。劉悛，字士操，彭城安上里人，曾爲益州刺史。傳見南齊書卷三七。
〔八〕中書：高麗藏再雕本、金藏本作「中書郎」。按，中書郎，即中書侍郎。郗超（三三六—三七八），字景興，曾爲中書侍郎。傳見晉書卷六七。
〔九〕于：高麗藏再雕本作「乎」。
〔一〇〕故：高麗藏再雕本、金藏本作「古」。
〔一一〕微：思溪藏本作「徵」。

〔二〕科：原作「利」，據高麗藏再雕本、金藏本改。

〔三〕列：高麗藏再雕本、金藏、普寧藏本作「條列」。

〔四〕介：高麗藏再雕本、普寧藏本作「分」。

## 高僧傳第一卷譯經上，十五人

漢雒陽白馬寺攝摩騰

漢雒陽白馬寺竺法蘭

漢雒陽安清

漢雒陽支樓迦〔一〕讖竺佛朔　安玄　嚴佛調　支曜　康巨　康孟詳

魏雒陽曇柯迦羅康僧鎧　曇帝　帛延

魏吳建業建初寺康僧會

魏吳武昌維祇難法立　法巨

晉長安竺曇摩羅刹聶承遠　聶道真

晉長安帛遠帛法祚　衛士度

晉建康建初寺帛尸梨蜜

晉長安僧伽跋澄佛圖羅刹
晉長安曇摩難提趙政〔二〕
晉廬山僧伽提婆僧伽羅叉
晉長安竺佛念
晉江陵辛寺曇摩耶舍竺法度

## 校勘記

〔一〕 樓迦：原作「迦樓」，據高麗藏再雕本改。按，本書卷一傳文中作「婁迦」。

〔二〕 政：本書卷一傳文中作「正」。

高僧傳第二卷譯經中，七人

晉長安鳩摩羅什
晉長安弗若多羅
晉長安曇摩流支
晉壽春石磵寺卑摩羅叉
晉長安佛陀〔一〕耶舍

### 校勘記

〔二〕陀：本書卷二傳文中作「陁」。下同。

〔三〕讖：本書卷二傳文中或作「懺」，或作「讖」。

高僧傳第三卷譯經下，十三人

晉剡山于法蘭竺法興　于法道　支法淵

晉剡白山于法開于法威

晉燉煌于道邃

晉剡葛峴山竺法崇道寶

晉始寧山竺法義

晉東莞竺僧度竺慧超

**校勘記**

〔一〕行：原作「衡」，據本書卷四傳文及高麗藏再雕本、金藏本改。

〔二〕淮：原作「惟」，據本書卷四傳文及高麗藏再雕本、金藏本改。

〔三〕岬：高麗藏再雕本、金藏本作「仰」。

〔四〕竺潛：高麗藏再雕本、金藏本作「竺法潛」。按，本書卷四傳文中作「竺道潛」，高麗藏、金藏本中作「竺潛」。

〔五〕識：高麗藏再雕本、金藏本作「讖」。按，本書卷四傳文中作「識」。

〔六〕虔：高麗藏再雕本作「度」。按，本書卷四傳文中作「虔」。

高僧傳第五卷義解二，十五人

晉長安五級寺釋道安王嘉
晉蒲坂釋法和〔一〕
晉京師瓦官寺竺法汰曇壹曇貳〔二〕
晉飛龍山釋僧光〔三〕道護
晉荆州上明竺僧輔
晉京師瓦官寺竺僧敷
晉荆州長沙寺釋曇翼僧衛
晉荆州長沙寺釋法〔四〕遇
晉荆州上明釋曇徽
晉長安覆舟山釋道立僧常法濟〔五〕
晉長沙寺釋曇戒〔六〕
晉太山竺僧朗〔七〕支僧敦
晉於潛〔八〕青山竺法曠
晉吳虎丘東山〔九〕寺竺道壹帛道猷道寶道施〔一〇〕
晉山陰嘉祥寺釋慧虔曇試智明〔一一〕

## 校勘記

〔一〕按，本書卷五傳文及高麗藏再雕本、金藏本傳文此後有「竺僧朗」傳，並附「支僧敦」傳。
〔二〕貳：本書卷五傳文中作「二」。
〔三〕光：高麗藏再雕本、金藏本作「先」。
〔四〕法：原作「曇」，據本書卷五傳文及高麗藏再雕本、金藏本改。
〔五〕僧常法濬：按，本書卷四傳文中無僧常、法濬。
〔六〕戒：高麗藏再雕本、金藏本作「誡」。
〔七〕晉太山竺僧朗：金藏本同，亦置於此；高麗藏再雕本作「晉泰山崑崙巖竺僧朗」，且在「晉蒲坂釋法和」傳後。
〔八〕濳：高麗藏再雕本、金藏本作「替」。
〔九〕山：高麗藏再雕本、金藏本無。
〔一〇〕道施：按，本書卷五傳文中無道施。
〔一一〕試：高麗藏再雕本、金藏本作「誡」。按，本書卷五傳文中無曇試、智明，有尼淨嚴。

# 高僧傳第六卷義解三，十三人

晉廬山釋慧遠

晉蜀龍淵寺釋慧持慧〔一〕巖僧恭道泓曇蘭〔二〕

晉廬山釋慧永僧融

晉廬山釋僧濟

晉新陽釋法安

晉廬山釋曇邕

晉吴臺寺釋道祖慧要曇順曇詵〔三〕法幽道恒道授

晉長安大寺釋僧䂮弘覺

晉彭城郡釋道融

晉長安釋曇影

晉長安釋僧叡僧楷

晉長安釋道恒道標

晉長安釋僧肇

## 校勘記

〔一〕慧：本書卷六傳文中作「惠」。按，本書中「慧」「惠」往往不分，下不一一出校。

〔二〕曇蘭：思溪藏、金藏本無。

〔三〕誂：原作「説」，據本書卷六傳文及嘉興藏本改。

## 高僧傳第七卷義解四，三十二人

宋淮南中寺釋曇無成曇冏
宋京師靈味寺釋僧含道含
宋江陵琵琶寺釋僧徹僧莊
宋吴虎丘山釋曇諦
宋壽春石磵寺釋僧導僧因僧音僧成〔三〕
宋蜀武擔寺釋道汪普明道闇
宋山陰天柱山釋慧静
宋長沙麓山釋法愍僧宗
宋京師北多寶寺釋道亮静林慧隆
宋丹陽釋梵敏僧籥
宋京師中興寺釋道温僧慶慧定僧嵩〔四〕
宋京師莊嚴寺〔五〕釋曇斌曇濟曇宗
宋京師何園寺釋慧亮
宋下定林寺釋僧鏡曇隆
宋京師靈根寺釋僧瑾曇度玄運

宋京師興皇寺釋道猛道堅 慧鸞 慧敷 慧〔六〕訓 道明
宋山陰靈嘉寺釋超進曇機〔七〕道憑〔八〕
宋吴興小山釋法瑶曇瑶
宋京師新安寺釋道猷道慈 慧整 覺世
宋京師治〔九〕城寺釋慧通

## 校勘記

〔一〕道光：思溪藏本、高麗藏再雕本、金藏本無。
〔二〕陵：高麗藏再雕本、金藏本作「淩」。
〔三〕成：本書卷七傳文中作「威」。
〔四〕僧嵩：高麗藏再雕本作「慧嵩」，金藏本無。按，本書卷七傳文中作「僧嵩」。
〔五〕莊嚴寺：高麗藏再雕本、金藏本作「中興寺」。按，本書卷七傳文中作「莊嚴寺」。
〔六〕慧：本書卷七傳文中作「僧」。
〔七〕機：原作「慧」，據本書卷七傳文及高麗藏再雕本、金藏本改。
〔八〕憑：原作「慧」，據本書卷七傳文及高麗藏再雕本、金藏本改。
〔九〕治：原作「治」，據本書卷七傳文及大正藏本改。

高僧傳第八卷義解五，二十七人

齊僞魏濟州釋僧淵慧記道登

齊僞魏釋曇度

齊京師莊嚴寺釋道慧玄趣僧達

齊京師中興寺釋僧鍾曇纖〔一〕曇遷僧表僧最敏達僧寶

齊京師天保寺釋僧〔二〕盛

齊京師湘宮寺釋弘充法鮮

齊高昌郡釋智林

齊京師靈根寺釋法瑗法愛法常智興

齊蜀齊后山釋玄暢

齊上定林寺釋僧遠道憑法令慧泰

齊荆州竹林寺釋僧惠曇愼〔三〕慧敞僧岫

齊上定林寺釋僧柔弘稱僧拔惠熙

齊山陰法華山釋惠基僧行慧旭道恢〔四〕惠深慧永法洪

齊京師謝寺釋慧次僧寶僧智法珍慧調〔五〕僧嚮僧猛法寶

齊京師何園寺釋慧隆智〔六〕誕僧辯僧賢通〔七〕慧法度
齊京師太昌寺釋僧宗曇准法身法真慧令僧賢法仙法最僧敬道文
齊京師中寺〔八〕釋法安慧光敬遺光贊慧韜〔九〕道宗
齊京師中興寺釋僧印慧龍
齊瑯瑯嵎山釋法度法紹僧朗惠開〔一〇〕法開僧紹
梁京師冶〔一一〕城寺釋智秀僧若僧璿道乘法整〔一二〕
梁荆州釋惠球〔一三〕
梁京師靈曜寺釋僧盛法欣智敞法冏僧護僧韶
梁山陰雲門山寺釋智順
梁京師靈味寺釋寶亮道明僧成僧寶
梁上定林寺釋法通聖進
梁京師招提寺釋慧集
梁剡法華臺釋曇斐法藏明慶〔一四〕

## 校勘記

〔一〕 纖：本書卷八傳文中作「纖」。

〔二〕僧：本書卷八傳文中作「道」。
〔三〕慎：本書卷八傳文中作「順」。
〔四〕慧旭道恢：原作「慧恢道旭」，據本書卷八傳文及嘉興藏本改。
〔五〕調：本書卷八傳文中作「淵」。
〔六〕智：原作「僧」，據本書卷八傳文及高麗藏再雕本、金藏本改。
〔七〕通：本書卷八傳文中作「道」。
〔八〕中寺：高麗藏再雕本、金藏本作「中興寺」。按，本書卷八傳文中作「中寺」。又劉世珩南朝寺考：「中寺在旗亭壁水之間，晉太元五年，會稽王道子之所造也。宋曇光、齊法安皆圓寂於是寺。」陳作霖云：「晉太學在秦淮水南，旗亭在大道側，當今南門鎮淮橋左近。」中興寺即晉孝武太元五年竺法義卒後其弟子在新亭岡所立之新亭精舍，「逮宋孝武討元凶劭，止於此寺。即位後，幸禪堂，因爲開拓，改曰中興」。
〔九〕韶：高麗藏再雕本、金藏本作「福」。按，本書卷八傳文中作「韶」。
〔一〇〕開：原作「問」，據諸校本改。
〔一一〕治：原作「治」，據本書卷八傳文及普寧藏、金藏本改。
〔一二〕法整：高麗藏再雕本、金藏本在「僧若」之前。按，本書卷八傳文中無法整。又，據名僧傳抄，名僧傳卷一〇有「齊鍾山藥王寺法整」傳，不知是否即此法整。

〔一三〕球：高麗藏再雕本作「琳」。按，本書卷八傳文中作「球」。

〔一四〕慶：高麗藏再雕本、金藏本作「度」。按，本書卷八傳文中作「慶」。

高僧傳第九卷神異上，四人

晉鄴中竺佛圖澄道進

晉羅浮山單道開

晉常山竺佛調

晉洛陽耆域

高僧傳第十卷神異下，十六人

晉洛陽磐〔一〕鵄山犍〔二〕陀勒

晉洛陽婁至山呵〔三〕羅竭

晉襄陽竺法慧范材〔四〕

晉洛陽大市寺安慧則慧持

晉長安涉公

晉西平釋曇霍

晉上虞龍山史宗

宋京師杯度

宋僞魏長安釋曇始

宋高昌釋法朗 智〔五〕整

宋岷山通雲寺邵碩

宋江陵琵琶寺釋惠安 僧覽 法衞

齊京師枳園寺沙弥釋法匱 法楷

齊荆州釋僧惠 慧遠

齊壽春釋慧通

梁京師釋保誌 道香 僧朗

## 校勘記

〔一〕磐：高麗藏再雕本、金藏本作「盤」。按，本書卷十傳文中作「槃」。

〔二〕犍：高麗藏再雕本、金藏本作「揵」。按，本書卷十傳文中作「犍」。

〔三〕呵：本書卷十傳文中作「訶」。

〔四〕范材：原無，據本書卷十傳文及高麗藏再雕本補。思溪藏、金藏本作「花林」。

〔五〕智：思溪藏、高麗藏再雕本作「法」。按，本書卷十傳文中作「智」。

# 高僧傳第十一卷習禪　明律

習禪二十一人

宋餘杭釋淨度
宋始豐瀑布山釋僧從
宋廣漢釋法成
宋京師中興寺釋慧覽
宋荊州長沙寺釋法期道果
宋成都釋道法
宋蜀安樂寺釋普恒
齊京師靈鷲寺釋僧審僧謙 法隱〔二〕超志 法達 慧勝
齊武昌樊山釋法悟道濟
齊錢唐〔三〕靈隱〔四〕山釋曇超
齊始豐赤城山釋慧明

明律十三人

宋江陵釋慧猷
宋吴閑居寺釋僧業慧光
宋京師長樂寺釋慧詢

宋京師莊嚴寺釋僧璩道遠
宋彭城郡釋道儼慧曜
宋江陵釋僧隱成具
宋廣漢釋道房
宋京師閑心寺釋道榮〔五〕慧祐
齊鍾山靈曜寺釋志道超度
齊京師多寶寺釋法穎慧文
齊蜀靈建寺釋法琳
齊京師安樂寺釋智稱聰超
齊〔六〕京師建初寺釋僧祐

校勘記

〔一〕宋：高麗藏再雕本、金藏本作「晉」。
〔二〕法隱：按，本書卷十一傳文中無法隱。
〔三〕唐：高麗藏再雕本作「塘」。
〔四〕隱：高麗藏再雕本、金藏本作「苑」。

〔五〕榮：高麗藏再雕本、金藏本作「營」。按，本書卷十一傳文中作「榮」。
〔六〕齊：高麗藏再雕本、金藏本作「梁」。按，僧祐生於宋元嘉二十二年（四四五），卒於梁天監十七年（五一八），主要活動於齊梁時期。

## 高僧傳第十二卷忘〔一〕身　誦經

忘身十一人

齊京師高座寺釋慧進僧念
齊永興栢林寺釋弘明
齊京師靈根寺釋慧豫法音
齊上定林寺釋道嵩〔五〕
齊上定林寺釋超辯法明僧志法定
齊山陰天柱山釋法慧曇遊
齊京師後崗釋僧侯慧温
梁上定林寺釋慧弥法仙
梁富陽齊熙〔六〕寺釋道琳

## 校勘記

〔一〕忘：思溪藏本、高麗藏再雕本、金藏本作「亡」。下一「忘」同。

〔二〕遵：高麗藏再雕本、金藏本作「導」。按，本書卷十二傳文中作「遵」。

〔三〕蓋：原作「益」，據本書卷十二傳文及高麗藏再雕本、金藏本改。

〔四〕慧林：高麗藏再雕本作「慧琳」，金藏本作「僧林」。按，本書卷十二傳文中無慧林。

〔五〕嵩：高麗藏再雕本、金藏本作「崇」。按，本書卷十二傳文中作「嵩」。

〔六〕熙：原作「堅」，據本書卷十二傳文改。

高僧傳第十三卷興福 經師 唱導〔一〕

興福十四人

晉并州竺慧達

晉武陵平山釋慧元竺慧直

晉京師瓦官寺釋慧力

晉京師安樂寺釋慧受

宋京師崇明寺釋僧慧

宋山陰法華山釋僧翼

宋豫州釋僧洪

宋京師釋僧亮

宋京師延賢寺釋法意

齊南海雲峯寺釋慧敬

齊南海藏薇〔二〕山釋法獻

齊上定林寺釋法獻玄暢

梁剡石城山釋僧護

梁京師正覺寺釋法悦

經師十一人

晉中山帛法橋

晉京師建初寺支曇籥

宋〔三〕京師祇洹寺釋法平

宋京師白馬寺釋僧饒〔四〕

宋安樂寺釋道慧

宋謝寺釋智宗

齊烏衣寺釋曇遷

齊東安寺釋曇智

齊安樂寺釋僧辯

齊白馬寺釋曇憑

齊北多寶寺釋慧忍

右十三卷，十科，凡二百五十七人。

### 校勘記

〔一〕唱導：高麗藏再雕本、金藏本作「導師」。

〔二〕薇：本書卷十三傳文中作「微」。

〔三〕宋：原作「晉」，據本書卷十三傳文及高麗藏再雕本、金藏本改。

〔四〕饒：原作「鐃」，據本書卷十三傳文及諸校本改。

〔五〕興：本書卷十三傳文中作「齊」。

〔六〕齊：高麗藏再雕本、金藏本作「濟」。按，本書卷十三傳文中作「齊」。

弟子孤子王曼穎頓首和南。一日蒙示所撰高僧傳，并使其掎摭。力尋始竟，但見偉才。紙弊墨渝，迄未能罷。若迺至法既被，名德已興，年幾五百，時經六代。自摩騰、法蘭發軫西域，安侯、支讖荷錫東都，雖跡標出没，行實深淺，咸作舟梁，大爲利益。固宜緇〔一〕素傳美，鉛槧定辝，昭〔二〕示後昆，揄揚往秀。而道安、羅什，間表秦書；佛澄、道進，雜聞趙册。晉史見捨〔三〕，復〔四〕恨局當時；宋典所存，頗因其會。兼且攙出君台之記，糅在元亮之説，感應或所商搉，幽明不無梗槩，汎顯傍文，未足光闡，間有諸傳，文〔五〕非隱括。景興偶採居山之人，僧寶偏綴遊方之士，法濟唯張高逸之例，法安止命志節之科。康泓專紀單開，王季但稱高座，僧瑜卓爾獨載，玄暢超然孤録。唯釋法進所造，王巾有著，意存該綜，可擅一家。然進名博而未廣，巾體立而不就。梁來作者，亦有病諸。僧祐成簡，既同法濟之責；孝秀染毫，復獲景興之誚。其唱公纂集，最實近之，求其鄙意，更恨煩冗。法師此製，始所謂不刊之筆〔六〕。綿亘古今，包括内外，屬辭比事，不文不質，謂繁難省，云〔七〕約豈加！以高爲名，既使弗逮者恥；開例成廣，足使有善者勸。向〔八〕之二三諸子前後撰述，豈得絜長量短，同年共日而語之哉！信門徒竟無一言可豫，市肆空設千金之賞。方入篋龍函，上登驎〔九〕閣，出内瓊笈，卷舒玉笥。弟子雖實不敏，少嘗好學，頃日尪餘，觸途多昧。且獲披來帙，斯文在斯，鑽仰弗暇，討論何所！誠非子通見元則之論，良愧處道知休弈之書。徒深謝安慕竺曠風流，殷浩憚支遁才俊耳！不見旬日，窮情已勞，扶力此白，以代訴盡。弟子孤子王曼穎頓首和南。

## 校勘記

〔一〕緇：大正藏本廣弘明集卷二四王曼穎與皎法師書作「油」，然據大正藏校勘記，餘諸本皆作「緇」。

〔二〕昭：高麗藏再雕本、金藏本作「照」。

〔三〕拾：高麗藏再雕本、金藏本作「捨」。按，大正藏本廣弘明集卷二四王曼穎與皎法師書作「拾」，據大正藏校勘記，餘諸本皆作「法」。

〔四〕復：高麗藏再雕本無。

〔五〕文：高麗藏再雕本、金藏本及廣弘明集卷二四王曼穎與皎法師書作「又」。

〔六〕筆：高麗藏再雕本及廣弘明集卷二四王曼穎與皎法師書作「鴻筆」。

〔七〕云：原作「玄」，據高麗藏再雕本、金藏本及廣弘明集卷二四王曼穎與皎法師書改。

〔八〕向：原作「同」，據高麗藏再雕本、金藏本及廣弘明集卷二四王曼穎與皎法師書改。

〔九〕驎：高麗藏再雕本及廣弘明集卷二四王曼穎與皎法師書本作「麟」。

君白：一日以所撰高僧傳相簡，意存鍼〔一〕艾，而來告累紙，更加拂拭。顧惟道藉人弘，理由教顯，而弘道釋教，莫尚高僧。故漸染已〔二〕來，照〔三〕明遺法，殊功異行，列代而興，敦厲後生，理宜綜綴。貧道少乏懷書抱篋自課之勤，長慕鉛墨塗青揚善之美，故於聽覽餘閒，厝心傳録，每見一介〔四〕可稱，輒有懷三〔五〕省。但歷尋衆記，繁約不同，或編列參差，或行事出没，已詳别序，兼具來告。所以不量寸管，輒〔六〕樹十科，商攉條流，意言略舉，而筆路蒼茫，辤語陋拙，本以自備疎遺，豈宜濫入高聽？檀越既學兼孔釋，解貫玄儒，抽入綴藻，内外淹劭，披覽餘暇，脱助詳閲，故忘鄙俚〔七〕，用簡龍門。然事高辤野，久懷多愧，來告吹噓，更增㥏[illegible]。今以所著贊論十科，重以相簡，如有紕謬，請備斟酌。釋慧皎〔八〕白。

## 校勘記

〔一〕鍼：高麗藏再雕本、金藏本作「箴」。

〔二〕已：高麗藏再雕本、金藏本作「以」。

〔三〕照：高麗藏再雕本作「昭」。

〔四〕介：高麗藏再雕本作「分」。

〔五〕三：廣弘明集卷二四皎法師答作「再」。

〔六〕輒：原作「輕」，據高麗藏再雕本及廣弘明集卷二四皎法師答改。

〔七〕俚：原作「悝」，據高麗藏再雕本、金藏本改。

〔八〕慧皎：高麗藏再雕本作「君」。

右〔一〕，此傳是會稽嘉祥寺釋〔二〕慧皎法師所撰。法師學通内外，精研〔三〕經律，著涅槃疏十卷、梵網戒等義疏，並爲世軌。又撰〔四〕此高僧傳及序〔五〕共十四〔六〕卷。梁末承聖二年太歲癸酉，避侯景難，來至湓城，少時講説。甲戌歲〔七〕二月捨化，春秋〔八〕五十有八。江州僧正慧恭爲首經營〔九〕，葬于〔一〇〕廬山禪閣寺墓。時〔一一〕龍光寺釋〔一二〕僧果同避難在山，遇見時事，聊記之云耳。

## 校勘記

〔一〕右：高麗藏再雕本、金藏本無。

〔二〕釋：高麗藏再雕本、金藏本無。

〔三〕精研：高麗藏再雕本、金藏本作「善講」。

〔四〕撰：高麗藏再雕本、金藏本作「著」。
〔五〕及序：高麗藏再雕本、金藏本無。
〔六〕十四：高麗藏再雕本、金藏本作「十三」。
〔七〕歲：高麗藏再雕本、金藏本作「年」。
〔八〕春秋：高麗藏再雕本、金藏本作「時年」。
〔九〕爲首經營：高麗藏再雕本、金藏本作「經始」。
〔一〇〕于：高麗藏再雕本、金藏本無。
〔一一〕時：高麗藏再雕本、金藏本無。
〔一二〕釋：高麗藏再雕本、金藏本無。

蹄筌：下七全反。　迭：徒結反。　巨壑：下呼各反。　懋哉：上莫候反，美也。　邈矣：上盲角反，遠也。　琰：以檢反。　悛：七全反。悛，改也。　亟多：上去記反，又紀力反，數也。　郄：丘逆反，郄〔一〕。　汎漾：上芳犯反，下余向反。汎漾，大水皃。　徇：詞閏反，以身從物也。　雒陽：上音落。　讖：楚禁反。　多〔二〕：丁可反。　剡：時染反。　峴山：上形典反。　東莞：下音官。　汰：音太。　濬：私閏反。　泓：紆萌反。　䂮：音略。　冏：俱永反。 誾：音銀。 麓山：上音鹿。 籥：音藥。 斌：彼巾反。 瑾：渠鎮反。 瑗：音院。 敞：昌兩反。 恢：苦回反。 旭：許玉反。 囁：攝字。 璿：似宣反。 球：音求。 斐：芳尾反。 磐鵶：上音盤，下尺夷反。 岷山：上音民。 嵬：吾回反。 瀑布：上蒲木反。 璩：音渠。 掎摭：上居宜反，下音隻。 掎摭，揀擇也。 墨渝：下羊朱反，改變也。 鉛槧：上音緣，下七焰反。 鉛槧，粉筆也。 攙出：鋤銜反，刺也。又，初銜反。 糅〔三〕：尼救反。 梗槩：上加猛反，下古愛反。梗槩，大略也。 誚：才笑反。誚，責也。 纂集：上子管反。 冗：而勇反，散也。 淹劭：上於鹽反，下時照反。 鄙俚〔四〕：下音里。 愧懼：上他典反，下音墨。愧懼，謂面色變黑而慚也。

校勘記

〔一〕按，此處疑有脱文。

〔二〕多：思溪藏本作「哆」。

〔三〕糅：原作「猱」，據思溪藏本改。

〔四〕俚：原作「悝」，據正文改。

# 附録

## 一、慧皎傳記資料

### 釋道宣續高僧傳卷六

梁會稽嘉祥寺釋慧皎傳

釋慧皎，未詳氏族，會稽上虞人。學通内外，博訓經律，住嘉祥寺。春夏弘法，秋冬著述，撰涅槃義疏十卷及梵網經疏行世。又以唱公所撰名僧頗多浮沉，因遂開例成廣，著高僧傳一十四卷。其序略云：「前之作者，或嫌以繁廣，删減其事，而抗迹之奇，多所遺削。謂出家之士，處國賓王，不應勵然自遠，高蹈獨絶。尋辭榮棄愛，本以異俗爲賢，若此而不論，竟何所紀？」又云：「自前代所撰，多曰『名僧』。然名者，本實之賓也。若實行潛光，則高而不名；若寡德適時，則名而不高。名而不高，本非所紀；高而不名，則備今録。故省『名』音，代以『高』字。」傳成，通國傳之，實爲龜鏡。文義明約，即世崇重。後不知所終。江表多有裴子野高僧傳一帙十卷，文極省約，未極通鑒，故其差少。

（據中華書局續高僧傳，二〇一四年）

## 二、歷代主要著録

### （一）費長房歷代三寶紀卷一一

高僧傳十四卷并目録

右一部，一十四卷，武帝世會稽嘉祥寺沙門釋慧皎撰。皎學通内外，善講經律，著涅槃義十卷、梵網戒等疏，並盛行世，爲時所軌云。

（據大正藏本歷代三寶紀）

### （二）釋道宣大唐内典録卷四

高僧傳十四卷并目録

右一部，武帝世會稽嘉祥寺沙門釋慧皎撰。皎學通内外，善講經律，著涅槃義十卷、梵網戒等疏，盛行世，爲時所軌。

（據大正藏本大唐内典録）

## （三）釋智昇開元釋教録卷六

高僧傳十四卷序録一卷，傳十三卷，共成十四。天監十八年撰。見長房、内典二録。

右一部，一十四卷，其本見在。

沙門釋惠皎，未詳氏族，會稽上虞人。學通内外，博訓經律，住嘉祥寺。春夏弘法，秋冬著述，撰涅槃、梵網義疏。又以唱公所撰名僧頗多浮冗，因遂開例成廣，著高僧傳一部。始于漢明帝永平十年，終至梁天監十八年，凡四百五十三載，二百五十七人，又傍出附見者二百三十九人，都合四百九十六人。開其德業，大爲十例。其序略云：「前之作者，或嫌以繁廣，删減其事，而抗迹之奇，多所遺削。謂出家之士，處國賓王，不應傲然自遠，高蹈獨絶。尋辭榮棄愛，本以勵俗爲賢，若此而不論，竟何所紀？」又云：「前代所撰，多曰『名僧』。竊謂名之與高，如有優劣。至若實行潛光，則高而不名；寡德適時，則名而不高。名而不高，本非所紀；高而不名，則備之今録。故省彼『名』音，代以『高』字。」謹詳覽此傳，義例甄著，文詞婉約，實可以傳之不朽，永爲龜鏡矣。

（據中華書局開元釋教録，二〇一八年）

## （四）晁公武郡齋讀書志卷九

高僧傳十四卷

右蕭齊僧慧皎撰。慧皎以劉義慶宣驗記、陶潛搜神記等數十家並書諸僧，殊疏畧，乃博采諸書，咨訪古老，起於永平十年，終於天監十八年，凡四百五十二載，二百五十七人，又附見者二百餘人。分爲譯經、義解、神異、習禪、明律、遺身、誦經、興福、經師、唱道十科。

（據上海古籍出版社郡齋讀書志校證，二〇一一年）

## （五）釋智旭閱藏知津卷四三

高僧傳十四卷　南輦驅北伊尹　梁嘉祥沙門釋慧皎撰

序云：始於漢明帝永平十年，終至梁天監十八年，凡四百五十三載，二百五十七人，又旁出附見者二百三十九人。開其德業，大爲十例：一曰譯經，二曰義解，三曰神異，四曰習禪，五曰明律，六曰遺身，七曰誦經，八曰興福，九曰經師，十曰唱導。

譯經始攝摩騰，終求那毗地，共三十五人。義解始朱士行，終曇斐，共百人。神異始佛圖澄，終釋保誌，共二十人。習禪始竺僧顯，終釋慧明，共二十一人。明律始釋慧猷，終釋僧佑，共十三人。忘身始僧群，終曇弘，共十一人。誦經始曇邃，終道琳，共二十一人。興福始慧達、劉薩訶，終法悦，共十四人。經師始帛法橋，終釋慧忍，共十一人。唱導始道照，終法鏡，共十人。

（據中華書局閱藏知津，二〇一五年）

## （六）陳垣中國佛教史籍概論卷二

高僧傳十四卷　梁釋慧皎撰

宋、元、明、清藏皆著録。

慧皎，續高僧傳六有傳，事迹不詳。梁元帝撰金樓子聚書篇，有「就會稽宏普惠皎道人搜聚」之語，則其富於藏書可想。

又高僧傳卷三末譯經論有曰：「頃世學徒，唯慕鑽求一典，謂言廣讀多惑，斯蓋墮學之辭，匪曰通方之訓。何者？夫欲考尋理味，決正法門，豈可斷以胸衿而不博尋衆典？」則其主張博覽，反對空疏又可想。

隋志雜傳類有高僧傳十四卷，列寶唱名僧傳後，題釋僧祐撰，此今本隋志之誤也。此書蓋即慧皎撰，試分四節辨明之：

一、何以知此書非僧祐撰？曰僧祐未聞著此書。寶唱爲僧祐弟子，此書果僧祐撰，似不應列寶唱書之後。

二、何以知此書爲慧皎撰？曰此書卷數與皎書合。皎書本爲不滿「名僧」二字而作，今此書列名僧傳後，故知爲皎書。

三、何以知古本隋志不誤？曰兩唐志於唐以前書多同隋志。今唐志皆作高僧傳十四卷，惠皎撰，而無僧祐高僧傳，以此知古本隋志不誤也。

四、何以慧皎能誤爲僧祐？曰慧皎與僧祐皆梁僧。僧祐行輩高，名器盛，著述存者較多；慧皎所著，存者僅此書，故易誤爲祐也。姚振宗隋志考證已辨其誤。四庫不著録此書，未見此書也；書目答問載此書，以有海山仙館刻本也。

本書十三卷，叙目一卷在後，爲十四卷。據叙，本書所載事迹，終於梁天監十八年，然慧皎至梁承聖三年乃卒，見本書後記。海山仙館本將目録改在卷首，雖便檢閲，究失古意。近年金陵刻經處有單刻本，題爲「初集」，名亦不古。學者普通稱爲梁高僧傳或慧皎高僧傳，以别於後出之書。

本書之主旨及内容

本書以「高僧」爲名，本有超絶塵世之意。當時僧衆猥濫，狥俗者多，故慧皎之論，每爲時所不喜。慧皎自序於歷數諸家僧傳之失後，特辯之曰：「前之作者，或嫌繁廣，抗迹之奇，多所遺削。謂出家之士，處國賓王，不應勵然自遠，高蹈獨絶。尋辭榮棄愛，本以異俗爲賢。若此而不論，竟何所紀？」

又曰：「前代所撰，多曰『名僧』。然名者，實之賓也。若實行潛光，則高而不名；若寡德適時，則名而不高。名而不高，本非所紀；高而不名，則備今録。」故此書之作，實爲一部漢魏六朝之高隱傳，不徒詳於僧家事迹而已。

本書爲類傳體，凡分十門。每門之後，系以評論：一譯經，三卷；二義解，五卷；三神異，二卷；四習禪，五明律，共一卷；六亡身，七誦經，共一卷；八興福，九經師，十唱導，共一卷。

自後漢至梁初，凡二百五十七人，附見者又二百餘人。後之作者，都不能越其軌範。惜爲時地所限，詳於江左諸僧，所謂「僞魏僧」僅得四人，此固有待於統一後之續作也。

## 本書在史學上之利用

本書未有單刻本之前，只有藏本，學者少見。丁丙善本書室藏書志二十二有孫淵如藏鈔本，嘉慶十二年丁卯孫星衍手記云：「慧皎高僧傳，四庫全書未及收。余讀釋藏於金陵瓦官寺見之，頃官安德，借録此本。僧人事迹，率多文人粉飾，然六朝士夫，無所自存，遁入釋道，故多通品，辭理可觀，且足資考史，地方古迹亦可借證，實爲有用之書。」云云。故孫星衍續古文苑十一有慧皎高僧傳序，注云：「四庫書未録梁高僧傳，故此序不傳。」其實何嘗不傳，特學者未之注意耳。

平津館鑒藏記書籍補遺又有明版姜家印行本，謂：「通鑑宋文帝元嘉十年，沮渠牧犍改元永和，此書浮陀跋摩傳作承和，與北史同，足資考證。」按北涼沮渠牧犍，魏書、北史均作改年承和，御覽一二四引十六國春秋北涼録作永和，通鑑宋紀元嘉十年條因之，故紀元諸書，多以永和爲正。據此書卷三浮陀跋摩傳茂虔承和五年丁丑，即宋元嘉十四年，與魏書、北史合，則「永」實誤文也。

世説新語爲説部最通行之書，其中關涉晉僧幾二十人，此二十人中，見於晉書藝術傳者僅佛圖澄一人，然十之九皆見高僧傳。

支道林在當時最負高名，世説中凡四五十見，應入晉書隱逸傳，然晉書遺之。高僧傳四有長傳，而支道林始末畢見。

竺法深亦負高名，世説中凡五六見，劉孝標注謂：「法深不知其俗姓，蓋衣冠之胤也。」據高僧傳四，則法深者僧名潛，晉丞相王敦之弟，年十八出家。永嘉初避亂過江，年八十九卒。晉孝武帝悼之曰：「法師理悟虚遠，風鑒清貞，棄宰相之榮，襲染衣之素，山居人外，篤勤匪懈。」何得謂不知俗姓？且法深卒年八十九，亦可訂世説注七十九之誤。

又世説言語篇庾法暢造庾太尉條，注謂：「法暢氏族所出未詳。」文學篇北來道人條注，引庾法暢人物論，亦作「庾」。高僧傳四作康法暢著人物始義論，自當以「康」爲正，今本世説因下文庾太尉句而誤耳。魏晉沙門，依師爲姓，故姓支、姓康者，皆外國姓，非本姓。言語篇支道林養馬條，注謂：「支道林本姓關氏。」文學篇康僧淵初過江條，注謂：「僧淵氏族所出未詳。」正與康法暢同例。若果姓庾，則中國姓也，何云「氏族所出未詳」？此嚴可均全晉文所以據高僧傳而知今本世説誤也。

葉德輝輯世説注引用書目，於庾法暢人物論下云：「高僧傳引作康法暢，兩書必有一誤。」而未斷爲誰誤，蓋未細考耳。

范蔚宗被殺，門有十二喪，無敢近者，釋曇遷抽貨衣物，爲營葬送，宋書六九、南史三三范傳皆不載，亦見於高僧傳十三遷傳。

梁書二十二南平王偉傳：「偉，太祖第八子，初封建安王，天監十七年改封南平郡王。性多恩惠，尤愍窮乏，常遣腹心左右，歷訪閭里人士，其有貧困吉凶不舉者，即遣贍恤之。太原王曼穎卒，家貧無以斂，友人江革往哭之，其妻兒對革號訴，革曰：『建安王當知，必爲營理。』言未訖而偉使至，給其喪，事得周濟焉。」南史五二同。

江革見梁書卷三十六：「豫章王綜長史，隨鎮彭城，城失守，爲魏人所執。魏徐州刺史元延明，聞革才名，厚加接待，革稱患脚不拜，延明將加害，見革辭色嚴正，更相敬重。時祖暅同被拘執，延明使暅作欹器漏刻銘，革作丈八寺碑，革辭以囚執既久，無復心思，延明逼之愈苦，將加箠撲，革厲色言曰：『江革行年六十，不能殺身報主，今日得死爲幸，誓不爲人執筆。』延明知不可屈，乃止。日給脱粟三升，僅餘性命。值魏主請中山王元略反北，乃放革及祖暅還朝。」南史六十同。

吾人讀此二傳，知南平王之高義，江長史之忠貞，然王曼穎何人，僅知其貧無以斂而已。夫天下貧士多矣，苟别無所表見，則貧何足尚！及讀高僧傳末附曼穎與慧皎往復書，乃知皎撰高僧傳，曾與商榷義例，既成，曾請其掎摭利病，並稱其「學兼孔釋，解貫玄儒」，則曼穎不徒以貧見稱，實爲梁初之高士，宜江革與之爲友。廣弘明集廿四採此二書；孫星衍續古文苑八載曼穎一文，亦根據此傳；嚴可均輯全梁文亦採之；姚振宗考隋志雜傳類補續冥祥記，亦利用此等史料以考王曼穎，而王曼穎乃真不朽矣。

（據上海書店出版社中國佛教史籍概論，二〇〇五年）